轻轻松松学国学

切合当下的国学入门读物，浓缩五千年文化之精髓

品读国学经典　　提升国学修养

汪建民◎著

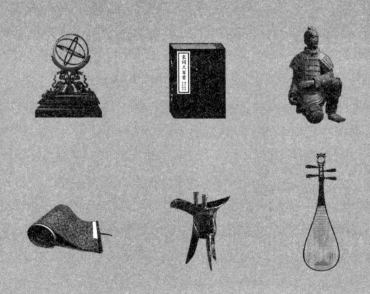

成都时代出版社
CHENGDU TIMES PRESS

图书在版编目(CIP)数据

轻轻松松学国学 / 汪建民著. -- 成都：成都时代出版社，
2016.1
ISBN 978-7-5464-1562-8

Ⅰ.①轻… Ⅱ.①汪… Ⅲ.①国学–通俗读物 Ⅳ.
①Z126–49

中国版本图书馆 CIP 数据核字(2016)第 000841 号

轻轻松松学国学
QINGQINGSONGSONG XUEGUOXUE
汪建民　著

出 品 人　石碧川
责任编辑　李　佳
责任校对　李卫平
装帧设计　虞　佳
责任印制　干燕飞

出版发行　成都时代出版社
电　　话　(028)86621237(编辑部)
　　　　　(028)86615250(发行部)
网　　址　www.chengdusd.com
印　　刷　北京高岭印刷有限公司
规　　格　710mm×1000mm　1/16
印　　张　25.5
字　　数　370 千
版　　次　2016 年 3 月第 1 版
印　　次　2016 年 3 月第 1 次印刷
书　　号　ISBN 978-7-5464-1562-8
定　　价　49.80 元

前　言

　　中国是一个历史悠久的文明古国，源远流长的历史文明，滋润着中国一代又一代的优秀儿女，形成了中国人特有的文化内涵与民族精神，孕育了底蕴厚重的文化载体——国学。

　　"国学"是中国的文化之根、民族之魂，集中体现在传统的经史子集中，典籍浩如烟海，内容博大精深、包罗万象。国学经典不仅是中国悠久传统文化的精粹，也是每一个炎黄子孙生命之树的沃土。国学所传承的中华文化价值，是涵养民族主体意识的根基，是维系民族精神命脉的源泉，是中华民族雄踞于世界民族之林的灵魂支柱。我们中华民族之所以历经磨难而不衰，战胜各种挫折而巍然屹立，这都源于历史文明传承下来的艰苦奋斗、不屈不挠的拼搏精神和坚强信念。

　　近年来，中国的发展突飞猛进，取得了令世界瞩目的辉煌成绩。但随着经济的发达和物质的丰裕，我们的文化传统正在更新和再生过程之中经受着世界各种思潮的冲击。在物欲横流、生活压力大、工作节奏快、社会关系更趋复杂的当今社会，人们身心疲惫，迷茫，精神向往空灵无际，这个时候，更彰显出学习国学知识的弥足珍贵性和重要的现实意义。因为以中华文明为核心的国学不仅能陶冶我们的情操，净化我们的心灵，还能鼓舞我们生活的勇气，增强我们工作的信心，健全我们特有的人格，养成有益于我们自身、有益于我们家庭、有益于我们国家、有益于我们民族兴旺发达的良好品性。

　　国学经典中承载的"仁义忠恕孝悌礼信"的道德伦理观，构成了中华传统文化的核心价值体系，对于我们处理人与人、人与社会、人与自然的关系，至今仍具有现实指导意义。本书在编写过程中参阅了大量的国学史料，收录了最常用、最具代表性、最应该知道的国学常识。但由于水平所限，书中不足之处在所难免，希望广大读者批评指正！

目　录

第一章　不可不知的哲学知识

第三章　不可不知的文学常识

第四章 不可不知的艺术知识

第五章 不可不知的道教、佛教知识

第六章　不可不知的科学教育知识

第七章　不可不知的民俗知识

第一章

不可不知的哲学知识

一、儒家知识

儒家

儒家奉孔子为宗师，是中国古代尤其是从汉代以来的主流意识流派,儒家思想在绝大多数的历史时期作为中国的官方思想,至今也是一般华人的主流思想基础。

从14世纪下半叶起，明清两代朝廷将宋代形成的程朱理学定为官学,形成流传至今的儒家主流。

儒家思想对中国,东亚、东南亚,乃至全世界都产生过深远的影响。

孔子

孔子(前551年—前479年),名丘,字仲尼,春秋时鲁国陬邑(今山东曲阜)人。儒家学派创始人,中国古代最著名的思想家、政治家、教育家,对中国思想文化的发展有极其深远的影响。孔子的学说集华夏上古文化之大成,在世时已被誉为"天纵之圣""天之木铎",是当时社会上最博学者之一,并且被后世统治者尊为至圣、至圣先师、万世师表。

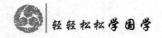

孟子

孟子(约前372年—前289年),名轲,字子舆,又字子车、子居,山东邹城人,鲁国贵族孟孙氏的后代。孟子是中国古代著名思想家、教育家、战国时期儒家代表人物。著有《孟子》一书。继承并发扬了孔子的思想,成为仅次于孔子的一代儒家宗师,有"亚圣"之称,与孔子合称为"孔孟"。相传其父名为激,字公宜;其母亲的姓氏也有仉氏与李氏之说。据说,孟子三岁丧父,孟母艰辛地将他抚养成人,管束甚严。"孟母三迁""断杼教子"等故事,成为千古美谈,是后世母教之典范。

荀子

荀子(前313年—前238年),名况,时人尊其号为"卿";因"荀"与"孙"二字古音相通,故又称"孙卿"。战国时期赵国人,著名思想家、教育家,儒家代表人物之一,对儒家思想有所发展,提倡性恶论,常被与孟子的性善论比较。荀子对重整儒家典籍也有相当的贡献。

二程

二程,即指北宋程颢(1032年—1085年)、程颐(1033年—1107年)两位理学家。程颢字伯淳,世称"明道先生";程颐字正叔,世称"伊川先生",两人并称"二程"。二程祖籍洛阳(今河南洛阳),生于湖北黄陂,有《二程集》。他们早年一同求学于周敦颐。

程颢、程颐兄弟二人的学说有"二程学派""二程儒学"之称。程颢、程颐所创建的"天理"学说受到了后世历代封建王朝的尊崇,后来由朱熹发扬光大,在明朝成为官学,称为"程朱理学"。

朱熹

朱熹(1130年—1200年),小名沈郎,字季延,又字元晦、仲晦,号晦庵,晚称"晦翁",又称"紫阳先生""考亭先生""沧州病叟""云谷老人",谥文,又称

"朱文公"。祖籍徽州婺源(今属江西),生于尤溪(今属福建),侨寓建阳(今属福建)崇安。南宋理学家、思想家、哲学家、诗人、教育家、文学家,理学的集大成者,被尊称为"朱子"。自小聪颖,家境穷困,弱冠及第。

朱熹一生潜心儒学,成为程颢、程颐之后儒学的重要人物。在经学、史学、文学乃至自然科学的考证、注释整理方面都有较大成就。朱熹理学发展了程颐等人的思想,集理学之大成,建立唯心论的唯理论体系。认为"理""气"不相离,但"理在先,气在后","理"是物质世界的基础和根源。朱熹理学在明清两代被列为儒学正宗,在中国儒学史上的作用和影响力仅次于孔子。

陆九渊

陆九渊(1139年—1193年),字子静,抚州金溪(今江西省金溪县)人,南宋哲学家、教育家,陆王心学的代表人物。因讲学象山书院(位于江西省贵溪县),世称"象山先生",学术界常称其为"陆象山"。陆九渊与当时著名的理学家朱熹齐名,史称"朱陆"。他是"心学"的创始人,其主张"吾心即是宇宙""明心见性""心即是理",重视持敬的内省工夫。即是所谓的"尊德性"。对近代中国理学产生深远影响。被后人称为"陆子"。

王守仁

王守仁(1472年—1528年),字伯安,号阳明,中国浙江余姚人。明代最著名的思想家、哲学家、书法家、数学家和军事家,陆王心学之集大成者,他不但精通儒家、佛家、道家,而且能够统军征战,是中国历史上罕见的全能大儒,官至南京兵部尚书。后来,他的弟子将他的著述编纂成《王文成公全书》,其中《传习录》和《大学问》是他的主要哲学著作。

因他曾在余姚阳明洞天结庐,自号"阳明子",故被学者称为"阳明"先生,现在一般都称他为"王阳明",其学说世称"阳明学"。其学说在中国、日本、朝鲜半岛以及东南亚国家都有重要而深远的影响。

王守仁秉承陆九渊的学说,使陆九渊的思想得以发扬光大,因此他们被称为"陆王学派"。

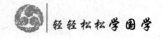

四书

四书是《论语》《孟子》《中庸》《大学》这四部著作的总称。四书是儒家经典。南宋时期学者程颢、程颐兄弟将《礼记》中《大学》《中庸》两篇拿出来单独成书，朱熹将二者和《论语》《孟子》合在一起合编注释，才始称为"四书"。据称它们分别出于早期儒家的四位代表性人物曾参、子思、孔子、孟子，所以称为《四子书》(也称《四子》)，简称为《四书》。之后各朝皆以《四书》列为科举考试范围，因而造就《四书》独特的地位。甚至宋朝以后《四书》已凌驾于《五经》之上。

作为儒家学派的经书，《四书》不仅保存了儒家先哲的思想和智慧，还体现出早期儒学形成的轨迹，蕴含了儒家思想的核心内容，因此，在中国思想史上产生过深远的影响。

《大学》

《大学》原为《礼记》第42篇。传为孔子弟子曾参(前505年—前435年)所作。在南宋前从未单独刊印。宋朝程颢、程颐兄弟把它从《礼记》中抽出，编次章句。朱熹将《大学》《中庸》《论语》《孟子》合编注释，称为"四书"，从此《大学》成为儒家经典。按朱熹和程颐的看法，《大学》是孔子及其门徒留下来的遗书，是儒学的入门读物。所以，朱熹把它列为"四书"之首。

《论语》

《论语》是儒学最主要的经典著作之一。《论语》是记载孔子及其学生言行的一部书，由孔子的学生及其再传弟子记录整理，又称为论、语、传、记。《论语》成书于春秋战国时期，涉及哲学、政治、经济，教育、文艺等诸多方面，内容非常丰富。在表达上，首创语录体，语言精炼而形象生动。在编排上，没有严格的编纂体例，每一条就是一章，集章为篇，篇、章之间并无紧密联系，只是大致归类，并有重复章节出现。《论语》是研究孔子及儒家思想尤其是原始儒家思想的主要资料，其中有许多言论至今仍被世人视为至理名言。

《孟子》

《孟子》是记载孟子及其学生言行的一部书。是儒家经典著作之一。《孟子》的文章说理畅达，气势充沛并长于论辩。到南宋孝宗时，朱熹编《四书》收入了《孟子》，正式把《孟子》提到了非常高的地位。元、明以后又成为科举考试的内容，更是读书人的必读书。

《中庸》

《中庸》亦出自《礼记》。一般认为它出于孔子的孙子子思(前483年—前402年)之手。南宋朱熹继承二程思想，把《中庸》与《论语》《孟子》《大学》并列，到朱熹撰《四书章句集注》时，便成了《四书》之一。中庸是四书中哲理最深奥的一本，所以列四书之末。宋、元以后，《中庸》成为学校官定的教科书和科举考试的必读书，对古代教育产生了极大的影响。

五经

五经是儒家作为研究基础的古代五本经典书籍的合称，本来有六经——《诗经》《尚书》《仪礼》《乐经》《周易》和《春秋》，但秦始皇"焚书坑儒"，经秦火一炬，《乐经》从此失传，只留存下来《乐记》，并入《礼记》中。五经是儒家文化的基本著作。

《诗经》

《诗经》是中国第一本诗歌总集。汇集了从西周初年到春秋中期五百多年的诗歌305篇(原311篇)，是西周初至春秋中期的诗歌总集。据传为孔子编定。先秦称为《诗》，或取其整数称《诗三百》。西汉时被尊为儒家经典，始称《诗经》，并沿用至今。《诗》分"风""雅""颂"三部分，"风"为土风歌谣，"雅"为西周王畿的正声雅乐，"颂"为上层社会宗庙祭祀的舞曲歌辞。此书广泛地反映了当时社会生活各方面，被誉为古代社会的人生百科全书。《诗经》是中国现实主义文学的光辉起点。由于其内容丰富、思想和艺术上的高度成就，在中国以

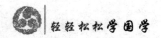

至世界文化史上都占有重要地位。它开创了中国诗歌的优秀传统，对后世文学产生了不可磨灭的影响。

《尚书》

《尚书》是我国最古的官方史书，是古代最早的一部历史文献汇编。《尚书》古时称《书》，至汉称《尚书》。"尚"便是指"上""上古"。该书记载上起传说中的尧舜时代，下至东周（春秋中期），约1500多年。基本内容是古代帝王的文告和君臣谈话内容的记录，这说明作者应是史官。《史记·孔子世家》称孔子"序《书传》，上纪唐虞之际，下至秦缪，编次其事"，证此书为孔子编定。《尚书》有两种传本，一种是《今文尚书》，一种是《古文尚书》，现通行的《十三经注疏》本，是今文尚书和伪古文尚书的合编。古时称赞人"饱读诗书"，"诗书"便是分别指《诗经》《尚书》。自汉以来，《尚书》一直被视为中国封建社会的政治哲学经典，既是帝王的教科书，又是贵族子弟及士大夫必遵的"大经大法"，在历史上很有影响。

《礼记》

《礼记》是战国到秦汉年间儒家学者解释说明经书《仪礼》的文章选集，是一部儒家思想的资料汇编。《礼记》的内容主要是记载和论述先秦的礼制、礼仪，解释仪礼，记录孔子和弟子等的问答，记述修身做人的准则。内容广博，门类杂多，涉及政治、法律、道德、哲学、历史、祭祀、文艺、日常生活、历法、地理等诸多方面，集中体现了先秦儒家的政治、哲学和伦理思想，是研究先秦社会的重要资料。《礼记》全书用记叙文形式写成，一些篇章具有相当的文学价值。

《周易》

《周易》也称《易》《易经》，列儒家经典之首。《周易》是占卜之书，"周"是周到圆满，"易"是运动变化无不果的意思。太昊伏羲创作简易图时，把简易符（即现在八卦图的阴阳符）排列成一个圆形即一周的形式，阐明了周和易是简的主要组成部分。周易的周字并非周朝的沿用，而是周朝或周姓沿用了《简易道德经》里的这个完美的"周"字。《周易》外层神秘，而内蕴的哲理至深至弘。作者应是筮官，经多人完成。儒家则认为经伏羲、周文王、周公、孔子等历代圣人共同编定而成。内容广泛记录了西周社会各方面，包含史料价值、思想价值和文学价值。中国传统哲学认为宇宙自然与人事变幻规律，从没有超越易经阴阳八卦的思维框架。相传龙马驮"河图"出现在黄河，上古圣人伏羲始作八卦；《史记》又称"盖文王拘，而演《周易》"（一说伏羲重卦，有说神农），并作爻辞（或谓周公）；后至春秋，又有孔圣作"十翼"之说，世称"人更三圣，世历三古"（《汉书·艺文志》）。《周易》包括《经》和《传》两部分。《经》文由64卦卦象及相应的卦名、卦辞、爻名、爻辞等组成。《传》一共七种十篇，有《彖》上下篇，《象》上下篇，《文言》，《系辞》上下篇，《说卦》，《杂卦》和《序卦》。古人把这十篇"传"合称"十翼"，意指"传"是附属于"经"的羽翼，即用来解说"经"的内容。《周易》是最能体现中国文化的经典，《周易》中运用八卦预测信息的方法的发明，正是我国人民具有唯物主义世界观的真实写照，他们在实践中很好地认识社会、改造社会、推动社会不断地向前发展。所以，易卦及《周易》，是个储存量很大的信息库。《周易》历经数千年之沧桑，已成为中华文化之根。

《春秋》

儒家经典之一。编年体春秋史。相传由孔子据鲁国史官所编《春秋》加以整理修订而成，记载了从鲁隐公元年（前722年）到鲁哀公十四年（前481年）的历史，是中国现存最早的一部编年体史书。由于经文极为精简，所以后世流传有《公羊传》《穀梁传》《左传》三本传来解释原文。其中《公羊传》《穀梁传》为今文派作品，重义理，强调孔子作《春秋》的"微言大义"，而《左传》则重历史。

仁

仁是古代中国人的一种伦理观念，本指人与人之间相互亲爱。因为儒家的发展而成为中国古代重要的道德标准、人格境界及哲学概念。孔子第一个把整体的道德规范集于一体，形成了以"仁"为核心的伦理思想结构，它包括孝、弟（悌）、忠、恕、礼、知、勇、恭、宽、信、敏、惠等内容。

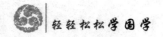

"仁"是儒家学说的核心,对中华文化和社会的发展产生了重大影响。儒家把仁的学说施之于政治,形成仁政说,这在中国政治思想发展史上产生了重要影响。仁与义合称为"仁义"。

义

义,中国古代一种含义极广的道德范畴。本指公正、合理而应当做的。"义"是儒家五德(仁、义、礼、智、信)之一。儒家注重要与身边的人建立一种和谐的关系。孔子的中心思想为"仁",孟子的中心思想为"义"。西汉董仲舒认为,"仁、义、礼、智、信"五常之道是处理人际关系的基本法则。

礼

礼在中国古代是社会的典章制度和道德规范。儒家鼓吹的理想封建社会秩序是贵贱、尊卑、长幼、亲疏有别,要求人们的生活方式和行为符合他们在家族内的身份和社会、政治地位,不同的身份有不同的行为规范,这就是礼。

天命

"天命"指上天之命,中国古代哲学把天当作神,认为天能决定人类命运。天命说起源甚早,至殷周时期天神崇拜的形成而成为至上的宗教观念。在中国古代,天命常被用来表明新兴政权的合法性,其主张王朝更替乃是上天的旨意,如果统治者腐败,则违逆天意,就将由有道明君来取代。历史记载中最早诉诸天命为其合法性辩护的是周武王。

中庸

儒家的一种主张,是指待人接物采取不偏不倚,调和折中的态度。"中庸"在字面上的解释即是"执中"之意,而执中又当求"中和",在一个人还没有表现出喜怒哀乐时的平静情绪为"中",表现出情绪之后经过调整而符合常理为"和"。其主旨在于修养人性。其中关联及学习的方式(博学、审问、慎思、明辨、笃行),做人的规范如"五达道"(君臣、父子、夫妇、昆弟(兄弟)、朋友之交)和

"三达德"(智、仁、勇)等。中庸所追求的修养的最高境界是"至诚"。

中庸强调"诚"的重要,诚即是《大学》中所述说的"诚意"。"诚"被说成是人先天的本性,而所谓"不诚无物",至诚的人才能充分地发挥本性,感化人群,进而成为人们的最高典范。

中庸之道是很难达到的完美境界。孔子曾说:"天下国家可均也,爵禄可辞也,白刃可蹈也,中庸不可能也。"

三纲五常

三纲五常是中国儒家伦理文化中的架构。

三纲、五常来源于西汉董仲舒的《春秋繁露》一书,但最早渊源于孔子。这种名教(名份与教化)观念是儒家政治思想的重要组成,即通过上定名份来教化天下,以维护社会的伦理纲常、政治制度。

"三纲"是指"君为臣纲,父为子纲,夫为妻纲",要求为臣、为子、为妻的必须绝对服从于君、父、夫,同时也要求君、父、夫为臣、子、妻做出表率。它反映了封建社会中君臣、父子、夫妇之间的一种特殊的道德关系。"五常"即仁、义、礼、智、信,是用以调整、规范君臣、父子、兄弟、夫妇、朋友等人伦关系的行为准则。

汉武帝时董仲舒从天人关系出发,根据"天尊地卑"思想,建立了三纲五常,称"惟天子受命于天,天下受命于天子",又以"阴阳五行说",确立了"纲常"理论,曰:"天数右阳而不右阴"又说:"君臣父子夫妇之义皆取诸阴阳之道,君为阳,臣为阴;父为阳,子为阴;夫为阳,妇为阴。"后汉章帝召开白虎观会议,正式定"三纲"之说,确认神权、君权、族权、夫权的神圣不可侵犯性。《白虎通义·三纲六纪》称"三纲者何?……君为臣纲,夫为妻纲,父为子纲。"

宋代朱熹始连用三纲五常,提出"存天理,灭人欲","人欲"即指一切违背三纲五常的动机与行为。朱熹认为:"宇宙之间一理而已。天得之而为天,地得之而为地,而凡生于天地之间者,又各得之以为性;其张之为三纲,其纪之为五常,盖皆此理之流行,无所适而不在。若其消息盈虚,循环不已,则自未始有物之前,以至人消物尽之后,终则复始,始复有终,又未尝有顷刻之或停也。",

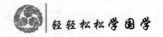

三纲五常成为维护封建专制主义的封建"道统",最后导致"礼教杀人"。

内圣外王

指内具有圣人的才德,对外施行王道。"内圣外王"之道,后世学者无一例外将其归于儒家的主要思想,但并非儒家首创。"内圣外王"一词最早出自《庄子·天下第三十三》"是故内圣外王之道,暗而不明,郁而不发,天下之人各为其所欲焉,以自为方。"后被儒家所继承,其含义指的是个人修养与政治主张。即人格理想以及政治理想两者的结合。其中,"内圣"是基础,"外王"则是目的。

作为儒家思想之一,孔子并没有明确提出"内圣外王"这一概念,这一概念反而是由道家思想代表庄子所提出,但其思想内涵与孔子在《大学》里所提到的"大学之道,在明明德,在亲民,在止于至善"这一统治天下的准则,即把个人修身的好坏看成政治好坏的关键这一观点相吻合,三大纲领中的"格物、致知、诚意、正心、修身、齐家、治国、平天下"八个条目(步骤)被视为实现儒家"内圣外王"的途径,其中格物致知、诚意正心、修身被视为内圣之业,而齐家治国平天下则被视为外王之业。"内圣外王"这一儒家思想也对中国的政治、伦理、文化以及哲学等产生重要影响。

君子

君子在周朝时期本为贵族的统称,到了春秋时期则变成士大夫的统称,也就是为官之人称"君子",平民称"小人"。君子一词早在《易经》(传说为周文王所著)中就已出现了,但是被全面引用最后上升到士大夫及读书人的道德品质是自孔子始的,并且被以后的儒家学派不断完善,成为中国人的道德典范。孔子认为君子应不单指贵族或士大夫,而是"圣人之下,富有礼义规范的人"。自此,君子定义转变为"具有高道德标准的人",成为儒家思想中的一个重要的概念。

君子的本意为"君之子"。中国周朝时期,周天子分封诸侯,建立邦国。诸侯称国君,国君的儿子称为"君之子",即君子。因各邦国的君子普遍受到良好教育,因此文化、品味和修养水准都很高,后世也将道德水准很高的人誉称为君子。孔子对君子进一步做出标准和规范,使得君子正式成为一种道德评判的标准。

仁政

"仁政"是孟子政治思想的核心。"仁政"学说是对孔子"仁学"思想的继承和发展。孟子从孔子的"仁学"思想出发,把它扩充发展成包括思想、政治、经济、文化等各个方面的施政纲领,就是"仁政"。孟子的"仁政"在政治上提倡"以民为本",其理论基础是"性善论"。"仁政"的基本精神也是对人民有深切的同情和爱心,是孟子学说中的"民本""仁政""王道"和"性善论"等政治理想之一。

宋明理学

宋明理学,简称"理学",也称为"道学"。指宋明(包括元及清)时代,占主导地位的儒家哲学思想体系。虽然是儒学,但同时借鉴了道教和佛家的思想。

宋明理学是继魏晋把儒学玄学改造之后,对儒学的佛(佛教)老(道教)化改造,是对隋唐以来逐渐走向没落的儒学的一种强有力的复兴。它反映了中国古代社会后期有思想有见识的中国人在思考和解决现实社会问题与文化问题中所生出来的哲学智慧,深深影响了中国古代社会后半期的社会发展和文明走势。理学有广义狭义之分。广义理学就是指宋明以来形成的占主导地位的儒家哲学思想体系,包括:①在宋代占统治地位的以洛学为主干的道学,至南宋朱熹达顶峰的以"理"为最高范畴的思想体系,后来习惯用"理学"指称其思想体系。②在宋代产生而在明代中后期占主导地位的以"心"为最高范畴的思想体系。以陆九渊、王守仁为代表的"心学"。狭义理学则专指程朱学派。

宋明理学的主要学派,包括:

周敦颐的道学派(以"道"为核心概念);

邵雍的数学派(以"数"为核心概念);

张载、罗钦顺的气学派(以"气"为核心概念);

二程与朱熹的理学派(以"理"为核心概念)——主条目为程朱理学;

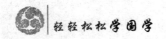

陆九渊与王阳明的心学派(以"心"为核心概念);

陈亮与叶适的事功学派(以"事功"为核心概念)等。

程朱理学

程朱理学也称"程朱道学",是指中国宋朝以后由程颢、程颐、朱熹等人发展出来的儒学流派,是宋明理学的主要派别之一,也是理学各派中对后世影响最大的学派之一。由北宋二程(程颢、程颐)兄弟开始创立,其间经过弟子杨时,再传罗从彦,三传李侗的传承,到南宋朱熹完成。程朱理学认为理是宇宙万物的起源,而人在世界万物纷纷扰扰纵横交错中很容易迷失自己禀赋自"理"的本性,社会便失去"礼",所以如果无法控制私欲的扩张,则偏离了天道,不但无法成为圣贤(儒家最高修为者,人皆可达之),还可能会迷失于世间,所以要修养、归返、并发挥上天赋予的本性(存天理),以达致"仁"的最高境界,此时完全进入了理,即"天人合一",然后就可以"从心所欲而不逾矩",这时人欲已融入进天理中(灭人欲,不是无欲,而是理欲合一),无意、无必、无固、无我(从"毋"变成"无"),则无论做什么都不会偏离天道了。

程朱理学还认为,由于理是宇宙万物的起源,所以万物"之所以然",必有一个"理",而通过推究事物的道理(格物),可以达到认识真理的目的(致知)。

程朱理学在南宋后期开始为统治阶级所接受和推崇,经元到明清正式成为国家的统治思想。

陆王心学

陆王心学是由儒家学者陆九渊、王阳明发展出来的心学的简称,或直接称"心学"。心学作为儒学的一门学派,最早可推溯自孟子,而北宋程颢开其端,南宋陆九渊则大启其门径,而与朱熹的理学分庭抗礼。至明朝,由王阳明首度提出"心学"两字,至此心学开始有清晰而独立的学术脉络。

陆王心学与程朱理学虽有时同属宋明理学之下,但多有分歧,陆王心学往往被认为是儒家中的"格心派"(主观唯心主义),而程朱理学为"格物派"(客观唯心主义)。

二、道家知识

道家

春秋战国时期诸子百家中最重要的思想学派之一,以老子、庄子为主要代表。道家强调"整体论的""机体论的"世界观,重视人的自由。道家的思想崇尚自然,有辩证法的因素和无神论的倾向,同时主张清静无为,反对斗争。道家思想起始于春秋末期的老子,但先秦时期并没有道家这一名称。用"道家"一词来概括由老子开创的这个学派是由汉初开始的。这时,道家也被称为"道德家"。

汉朝时期,儒家学者董仲舒向汉武帝提倡"罢黜百家,独尊儒术"的政策,并被后世帝王采纳。道家从此成为非主流思想。

虽然道家并未被官方采纳,但继续在中国古代思想的发展中扮演重要角色。魏晋玄学,宋明理学都糅合了道家思想发展而成。佛教传入中国后,也受到了道家的影响,禅宗在诸多方面受到了庄子的启发。

道家在先秦各学派中,虽然没有儒家和墨家这么多的门徒,地位也不如儒家崇高,但随着历史的发展,道家思想以其独特的对宇宙、社会和人生的领悟,在哲学思想上呈现出永恒的价值与生命力。

黄老学派

黄老学派形成于战国时期,是齐国稷下学宫的一个学派。"黄"意指黄帝,"老"意指老子,黄老学派则意为以黄帝为依托,发扬老子思想的一个学派。学说的核心是"无为而治"、与民休息。该学派与老庄思想有着显著区别,在某种程度上存在分歧,这个学派的重要特征是和法家有着紧密的联系。中国近年来将黄老学派定义为道家和法家的结合,在西方被称为"目的性的道家"或"工具性的道家"。该学派主要探讨社会政治问题。

道

"道"是中国古代哲学的重要范畴。用以说明世界的本原、本体、规律或原

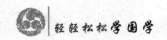

理。在中国哲学中,道是一个重要的概念,表示"终极真理"。在不同的哲学体系中,其涵义有所不同。这一概念,不单为哲学流派道家、儒家等所重视,也被宗教流派道教等所使用。

"道"字见于道家最早的著作《道德经》。

《道德经》第一章一开始就写道:"道可道,非常道;名可名,非常名。"

一般来说,这里第一个、第三个"道"字解作"终极真理";第二个"道"字解作"言语,说话"。意思大概是:"可以用言语解释妥当的'道',就不可能是真正的'道';如果我们给予'道'一个名字,这个名字也肯定不能把'道'形容妥帖。"

由于人认识的局限性,我们所说的道都只是真正道的一部分,无法窥见道的全貌,故无法反映道的本质。正因为"道"本身是不可言说,所以老子在《道德经》后来写道:"吾不知其名,强名曰'道'。"也就是说:"这个'道'字虽然不肖,但我(老子)还是先把这个终极真理叫作'道'好了。"

《道德经》曰:"道生一,一生二,二生三,三生万物。"

意指"道"是宇宙运行,自然变化的法则,是事物的规律,因此,"道"是一切的本源。

《道德经》曰:"人法地,地法天,天法道,道法自然。"

这就是说,人的法则在地里头,地的法则在天里头,天的法则在道里头,而只有道的法则是自在的、本源的。

道也有道路的意思,可以指事物发展的路径。路径是事物规律的外在体现。因此,道理与道路就统一了。

德

简单地说,德即是对道、对自然规律的认识和理解。"德"的本意为顺应自然、社会和人类客观需要去做事。不违背自然发展,去发展自然、发展社会、发展自己的事业。德,是一个人或社会好的内在的品格和价值观。老子说"圣人常无心,以百姓心为心。善者吾善之,不善者吾亦善之,德善。信者吾信之,不信者吾亦信之,德信。"

德与道有密切的关系。没有道(道理,道路)就不可能有正确的价值观与好的品格。无德是因为无道。反之,有道必然有德。老子说:"天下有道,却走马以粪。天下无道,戎马生于郊。祸莫大于不知足;咎莫大于欲得。故,知足之足,常足矣。"意思是说,天下有道,军马运粪肥田。天下无道,戎马战乱。最大的祸在于不知足。

老子反对只讲表面的礼。德是内在的,而不应是形式的。老子说:"故失道而后德,失德而后仁,失仁而后义,失义而后礼。夫礼者,忠信之薄,而乱之首。前识者,道之华,而愚之始。是以大丈夫居其厚,不居其薄;居其实,不居其华。故去彼取此。""上德不德,是以有德。下德不失德,是以无德。"

无为

无为是《道德经》中的重要概念。它的意思是,道,就是严格按照自己的职责办事,职责范围以内的事,一定要做得恰到好处;职责范围以外的事,一概不做。无为指经过有为的思考,以时势、趋势的判断做出顺势而为的行为,即顺应自然的变化规律,使事物保持其天然的本性而不人为做作,从而达到"无为而无不为"的境界。根据处理问题不同,"无为"的态度即可用与政治的政策方针,也可以用于修身养性。

道家中的"无为"一般包含着两层含义:一是崇尚天道(自然法则),即人与自然界之间的自然无为。提出"道法自然""天地生万物,然生而不有,为而不恃,长而不宰"。二是崇尚人道(人事规范),即人类活动应与天道般自然无为。提出"辅万物之自然,而不敢为也"。其中在崇尚人道方面又有两层意思,一即提倡人应顺应自然界,随缘而动,不要随意破坏自然的和谐与平衡;二即社会人际关系方面,提倡应统治者效法"道"的自然无为精神,尽量简化社会的各种制度与规范以保持民间民风纯朴。

因此无为不能理解为无所作为,《淮南子·原道训》:"无为为之而合于道"。道家的"无为",是清静自守之义,是道家以"道"修身所要达到的"合于道"的理想境界。能达到这种理想境界便无所不能为("无为而不无为")。无为后来成为道教徒对自然界的运行和人类社会发展的基本认识,以及人的安身立命的基本态度。

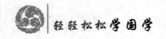

齐物

齐物是道家思想术语。指超越万物差别，了解万物齐一的道理（"天地与我并生，万物与我为一"），是达到逍遥境界的方法。思想主要陈述于《庄子》内篇的齐物论。齐物思想对后来尤其魏晋南北朝的思想产生影响。

逍遥

逍遥是道家思想术语。指个体精神解放的最高层次，即无矛盾地生存于世界之中。达到这种境界的方法是齐物。

老子

老子（前600年—前470年之后）姓李名耳，字伯阳，又称"老聃"。中国春秋时代思想家，楚国苦县厉乡曲仁里人（今河南鹿邑或安徽涡阳）。传说老子出生时就长有白色的眉毛及胡子，所以后来被称为"老子"。老子著有《道德经》，是道家学派的始祖，他的学说后被庄周发展。道家后人将老子视为宗师，与儒家的孔子相比拟，史载孔子曾学于老子。在道教中，老子是太上老君的第十八个化身。

老子作品的精华是朴素的辩证法。在修身方面，老子是道家性命双修的始祖，讲究虚心实腹、不与人争的修持。在政治上，老子主张无为而治、不言之教。在权术上，老子讲究物极必反之理。主要著作《道德经》，也直接叫作《老子》。

庄子

庄子（约前369年—前286年），名周，生卒年失考，约与孟子同时。战国时代宋国蒙人（今河南商丘人，另说安徽蒙城人），曾任漆园吏。著名思想家、哲学家、文学家，是道家学派的代表人物，老子思想的继承和发展者。后世将他与老子并称为"老庄"。他也被称为蒙吏、蒙庄和蒙叟。据传，又曾经隐居南华山，故唐玄宗天宝初，诏封庄周为南华真人，称其著书《庄子》为南华经。

庄子是蒙人。蒙又称"萧蒙"或"小蒙"，据考证在宋国国都商丘附近。对于庄子作蒙漆园吏,一般认为是管理蒙地的漆园,也有认为漆园是邑名。

庄子淡泊名利,主张修身养性、清静无为、顺应自然,追求精神逍遥无恃的自由境界。一直过着深居简出的隐居生活。

杨朱

杨朱是中国春秋战国时期的一名思想家,字子居,卫国人,生平已不可考。在当时各家的著述如《孟子》《荀子》《庄子》《韩非子》《吕氏春秋》等,他的名字曾多次出现。他的行踪多在鲁、宋、梁一带。据《庄子》记载,他曾经见过老子。其活动的年代,比墨子稍后,而又早于孟子。有云他是老子弟子,或为道家别支。其学说在当时相当著名,但早已散佚不存,散见于《孟子》《列子》及《淮南子》中。据《孟子》记载,杨朱提倡的属于极端个人主义。

刘安

刘安(前179年—前122年),西汉沛郡丰(今江苏省丰县)人,刘邦之孙,刘长之子,淮南王。招宾客一同撰写《鸿烈》(后世称《淮南子》)。《汉书》记载,汉武帝时刘安因谋反之事败露而自杀。另有记载,刘安"得道升天"。

据记载,刘安是豆腐以及很多养生之道的发明者。据传刘安于母亲患病期间,每日用泡好的黄豆磨成豆浆给母亲饮用,刘母之病遂逐渐好转,豆浆也随之传入民间。至于豆腐起源,古籍记载刘安在淮南八公山上炼丹时,曾不小心将石膏混入豆浆里,经化学变化成为豆腐。

刘安即"一人得道,鸡犬升天"的成语的来源。

《艺文类聚·卷第七十八·灵异部上·仙道》:"汉淮南王刘安,言神仙黄白之事,名为'鸿宝万毕'三卷;论变化之道,于是八公乃诣王,授丹经及三十六水方。俗传安之临仙去,余药器在庭中,鸡犬舐之,皆得飞升。"

《道德经》

《道德经》,原称《老子》,又称《道德真经》《五千言》,是中国古代先秦诸子分家前的一部著作,为当时诸子所共仰,传说是春秋时期的老子李耳所撰写,

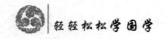

是道家哲学思想的重要来源。

道德经分上下两篇,原文上篇《德经》、下篇《道经》,不分章,后改为《道经》在前,《德经》在后,并分为81章。是中国历史上首部完整的哲学著作。

《道德经》提出了"无为而治"的主张,成为中国历史上某些朝代,如西汉初的治国方略,在经济上可以缓解人民的压力,对早期中国的稳定起到过一定作用。

《庄子》

《庄子》,一般认为是集庄子及庄学后人的篇章,整理而成,是道家最著名的三本书之一,分为内篇、外篇与杂篇,其他两本为《老子》和《列子》,魏晋玄学则称《老子》《庄子》《易经》为"三玄",为清谈的主要典籍。道教中也奉《庄子》为经典,称为《南华真经》或《南华经》。

唐代时,《庄子》《老子》《文子》《列子》并列为道教四部经典。

《淮南子》

《淮南子》,又名《淮南鸿烈》《刘安子》,刘向校定时名之"淮南",是西汉淮南王刘安及其门客李尚、苏飞、伍被、左吴、田由等八人,仿秦吕不韦著《吕氏春秋》,集体撰写的一部著作。

刘安是汉武帝刘彻的叔父,刘安撰作《淮南子》的目的,是针对初登基的汉武帝刘彻。原书内篇21卷,外篇33卷,至今存世的只有内篇。这部书的思想内容接近于道家,同时夹杂着先秦各家的学说,故《汉书·艺文志》将之列为杂家类,胡适说:"道家集古代思想的大成,而淮南书又集道家的大成。"

三、墨家知识

墨家

墨家,是中国古代春秋战国时期的哲学派别之一,创始人为墨翟,世称"墨子",墨家之名从创始人而得。

墨家和儒家同为春秋战国时期显学(《韩非子·显学》),当时有"不入于儒,即入于墨"之说。先秦时期,儒、墨两家曾是分庭抗礼。战国后期,墨学的影响甚至一度在孔学之上。

墨家同时被视为中国最早的民间结社组织,有着严密组织和严格纪律,其最高的领袖被称为"钜子"或"巨子",墨家的成员都自称为"墨者"。

墨翟可能是第一代"钜子"。巨子由上代指定,代代相传,在团体中享有至高无上的权威。"墨子服役者百八十人,皆可使赴火蹈刃,死不还踵。"(《淮南子·泰族训》)

墨者多来自社会下层,以"兴天下之利,除天下之害"为教育目的,"孔席不暖,墨突不黔",尤重艰苦实践。墨者中从事谈辩者,称"墨辩";从事武侠者,称"墨侠"。墨者必须服从巨子的领导,其纪律严明,相传"墨者之法,杀人者死,伤人者刑"(《吕氏春秋·去私》)。

按墨家的规定,被派往各国做官的墨者,必须推行墨家的政治主张;行不通时宁可辞职。另外,做官的墨者要向团体捐献俸禄,做到"有财相分"。当首领的要以身作则。

墨家是一个有领袖、有学说、有组织的学派,他们有强烈的社会实践精神。墨者们吃苦耐劳、严于律己,把维护公理与道义看作是义不容辞的责任。墨者大多是有知识的劳动者。

战国后期,分化为二支:一支注重认识论、逻辑学、几何学、几何光学、静力学等学科的研究,是谓"墨家后学"(亦称"后期墨家"),另一支则转化为秦汉社会的游侠;不过也有一说是分成三派,例如韩非子说墨子死后,墨家分裂为相里氏、相夫氏、邓陵氏三派。

但是战国末期以后,墨家已经开始衰落。到了西汉时,由于汉武帝在位时代的独尊儒术政策、社会心态的变化以及墨家本身并非人人可达的艰苦训练、严厉规则及高尚思想,墨家在汉武帝在位之后基本消失。

兼爱

完全的博爱。最初见于《墨子》。是战国时期墨子的主要思想。墨子以兼

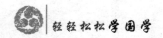

爱为其社会伦理思想的核心，认为当时社会动乱的原因就在于人们不能兼爱。兼爱与儒家的亲亲相对，将父慈、子孝、兄友、弟悌等对待亲人的方式，扩展到其他陌生人身上。也就是对待别人要如同对待自己，爱护别人如同爱护自己，彼此之间相亲相爱，不受等级地位、家族地域的限制。

非攻

反对侵略战争。"非攻"是墨学的重要范畴，是墨子军事思想的集中体现，同时也包含着丰富的政治、哲学、科学、文化、伦理思想。墨子认为，战争对于战败者的伤害，以及伤人命、损其才，是没有意义的破坏行动。而对于胜方而言，仅仅是获得了数座城池与税收，但总的来说伤害与损失也是巨大的，所以战争是没有意义的行为。

尚贤、尚同

尚贤即是指不分贵贱，唯才是举。尚同是指上下一心为人民服务，为社会兴利除弊。(有一说法为"上同"，认为天子是百官之首，而百姓听令百官，与上而同，此乃"上同"之意。)

节用、节葬

节用是指节约以扩大生产。反对奢侈享乐生活。

节葬即是说不要把社会财富浪费在死人身上。(反对儒家的厚葬耗钱财，守丧则需三年，三年过后人虚弱需要人扶才能起行，影响国家生产力，乃浪费之事。)

墨子

墨子(约前479年—前381年)是战国时著名思想家、政治家，宋国人。姓墨名翟。提出"兼爱""非攻"等观点，创立墨家学说，并有《墨子》一书传世。墨学在当时影响很大，《孟子·滕文公》篇云："杨朱、墨翟之言盈天下，天下之言，不归于杨，即归墨。"可知春秋战国之世，杨朱之学与墨学齐驱，并属显学。

墨子一生过着简朴的生活,"量腹而食,度身而衣",主张"节用,节葬,非乐",他的弟子也是"短褐之衣,藜藿之羹,朝得之,则夕弗得"。

孟胜

孟胜是战国初人。墨子的学生,后为墨家巨子。其著名事迹是为了守义,与约180名弟子死于楚国阳城君(一说鲁阳文君)的封地。

孟胜和楚国的贵族阳城君交好,受阳城君所托帮他守卫封地。阳城君参与旧贵族反对吴起,因箭射吴起,射中悼王尸体,遭楚肃王(悼王子)追究而出逃,封地被没收。孟胜为履行墨家的"义",与弟子183人集体自杀以殉。

《墨子》

战国末期,墨家后学将该派的著作汇编成《墨子》一书,《墨子》一书是墨子言行的忠实写照,又称《墨经》《墨辩》。

此书文风朴实无华,但部分内容诘屈聱牙,以致两千年来,很少有人问津。直到近代,才有学者认真解读这本古书,才发现早在二千多年前墨家便已有对光学(光沿直线前进,并讨论了平面镜、凹面镜、球面镜成像的一些情况,尤以说明光线通过针孔能形成倒像的理论为著)、数学(已科学地论述了圆的定义)、力学(提出了力和重量的关系)等自然科学的探讨,可惜的是,这一科学传统也因此书在古代未得到重视而没能结出硕果。但这一发现,震动了当今学术界,使近代人对墨家乃至诸子百家更为刮目相看。

《墨子》一书政治观点和道德观念形成的共同基本核心思想,便是墨子提出的"兼爱"(兼相爱),"兼爱"是墨家学派的主要思想观点。其它非攻、节用、节葬、非乐等主张,也都是由此而派生出来的。墨子的"兼爱",是对孔子思想体系的基本观念的"仁"的改造。墨子提倡"兼相爱",就是说无差别地爱社会上一切人。

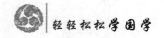

四、法家知识

法家

法家,是春秋战国时代一个以君权为核心,法制为手段的思想学派,强调君主应该利用自己的力量控制臣下,并实行耕战策略管治国家。这流派盛行于春秋战国时代,为秦朝最为采用。

这个学派否定了世袭贵族天然传承的等级制度,他们在政治实践中,奖励耕战,毁弃诗书,彻底与传统文化决裂,主张以法治国。提出"法""术""势"等主张。法即是法制,以严刑峻法管治国家,有功者重赏,有过者则重罚;术即是权术,国君要懂得如何利用政治手段,对付政敌,以保持权位;势即是权威,国君要保持自己的权威,才能驾驭臣下。

战国时韩非乃法家集大成者,他总结了法家各种学说,认为"法""术""势"三者都是缺一不可,必须互相配合地运用。又在儒家荀子的理论上吸收,认为人是天性本恶,不但对普通人,就连亲子间关系也是这种特质。

这种流派主要盛行于战国时的韩、魏、赵三国,而早期的法家学派人物也来自这三国,如商鞅来自魏国、申不害来自韩国、慎到来自赵国等。法家中有三个学派:慎到重"势"、申不害重"术",商鞅重"法",这些学派思想由韩非集以大成,构成法家思想的终极核心。

法家是先秦诸子中对法律最为重视的一派。为后来秦朝建立中央集权提供了有效的理论依据,后来的汉朝继承了秦朝的集权体制以及法律体制,这就是我国古代封建社会的政治与人治主体。

韩非

韩非(约前281年—前233年),战国晚期韩国人(今河南新郑,新郑是郑韩故城),韩王室诸公子之一,法家思想的代表人物。

韩非与李斯一同拜荀子门下学习。韩非因为口吃而不擅言语,但文章出众,连李斯也自叹不如。他的著作很多,主要收集在《韩非子》一书中。韩非是带有唯物主义色彩的哲学家,法家思想的集大成者。

在韩非所处的年代,韩国为战国七雄中最弱,他多次上书游说韩王,都不为韩王所用。之后《韩非子》一书传到秦国,书中《孤愤》《五蠹》内容被秦王嬴政佩服:"嗟乎,寡人得见此人,与之游,死不恨矣。"李斯说:"此韩非之所著书也。"便以战争为要胁,逼韩非出使秦国。

韩非到秦国后,受到秦王政的欣赏,准备重用他,但招李斯忌妒,对秦王进谗言,陷害韩非入狱,最后在狱中服毒自尽。又有一说,秦王想念下狱后的韩非,被李斯察觉,于是李斯先下手为强,派人毒杀韩非。

韩非总结了商鞅、申不害、李悝的思想,主张君主应该将法、术、势结合起来治理国家。

韩非在其《韩非子》里面有"解老"与"喻老"两篇,直述自己思想部分也源自于老子,故后世称之为"道法家",意味从道家里面延伸出来的新法家思想。但韩非的思想,仅撷取老子思想的一小部分,与同继承老子思想的庄子道家,完全不同。

商鞅

商鞅(前395—前338年),战国时期卫国(今河南安阳市内黄梁庄镇一带)人。著名的政治家、思想家,法家代表人物。姬姓,卫国国君的后裔,公孙氏,故称为"卫鞅",又称"公孙鞅",后封于商,后人称之"商鞅"。

商鞅"少好刑名之学",专研以法治国,受李悝、吴起等人的影响很大。后为魏国宰相公叔痤家臣,公叔痤病重时对魏惠王说:"公孙鞅年少有奇才,可任用为相。"又对惠王说:"王既不用公孙鞅,必杀之,勿令出境。"惠王认为公叔已经病入膏肓,语无伦次,于是皆不采纳。公叔转而告诉商鞅,并要他赶快离开魏国。

公叔痤死后,商鞅听说秦孝公雄才大略,便携带李悝的《法经》到秦国去。通过景监三见孝公,商鞅畅谈变法治国之策,孝公大喜。前359年任左庶长,开始变法,后升大良造。在秦国执政十九年,秦国大治,史称"商鞅变法"。孝公死后,受到贵族诬害以及秦惠文王的猜忌,车裂而死。

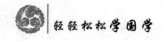
李斯

李斯(约前284年—前208年),字通古。战国末年楚国上蔡(今河南上蔡西南)人。秦代著名的政治家、文学家和书法家。在诸子百家中,李斯和韩非师从荀子学习帝王之术,后来都成为法家学说的代表人物。年轻时做过掌管文书的小吏,学业有成后来到秦国。很快就得到秦相吕不韦的器重,当上了秦国的小官,有了接近秦王的机会。后向秦王政分析局势、提供计划。果然秦王被他的连横策略打动,任用其为长史。然后采用策略,利用重金收买天下名士,并对于不愿结交者,采用刺客谋杀手段。后来正式升任为客卿。

秦王政十年(前237年)下令驱逐六国客卿。李斯上《谏逐客书》阻止,为秦王赵政所采纳,不久官为廷尉。在秦王政统一六国的事业中起了较大作用。秦统一天下后,与王绾、冯劫议定尊秦王政为皇帝,并制定有关的礼仪制度。被任为丞相。他建议拆除郡县城墙,销毁民间的兵器,以加强对人民的统治;反对分封制,坚持郡县制;又主张焚烧民间收藏的《诗》《书》,禁止私学,以加强专制主义中央集权的统治。还参与制定了法律,统一车轨、文字、度量衡制度。秦始皇死后,他与赵高合谋,伪造遗诏,迫令始皇长子扶苏自杀,立少子胡亥为二世皇帝。后为赵高所忌,于秦二世二年(前208年)被腰斩于咸阳闹市,并夷三族。

李悝

李悝(前455年—前395年),战国初期魏国著名政治家、思想家、法学家,也作李克。有的古书中还将李克写成"里克",或讹作"李兑""季充"。中国战国时代著名思想家。公元前422年,任魏国相,主持变法,其重农与法治结合的思想对商鞅、韩非影响极大。故一般认为他是法家的始祖。

他还汇集当时各国法律编成六篇《法经》,包括盗法、贼法、囚法、捕法、杂法和具法,是中国古代第一部比较完整的法典,其内容主要阐述如何维持治安、缉捕盗贼、防止人民反叛及对犯罪者的判刑等等。

《商君书》

《商君书》是记载商鞅思想言论的资料汇编,又称《商君》《商子》。《商君书》侧重记载了法家革新变法、重农重战、重刑少赏、排斥儒术等言论,主要反映了法家的政治思想。在《汉书》中录有29篇,但现在仅存24篇。其中有些篇所述史实在商鞅死后,说明不是商鞅本人所作,但书中也保留了商鞅遗著,记录了商鞅的言行,约为战国末年商鞅后学编成。韩非子曾提到过这部书。司马迁说:"余尝读商君《开塞》《耕战》书,与其人行事相类",认为它的思想内容和商鞅所从事的政治活动相符合。

《商君书》着重论述了商鞅一派的变法理论和具体措施。《开塞》篇提出了社会发展的三个阶段:"上世亲亲而爱私,中世上贤而说仁,下世贵贵而尊官。"这种历史变化的观点在哲学史上有重要的进步意义。在具体措施上,此书主张加强君权,建立赏罚严明的法治制度,取消贵族的世袭特权,奖励军功,提倡耕战,同时反对用诗书礼乐和道德教化的手段治理国家。

关于《商君书》的校释,有清人严可均校本、近人王时润《商君书斠诠》、朱师辙《商君书解诂定本》、蒋礼鸿《商君书锥指》、高亨《商君书注译》等。

《韩非子》

《韩非子》是战国末期韩国思想家韩非的著作。这部书现存55篇。《韩非子》一书,重点宣扬了韩非法、术、势相结合的法治理论,达到了先秦法家理论的最高峰,为秦统一六国提供了理论武器,同时,也为以后的封建专制制度提供了理论根据。

五、名家知识

名家

名家,通俗的说是辩论家,是中国战国的诸子百家之一。以善于辩论,善于语言分析而著称于世。他们主要以诠释"实"与"名"来阐述观点。司马谈《论六家要旨》与班固的《汉书艺文志》都有提到名家。

名家将对名的探讨从具体问题中抽象化，并且从更高角度继续阐发其中的政治伦理思想，并且强调端正名实关系，实际上也是希望天下得治。

名家的重要人物有公孙龙、宋鈃、尹文、邓析、惠施等人，其提出的命题包括白马非马、离坚白、合同异等。

邓析

邓析（前545年—前501年），春秋时代末年郑国人，著名思想家，"名辨之学"倡始人。名家学派的先驱人物。他是代表新兴地主阶级利益的革新派，第一个提出反对"礼治"思想。他聚众讲学，招收门徒，传授法律知识与诉讼方法，还以类似讼师身份帮助民众打官司。著有《邓析子》二篇，已散佚，今传者一般认为是后世伪托之作。荀子曾将邓析与惠施并列进行批评，认为他们同是"甚察而不惠，辩而无用，多事而寡功"之徒。

尹文

尹文（约前360年—前280年），齐国人。战国时代著名的哲学家。与宋鈃齐名，属稷下道家学派。他们的思想具有调和色彩，对后期儒家思想有深刻影响。著有《尹文子》。《尹文子》序称其在齐宣王时，于稷下与宋鈃、彭蒙、田骈皆为公孙龙的学生；但是《汉书·艺文志》却说"先公孙龙"。《吕氏春秋》则有其游说齐湣王的记载。

尹文的思想出于名家，但是也杂糅了老、庄、申、韩的学说，可以说是自道家至名家，再自名家而至法家。这种现象反映战国初期，由宗法封建过渡到法治专制的政治社会的思想。但由于尹文思想本身的复杂性，有些近代学者不再沿袭班固的分类，而对其学派归属有了不同意见：有的认为是稷下黄老道家三派之一，有的认为是墨家，或有直接列入杂家的。

《尹文子》一书的真伪也历经许多讨论，20世纪初期有些学者据认为今本的《尹文子》全系伪托之作，但在70到80年代间，已有学者认为书中材料在研究尹文思想时，大抵是可信的；90年代以后，伪书之说更受到全面的批驳。

公孙龙

公孙龙(前320年—前250年),传说字子秉,战国时期赵国人,曾经做过平原君的门客,名家的代表人物,其主要著作为《公孙龙子》14篇,目前只残留6篇,共一卷。最著名的即《白马论》与《坚白论》,其中提出了"白马非马"和"离坚白"等论点。公孙龙是"离坚白"学派的主要代表。是著名的诡辩学代表著作,提出了逻辑学中的"个别"和"一般"之间的相互关系,但把它们之间的区别夸大,割断二者的联系,是一种形而上学的思想体系。

惠施

惠施(前390年—前317年)宋国(今河南商丘市)人,战国时政治家、辩客和哲学家,是名家的代表人物。惠施与庄周同时,是合纵抗秦的最主要的组织人和支持者。他主张魏国、齐国和楚国联合起来对抗秦国,并建议尊齐为王。著有《惠子》一篇,已散佚。《庄子》之中保有大量惠施的言谈与学说,著名的有《天下篇》的"历物十事",《秋水篇》的"濠梁之辩"等等。

六、方技家知识

方技家

方技家,学术派别,于先秦至汉初成形,主要研究养生和医药。《汉书·艺文志》记载:"方技者,皆生生之具,王官之一守也。"并将方技家分为"医经""经方""神仙""房中"四大派。

方技家以医学为理论基础,但研究范围宽于医学,包括后世的医家与方士。房中、神仙二家后世多归入道家。

扁鹊

扁鹊(前407年—前310年),原姓秦,名越人,又号卢医,生卒年代不详。传说是战国时田齐勃海郡莫州(今河北任丘)人,一说为山东长清人。由于他的医术高超,世人敬他为神医,所以当时的人们借用了上古神话的黄帝时神医

"扁鹊"的名号来称呼他。扁鹊奠定了中医学的切脉诊断方法,开启了中医学的先河。扁鹊是中国传统医学的鼻祖,对中医药学的发展有着特殊的贡献。

扁鹊精于内、外、妇、儿、五官等科,应用砭刺、针灸、按摩、汤液、热熨等法治疗疾病,扁鹊创造了望、闻、问、切的诊断方法,奠定了中医临床诊断和治疗方法的基础。是中医理论的奠基人。

到了宋代,扁鹊被奉为"医者之师"。《宋史》记载宋仁宗有一次身体违和,许希以针灸治愈了仁宗。仁宗非常感谢,命许希为医官,大加赏赐。许希拜谢仁宗后,又向西拜。仁宗问其理由,许希说他不敢忘本,正在拜老师扁鹊。于是许希请求仁宗,以其赏赐为扁鹊建庙,仁宗就建了扁鹊庙,并尊扁鹊为医神,封号"灵应侯"。

《难经》

中医理论著作。是《黄帝八十一难经》的简称,共三卷(亦有分五卷的)。原题秦越人撰,但据考证,该书是一部托名之作。约成书于东汉以前(一说在秦汉之际)。"难"是"问难"之义,或作"疑难"解。"经"乃指《内经》,即问难《内经》。

《难经》是阐发《黄帝内经》的疑难和要旨的第一部书。后世将其列为中医四大经典之一。

全书以问答形式写成,共81难,约11700字。以阐述基础理论为主,还分析了一些病例。对人体腑脏功能形态、诊法脉象、经脉针法等诸多问题逐一论述。其中一至二十二难为脉学,二十三至二十九难为经络,三十至四十七难为脏腑,四十八至六十一难为疾病,六十二至六十八难为腧穴,六十九至八十一难为针法。

《难经》不但在理论方面丰富了祖国医药学的内容,而且在临床方面颇多论述。除针灸之外,还提出了"伤寒有五"的理论,对后世伤寒学说与温病学说的发展产生了一定的影响。《难经》对诊断学、针灸学的论述也一直被医家所遵循。对历代医学家理论思维和医理研究有着广泛而深远的影响。

《素问》

《素问》，原名《黄帝内经素问》。是现存最早的中医理论著作。相传为黄帝创作，实际非出自一时一人之手，大约成书于春秋战国时期。原来九卷，古书早已亡佚，后经唐王冰订补，改编为24卷，计81篇，定名为《黄帝内经素问》，"素者，本也；问者，黄帝问于岐伯也。"

岐伯乃上古医学先知，《素问》记载了黄帝与岐伯的对话，以黄帝问而岐伯答的形式记载，所论内容十分丰富，以人与自然统一观、阴阳学说、五行说、脏腑经络学为主线，论述摄生、脏腑、经络、病因、病机、治则、药物以及养生防病等各方面的关系，集医理、医论、医方于一体，保存了《五色》《脉变》《上经》《下经》《太始天元册》等20多种古代医籍，突出阐发了古代的哲学思想，强调了人体内外统一的整体观念，从而成为中医基本理论的渊源。

《灵枢》

《灵枢》又称《针经》《九针》《九墟》等。是现存最早的中医理论著作，约成书于战国时期。《灵枢经》，与《素问》合称《黄帝内经》，因其共有九卷又称作《九卷》，在王冰之前又被称作《九灵》，到王冰时候改称作《灵枢》。北宋林亿校正医书时，《灵枢》已散失。史书记载，北宋时高丽国献书，高丽国希望以《灵枢经》换取中国的《资治通鉴》，《灵枢》又重新传回中国，但此版本由于北宋末年战乱，已散失。南宋绍兴乙亥（1135年）史嵩校定家藏本《灵枢》九卷，增广为24卷，刊行于世，成为现代流传的版本。明代马莳编《灵枢注证发微》，是历史上全注《灵枢》的第一人。

七、兵家知识

兵家

春秋战国时期、汉初研究军事理论，从事军事活动的学派。诸子百家之一。据《汉书·艺文志》记载，兵家又分为兵权谋家、兵形势家、兵阴阳家和兵技巧家四类。

兵家的主要代表人物在春秋战国时期主要有孙子、孙膑、吴起、司马穰苴、尉缭、公孙鞅、赵奢、白起,汉初张良、韩信等。兵家的思想源头可以追溯到商周时期的吕尚(即史上著名的姜太公)。兵家著作《孙子兵法》《孙膑兵法》《吴子》《六韬》《尉缭子》等。兵家著作中含有丰富的朴素唯物论和辩证法思想。兵家的实践活动与理论,影响当时及后世甚大,为我国古代宝贵的军事思想遗产。

其中孙子是世界公认的史上最伟大的军事思想家之一,其伟大著作《孙子兵法》于古今中外都影响深远。

孙子

孙子即孙武(约前535年—?),字长卿。春秋末期齐国乐安(今山东惠民或广饶)人。中国古代著名军事家。后人尊称其为"孙子""孙武子""兵圣""百世兵家之师""东方兵学的鼻祖"。

孙武是齐国贵族、将门之后,孙凭之子,孙书之孙。孙武年轻时得以阅读古代军事典籍《军政》,了解黄帝战胜四帝的作战经验以及古代名相伊尹、姜尚、管仲的用兵策略。约公元前517年,孙武因不堪齐国攻争频仍,于是离开故乡千乘,南下吴国,并在吴国结识了因避难而来的伍子胥,自此成为莫逆之交。

孙武到达吴国后,便隐居于吴国都城姑苏城郊的穹窿山,以务农为乐,并在此时著成了旷世巨著《孙子兵法》。

孙膑

孙膑(?年—前316年),中国战国时期军事家。本名不传,(另有一说:其本名孙宾)因其受过膑刑(剔去膝盖骨),故名膑,生于战国时期的齐国阿鄄之间(今山东省的阳谷县阿城镇,鄄城县北一带)。他是孙武的后人。战国时期曾被齐威王任命为军师,帮助齐国取得了桂陵之战和马陵之战的胜利。著作有《孙膑兵法》,久已失传。1972年山东省临沂银雀山出土残简,有一万一千余字。

吴起

吴起(前440年—前381年),战国初期著名的政治改革家,卓越的军事家、统帅、军事改革家。卫国左氏(今山东省定陶,一说曹县东北)人。吴起曾经拜鲁国曾子为师,学习儒术。敢于改革,善于用兵。后世把他和孙子连称"孙吴",著有《吴子》,《吴子》与《孙子》又合称《孙吴兵法》,在中国古代军事典籍中占有重要地位。

《孙子》

《孙子》,又称《孙子兵法》《孙武兵法》和《吴孙子兵法》,是中国古代的兵书,作者为春秋末年的孙武。一般认为,《孙子兵法》成书于专诸刺吴王僚之后至阖闾三年孙武见吴王之间,也即前515至前512年,全书为13篇,是孙武初次见面赠送给吴王的见面礼;事见司马迁《史记》:"孙子武者,齐人也,以兵法见吴王阖闾。阖闾曰:子之十三篇吾尽观之矣"。

此书主要论述了军事学的主要问题,对当时和现在的战争经验进行了总结,提出了一些著名的革命性军事命题,并且揭示了一些具有普遍意义的军事规律。

《孙子兵法》是世界上最早的兵书之一。被尊为中国第一兵书、兵学圣典、兵学经典之首,被定为武学的教范。后世的兵书大多受到它的影响,对中国的军事学发展影响非常深远。它也被翻译成多种语言,在世界军事史上也具有重要的地位。

《孙膑兵法》

《孙膑兵法》又称《齐孙子》,是中国古代著名的兵书之一,作者是战国时齐国人孙膑。

《孙膑兵法》最早见于《汉书·艺文志》,东汉以后就失传了。因此后人曾推测孙膑就是孙武,认为《孙膑兵法》就是《孙子兵法》。1972年,在山东临沂银雀山汉墓同时出土竹简本的《孙膑兵法》和《孙子兵法》,才改变了学界的认识,但是仍然有人持不同意见。竹简本是汉初抄本,其中孙膑不以第一人称出现,所以学界普遍认为此书是由孙膑弟子纪录而成。现在分上下两编,共30篇。

《孙膑兵法》进一步发展了《孙子》和《吴子》的军事思想,是一部具有丰富的军事思想的著作。

《吴子》

《吴子》又称《吴子兵法》《吴起兵法》,是一部兵法著作。相传为战国时卫国人吴起所作。《吴子》提出以治为胜、赏罚严明,主张在军队实行"进有重赏,退有重刑",做到"令行禁止,严不可犯"。提出"用兵之法,教戒为先",主张通过严格的军事训练,使士卒掌握各种作战本领,提高整个军队的战斗力。强调"简募良材",根据士卒体力、技能等条件的不同,合理分工和编组,实现军队的优化组合。要求统军将领"总文武""兼刚柔",具备理、备、果、戒、约的"五慎"条件,掌握气机、地机、事机、力机四个关键的因素。提出"审敌虚实而趋其危",主张先弄清敌人的虚实,选择有利时机进攻,以夺取胜利。

今本《吴子》共六篇,与《汉书·艺文志·兵书略》记载的48篇相差甚远。明清以来,许多学者怀疑此书是西汉或六朝时人的伪托之作。现在一般认为是经后人整理的吴起的军事思想的记录。也有人认为是由于在流传过程中亡佚了许多篇章。

《吴子》主要总结了战国时期的实战经验,与《孙子》一起并称"孙吴兵法"。非常受到历代军事家的重视。《吴子》一书虽仅五千字左右,但内容十分丰富,是继《孙子》以后又一部体系完备、思想精深、具有重大理论价值的兵学论著,在中国古代兵学史上占有极其重要的地位。

八、其他学派知识

阴阳家

阴阳家,是战国时主要学派之一。因提倡阴阳五行学说,并用它解释社会人事而得名。又称"阴阳五行家"或"五行家"。《汉书·艺文志》列为"九流"之一。主要代表人物有战国末齐国的邹衍。

阴阳家的"阴阳"和"五行"等思想在战国时期与道家、方仙道思想合并形成黄帝学派,在汉朝时融合老子的学说形成黄老道,后逐渐演变成现在的道教。

纵横家

纵横家是战国时以从事政治外交活动为主的一派,是诸子百家之一,多为策辩之士,可称为中国五千年中最早也最特殊的外交政治家。《汉书·艺文志》列为"九流"之一。《韩非子》说:"纵者,合众弱以攻一强也;横者,事一强以攻众弱也。"合纵派的主要代表是苏秦,连横派的主要代表是张仪。

"纵"与"横"的来历,据说是因南北向称为"纵",东西向称为"横"。六国结盟为南北向的联合,故称"合纵";六国分别与秦国结盟为东西向的联合,故称"连横"。

"纵"指"合纵",即合众弱以攻一强,指战国时齐、楚、燕、韩、赵、魏等六国联合抗秦的外交策略。"横"指"连横",即一强连一弱以破获众弱,指以上六国分别与秦国结盟的外交策略。所谓"纵横家",指鼓吹"合纵"或"连横"外交策略的人物。

九流十家中有"纵横家者流",是其中最讲实务的,一切从客观出发,并以取得成功为目标。他们其实是一类杰出的谋士和辩士,一直是战国社会舞台上的活跃分子,并且举足轻重,被形容为"翻手为云,覆手变雨",操纵着战国斗争的局势。

纵横家的鼻祖是鬼谷子。纵横家的代表人物有苏秦、张仪(苏秦师弟)、甘茂、司马错、乐毅、范雎、蔡泽、邹忌、毛遂、郦食其、蒯通等,事皆详于《战国策》。

杂家

杂家,战国末至汉初的哲学学派。以博采各家之说见长。杂家之所以为杂家,是因为杂家不具有原创思想,而以取各家所长,避各家所短见长。《汉书·艺文志》将其列为"九流"之一。杂家的出现是统一的封建国家建立过程中思

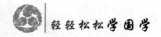

想文化融合的结果。以吕不韦召集门客各派学者合著的《吕氏春秋》为代表作。杂家的学者本身并不自认为自己是杂家,以目前所知的资料来看,此一名称是班固在《汉书·艺文志》中最早提出的。

由于中国哲学在于春秋战国后渐少原创,并由于项羽火烧秦宫之举,使得许多思想的经典付之一炬,在其本源残缺不全之下,多数的思想家往往从不同的诸子各家里取法,而不再执着本源,故自汉以后,九流十家几乎已都算是杂家,不复原貌。

农家

农家,是先秦在经济生活中注重农业生产的学派。诸子百家之一。吕思勉先生在其《先秦学术概论》中,把农家分为两派:一是言种树之事;二是关涉政治。

农家学派主张推行耕战政策,奖励发展农业生产,研究农业生产问题。

战国时,农家代表人物有许行。农家著作有《神农》20篇、《野老》17篇、《宰氏》17篇、《董安国》17篇、《尹都尉》17篇、《赵氏》17篇等等,均已佚。农家没有一部完整的著作保存下来,他们的思想和活动散见于诸子的著述中,虽星星点点,但仍然值得重视。

小说家

小说家,是先秦与西汉杂记民间古事的学派。在古代中国,尤其在春秋战国时代,小说家指的是一类记录民间街谈巷语的人,为诸子百家中的其中一家,据班固所著《汉书·艺文志》曰:"小说家者流,盖出于稗官;街谈巷语,道听途说者之所造也。",意即小说家所做的事以记录民间街谈巷语,并呈报上级等为主,然而小说家虽然自成一家,但被视为不入流者,故有"九流十家"之说。

古中国小说家所著之书,今多已亡佚,故其学说,已难考查。班固写《汉书·艺文志》时,撷了今已亡佚的古书《七略》所录,将十五本著作编入"小说家"的名下,并以自己的理解作注解。

第二章

不可不知的历史知识

一、古代帝王

三皇五帝

三皇五帝是中国在夏朝以前出现在传说中的"帝王"。从三皇时代到五帝时代,历年无确数,最少当不下数千年。产生于父系氏族公社时期。三皇五帝是中华上古杰出首领的代表。关于"三皇"和"五帝"有多种说法,其中一种意见认为:"三皇"是指女娲、伏羲、神农。女娲和伏羲被说成是"蛇身人首",结为夫妻,繁衍了后代。这是"龙的传人"的源头。"五帝"也有多种说法,现在通常是指黄帝、颛顼、帝喾、尧、舜。其实,他们都是原始社会末期部落联盟的首领、传说中的英雄。黄帝和炎帝生活在距今大约5000多年前的黄河流域,是兄弟联盟,曾联合在涿鹿打败了南方的蚩尤部落,由于他们构成后来华夏族的主干成分,并对黄河流域的开发做出了贡献,所以他们被后人尊奉为华夏族的祖先。

神农氏

传说神农氏是远古时代发明农业和医药者。又名"炎帝"或"烈山氏"。远古人类以渔猎、采集为生,神农氏教民制耒耜等农器,从事农业生产,使人们能过上定居生活,被人们尊为"神农氏"。一说,他发明用烧山方式经营农作,进行刀耕火种,故又称"烈山氏"。因为他用火兴邦安民,所以又称"炎帝"。神农氏的传说,反映我国原始时代从采集、渔猎向原始农业演进的历史,相当于母系氏族社会时代。相传他还亲尝百草,曾一日中毒70次,对草药性能十分熟悉,著《神农本草经》,为民疗疾,人们尊他为医药发明者。据传,他在位时,还开市场,通财货。神农氏在统治了140年后死去。其后共传八代,子孙们共统治520年。

黄帝

黄帝(前2717年—前2599年)是传说中的上古帝王轩辕氏的称号,中原各族的共同祖先。姬姓,生于轩辕之丘,称"轩辕氏"。曾统治有熊部落,出生、创业和建都于有熊(今河南新郑),故又称"有熊氏"。一说姓公孙,少典之子。相传炎帝侵扰各部落,黄帝得到各部落首领的支持,与炎帝战于阪泉之野(今河北涿鹿东南),大败炎帝。不久,九黎族首领蚩尤入侵中原,各部落深受其害,黄帝又联合诸部落与蚩尤大战于涿鹿之野(今河北涿鹿),杀蚩尤。被众首领推举为部落联盟领袖,因有土德之瑞,故号"黄帝"。传说黄帝命仓颉为史,创造文字;令风后据兵法,创战阵;让隶首制定度量衡标准;命伶伦定曲调,开始有五音;黄帝教民盖房屋、造舟车;帝后嫘祖养蚕织绩;黄帝还教民铸造货币与生活器用;他还与岐伯讨论《内经》,于是有了原始医术,人们可以尽天年而少疾病。现在行世的《素问》一书,相传就是黄帝跟岐伯、雷公等人讨论医学问题的著述,也是《黄帝内经》的一部分。据传黄帝在位百年而卒。

禹

禹(前2277年—前2213年)传说中的古代部落联盟首领,与尧舜并为传说中的古圣王。又称"大禹""夏禹""戎禹""伯禹"。姒姓,名文命。大禹是古代一位具有雄才大略的政治家。他治水是与治国养民结合进行的。大禹的父亲鲧,于尧在位时,被推荐治水。九年治水无功,被杀。禹继其父治水,一改其父以堵为主的治水方法,取以疏导为主的方法治水。传说,他曾疏通九条大河的河道,疏导了济水和漯水,开凿了汝水和濮水,排泗水入淮,以导淮水入江。治水13年,他三过家门而不入,被传为千古佳话。禹疏导洪水入江海,整理出九州之地以供农耕,后被推举为夏部落联盟首领。禹还平定三苗之乱,成为诸夏九州首领。此后他铸九鼎作为最高权力的象征。又铸刑鼎、制禹刑。由于伐三苗有功,人们又尊称他"戎禹"。禹曾建都阳城(今河南登封告城),后又迁往阳翟(今河南禹州),两地均处中原核心位置。为了炫耀王权,禹沿颍水南下,在淮水中游的涂山(今安徽蚌埠西)大会夏、夷诸邦国部落首领,史称"涂山之会"。会上,防风氏首领因迟到当场被杀。禹借此震慑各邦国,建立自己的权威。禹死后,传位于子启。

夏启

夏启是夏禹的儿子,生卒年不详。禹病死后继位,成为中国历史上由"禅让"变为"世袭制"的第一人。夏王朝第一任王。相传禹将王位禅让给伯益,但诸部落首领不服伯益,启遂继父位而有天下。一说,禹死后,伯益推让,不肯即王位;又一说,禹死,启继位。伯益与启争位,被启所杀。西方有扈氏起兵反对。启亲率大军讨伐,同有扈氏大战于甘(今河南洛阳西),有扈氏被剿灭。夏启登上了王位,正式确立了王位世袭制度,开始了我国古代历史上"家天下"的局面。启做了夏王后,在都城阳翟(今河南禹县)召集众多方国首领,举行盛大的钧台之享。这是继"涂山大会"后的又一重大朝会。在这次朝会上,规定了邦国向夏王朝聘的礼仪制度。各诸侯必须听命于夏王。至此,夏王朝的统治确立。

春秋五霸

从公元前770年到前476年,历史上称为"春秋时期"。相传春秋初期诸侯列国有一百四十多个,经过连年兼并,到后来只剩较大的几个。这些大国之间还互相攻伐,争夺霸权。春秋时期,周天子失去了往日的权威,天子反而依附于强大的诸侯。一些强大的诸侯国为了争夺霸权,互相征战,争做霸主,先后称霸的五个诸侯叫做"春秋五霸"。关于春秋五霸有两种说法:一说是指齐桓

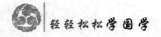
公、宋襄公、晋文公、秦穆公、楚庄王;另一说法是指齐桓公、晋文公、楚庄王、吴王夫差、越王勾践。

秦始皇

秦始皇(前259年—前210年),中国历史上第一个大一统王朝——秦王朝的开国皇帝。全称"秦始皇帝",姓嬴,名政。因为出生于赵国首都邯郸(今河北省邯郸市),嬴政又被叫作赵政。秦庄襄王之子。公元前247年,秦王政13岁时即王位,因年幼朝政由太后和相邦吕不韦及嫪毐掌管。公元前238年(秦王政九年),秦始皇22岁时,在故都雍城举行了国君成人加冕仪式,开始"亲理朝政",除掉吕不韦、嫪毐等人,重用李斯、尉缭,自公元前230年至前221年,先后灭韩、赵、魏、楚、燕、齐六国,39岁时完成了统一中国大业,建立起一个以汉族为主体、多民族统一的中央集权的强大国家。定都咸阳。公元前210年,秦始皇东巡途中驾崩于沙丘(今河北省邢台市)。秦始皇认为自己的功劳胜过之前的三皇五帝,将大臣议定的尊号改为"皇帝"。秦始皇是中国历史上的第一个皇权专制社会中央集权体制国家的创立者,也是中国历史上第一个使用"皇帝"称号的君主,对中国和世界的历史均产生了深远而重大的影响,被明代思想家李贽誉为"千古一帝"。

汉高祖刘邦

汉太祖高皇帝刘邦(前256年—前195年),字季(有的说小名刘季)。沛县丰邑中阳里(今江苏丰县)人,起兵于沛县(今江苏沛县)。秦朝时曾担任泗水亭长,在秦末农民战争中起义,登高一呼,天下英雄云集于麾下,称"沛公";公元前207年12月,刘邦所率义军率先攻入秦都咸阳,公元前206年被义军盟主项羽封为汉王,封地为汉中、巴蜀。在战胜项羽后建国时,国号定为"汉";公元前202年2月28日,刘邦在定陶城边的汜水北岸称帝,7月建都长安(今陕西省西安市)。为了和后来刘秀建都洛阳的"汉"区别,历史上称为"西汉"。

刘邦不仅使四分五裂的中国真正的统一起来,而且还逐渐把分崩离析的民心凝集起来。登基后,刘邦采取的休养生息的宽松政策,不仅安抚了人民、凝聚了中华,也促成了汉代雍容大度的文化基础。他对汉民族的统一、中国的统一强大,汉文化的保护发扬有决定性的贡献。公元前202年至公元前195年在位,共8年。庙号为太祖,谥号为高皇帝,后世多称为汉高祖。

汉武帝刘彻

汉武帝刘彻(前156年—前187年),字通,汉朝第五位皇帝,西汉时期的皇帝、政治家、战略家、诗人、文学家。景帝刘启之子。前140年至前87年在位。他的雄才大略、文治武功使汉朝成为当时世界上最强大的国家,他也因此成为了中国历史上伟大的皇帝之一。汉武帝为加强中央集权专制统治,采取了政治、经济和文化上的一系列措施。为削弱封国对王朝的威胁,颁行"推恩令",令诸侯王把封国土地分给子弟,以分散、削弱诸侯王力量。设置十三州刺史,以加强对地方的控制。在经济上,实行重农抑商政策,发展农业生产。采纳桑弘羊的建议,将铸钱、冶铁、煮盐、贸易等重要工商业收归国家专营。设置平准官、均输官,由官府经营运输和贸易。兴修水利,治理黄河,移民西北屯田;实行"代田法",促进农业生产的发展。接受董仲舒的建议"罢黜百家,独尊儒术",从思想文化上加强专政。曾派遣张骞两次出使西域,打通"丝绸之路",加强同西域各族人民在经济、文化上的交往。又派卫青、霍去病北伐匈奴,解除了匈奴对中原地区的威胁,保护了内地经济、文化的持续发展。还派唐蒙到夜郎(古国名,在今贵州西部、北部,云南东北、四川南部及广西北部等地区),在西南地区先后建立七个郡,开拓了西南边陲。后期,为求长生不老,举行封禅、祀神、求仙,挥霍无度,不断加重人民赋役负担,致使大量农民破产流亡,激起农民多次反抗斗争。天汉二年(前99年),齐、楚、燕、赵、南阳等地,纷纷爆发农民起义。他于后元二年(前87年)病逝,追谥武帝。

汉光武帝刘秀

汉光武帝(前6年—57年)即刘秀,字文叔,南阳蔡阳人(今河南南阳南),汉景帝后裔,汉高祖九世孙。东汉王朝的开国皇帝。公元25年至57年在位,谥号光武,即光绍前业之意,庙号世祖。新朝王莽末年,刘秀起兵反对王莽,在昆

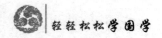
阳以少胜多打败了王莽的四十余万大军。后来在河北地方势力的支持下,统一天下,定都洛阳,重新恢复汉室政权。建国后,又轻徭薄赋,解放奴婢,恢复经济,发展生产。又加强中央集权,改革官制。历史上称他统治的时期为光武中兴。

曹操

曹操(155年—220年),三国时期政治家、军事家、文学家。字孟德,小名阿瞒,沛国谯(今安徽亳州)人。东汉末年,在镇压黄巾起义军中,他逐渐积聚起军事力量。建安二年(196年),迎献帝刘协于许(今河南许昌),通过"挟天子以令诸侯"的手段,控制东汉王朝。于官渡之战中,消灭军阀袁绍主力,逐渐统一北方。并实行一系列政策恢复经济生产和社会秩序,奠定了曹魏立国的基础。曹操任人唯贤,唯才是举,打破世族门弟观念,网罗地主阶级中下层人物,助其加强集权统治。他戎马一生,身经百战,精通兵法,曾注释《孙子兵法》,所著《孙子略解》《兵书接要》风靡一时。文学方面,在曹操父子的推动下形成了以"三曹"(曹操、曹丕、曹植)为代表的建安文学,史称"建安风骨",在文学史上留下了光辉的一笔。所著《蒿里行》《观沧海》,抒发自己的政治抱负,反映东汉末人民的苦难生活。诗风气魄雄伟,慷慨悲凉。他的散文,清峻整洁。著有《魏武帝集》,已佚。明人有辑本。

曹操去世后被葬于高陵。其子曹丕代汉建魏,曹操被追尊为"武皇帝",庙号"太祖",史称魏武帝。

刘备

刘备(162年—223年),字玄德,三国时期蜀汉开国皇帝,公元221年至223年在位。三国时期的政治家。涿郡涿县(今河北涿州)人。东汉远支皇族,汉中山靖王刘胜的后代。幼贫寒,与母贩鞋织席为生。东汉末参与镇压黄巾起义。在军阀混战中,曾先后投靠过公孙瓒、陶谦、曹操、袁绍、刘表等人。后采纳了军师诸葛亮联吴抗曹的战略决策,于建安十三年(208年),联合孙权,大败曹操于赤壁(在湖北蒲圻,今改赤壁市),占领荆州为基地。不久又夺取益州(今四川成都)和汉中(今陕西汉中东),与曹操、孙权形成三足鼎立之势。公元221年称帝,建蜀汉政权,建都成都,年号章武。次年因与吴国争夺荆州,亲率大军东下,与吴军交战于夷陵(今湖北宜昌东),全军溃败,遂逃往白帝城(今四川奉节),不久病死。追尊谥号昭烈帝。

孙权

孙权(182年—252年),字仲谋,三国时期吴政权的建立者,卓越的政治家,公元229年至252年在位。吴郡富春(今浙江富阳)人。东汉末继其兄孙策,据有江东六郡之地。孙策死后,在张昭、周瑜等人协助下,稳定了东吴局势。建安十三年(208年),与刘备联合,大败曹军于赤壁(今湖北嘉鱼东北,一部湖北蒲圻西北)。后又在夷陵之战中歼灭刘备蜀汉军主力。黄龙元年(229年),称帝于武昌(今湖北鄂城),国号吴。不久迁都于建业(今江苏南京)。黄龙二年(230年),派卫温、诸葛直等率众万人航海到夷洲(今台湾)。他于辖区内设置农官,实行屯田,又与山越族交往,在其地设置郡县,促进江南地区的开发。由于孙权在位期间,赋役繁重,刑罚苛酷,不时激起人民的反抗斗争。死后,追尊为吴大帝。

晋武帝司马炎

晋武帝司马炎(236年—290年),字安世。晋朝的开国君主,谥号武皇帝,庙号世祖。

司马炎为司马昭长子,司马昭死后,司马炎继承昭的相国、晋王。不久逼迫魏元帝曹奂禅让,即位为帝,国号晋。于15年后灭吴,统一全国。在位期间,生活荒淫无度,不理政务。290年晋武帝死于含章殿,葬于峻阳陵。

晋武帝本人是继承司马懿、司马师、司马昭三代的基业而称帝的,但本身并非英明之君,罢废州郡武装、大肆分封宗室、允许诸王自选长吏和按等置军与无法处理少数民族内迁问题,种下日后八王之乱与永嘉之乱的原因。

北魏孝文帝

北魏孝文帝拓跋宏(467年—499年),后改姓元,公元471年至499年在位。

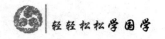

鲜卑族人。孝文帝拓跋宏是北魏献文帝拓跋弘的长子,为北魏第七位皇帝,谥号孝文皇帝。年幼的拓跋宏由祖母冯太后抚养并代为摄政。公元490年,24岁的拓跋宏开始亲政,他开始大刀阔斧地进行汉化改革。

北魏孝文帝是一位卓越的少数民族的政治家和改革家。他崇尚中国文化,实行汉化,禁胡服胡语,改变度量衡,推广教育,改变姓氏并禁止归葬,提高了鲜卑人的文化水准。是西北方各民族陆续进入中原后民族融合的一次总结,对中国历史发展起了重要的作用。

隋文帝杨坚

隋文帝杨坚(541年—604年),汉族,鲜卑赐姓是普六茹,小字那罗延。隋朝开国皇帝,伟大的政治家,中国历史上最有智慧的皇帝之一。

杨坚的父亲杨忠是西魏和北周的军事贵族,北周武帝时官至柱国大将军,封为隋国公,杨坚承袭父爵。公元581年,北周的静帝以杨坚众望有归下诏宣布禅让。杨坚登基称帝,定国号为大隋。

隋朝建立以后,隋文帝精心治理,隋朝迅速强大繁荣起来。于公元587年灭后梁,公元589年灭陈,统一了中国,结束了西晋末年以近300年的分裂局面。隋文帝不仅完成统一中国的大业,还使隋朝成为政权稳固,社会安定,户口锐长,垦田速增,积蓄充盈,文化发展,甲兵精锐,威动殊俗的强盛国家。然而,御下过严,令不少功臣未获善终;尤其立杨广为太子,遗祸后代,竟使江山断送,实为遗憾。文帝在位24年,604年病逝于大兴殿,终年64岁,葬于泰陵(今天陕西省杨陵(凌)区城西5公里处)。

唐太宗李世民

唐太宗李世民(599年—649年),唐朝第二位皇帝。唐高祖李渊次子。汉族,陇西成纪(今甘肃省静宁县)人,祖籍赵郡隆庆(今邢台市隆尧县),政治家、军事家、书法家、诗人。隋朝末期,农民起义风起云涌,李渊、李世民父子看到隋朝将亡,乃于公元617年在晋阳起兵,后攻取长安,李渊称帝,建立唐朝。封李世民为秦王。在唐朝建立和统一全国的过程中,李世民立下了汗马功劳。

武德九年六月四日,李世民发动玄武门之变,杀死兄弟李建成、李元吉,逼唐高祖李渊退位,自己称帝,是为唐太宗。次年(627)改元贞观。唐太宗即位后,居安思危,任用贤良,虚怀纳谏,实行轻徭薄赋、疏缓刑罚的政策,并且进行了一系列政治、军事改革,终于促成了社会安定、生产发展的升平景象,史称"贞观之治"。贞观之治是中国封建时代最著名的"治世"。

武则天

武则天(624年—705年),名曌,幼名媚娘。并州文水(今山西文水东)人。唐高宗皇后,武周皇帝。中国正统历史上唯一的女皇帝,也是继位年龄最大的皇帝(67岁继位),又是寿命最长的皇帝之一(终年82岁)。14岁时选入宫中,为唐太宗才人,太宗死后,入长安感业寺为尼。高宗即位后,复召入宫为昭仪。后得高宗宠幸,于永徽六年(655年),封为皇后。后高宗患病,不能临朝,武后遂参预朝政。高宗死后为独揽大权,连废中宗、睿宗二帝。天授元年(690年),自立为圣神皇帝,改国号为周,史称"武周",成为中国历史上唯一的女皇帝。在她执政期间,任用酷吏,屡兴大狱,严厉镇压政敌,诛杀李唐宗室、贵戚、勋臣数千家。在政治上,改革科举制度,创武举、初行殿试。亲自考试贡士。且允许各级官吏及百姓自行荐举,大力提拔新人。她派兵抵御突厥、吐蕃贵族侵扰,恢复设置安西四镇,稳定边疆局势。在经济上,颁布《兆人本业》,鼓励发展农业生产,抑制士族地主势力,社会经济持续发展。她大力提倡佛教,广建庙宇,寺院经济得到迅速发展,其在位后期,土地兼并加剧,人口大量流亡,社会矛盾日趋尖锐。神龙元年(705年),借武则天患病之机,大臣张柬之等人发动政变,拥立李显复位,是为中宗,恢复唐国号。尊其为则天大圣皇帝。是年冬,武则天死。追谥则天皇后。

唐玄宗李隆基

唐玄宗(685年—762年),一称唐明皇。唐睿宗李旦第三子。公元712年至756年在位。善骑射,通音律、历象之学,多才多艺。唐玄宗李隆基是个非常有作为的皇帝,玄宗开元年间,先后任用姚崇、宋璟瑶碯为相,整顿武周后期以来的弊政,社会经济继续有所发展,社会安定,政治清明,经济空前繁荣,唐朝进入鼎盛时期,后人称这一时期为"开元盛世"。唐玄宗后期,贪图享乐,任用李林甫、杨国忠等执政,官吏贪黩,政治腐败。终于导致安史之乱发生,唐朝开始衰落。

宋太祖赵匡胤

宋太祖赵匡胤(927年—976年),著名军事统帅、军事家,中国北宋王朝的建立者,庙号太祖,涿州(今河北)人。出身军人家庭,后周殿前都点检,在"陈桥兵变"中被拥立为帝,建立宋朝,定都开封,一举结束了五代十国分裂混战的局面,统一了大半个中国。又以杯酒释兵权等策,削夺禁军宿将及藩镇兵权,加强中央集权。天下既定,务农兴学,慎刑薄敛,与百姓休息,但其重文轻武"守内虚外"的方针,造成宋朝长期的积弱不振。在位16年,病死,终年50岁,后人怀疑为其弟赵匡义所害,葬于永昌陵(今河南省巩义市西南堤东保)。

成吉思汗

成吉思汗(1162年—1227年),即元太祖,孛儿只斤氏,名铁木真。蒙古族,世界历史上的杰出政治家、军事家。公元1206年,铁木真在斡难河(今蒙古鄂嫩河)源召开忽里台大会,即蒙古国大汗位,号成吉思汗。统一蒙古高原各部落。在位期间,多次发动征服战争,征服地域西达黑海海滨,东括几乎整个东亚,建立了世界历史上著名的横跨欧亚两洲的大帝国之一。

忽必烈

即元世祖(1215年—1294年),名字全称孛儿只斤·忽必烈,讳名呼必赉。成吉思汗的孙子。蒙古族。元朝的创始皇帝,庙号世祖。1260年,在开平继承蒙古汗位。1264年,迁都大都(今北京)。1271年,正式定国号为元。1279年,灭南宋,统一了中国。他在位期间,任用汉族官僚,注意吸收中原地区历代封建统治的经验,建立了包括行省制度在内的各项制度,并加强了对边疆地区的管理,巩固和发展了我国统一的多民族国家。他重视农业,设置司农司,劝课农桑,还设置河渠司,兴修水利,使农业生产逐步得到恢复和发展。但他实行民族歧视政策,使元代社会矛盾一直都很尖锐。

明太祖

即朱元璋(1328年—1398年)。字国瑞,原名朱重八,后取名朱兴宗,后改名元璋。大明王朝开国皇帝,濠州钟离(今安徽凤阳)人。少时贫苦,在皇觉寺为僧。1352年参加郭子兴部红巾军,郭死后统率其部。1356年攻下集庆(今南京市),称"吴国公"。这时他采纳了朱升"高筑墙,广积粮,缓称王"的建议,实行屯田,扩充了自己兵力。1364年消灭陈友谅势力,改称"吴王"。1367年消灭张士诚的割据势力后,派兵北取中原。1368年在应天称帝,国号明,年号洪武。同年攻克大都推翻元朝统治。他在位期间(1368年—1398年),丈量田亩,均平赋役,兴修水利,推行屯田,并改革工匠服役制度,促进了社会经济的恢复和发展;同时改革中央和地方政府机构,加强皇权,以巩固中央集权。他在位时分封诸王,对官僚大量赐田,加剧了土地兼并,使广大农民遭到残酷的剥削和压迫。

努尔哈赤

努尔哈赤(1559年—1626年),爱新觉罗氏,号淑勒贝勒,明嘉靖三十八年,出生在建州左卫苏克素护部赫图阿拉城(辽宁省新宾县)的一个满族奴隶主的家庭。明万历十一年(1583年),努尔哈赤不屈奋起,以父,祖遗甲十三副起兵,"自中称王"。他率领八旗子弟转战于白山黑水之间,临大敌不惧,受重创不馁,以勇捍立威,受部众拥戴,历时30多年,统一女真各部,推动了女真社会的发展和满族共同体的形成。万历四十四年(1616年),在赫图阿拉建元称汗,国号大金(史称"后金")。努尔哈赤兵势渐强,势力日增,万历四十六年(1618年)以"七大恨"祭天,誓师征明,开始了为清王朝的建立艰苦创业。在中华民族的历史典册中,他的英明和业绩将与世长存。与明将袁崇焕在宁远交战中,大败而回并受伤,于天命十一年八月死去。终年68岁,葬于沈阳城东,称之"福陵",庙号"太祖"。

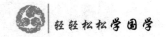

皇太极

爱新觉罗·皇太极（1592年—1643年），是清朝开创者努尔哈赤的第八子。满族。皇太极生于明万历二十年十月二十五日。努尔哈赤宁远战败身亡后即后金汗位，在位17年，卒于清崇德八年。庙号"太宗"。即位不到十年，他统一整个东北，并南下朝鲜，西征蒙古，屡挫大明官兵。公元1636年4月，皇太极在沈阳称帝，建国号大清，改年号为崇德，建立起关东一统的大清帝国，将族名改称"满洲"。

皇太极在位期间，注意发展生产，增强兵力，不断对明作战，为清王朝的确立和后来统一中国打下了坚实基础。皇太极博览群史，气度恢弘，军事上有勇有谋，政治上极富开拓精神，既有强烈的民族意识，又十分向往汉族文化，兴利除弊，优礼汉官，堪称"上承太祖开国之绪业，下启清代一统之宏图"的创业之君。他猝死于清军入关前夕，未能实现夺取全国政权的夙愿。

顺治

清世祖顺治皇帝(1638年—1661年)，即爱新觉罗·福临。满族，是清朝入关后的第一位皇帝。他是皇太极的第九子，崇德八年八月二十六日在沈阳即位。改元顺治，在位18年。卒于顺治十八年，终24岁。

顺治继位时才六岁，即位后，由叔父多尔衮辅政。顺治七年，多尔衮出塞射猎，死于塞外。13岁的福临提前亲政。顺治帝天资聪颖，读书勤奋，他吸收先进的汉文化，审时度势，对成法祖制有所更张，且不顾满洲亲贵大臣的反对，倚重汉官。为了使新兴的统治基业长治久安，他以明之兴亡为借鉴，警惕宦官朋党为祸，重视整饬吏治，注意与民休息，取之有节。但他少年气盛，刚愎自用，急躁易怒，当他宠爱的董妃去世后，转而消极厌世，终于匆匆走完短暂的人生历程，英年早逝。他是清朝历史上唯一公开皈依禅门的皇帝。

康熙

清圣祖爱新觉罗·玄烨(1654年—1722年)清朝入关后的第二位皇帝。俗称康熙帝。康熙帝是顺治的第三子。是中国历史上在位时间最长的皇帝,在位61年。

康熙自幼勤奋好学,文韬武略样样精通,在清除鳌拜、撤除三藩、统一台湾、平定准噶尔叛乱等一系列军事行动中或御驾亲征,或决胜千里,充分显示了他的军事才能。慎选人才、表彰清官、修治河道、笼络汉族知识分子等行为,又反映了康熙是一个出色的政治家和睿智的君主。

雍正

清世宗爱新觉罗·胤禛(1678年—1735年),满族,清圣祖玄烨第四子,是清朝入关后第三位皇帝,1722年至1735年在位,年号雍正,死于圆明园。

胤禛是在康乾盛世前期康熙末年社会出现停滞的形势下登上历史舞台的。复杂的社会矛盾,为胤禛提供了施展抱负和才干的机会。他有步骤地进行了多项重大改革,高瞻远瞩,又唯日孜孜,励精图治,13年中取得了卓有成效的业绩,为后代的乾隆打下了扎实雄厚的基础,使"康乾盛世"在乾隆时期达到了顶峰。

乾隆

爱新觉罗·弘历(1711年—1799年),是雍正帝第四子,年号乾隆。在位60年,退位后又当了三年太上皇,终年89岁。为清代入关后的第四位皇帝。

乾隆即位之初,实行宽猛互济的政策,务实足国在重视农桑、停止捐纳、平定叛乱等一系列活动中,充分展现了他的文治武功,乾隆帝向慕风雅、精于骑射,笔墨留于大江南北,还是一个有名的文物收藏家。清宫书画大多是他收藏的,他在位期间编纂的《四库全书》共收书3503种,79337卷,36304册,其卷数是《永乐大典》的三倍,成为我国古代思想文化遗产的总汇。

但乾隆为人重奢靡,晚年时国库财用耗竭,并重用贪官和珅,以致农民起义在其晚年层出不穷,成为清王朝从强盛走向衰败的标志。

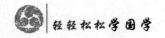

二、文臣武将

范蠡

范蠡(前536年—前448年),是春秋后期越国名臣,政治家、军事家和经济学家。字少伯,楚国宛(今河南南阳)人。他出身贫寒,但聪敏睿智、胸藏韬略、足智多谋,被越王拜为大夫。公元前494年,吴王夫差大破越军,勾践偕妻等入吴称臣。范蠡也作吴国人质两年。归国后,辅佐勾践卧薪尝胆,图强雪耻。经过十余年努力,越国终于转弱为强。勾践十五年,吴王夫差率精兵北赴黄池(今河南封丘西南)会盟诸侯,留太子与老弱守国。在范蠡建议下,勾践发兵伐吴,袭破吴都(今江苏苏州),杀吴太子。勾践二十四年,越军在围吴都三年后破城,夫差自杀。越国终于吞并吴国。

范蠡在灭吴后,决计激流勇退,乘舟浮海到达齐国,定居于陶(今山东定陶县),改称鸱夷子皮,又改名陶朱公,以经商致富。当地民众皆尊陶朱公为财神。享年高龄,几近百岁,无疾而终,被称为"中国商人圣祖"。

范蠡既能治国用兵,又能齐家保身,是先秦时期罕见的智士,史学家司马迁称:"范蠡三迁皆有荣名。"史书中有语概括其平生:"与时逐而不责于人"。世人誉之:"忠以为国,智以保身,商以致富,成名天下"。

管仲

管仲(?—前645年),即管敬仲。名夷吾,字仲。齐国颍上(今安徽颍上)人。春秋初期政治家,思想家。早年经商。初事齐国公子纠,助纠和公子小白争夺君位,小白得胜,即位为齐桓公,管仲被囚。齐桓公不计前嫌,经鲍叔牙保举,任其为卿。他在齐进行改革,分国都为15个士乡和六个工商乡,分鄙野为五属,设各级官吏管理。设选拔人才的制度,士经三次审选,可作上卿的辅佐。将士乡按五家为轨,十轨为里,四里为连,十连为乡的军事编制进行组织。征税按土地好坏分等,适当征发力役,禁止掠夺家畜。由官府统一铸造、管理钱币,制定捕鱼、煮盐之法,因此国力富强。遂在此基础上帮助齐桓公以"尊王攘夷"为号召,使其"九合诸侯,一匡天下",成为春秋时代的第一个霸主。有管仲及管仲学派的著述总集《管子》。

吕不韦

吕不韦(？—前235年),战国末年著名商人、政治家、思想家,秦国丞相。卫国濮阳(今河南濮阳西南)人。原为家累千金的阳翟大贾。吕不韦在赵都邯郸见质于赵的秦公子子楚(即异人),认为"奇货可居",遂予重金资助,并游说秦太子安国君宠姬华阳夫人,立子楚为嫡嗣。后子楚与吕不韦逃归秦国。安国君继立为孝文王,子楚遂为太子。次年,子楚即位(即庄襄王),任吕不韦为丞相,封为文信侯,食河南洛阳十万户。庄襄王卒,年幼的太子政立为王,尊吕不韦为相国,号称"仲父"。门下有食客3000人,家童万人。命食客编著《吕氏春秋》,有八览、六论、十二纪20余万言,汇合了先秦各派学说,"兼儒墨,合名法",故史称"杂家"。书成之后,吕不韦曾把它公布于咸阳城门,如果有人能提出一个错字,赏金一千两。这就是成语"一字千金"的由来。执政时曾攻取周、赵、卫的土地,立三川、太原、东郡,对秦王政兼并六国的事业有重大贡献。后因叛乱事受牵连,被免除相国职务,出居河南封地。不久,秦王政复命其举家迁蜀,吕不韦恐诛,乃饮鸩而死。

蒙恬

蒙恬(？—前210年),秦始皇时期的著名将领。祖籍齐国,山东人。祖父蒙骜、父亲蒙武皆为秦名将。少时学狱法,后为狱官。秦始皇二十六年(前221年)参与灭齐有功,任内史。秦统一六国之际,匈奴乘机南下,占据河南地(今内蒙古鄂尔多斯市一带)。三十二年,蒙恬受命率军30万北击匈奴,次年收复河南地,击退匈奴700余里,屯兵上郡(今陕西榆林东南)。蒙恬吸取战国时期据险防御的经验,从榆中(今属甘肃)沿黄河至阴山构筑城塞,连接燕、赵、秦5000余里旧长城,并修筑北起九原(今内蒙古包头西北)、南至云阳(今陕西淳化西北)的直道,构成了秦朝北方漫长的防御线。匈奴慑于蒙恬兵威,不敢进犯。三十七年,胡亥继位,蒙恬为权奸赵高诬陷,被迫自杀。

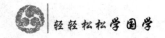

范增

范增(前277年—前204年)秦末居巢(今巢湖市)人,秦末农民战争中为项羽主要谋士,被项羽尊为"亚父"。秦末农民起义爆发后,范增投奔项梁,后归属项羽,封历阳侯。公元前206年,随项羽攻入关中,劝项羽消灭刘邦势力,未被采纳。后在鸿门宴上多次示意项羽杀刘邦,又使项庄舞剑,意欲借机行刺,终因项羽优柔寡断,项伯从中干扰,未获成功。汉三年,刘邦被困荥阳(今河南荥阳东北),用陈平计离间楚君臣关系,范增被项羽猜忌,并削弱权力。后来范增辞官归里,途中病死。

张良

张良(前250年—前186年)字子房。相传为城父(今河南郏县东)人。西汉初年著名的谋略家、政治家,军事家。"汉初三杰"之一,先世原为韩国贵族。秦灭韩后,他图谋恢复韩国,散尽家财结交刺客,在博浪沙(今河南原阳东南)狙击秦始皇未中。遂变更姓名,亡匿下邳(今江苏睢宁西北),从黄石公学太公兵法。秦末陈胜、吴广起义后,他聚众响应。不久归属刘邦,为其重要谋士。曾劝刘邦在鸿门宴上卑辞言和,保存实力,并疏通项羽叔父项伯,使刘邦得以脱身。楚汉战争期间,刘邦兵败彭城,张良建议联结英布、彭越,重用韩信等策略,为日后对项羽实行战略包围奠定了基础。汉朝建立,被封为留侯。刘邦曾赞其"运筹帷幄之中,决胜于千里外,吾不如子房"。

韩信

韩信(？年—前196年),淮阴(今属江苏)人。西汉开国功臣,"汉初三杰"之一。中国历史上伟大军事家、战略家、战术家、统帅和军事理论家。中国军事思想"谋战"派代表人物。被后人奉为兵仙、战神。陈胜、吴广起义后,韩信始投项梁,继随项羽,后从刘邦。汉高祖元年(前206年),经丞相萧何力荐,始为大将,协助刘邦制定了还定三秦以夺天下的方略。

楚汉战争期间,韩信率兵数万,开辟北方战场。破魏之战,针对魏军部署,佯作正面渡河之势,暗从侧后偷渡,攻其不备,俘获魏王豹。井陉之战,背水为阵,使将士死地求生,人自为战,大破赵军。淮水之战,借助河水,分割楚军,将齐、楚联军各个击灭。四年二月,被封为齐王。参与指挥垓下(今安徽灵璧南)决战,击灭楚军。韩信熟谙兵法,战功卓著,为汉王朝的创建做出了重要贡献。其用兵之道,为后世兵家所推崇。刘邦虽用韩信而心存疑忌,故在项羽败亡后,即夺其兵权,徙为楚王,继又黜为淮阴侯。吕后知刘邦疑忌韩信,乃与萧何定计,于汉高祖十一年正月诱韩信至长乐宫,以谋反罪名杀之。韩信著有兵书三篇,已失传。

萧何

萧何(?年—前193年),沛(今江苏沛县)人。西汉初年政治家,"汉初三杰"之一,早年任秦沛县狱吏。秦末佐刘邦起义。攻克咸阳后,他收取了秦丞相、御史府所藏的律令、图书,掌握了全国的山川险要、郡县户口,对日后制定政策和取得楚汉战争胜利起了重要作用。刘邦为汉王时,拜萧何为丞相,萧何推荐韩信为大将军。楚汉战争时,他留守关中,侍太子,为法令约束,使关中成为汉军的巩固后方,不断地输送士卒粮饷支援作战,对刘邦战胜项羽,建立汉代起了重要作用。汉代建立后,以他功最高封为侯。采摭秦法,重新制定律令制度,作为《九章律》。又协助高祖消灭韩信、英布等异姓诸侯王,被拜为相国。高祖死后,他继续辅佐惠帝。惠帝二年(前193年)卒,谥号"文终侯"。

陈平

陈平(?—前178年),阳武(今河南原阳东南)人,西汉王朝的开国功臣。伟大的谋略家。少时家贫,好黄老之术,有大志,秦末陈胜、吴广起义后,他往事魏王咎,不久受谗亡归项羽,随从入关破秦。刘邦定三秦时,又归汉,任护军中尉。先后参加楚汉战争和平定异姓诸侯王叛乱诸役,成为刘邦的重要谋士。曾建议用反间计离间项羽群臣,使项羽重要谋士范增忧愤病死。高祖六年(前201年)又建议刘邦伪游云梦,逮捕韩信。次年,刘邦被匈奴困于平城(今山西大同北部)七天七夜,后采用陈平计,重赂冒顿单于的阏氏,才得以解围。汉建立后,曾因功先后受封为户牖侯和曲逆侯。高祖死,因吕氏专权,不治事。吕后

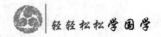
死,他与周勃定计,诛杀诸吕,迎立代王为文帝,任丞相。文帝二年(前178)卒。

贾谊

贾谊(前200年—前168年)又称"贾太傅""贾长沙""贾生"。西汉洛阳(今河南洛阳市东)人,西汉初年著名的政论家、文学家、思想家。18岁时以能诵诗属书而名闻郡中。后得吴廷尉推荐,文帝召以为博士。每次参议诏令,均能详尽对答。因此得到文帝赏识,破格提拔为太中大夫。但是在23岁时,因遭群臣忌恨,被贬为长沙王的太傅。后被召回长安,为梁怀王太傅。公元前169年梁怀王坠马而死,他深自歉疚,一年后忧伤而死。贾谊又是著名的散文家。他的政论文章分析深透,文笔犀利、流畅。著有《治安策》《过秦论》等,为西汉鸿文。据《汉书·艺文志》著录,贾谊著有《贾子》。今传《新语》是后人纂辑的贾谊著作汇编。

董仲舒

(前179年—前104年)广川人(今河北衡水),汉代著名儒家学者,哲学家、思想家、政治家和教育家,著名的今文经学大师。是中国儒学发展史和中国思想史上继孔子之后又一个里程碑式人物。

景帝时任博士,讲授《公羊春秋》。汉武帝元光元年(前134年),董仲舒在著名的《举贤良对策》中,提出他的哲学体系的基本要点,并建议"罢黜百家,独尊儒术",为汉武帝所采纳。其后,任江都易王刘非的国相十年;元朔四年(前125年),任胶西王刘端的国相,四年后辞职回家。此后,居家著书,朝廷每有大议,令使者及廷尉就其家而问之,仍受武帝尊重。

董仲舒以《公羊春秋》为依据,继承并发展了以孔子为代表的先秦儒家学说,融合先秦法学、道家、阴阳家、墨家等各家学派的思想,承上启下,建立了儒学的新体系,适应历史发展的客观要求,对当时社会所提出的一系列哲学、政治、社会、历史问题,给予了较为系统的回答。开创了汉代儒学的新局面,成为汉代的官方统治哲学。

班超

班超(32年—102年)字仲升。扶风安陵(今陕西咸阳东北)人。东汉名将，著名的军事家和外交家。是著名史学家班彪的小儿子,其长兄班固、妹妹班昭也是著名的史学家。明帝永平十六年(73年),跟随窦固进攻北匈奴,不久奉命率吏士出使西域南道。使鄯善专心臣服于汉,又使于阗归附于汉。次年,他率原部下到疏勒,废除亲附匈奴的疏勒王。章帝初年,汉朝撤尽在西域的屯兵,班超独留疏勒。建初三年(78年),他率疏勒、于阗等国兵大败姑墨(今新疆阿克苏一带)的侵犯,又上疏请兵,欲平定西域。从章和元年(87年)到和帝永元六年(94年),班超陆续平定莎车、龟兹、姑墨、焉耆等国,西域遂平。三年班超被任为西域都护。七年封定远侯。九年曾遣甘英出使大秦(罗马帝国),抵达安息西境,未至大秦而还,十四年回到洛阳,拜射声校尉,不久病死。班超在西域活动长达31年之久,平定内乱,外御强敌,保护了西域的安全以及丝绸之路的畅通。

诸葛亮

诸葛亮(181年—234年),字孔明,号卧龙(也作伏龙),琅邪阳都(今山东沂南)人。蜀汉丞相,三国时期杰出的政治家、外交家、发明家、军事理论家。在世时被封为武乡侯,谥曰"忠武侯"。东汉末,隐居邓县隆中(今湖北襄阳西)十余年,自比管仲、乐毅,被称为"卧龙"。建安十二年(207年),经颖川徐庶推荐,刘备"三顾茅庐",诚心求教。他向刘备提出占据荆(今湖北襄阳)、益(今四川成都)两州,争取西南各族的支持,联合孙权对抗曹操,最后统一全国的谋略。即所谓"隆中对"。刘备采纳了他的主张,联吴抗曹,在赤壁之战中取得胜利,并先后占领荆、益两州,建立蜀汉政权。诸葛亮任丞相。刘备死后,刘禅继位,封其为武乡侯,领益州牧。政事无巨细,必以亲躬。诸葛亮倾心辅佐刘禅,励精图治、赏罚分明、抑制豪强,加强对西南各族统治。并改善同西南各族人民的关系,促进当地经济、文化发展。他又屯田汉中,发展农业生产,对统一和开发我国西南地区做出重大贡献。他曾五出祁山,与魏争夺中原。后与司马懿在渭南对峙,病故于五丈原(今陕西岐山县县西)军中,葬于定军山(今陕西勉县东南)。相传曾改造连弩,能一次连发十箭,又制作木牛流马,有利于山地运输。他治国治军严谨慎重,善于用兵,有《诸葛亮集》《出师表》传世。

周瑜

周瑜(175年—210年),字公瑾,庐江舒县(今安徽省庐江县西南)人,人称"美周郎"。东汉末年东吴集团将领(任东吴三军大都督),三国名将,军事家。出身士族,少时与孙策友好。东汉兴平二年(195年)起兵助孙策占据江东。建安三年(198年)任建威中郎将,从孙策转战江淮,为开拓东吴疆域建立了巨大战功。孙策死后,周瑜以中护军职辅佐孙权。七年,曹操责令孙权送子为质称臣。孙权众臣犹豫不决,唯周瑜力主拒曹,并建议孙权占据江南,拥兵观变。十三年秋,曹操率军80万南下,并致书迫孙权投降。周瑜等分析局势,坚定了孙权与刘备结盟抗曹的决心,又自请为将,与刘备联军,大败曹军于赤壁(见赤壁之战),奠定了三分天下的基础。周瑜文武兼备,有雄才大略,多谋善断、心胸宽广、忠君爱国。赤壁战后积极筹划进图中原。公元210年,病逝于巴丘(今湖南岳阳)。年仅36岁。

谢安

谢安(320年—385年),字安石,号东山,浙江绍兴人,祖籍陈郡阳夏(今河南省太康),东晋政治家、军事家。历任吴兴太守、侍中兼吏部尚书兼中护军、尚书仆射兼领吏部加后将军、扬州刺史兼中书监兼录尚书事、都督五州、幽州之燕国诸军事兼假节、太保兼都督十五州军事兼卫将军等职,死后追封太傅兼庐陵郡公。世称"谢太傅""谢安石""谢相""谢公"。

年轻时,谢安很有名气,但他拒绝做官,而是隐居东山。征西大将军桓温掌握了军事大权之后,多次派人去请他做官,谢安这才出山担任了桓温军府的司马(后来人们把谢安重新出来做官这件事称为"东山再起")。桓温死后,东晋王朝把谢安升为宰相。谢安上任以后,全力安定东晋王朝内部的统治,他一面尊重早已在长江上游形成势力的桓氏家族,一面又命侄儿谢玄在长江下游的京口(今江苏镇江)招募士兵,加强下游的军事力量,以牵制上游。公元

383年，前秦王符坚率军南下攻打东晋，企图统一全国。面对前秦强大的军事力量，东晋朝野上下一片惊慌。许多百姓准备外逃避难，大臣们也议论纷纷，不知所措。谢安的侄子谢玄从外地急速还朝，向谢安询问对策。谢安一副平静的样子，回答说："我已经有打算了。"接着就不说话了。谢玄不敢再问，就让部将张玄前去，重新请求指令。谢安仍然不回答，反而令家人备好车马，带领亲戚朋友出去赏景，并与谢玄在山间别墅下围棋取乐。

谢安的棋术不如谢玄，可是这天，谢玄由于内心恐惧，在有利的形势下却不能获胜，谢安望着谢玄说："大将身在阵中，要面对变乱而不惊，这样才能打败敌人。"

说罢，谢安又带领众人游山玩水，直到太阳落山才回府。这时候，谢安才把自己早已想好的作战计划，一步一步交代清楚。大家听了非常高兴，也就增强了打败秦军的信心。

战争期间，谢安一直坐镇建康指挥，镇定自若。战争胜利后，谢玄派人送捷报时，他正在家中与客人下棋，看完捷报后，便随意地把它放在床上，继续低头与客人下棋。客人想了解一下前方战况，谢安却轻松地说敌人被打败了。客人听了非常高兴，急忙出去报告这一好消息，谢安终究按捺不住心里的喜悦，等送客人走后，他返回屋里，过门槛时，高兴得竟然连脚上穿的木屐的齿被折断了都没有发觉。淝水之战的胜利，为陈郡谢氏家族增添了不少光彩，谢氏家族的声名大震，使其与王氏家族并驾齐驱。这以后"王、谢"两族在长江一带一直居于显赫的地位。

房玄龄

(579年—648年)名乔，字玄龄。齐州临淄(今山东淄博东北)人。唐代初年名相。房玄龄博览经史，工书善文，18岁时于本州举进士，授羽骑尉。唐兵入关中时，投归李世民，任秦王府记室，协助李世民筹谋统一，取得帝位。他和杜如晦是秦王最得力的谋士。唐武德九年(626年)他参与玄武门之变的策划，与杜如晦、长孙无忌、尉迟敬德、侯君集五人并功第一。唐太宗李世民即位时，被封为中书令。贞观三年(629年)二月为尚书左仆射。十一年封梁国公。至十六年

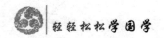

七月进位司空,仍综理朝政。太宗征高句丽时,他留守京师。二十二年病逝。

贞观前,他协助李世民经营四方,削平群雄,夺取皇位。李世民称赞他有"筹谋帷幄,定社稷之功"。贞观中,他辅佐太宗,总领百司,掌政务达20年;参与制定典章制度,主持律令、格敕的修订,又曾与魏徵同修唐礼;调整政府机构,省并中央官员;善于用人,不求备取人,也不问贵贱,随材授任;恪守职责,不自居功。后世以他和杜如晦为良相的典范,合称"房、杜"。

耶律楚材

耶律楚材(1190年—1244年)字晋卿,号玉泉老人,法号湛然居士。出身于契丹贵族家庭,生长于燕京(今北京),世居金中都(今北京),是辽太祖耶律阿保机的九世孙。蒙古国大臣。耶律楚材博览群书,旁通天文、地理、律历、术数及释老、医卜之说。金宣宗时,任左右司员外郎。1215年降蒙古,随成吉思汗西征,占卜星象及行医。拖雷监国和窝阔台即位后,日益受重用。1231年,任掌汉文字的必赤长(即"中书令"或"中书侍郎"),在政治、经济、文化等方面提出一系列有利于中原经济发展的政策措施。

曾助定君臣礼仪,奏立燕京等10路征收课税使,推行赋税制,阻止蒙古贵族改农田为牧场,建议把奴隶、农奴和驱口收为国家编户,反对大规模屠城和蒙古贵族横征暴敛。还奏置编修所于燕京、经籍所于平阳,编印儒学书籍,保护请用儒术举士。窝阔台汗死,乃马真皇后称制,渐被排挤。死后追封为广宁王,谥文正。著有《湛然居士文集》《西游录》及《庚午元历》等。

包拯

包拯(999年—1062年),字希仁。庐州合肥(今属安徽)人。北宋政治家。天圣五年(1027年)进士及第,历知天长县(今属安徽)、知端州(今广东高要),有政绩,迁监察御史。后曾出任东京转运使、河北都转运使,及知瀛、扬、庐等州和知江宁府等。

嘉佑元年(1056年)权知开封府,此后以断狱英明刚直而著称于世。他审案明察,执法严峻,不畏权贵,不徇私情,清正廉洁,令行禁止。当时的男女老少都知道包拯，称呼他"包待制"，并说："关节不到，有阎罗包老。"此前曾以天章阁待制知谏院，后任御史中丞，立朝刚严，数论斥权幸大臣，建言兴利除弊。又任三司使，迁枢密副使。嘉祐七年（1062年）病逝，终年64岁，谥孝肃。有《包拯集》（《包孝肃公奏议》）传世。包拯是一位传奇式的人物，是家喻户晓的"清官"典型，南宋和金已有以包拯为主题的故事小说和戏曲，元剧中有大量的包公戏，后有小说《包公案》（《龙图公案》）流行。

王安石

王安石（1021年—1086年）字介甫，号半山。江西临川（今江西抚州）人，世称"临川先生"。封荆国公，世人又称"王荆公"。宋代政治家、改革家、思想家和文学家。庆历二年（1042年）进士第四名及第。任地方官多年。由于深得神宗赏识，熙宁二年（1069年），王安石出任参知政事，次年，又升任宰相，开始大力推行改革，进行变法。

其政治变法对北宋后期社会经济具有很深的影响，已具备近代变革的特点，被列宁誉为是"中国11世纪伟大的改革家"。但因变法触犯了大地主、大官僚的利益，两宫太后、皇亲国戚和保守派士大夫结合起来，共同反对变法。因此，王安石在熙宁七年被第一次罢相。次年复拜相。王安石复相后得不到更多支持，不能把改革继续推行下去，于熙宁九年第二次辞去宰相职务，从此闲居江宁府。宋哲宗元祐元年（1086年），保守派得势，此前的新法都被废除。王安石不久病逝。

王安石在哲学思想方面，继承和发扬了老子的一些思想，是传统的朴素的辩证法思想，《洪范传》《老子注》是他在这方面的主要著作，后者已经散佚。他的文章以论说见长，列于唐宋八大家。在诗歌方面，早年写了不少反映社会现实的诗篇。有集本传世，一是《临川先生文集》本，一是《王文公文集》本，两本都掺有他人的著作。王安石死后谥为文，故也称为"王文公"。与韩愈、柳宗元、欧阳修、苏洵、苏轼、苏辙、曾巩并称"唐宋八大家"。

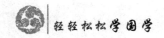

寇准

寇准(961年—1023年)字平仲。华州下(今陕西渭南东北)人。北宋政治家、诗人。19岁登进士第,当了一个时期地方官后即被召入朝任职,以其政治才能深得宋太宗赵炅器重。后因刚直不阿,被排斥出朝廷。宋真宗赵恒即位后,召寇准回朝。曾任同中书门下平章事。景德元年(1004年),辽军大举侵宋,寇准力主抵抗并促使真宗渡河亲征与辽立澶渊之盟,起了稳定局势的作用。后因受王钦若的挑拨,寇准逐渐失去宋真宗的信任,于景德三年罢相,到陕西等地任地方官。天禧三年(1019年),因顺应宋真宗意旨,奏言天书下降,再度被起用为宰相,不久罢为太子太傅,封于莱,故世称"寇莱公"。后遭副相丁谓诬陷,被一再贬逐,直至雷州(今广东海康)司户。后死于贬所。谥号忠愍。寇准早登政柄,性豪奢、喜歌舞,诗多清新之作,著有《寇忠愍公诗集》(亦即《巴东集》)传世。

司马光

司马光(1019年—1086年)字君实,号迂夫,晚年号迂叟,世称"涑水先生"。陕州夏县(今属山西)涑水乡人。北宋大臣,著名政治家、史学家、散文家。宋仁宗宝元进士,屡迁天章阁待制兼侍讲、知谏院等,遇事敢言。英宗治平二年(1065年)进龙图阁直学士。三年,撰《通志》八卷奏呈,颇受英宗重视,受命置局续修。神宗即位,擢翰林学士,赐书名《资治通鉴》,并亲自作序。司马光反对王安石进行的变法。熙宁三年(1070年),出知永兴军(今陕西西安)。四年判西京(今河南洛阳东)御史台,居洛阳15年,专意编《资治通鉴》,元丰七年(1084年)书成。哲宗即位,召为门下侍郎,进尚书仆射,成为反对变法的领袖人物,数月间尽罢新法。元祐元年(1086年)病死,赠太师、温国公,谥文正。司马光学识渊博,史学、音律、天文、书数,无所不通。著作甚丰,有《资治通鉴》《温国文正公文集》《稽古录》《涑水记闻》等。

岳飞

岳飞(1103年—1142年)字鹏举,相州汤阴(今河南汤阴)人,南宋抗金名将,著名军事家,南宋中兴四将(岳飞、韩世忠、张俊、刘光世)之一。佃农出身。他率领的岳家军纪律严明,英勇善战。1130年,金军在江南人民的反击下,被迫北撤,他率军攻击金军后队,收复了许多失地。1140年,他在郾城大败金军兀术部的主力,乘胜直抵开封附近的朱仙镇。金军被迫准备从开封撤走。南宋统治阶级一心求和,在这关键的时候,却迫岳飞班师。后来,秦桧诬陷岳飞,将他逮捕入狱,并以"莫须有"的罪名加以杀害。死后20年,高宗禅位,孝宗为他平反,追谥武穆,后宁宗改谥忠武,追封为鄂王。故后人也称"岳武穆"或"岳王"。

戚继光

戚继光(1528年—1587年)字元敬,号南塘,晚号孟诸,山东蓬莱人。明代著名抗倭将领、军事家、武术家。初任登州卫指挥佥事,1555年调浙江平倭,任参将。他组织了一支以农民、矿工为骨干的军队,作战勇敢,纪律严明,被称为"戚家军"。1561年,戚继光的军队在浙江台州一带接连打了九次胜仗,全歼了那里的倭寇。后来奉调进入福建、广东,配合俞大猷的军队,打击骚扰那里的倭寇。1565年基本上肃清了东南沿海的倭寇。戚继光的抗倭斗争,对保卫东南沿海人民的生命财产安全做出了贡献。

林则徐

林则徐(1785年—1850年)字元抚,又字少穆、石麟,晚号俟村老人、俟村退叟、七十二峰退叟、瓶泉居士、栎社散人等等。福建侯官(今福建福州)人。是中国清朝后期思想家和诗人,是中华民族抵御外侮过程中伟大的民族英雄,鸦片战争时期主张严禁鸦片、抵抗侵略的爱国政治家。史学界称他为近代中国"开眼看世界的第一人"。嘉庆九年(1804年)中举。十六年中进士。官至一品,曾任湖广总督、陕甘总督和云贵总督,两次受命为钦差大臣;因其主张严禁鸦片、抵抗西方的侵略、坚持维护中国主权和民族利益深受国人敬仰。在虎门海滩销烟,20天中销毁鸦片19179箱、2119袋,共计2376254斤。为了解西方情况,他设立译馆,翻译外文书报,编成《四洲志》,并译外国律例、军事技术等著述,开创了近代研究西方的风气。1840年初任两广总督。6月,英国发动侵略战争,因广州防守严密,遂北上攻占定海,陈兵大沽;因投降派乘机诬陷,旋被革职。次年5月,复受命往镇海军营帮办军务,又遭谗害,不久被流放新疆。

1845年起,被起用为陕甘总督、陕西巡抚、云贵总督。1849年,因病退职返乡时英国侵略者强占福州城地筑房,他联合士绅上书闽浙总督刘韵珂,力主将侵略者驱逐出城。1850年,受命为钦差大臣,赴广西镇压农民起义,病死于广东普宁县。赠太子太傅,谥文忠。

林则徐平生爱好诗词书法,著有《云左山房文钞》《云左山房诗钞》《使滇吟草》等。所遗奏稿、公牍、日记、书札等辑为《林则徐集》。

曾国藩

曾国藩(1811年—1872年),初名子城,字伯涵,号涤生,谥文正,湖南省长沙府湘乡县(今双峰)人。晚清重臣,湘军的创立者和统帅。清朝军事家、理学家、政治家、书法家,文学家,晚清散文“湘乡派”创立人。官至两江总督、直隶总督、武英殿大学士,封一等毅勇侯。

曾国藩于道光十八年(1838年)中进士,入翰林院,为军机大臣穆彰阿门生。累迁内阁学士,礼部侍郎,署兵、工、刑、吏部侍郎。与大学士倭仁、徽宁道何桂珍等为密友,以“实学”相砥砺。平时有感于政治废弛,主张以理学经世。

咸丰二年(1852年),太平军由广西进军湖南,清廷震恐。曾国藩奉旨前往长沙,帮同湖南巡抚办理团练,朝夕训练,号“湘勇”(通称“湘军”)。1858年6月,曾国藩奉诏出办浙江军务。1860年加兵部尚书衔,授两江总督,以钦差大臣督办江南军务。从此,不但拥有兵权,而且掌握地方大权。次年9月,督其弟曾国荃攻陷安庆。11月,加太子少保衔,奉命统辖江苏、安徽、江西、浙江四省军务。又向朝廷举荐左宗棠督办浙江军务、李鸿章出任江苏巡抚。对太平天国实行战略包围。至1864年7月,终于攻破天京城池,完成对太平天国起义的镇压。朝廷褒功,封曾国藩为一等毅勇侯,加太子太傅,赏双眼花翎。

1865年5月,曾国藩奉命督办直隶(约今河北)、山东、河南三省军务,镇压捻军。1867年,调任直隶总督。1870年6月,天津发生教案,奉命前往查办,屈从法国势力,处决、造成官民数十人,受到社会舆论谴责。9月,还任两江总督。

曾国藩重视采用外国军火,主张"师夷智以造炮制船"。1861年,设立安庆内军械所,制造"洋枪洋炮",后又试制小火轮船。1863年,造成"黄鹄"号轮船,并派容闳赴美国购买机器。1865年至1866年,与李鸿章在上海创办江南制造总局等军事工业。后为之积极筹措经费,派遣学童赴美留学,成为清末兴办洋务事业的首创者。

曾国藩毕生服膺程朱理学,又主张兼取各家之长,认为义理、考据、经济、辞章四者不可缺一,但始终将理学放在首要地位。于古文、诗词也很有造诣,被奉为桐城派后期领袖。1872年3月在南京病卒。赠太傅,谥文正。后人辑其所著诗、文、奏章、批牍等为《曾文正公全集》。

左宗棠

左宗棠(1812年—1885年)字季高,一字朴存,号上农人。湖南湘阴人。晚清军政重臣,湘军统帅之一,洋务派重要首领,著名军事家、政治家。

左宗棠自幼聪颖,14岁考童子试中第一名,但后来屡试不第,转而留意农事,遍读群书,钻研舆地、兵法。1832年(道光十二年)中举。1860年,太平军攻破江南大营后,随同钦差大臣、两江总督曾国藩襄办军务。曾在湖南招募5000人,组成"楚军",赴江西、安徽与太平军作战。1861年太平军攻克杭州后,由曾国藩疏荐任浙江巡抚,督办军务。1862年(同治元年),组成中法混合军,称"常捷军",并扩充中英混合军,先后攻陷金华、绍兴等地,升闽浙总督。

1864年3月攻陷杭州,控制浙江全境。封一等恪靖伯。镇压太平天国后,倡议减兵并饷加给练兵。1866年上疏奏请设局监造轮船,获准试行,即于福州马尾择址办船厂,派员出国购买机器、船槽,并创办求是堂艺局(亦称船政学堂),培养造船技术和海军人才。旋改任陕甘总督,推荐原江西巡抚沈葆桢任总理船政大臣。一年后,福州船政局(亦称马尾船政局)正式开工,成为中国第一个新式造船厂。1867年,奉命为钦差大臣,督办陕甘军务,率军入陕西攻剿西捻军和西北反清回民军,残酷镇压了陕甘回民起义。陕甘任间,继续从事洋务,创办兰州制造局(亦称甘肃制造局)、甘肃织呢总局(亦称兰州机器织呢

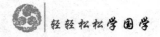

局），后者为中国第一个机器纺织厂。

1875年（光绪元年）5月，奉命督办新疆军务。1876年，驻肃州指挥多路军讨伐阿古柏，次年1月占和阗（今和田），收复除伊犁地区外的新疆全部领土。随即上疏建议新疆改设行省，以收长治久安之效。1879年中俄伊犁交涉时，抨击崇厚一任俄国要求，轻率定议约章，丧权失地，主张"先之以议论""决之于战阵"。1880年春，在新疆部署兵事，出肃州抵哈密。1881年初，中俄《伊犁条约》签定，应诏至北京任军机大臣兼在总理衙门行走，管理兵部事务。同年夏，调两江总督兼南洋通商大臣。1884年6月，奉召入京，再任军机大臣。时值中法战争，法国舰队在福州马尾击溃福建水师，奉命督办福建军务。11月抵福州后，积极布防，并组成"恪靖援台军"东渡台湾。1885年病故于福州。著有《楚军营制》，其奏稿、文牍等辑为《左文襄公全集》。

三、历史事件

太康失国

夏启晚年，生活日益腐化，整日沉迷饮酒、打猎、歌舞，而疏于朝政。夏启死后，其子太康继位，也沉湎于声色酒食之中，政事不修，促使内部矛盾日趋尖锐，外部四夷背叛。东夷族有穷氏首领后羿看到夏王朝内部矛盾重重，趁太康外出狩猎数月不归之时，乘机掌握了夏的政权。太康死后，其弟仲康继位，仲康微弱，当了傀儡。仲康死后，其子相继位。羿把相赶走，自己当了国王，这就是史书上称作"太康失国"和"后羿代夏"的故事。

商汤灭夏

商族灭亡夏朝的事件。商族发展到商汤时，已十分强大。夏末，夏王桀大兴土木，奢侈淫逸，征伐邻国，残杀异己，横征暴敛，怨声四起。商汤于部族内布德施惠、轻赋薄敛、扶困救穷、勤政廉明，周边诸侯归顺，百姓亲附，统治稳固。他又任用伊尹、仲虺为左右相，伊尹为奴隶出身，深知民之疾苦，为相后，又行改革，安定社会。此后商汤入据中原，先击败韦、顾等邦国，后再败昆吾，后于今河南封丘东的鸣条与夏军决战。夏桀大败奔溃，南窜于今安徽巢湖附近的南巢而死，夏亡。汤灭夏后，召各方诸侯、部族首领于商都景亳(今河南商丘北)，史称"景亳之命"。建立商王朝。

盘庚迁殷

商朝中期以来，王室内部连续发生王位纷争，前后经历了五代九王，史称"九世之乱"。在此期间商朝多次迁都。盘庚继位以后，政局混乱，阶级矛盾尖锐，他为了挽救政治危机，决定再次迁都于殷。但贵族平民都反对迁都，盘庚一面劝说贵族，一面恫吓人民，强行把都城迁到殷地。迁殷后，"行汤之政"，政局才稳定下来，社会经济和文化也随之迅速发展，从此，直到商亡的273年间再未迁都。

武王伐纣

周灭商事件。商末期，纣王骄横跋扈，好酒淫乐，动用大批民工修筑宫殿园林，用残酷的"炮烙之刑"镇压人民，激化了社会矛盾。殷商面临着严重的社会危机。正当殷商日趋没落之时，商的属国周在渭水流域迅速崛起。周文王任用贤才姜尚进行军政改革，国势日益强大。公元前11世纪中期，周武王继位。此时商朝的统治更加腐朽衰败，商纣王又派兵征伐东夷，调商军主力到东南前线。周武王趁商朝后方空虚之机，联合西方和南方众多方国部落，向商都朝歌(今河南淇县)进军，双方在商都郊外牧野(今河南新乡牧野村)会战，商军"前徒倒戈"，迅速瓦解，周军突袭，纣王见大势已去，登鹿台自焚而死。商亡。

周公东征

武王在消灭商朝的第二年病逝。当时"天下闻武王崩而叛"，周公为了应付危难，一方面立武王的幼子诵为周成王；另一方面，自己又亲自摄政，结果引起了内部的争权斗争。管叔、蔡叔也乘机散布流言，引起了成王对周公的怀疑。最后成王开启金縢之箱，看见策文，周公才获得信任。于是管、蔡勾结武庚起兵反周。是时武庚利用战机，联络庸、奄、薄姑、徐戎、淮夷、熊(祝融)、盈(嬴)诸族共图复国,声势远比新起而内部分裂的周强大。周公和召公"内弭父兄,外抚诸侯",经过三年东征,平定了三监叛乱。武庚北奔,管叔自杀,蔡叔被囚;周公征服熊、盈之族17国,俘淮夷之族九邑。地居河汾之东的唐也起事策应武庚的叛乱,后为周公诛灭。这次战事是继武王灭殷之后,周公为彻底征服殷族及其同盟做出的最大功绩,周王朝的统治由此稳定下来。

成康之治

西周自武王灭商、周公东征后,建立一套礼乐典章制度,巩固了统治。成王、康王两朝40余年,政局稳定,社会安宁,相传"刑错四十余年而不用",为西周最繁荣昌盛之时期,后世史家称"成康之治"。

国人暴动

西周后期国都发生的反周厉王的暴动。西周后期,周王室对周边各族征伐不已,贵族生活极度奢侈,致使财政严重危机。周厉王继位后,推行山林川泽"专利",引起居住在国都镐京(今陕西长安西北)的平民阶层(国人)的强烈不满,民怨沸腾,谤言蜂起。为制止谤言,厉王任用卫巫严密监视国人,禁止他们议论国事,违者即杀戮,以致国人相遇于道,只能以目光示意。厉王颇为得意,暴政愈发严酷。国人忍无可忍,遂与城内的工匠、戍卫的兵士一同举行武装暴动,冲入王宫。厉王仓皇出逃,北渡黄河,逃奔到彘邑(今山西霍县东北),史称"厉王奔彘"。厉王出逃后,天下无主,国人遂推举共伯和代行天子之政,史称"共和行政"。一说厉王出逃后,由召公、周公二相共同执政,亦称"共和行政"。自共和行政起,我国历史便开始了不曾间断的确切纪年。时年相当于公元前841年。共和十四年(前828年),厉王死于彘。召公又立太子静为太子,共和行政结束。

平王东迁

西周灭亡,再建东周的历史事件。周幽王在位时,西周国势衰落,社会矛盾尖锐,潜伏着政治和经济的诸多危机。但他不思进取,一味贪求淫荡奢靡的生活。他宠爱褒姒,为博美人一笑,不惜裂帛千匹,以烽火警号戏弄诸侯,政治极其腐败。为满足褒姒的欢心,竟废申后和太子宜臼,立褒姒为后,其子伯服为太子。引起申后、太子宜臼的愤恨。不久,申侯(申后之父)联合诸侯和犬戎,举兵讨伐周幽王。杀其于骊山之下,西周灭亡。诸侯和申侯拥立太子宜臼为周天子,是为周平王。然丰(今陕西长安西北)、镐(今陕西西安)地区遭兵火摧残,已成废墟,且又受戎人威胁,无法再定都于此,平王遂被迫于公元前770年,东迁雒邑(今河南洛阳)。至此,周王朝政治中心东移。周平王重建的周朝,史称东周。

三家分晋

春秋晚期,晋国新兴地主阶级的夺权事件。春秋后期,新兴势力与旧势力的斗争在晋国激烈展开。韩、赵、魏、知、范、中行氏六家,都为晋的新兴势力。但他们在改革旧体制方面做法各自不同, 故六家的发展趋势和结果也各异。如在亩制改革方面,韩、赵、魏三家最彻底、知氏次之。

周敬王二十七年(前493年),范氏、中行氏与郑国等联合,与赵、韩、魏在铁(今河南濮阳附近)交战。赵鞅阵前誓师时宣布:鼓励军功,庶人、工商业者以上可依军功受赐田、赐爵;奴隶身分的臣、隶、圉等,也可依军功获得自由人身份。这一措施,深得民众支持,结果一战击败范氏、中行氏。

周贞定王十三年(前453年),韩、赵、魏三家再联合攻灭知氏,分别据有晋之中部、北部和南部地区,成为晋国实际统治者。晋君只保有绛和曲沃两地。周威烈王二十三年(前403年),周王正式承认韩、赵、魏三家为诸侯,晋国名存实亡。至战国周安王二十五年(前377年),韩、赵、魏伐灭晋侯,三分其地,最终完成三家分晋的历史过程。

战国七雄

战国时期七个诸侯强国的统称。经过春秋时期的兼并战争,到战国时形成齐、楚、燕、韩、赵、魏、秦七个大国争雄对峙的局面。史称"战国七雄"。"七雄"的地理方位是:齐在东、秦在西、楚在南、赵在北、燕在东北、韩、魏居中。秦

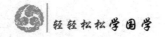

崛起后,先后兼并六国,实现统一。

百家争鸣

春秋战国时期学术思想界出现的繁荣局面。春秋战国时代,封建经济迅速发展,为学术文化的发展提供了物质条件。由于封建文化专制尚未形成,兴办私学之风大盛,造就了一大批有丰富知识和阅历的知识分子。他们亲身经历了封建制取代奴隶制的巨变过程。面对剧烈的社会变革,来自不同阶级和阶层的知识分子,对宇宙万物和社会巨变纷纷提出各自不同的见解,表明自己的主张。他们著书立说、聚众讲学、培养生徒、各立门户,形成了不同的学派。主要有儒、墨、道、法、名、兵、阴阳、纵横、农、杂等观点各异的诸子百家,其中以儒、道、墨、法四家最为著名。为追求真理,诸家之间相互争辩,思想领域空前活跃,学术上因此出现空前繁荣的景象。史称"百家争鸣"。

胡服骑射

公元前307年,赵武灵王(前325年—前299年)吸取了北方少数民族骑马作战的优点,进行了"胡服骑射"的军事改革,发展骑兵,开拓北地。胡服骑射虽然引起贵族的不满,却使赵国的军事力量强大起来。赵惠文王(前298年—前266年)继位后整顿内政,于是"民富而府库实"。当时楚、齐相继衰弱,赵国因此成为唯一能与秦国争雄的强国。

商鞅变法

商鞅变法是商鞅在秦孝公支持下,于前361年在秦国实施的改革,分两次进行,第一次开始于公元前356年,第二次开始于公元前350年。对秦国的崛起发挥了重要的作用。

公元前356年,商鞅进行第一次变法,内容包括:①颁发法律,制定连坐法,轻罪用重刑;②奖励军功,禁止私斗,颁布按军功赏赐的二十等爵制度;③重农抑商,奖励耕织,特别奖励垦荒;④焚烧儒家经典,禁止游宦之民。到了公元前350年,商鞅又进行第二次变法,进一步从经济和政治上进行改革,内容包括:①

废除贵族的井田制,开阡陌封疆,②普遍推行县制,设置县一级官僚机构;③迁都咸阳,修建宫殿;④统一度量衡制,颁布度量衡的标准器;⑤开始按户按人口征收军赋;⑥革除残留的戎狄风俗,禁止父子、兄弟同室居住。两次变法,使得秦国大治。

长平之战

战国后期秦国大败赵国的战役。秦昭王四十五年(前262年),秦将白起伐韩,取野王(今河南沁阳),决断上党通韩都之路。上党郡守冯亭以上党献赵,以联赵抗秦。赵孝成王受地,使廉颇率军守长平(今山西高平西北)以拒秦。廉颇以秦军攻势正盛,乃筑垒固守,与秦军相持达三年之久。四十七年,赵王中秦相范雎反间计,使赵括代廉颇为将。赵括空言兵法,无实战经验。既至军,一反廉颇监守战略,率大军盲目出击。秦将白起正面佯装败走,另出两支奇兵袭赵军后路,结果赵军被包围,粮道断绝,只得筑壁监守以待援军。秦王闻赵困,亲至河内,征发年满15岁及以上者悉至长平,阻绝赵救兵及粮运。赵军困守46日,饥饿难忍,竟至杀人为食了。赵括分兵四队,轮番急攻,终难突围,遂亲率精兵搏战,被秦军射杀。赵军大败,40万人皆降。白起仅释幼、弱者240人归赵,余皆坑杀。长平之战,赵前后所亡45万人,主力损失殆尽。秦军亦"死者过半"。

焚书坑儒

秦始皇为巩固中央集权和维护统一采取的措施。秦始皇统一后,博士淳于越主张效仿周代封邦建国,恢复分封制。丞相李斯坚决反对,主张将除秦王朝的国史、政治文献和医药、占卜、术数、农技、园艺等著作,朝廷收藏的《诗》《书》,以及诸子百家的学术专著外,私人收藏的儒家六艺之书和诸子百家学术论著,一律限期交到官府,统一焚毁。逾期不交者,处以黥刑或罚作苦役。凡谈论《诗》《书》等儒家经典者处死,敢借古抨击朝政者,灭族。严禁私人办学,聚徒讲学必须"学在官府"。秦始皇支持李斯建议,大举收书烧书,史称"焚书"。秦始皇欲求长生,曾招募大批文学方士赴蓬莱仙岛求取仙药。其中方士卢生等私下诽谤斥骂秦始皇,后逃亡。秦始皇以卢生等以妖言惑众为罪名,下

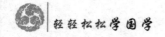

令大肆追查搜捕,共逮捕460名儒生,全部在咸阳活埋。史称"坑儒"。"焚书坑儒"是文化专制的产物,造成文化遗产的重大损失。

巨鹿之战

秦末农民战争中,项羽率义军在巨鹿击溃秦军主力的一次决定性战役。秦二世二年(前208年)八月,秦将章邯引兵北上击赵,围巨鹿。楚怀王命宋义为上将军,项羽为次将统兵救赵。宋义行至安阳,留46日不进,项羽遂斩而代之,于次年十二月遣英布、蒲将军引军两万渡漳河救赵。随后秦率全军渡河,命士卒皆带三日粮,破釜沉舟,以示血战到底的决心。与秦军九战,大破之,虏秦将王离,解巨鹿之围。之后,楚军又在漳南大破秦军,迫使章邯投降。秦军主力至此丧失殆尽。巨鹿之战有力地支援了刘邦进军关中推翻秦朝,是中国古代战争史上以少胜多战例之一。

约法三章

公元前206年,刘邦率兵进入咸阳后,秦王子婴迎降。刘邦本欲住在秦帝宫殿里面,后经张良等人劝谏,便封存秦宫中财宝,退出咸阳,驻军灞上。又召集诸县父老豪杰,对他们说:"父老苦秦苛法久矣,秦法规定,诽谤者灭族,偶语者弃市。我来时曾与诸侯相约,先入关中者为王。如今我当为王,与父老约法三章:杀人者死,伤人及盗抵罪。余悉除去秦法,诸吏人皆官复原职。"秦人闻之大喜,争以牛羊酒食飨劳军士,唯恐刘邦不为王。

楚汉战争

秦汉之际刘邦与项羽争夺统治权的战争。公元前206年,刘邦攻占咸阳(今陕西咸阳东北),推翻秦王朝后,项羽再入咸阳,沿途杀掳,火烧阿房宫,大火三月不息。他凭借自己强盛的实力,自称西楚霸王,封刘邦为汉王。

公元前205年,刘邦乘项羽东略齐地之机,自汉中再入关中,并挥师东进,直捣项羽都城彭城(今江苏徐州)。项羽闻讯大怒,领兵杀回彭城,大破刘邦汉军,双方在荥阳(今河南荥阳东北)、成皋(今河南荥阳汜水镇)之间,时战时停,形成军事对峙局面。公元前203年,刘邦联络各地武装集团夹击项羽,项羽处于三面受敌的不利地位,形势十分危急,被迫与刘邦议和停战,划鸿沟为界,楚霸东,汉占西。

公元前202年,项羽撤兵东归。刘邦遂联合韩信、彭越等人围追项羽,项羽被迫应战,韩信率雄兵60万,利用自然险要,设下十面埋伏,使项羽处处挨打,疲于奔命,兵败垓下(今安徽灵璧东南)。在"四面楚歌"中,项羽退至乌江边(今安徽和县东北)自刎。此后,刘邦迅速统一全国,建立汉王朝、定都长安(今陕西西安)。史称"西汉"。

无为而治

刘邦当了皇帝以后,要士人陆贾总结历代兴亡,特别是秦的"二世而亡"的经验教训,为他的统治提供借鉴。陆贾根据黄老学说,又结合当时国家残破、经济凋敝的实际情况,写论文十篇,主张"无为而治",得到刘邦的赞赏。陆贾的一系列理论、观点在一定程度上反映了秦朝后期的政治和社会实际,符合刘邦当时的建国思想。这一思想成为西汉初年最高统治集团的政治指导思想。后来历吕后、文帝、景帝时期,都坚持未变。

七国之乱

吴楚七国之乱是发生在汉景帝三年(前154年)的一次诸侯王国的叛乱。参与叛乱的七国的国王分别是吴王濞、楚王戊、赵王遂、济南王辟光、淄川王贤、胶东王雄渠、胶西王卬。吴濞为这次叛乱的主谋。七国之乱的根源,是强大的王国势力与专制皇权的矛盾。诸吕当权以及汉文帝刘恒继统等政治事件,加剧了这一矛盾。七国之乱的导火线,则是汉景帝刘启采纳晁错的《削藩策》,削夺诸侯王国土地。

文景之治

西汉前期出现的太平盛世。汉初,文帝刘恒、景帝刘启统治期间(前179年—前141年),继续推行汉初以来的"与民休息""轻徭薄赋"政策,采取了一

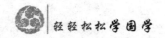

系列促进农业生产发展的政策和措施。文帝屡免田租,减轻赋役、徭役,免官奴婢为庶民,允许私人铸钱;景帝改定田租为"三十税一",奖励兴修水利。其间,封建统治秩序相对稳定,社会经济得到迅速发展。史称"文景之治"。

张骞出使西域

张骞(?—前114年),西汉外交家。汉中成固(今陕西城固东)人。建元二年(前139年),秦汉武帝之命,出使大月氏,相约夹击匈奴。他率百余人自陇西向西域进发,途经匈奴地,被俘获,留居匈奴地约十年。后率众逃脱继续西行,越葱岭,经大宛、康居等国,抵达大月支。然大月支已迁居新地,无复仇之心。

张骞停留岁余,遂返国。途中又遭匈奴扣留年余,逃脱后,于元朔三年(前126年),回到长安。此行虽未能与大月氏达成夹击匈奴之议,但了解到西域的地形、物产等情况,亦使西域诸国了解了汉朝的情况,沟通了东西方的联系。元朔六年,被汉武帝封为博望侯。元狩四年(前119年),他又奉汉武帝之命,第二次出使西域,以招引乌孙国返回河西故地,且联络西域各国,孤立西迁的匈奴。他率300余人,携大量金币、丝帛等,顺利抵达乌孙。在此又分遣副使赴大宛、康居、月支、大夏等国。虽乌孙不愿东归,然派使者随张骞于元鼎二年(前115年)一同返回长安。汉使所到之国亦派使者随之陆续到达长安。

此后,汉与西域诸国的交往日趋频繁。沿长安西行,经河西走廊,出阳关、玉门关、穿戈壁、越葱岭,至西亚、欧洲的通道上,使者及商旅相望于道。中国内地的丝绸、铁器、陶瓷及先进的生产技术,源源不断地输往西域地区。西域的农作物、文化艺术亦经此通道传入中国。故称此通道为"丝绸之路"。

王莽改制

王莽代汉后实行的复古改制。王莽为汉元帝后王政君之侄。汉成帝即位后,尊王政君为太后,王氏家族地位甚为显贵。王莽凭借家族权势交结权贵,得以进入政界。公元前1年,汉哀帝死。王政君与王莽合谋,立年仅九岁的刘衍为帝,是为汉平帝。王莽遂以大司马身份总揽朝政。

平帝元始元年(1年),进位太傅,号安汉公。此后王莽诛灭异己,树立党羽,又多方笼络官僚、贵族,还捐钱赈灾,收买人心,权势日涨。

元始五年(5年),王莽毒死平帝,另立年仅两岁的刘婴为帝,自己摄政,朝见太后时竟自称"假皇帝",臣民称之为"摄皇帝"。初始元年(8年)十一月,王莽废"孺子"刘婴,自立为帝,改国号为"新"。王莽称帝后,即附会《周礼》,托古改制。始建国元年(9年),王莽下诏,将全国土地改称"王田",奴婢改称"私属",均不得买卖。实为废除土地私有制。

二年,又实行五均、六筦(管)。于长安、洛阳、邯郸、临淄、宛、成都等大城市设五均官,负责平抑物价。由朝廷统一掌管盐、铁、酒、铸铁、名山大泽之利和五均赊贷之事,严禁私人经营。王莽自摄政后,曾先后五次改革币制,计有金、银、龟、贝、钱、布六类,28种货币。每次改币,王莽任意提高货币的面值,用小钱换大钱,造成币值混乱,百姓受到更沉重的盘剥。王莽实行复古改制,以图缓和土地兼并和农民奴隶化的矛盾。

但"王田""私属"的改制,严重触及土地私有制,遭到地主官僚的强烈反对,很快失败。王莽通过大商贾推行五均、六筦,大商贾为牟私利,与官府勾结,控制市场,操纵物价。币制的改变,更造成货币的混乱,民怨载道。王莽又对中央、地方的官名、郡县名和行政区划,多有改变,造成政治制度的混乱。其一系列的改制,非但未能挽救社会危机,反而加剧社会矛盾,终导致农民起义的爆发。

昆阳之战

公元23年,绿林军北进攻占昆阳。为了镇压绿林军,王莽派王邑、王寻率40多万官军围困昆阳。昆阳城内王凤率领的绿林军只有八九千人,他们一面坚守,一面派刘秀等13人突围出城,调集援军。刘秀调集3000援军,猛攻敌军大营,阵斩王寻。城内绿林军乘势杀出,内外夹攻,以少胜多,全歼王莽主力。接着,绿林军乘胜直捣长安,推翻了王莽政权。

光武中兴

东汉初年刘秀复兴国势之举。刘秀在河北站稳脚跟后,积极图谋夺取全国政权。分遣邓禹率军西进关中，冯异、寇恂驻守孟津(今河南洛阳附近)，伺机发动进攻。更始三年(25年)六月，刘秀在鄗(今河北柏乡北)称帝，恢复汉室，是为光武帝，年号建武。九月，农民军更始政权洛阳守将降汉。十月，汉光武帝定都洛阳(今属河南)。刘秀于建武三年(27年)，消灭赤眉军，控制整个黄河中下游地区。随后派吴汉、耿弇等大将逐一消灭各地割据势力，至建武十六年(40年)，完成统一。光武帝刘秀统治时期为强化统治，进一步完善专制主义中央集权制度。采取防范功臣、宗室诸王及外戚专权等措施，又改革官制，强化皇帝对地方政权的控制；并加强监察制度，加强对军队的控制；提倡经学，表彰名节，广开仕路等一系列政策和措施，使专制主义中央集权制度得到进一步加强。在恢复生产和发展社会经济上，采取释放奴婢，实施度田，抑制豪强，限制土地兼并，将公田借与农民耕种，提倡垦荒，发展屯田，赐民爵位、粟帛和赈济贫民，安置流民等措施，促进社会经济的恢复与发展。光武帝在位期间所采取的一系列巩固统治、恢复生产的措施，使东汉政权又得以兴盛，史称"光武中兴"。

清议党锢

东汉后期统治集团内部的政治斗争。桓帝时，宦官当权，政治黑暗。受到宦官压抑的官员，为挽救东汉王朝的统治，联合太学生抨击宦官集团，品评人物、裁量国政，从舆论上给宦官以巨大的政治压力，时人称之为"清议"。宦官遂诬告清议派领袖李膺、陈蕃和诸郡生徒结为朋党，诽谤朝廷。廷熹八年(165年)，桓帝下诏逮捕李膺等200余人，并称其为"党人"。后虽释放，但禁锢终身，永不叙用。灵帝即位后，在宦官要挟下，杀陈蕃，旋又捕杀李膺、杜密等百余人，株连六七百人。灵帝熹平元年(172年)，又搜捕太学生和"党人"千余人。熹平四年(175年)，竟下诏将"党人"的父子、兄弟、门生、故吏及五服之内的亲族都免官禁锢。统治集团内部这次残酷的政治斗争，直至黄巾大起义爆发才告结束。

黄巾大起义

东汉末年的农民起义。太平道首领张角以传教为手段，以十余年的时间在八个州发展信徒数十万人,为大起义作准备,并提出了"苍天已死,黄天当立,岁在甲子,天下大吉"的口号,公元184年2月起义正式爆发,数十万农民同时拿起了武器,他们头裹黄巾,故称"黄巾军"。起义遭到东汉王朝和各地豪强地主武装的残酷镇压,于同年10月失败,共战斗九个月。组织在黄巾旗号之下的起义军约有百万余人,起义风暴席卷全国。这次起义是有计划、有纲领、有准备、有组织的,起义地区广大,起义军战斗英勇,给予东汉王朝和豪强地主以沉重的打击。

董卓之乱

东汉末年统治集团内部的武装夺权斗争。董卓为陇西豪强、凉州军人集团首领。曾镇压羌人与黄巾起义。东汉末年,宦官专权,外戚何进密谋诛灭宦官,遂召并州牧董卓领兵入京。宦官察觉,处死何进。董卓率兵入京后,废少帝,另立刘协,是为献帝。为笼络人心,他曾平反党锢冤狱,起用一批幽滞之士。

董卓专擅朝政,逼走袁绍、曹操等人,纵容部下随意抢劫,引起朝野不满。初平元年(190年),关东各路州郡组成联军讨伐董卓,共推袁绍为盟主,进屯洛阳(今属河南)周围。董卓为避联军兵锋,挟持献帝西迁长安(今陕西西安),并逼迫洛阳一带百姓西行。

董军行前又于洛阳及附近地区大肆烧杀抢掠,200里内一空如洗。关东联军本为乌合之众,董军西退后随即瓦解。不久,长安发生政变,司徒王允联络吕布诛杀董卓。董卓部将李傕、郭汜又彼此攻杀。兴平二年(195年),董承等护卫献帝逃出长安。次年,抵洛阳。旋为曹操挟持赴许(今河南许昌)。董卓之乱揭开了东汉末年军阀混战的序幕。

官渡之战

官渡之战是曹操和袁绍为争夺对黄河中下游的统治权而进行的一场有决定意义的战争。袁绍于公元199年灭了公孙瓒,地跨青、冀、并、幽四州,势力很强。他想以消灭公孙瓒之余威,率兵南下,一举消灭曹操,进而将黄河中下游地区全部纳入他的统治之下。袁绍以精兵十万,劲骑万余匹,南渡黄河。袁

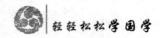

绍虽兵多粮足,但内部矛盾重重,军纪松弛,人心涣散。

曹操能用于迎击袁绍的士卒虽不过两三万人,兵、粮都远不及袁绍;可是曹操的统治集团内部比较稳定,将士用命。建安五年(200年)十月,他以5000奇兵,夜袭袁绍军于官渡(今河南中牟)附近的乌巢,全烧袁军粮食、辎重一万余车,袁军大乱。他又乘势以万人,大破袁军主力于官渡,全歼袁军七万余人,袁绍仅率八百骑兵逃回河北。这就是历史上以弱胜强的著名战例之一"曹袁官渡之战"。

官渡之战以后,袁绍病死。曹操在巩固了他在兖、豫地区的统治之后,又进兵河北,消灭了袁绍的儿子袁谭、袁尚、袁熙等势力。建安十二年(207年),又北出卢龙塞(今河北喜峰口),打败与袁氏勾结的乌桓头人,基本上统一了中国的北方。

赤壁之战

东汉末孙刘联军抗击曹操南下的战役。曹操统一北方后,欲南下完成统一大业。建安十三年(208年),曹操率水阵大军由江陵(今属湖北)顺江而下。

诸葛亮奉刘备之命,联络江东,与孙权联兵抗曹,遂与曹军相遇于赤壁(今湖北蒲圻西北)。曹军初战不利,将军队撤回长江北岸。孙、刘联军利用曹军远来疲惫、骄傲轻敌、不习水战、瘟疫流行之机,派黄盖诈降。采用火攻战法突袭曹军。曹军大乱,夺岸纷逃。孙权军大将周瑜与刘备主力军,随即水陆并进,追击堵截曹操,曹军全线溃败。

赤壁战后,曹操无力再战,率残兵逃回江陵,命曹仁于江陵驻守,乐进守襄阳。曹操本人退回北方。赤壁之战奠定了三国鼎立的局面。

八王之乱

西晋统治集团内部的争权斗争。"八王"指卷入内乱的八位宗室王:汝南王司马亮、楚王司马玮、赵王司马伦、齐王司马冏、河间王司马颙、成都王司马颖、长沙王司马乂、东海王司马越。太熙元年(290年),晋武帝死,继位的惠帝司马衷为白痴。皇后贾南风于元康元年(291年)密诏楚王司马玮入京,杀死辅政大臣、惠帝外祖父杨骏,既而杀死继骏辅政的汝南王司马亮和大臣卫瓘,独揽朝政。六年,赵王司马伦奉召入京,执掌禁军。永康元年(300年),司马伦杀贾后和辅政大臣张华等。次年,废惠帝自立。遂引起齐王司马冏、成都王司马颖、河间王司马颙联兵声讨。至此,宗室方镇多卷入火并,又由宫内扩大到宫外,由洛阳波及黄河流域的广大地区。先是司马伦战败自杀,惠帝复位。司马冏率师入据洛阳,控制朝政。司马颙与司马乂联兵攻冏。冏被乂杀后,司马颙、司马乂又与司马越反复冲突,另与幽州刺史王浚引乌桓兵、鲜卑兵以及并州都督司马腾参战,混战规模越来越大。永兴二年(305年),司马越再度起兵。次年,攻入长安。司马颙、司马颖败走后相继被杀。司马越迁惠帝返洛阳。未几,毒死惠帝,另立惠帝之弟司马炽为帝,是为晋怀帝。八王之乱至此方告结束。八王之乱是西晋统治集团内部争夺最高统治权的斗争。这场大乱前后持续了16年,黄河流域人民蒙受空前浩劫,经济文化遭到严重破坏。西晋各派统治力量也在内乱中消耗殆尽,终被流民起义及各族人民反晋斗争浪潮所埋葬。

永嘉南渡

西晋灭亡,晋室南渡重新建立晋朝的事件。司马睿为司马懿曾孙,袭封琅玡王。其封国紧临东海王司马越。八王之乱时,他追随司马越,为其羽翼,受命镇守下邳(今江苏睢宁西北)。后因下邳难以守御,得司马越同意,于永嘉元年(307年)以安东将军、都督杨州江南诸军事,移镇建邺。

司马睿与琅玡著名士族王导亲善。司马睿初镇江东,吴姓士族心存疑虑,态度冷淡。王导助其拉拢吴姓士族,遂任名士顾荣为军司马、散骑常侍;贺循为吴国内史。以此吸引吴姓氏族归附司马睿。此后多数吴姓士族对司马睿的态度由观望转为支持。王导又积极周旋其间,终使南北士族政治联合。建武元年(317年),得知晋愍帝投降后,司马睿自称晋王,次年称帝。定都建康(今江苏南京),史称东晋。

王与马共天下

早在西晋末年,一些北方士族鉴于局势恶化,纷纷南迁江东。晋怀帝永嘉元年(307年),西晋执政东海王越令其侄司马睿把根据地从下邳(今江苏睢宁西北)移至建邺,在江南形成了以王氏和司马氏为主体的政治力量。王导清醒地看到江南士族虽有一定力量,但并没有发展成割据一方的足够势力。

为了在江东站稳脚根,取得江东士族的支持,他在永嘉二年(308年)三月三日上巳这一天,特意安排了一次出游。隆重的仪仗和威严的队列,使江东士族大为震惊,便相率拜于道左,"由是吴会风靡""渐相崇奉,君臣之礼始定"(《晋书·王导传》)。317年,司马睿在王导的辅助下,在建邺称晋王。次年,当晋愍帝司马邺被杀的消息传来后,司马睿正式称帝,是为晋元帝,东晋建立。因建邺和司马邺之名犯讳,故改名建康。由于王导有拥戴之功,故司马睿要他升御床共坐,故时称"王与马,共天下"。

祖逖北伐

祖逖是两晋之际一位著名的北伐将领。早在他任司州主簿时,就曾与好友刘琨"闻鸡起舞",发誓要报效国家。晋末大乱以后,祖逖携宗族数百家迁居京口(今江苏镇江),并向时任镇东大将军的司马睿提出了带兵北伐和收复中原的请求。

司马睿遂拨给他千人廪和3000匹帛,让其自行募兵。祖逖在极端困难的条件下,开始了北伐战争,并接连取胜,前锋进至荥阳。正当他准备乘胜北渡黄河,扫清河朔之时,东晋政权内部发生了争权夺利的斗争,北伐受到牵制。东晋元帝大兴四年(321年),祖逖忧愤而死,北伐遂告失败。但祖逖坚强不屈的民族精神和忠于祖国的爱国激情却一直受到后人的歌颂和爱戴。

淝水之战

东晋军击败前秦军的战役。前秦苻坚统一北方后,急欲进攻东晋,统一全国,太元八年(383年),苻坚与其弟苻融率兵87万南下攻晋,自以为投鞭于江,足可断流,灭晋易如反掌。东晋以徐、兖二州刺史谢玄等率北府兵八万迎战。谢玄派名将刘牢之率精兵五千,偷渡洛涧(即洛河,位今安徽淮南南),败苻坚军前锋,继而挺进淝水,与秦军对峙。苻坚登寿阳城(今安徽寿县),见晋军齐整，又见八公山(今安徽凤台东南)上草木森然，皆以为晋军，心生疑悸。谢玄派使者要求前秦军后撤，以便晋军渡河决战。苻坚欲待晋军半渡反击之，遂下令稍退。前秦军方退即大乱，晋军趁机渡水奋击，大败秦军。苻融战死，苻坚带伤逃归。淝水之战，使南方免于战祸，江南经济得以持续发展。战后，北方分裂。南北方进入对峙状态。

北魏孝文帝改革

北魏在统一黄河流域后，为了加强中央集权和对各族人民的统治，吸取汉族地主阶级的统治经验，采取一系列的改革措施。485年，北魏孝文帝为了保证封建政府的财政收入，颁布均田令。均田制的实行，使北方农民的生产和生活比较稳定，开垦的荒地增多，北方的经济逐渐恢复和发展起来。为了接受汉族的先进文化和加强同黄河流域汉族大地主的联系，魏孝文帝于494年迁都洛阳，并采取汉化政策，让鲜卑贵族采用汉姓，同汉族大地主通婚，改穿汉族服装，学汉语，还采用汉族统治阶级的政治制度。这些改革，顺应历史发展的趋势，加速了北方各少数民族封建化的过程，促进了北方民族的大融合。

玄武门之变

唐初李世民为争夺太子位发动的政变。在李渊建唐过程中，以次子李世民功勋最为卓著。及李渊即位后，立长子李建成为太子，封李世民为秦王，然因李世民声望极高，且又任尚书令，职掌全国最高行政权，故威胁着李建成的太子地位，兄弟之间渐生矛盾。武德六年(623年)，李建成和四弟李元吉结为一派，与李世民明争暗斗。双方结党营私，网罗人才，不断扩大势力。

武德九年(626年)，李建成、李元吉借突厥进犯之机，密谋将秦王府的精兵骁将调往前线，以解除李世民的兵权。又策划于昆明池设宴，诱杀李世民。李世民闻讯，与长孙无忌、尉迟敬德、房玄龄等人密商，决定先发制人。是年六月初四，李世民派尉迟敬德等人伏兵于玄武门(长安太极宫北门)。清晨李建成、李元吉兄弟入朝，经玄武门时，遭袭击。李世民射杀李建成，尉迟敬德杀李元吉，又击败东宫和齐王府卫队，史称"玄武门之变"。事变后，李渊被迫立李世民为

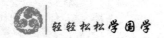

太子。两个月后,李渊退位,传位于李世民,是为唐太宗。李渊自称太上皇。

贞观之治

唐初贞观年间的太平盛世。武德九年(626年),玄武门之变后,李世民被立为太子。八月,唐高祖李渊传位李世民,是为唐太宗。次年,改元贞观。唐太宗即位后,以史为鉴,以民为本,吸取隋亡教训,居安思危,励精图治,调整统治政策。劝农务本,减轻赋役。为增加劳动,下令招徕、赎还被外族掳掠的人口,释放宫女,解放奴婢,招抚流民,归土务农。完备法制,重法轻狱,缓刑慎罚。崇尚节俭,精简政权机构,改革府兵制。兴办学校,健全科举制度。对少数民族主张华夷一家,实行安抚政策,重用少数民族将领。他还广开言路,虚心纳谏,选贤任能。在唐太宗的悉心治理下,贞观年间(627年—649年),政治清明,社会秩序稳定,社会经济迅速发展,唐朝国势日渐强盛,史称"贞观之治"。

开元盛世

唐玄宗统治的全盛时期,先天元年(712年),李隆基即位,是为唐玄宗。他先后任用姚崇、宋璟、张九龄等为相,进行政治改革,精减政府机构,裁汰冗员,整顿弊政;筛汰僧尼,限制寺院的扩张;缩减开支,减轻赋役;兴修水利,注意发展农业生产。社会生产力迅速提高。开元末户口数比唐初增长了四倍。在唐玄宗统治前期,唐朝进入全盛时期。成为亚洲经济文化交流中心。唐玄宗统治前期,年号为开元(713年—741年),故被史家誉为"开元之治"。

安史之乱

唐安禄山、史思明发动的叛乱。玄宗后期,政治黑暗,中央实力削弱,藩镇握有重兵。天宝十四载(755年)十一月,平卢、范阳、河东三镇节度使安禄山伪称奉密诏讨杨国忠,率藩、汉15万军于范阳(今北京)起兵叛乱,连败唐军,攻入洛阳。次年正月,自称雄武皇帝,占有河北大部州县。七月,玄宗逃往蜀中,朔方留后杜鸿渐等迎太子李亨(肃宗)于武灵(今属宁夏)即位。叛军进入长安,所至烧杀抢掠。

至德二载(757年),安禄山被其子安庆绪所杀,唐将郭子仪等与回纥援军收复两京,安庆绪退至邺城(今河南安阳),安禄山部将史思明降唐。次年,史思明复叛,并南下救援安庆绪,解邺城之围,乾元二年(759年)杀安庆绪于范阳,自称燕帝,再度南下攻入洛阳及附近州县。上元二年(761年),叛军分裂,史思明被其子史朝义所杀。宝应元年(762年)十月,唐军收洛阳,叛军北逃。次年正月,史朝义穷蹙自缢,叛乱始平。叛乱历时七年余,严重破坏社会生产,唐朝从此由盛转衰,北方形成藩镇割据局面。

甘露之变

唐文帝即位后,深恶宦官专权乱政,乃以李训为宰相,以郑注为凤翔节度使,谋内外结合而除之。大和九年(835年)十一月,李训、舒元舆与金吾将军韩约、河东节度使王璠、鄜宁节度使郭行余、御史中丞李孝本等合谋,以左金吾仗院内石榴树上夜降甘露为名,诱使神策军中尉仇士良、鱼志弘等往视,但被宦官发觉,仇士良等人立劫文帝入宫,封闭宫门,发禁兵500人,杀死金吾吏卒600余人,诸司吏卒及民酤贩死者,又千余人。宰相舒元舆、王涯、李训、贾餗及王璠、郭行余、郑注等皆被执杀,妻女不死者皆被没为官婢。朝列几为之一空,宦官更为专横,文宗郁郁而死。

牛李党争

唐后期官僚集团内部的派系斗争。安史之乱后,唐廷朝臣中形成两大对立派别:一派是以李德裕、郑覃为首的世代公卿出身的士族官僚集团;另一派是以牛僧孺、李宗闵为首的科举出身的新权贵。两派官僚长期争斗不已,史称"牛李党争"。党争的焦点,是如何选官和解决藩镇等问题。李党主张按门第选官,力主坚决打击藩镇割据势力;牛党主张通过科举选官,对藩镇采取妥协政策。穆宗时,牛僧孺因李逢吉引荐,一度为相,随即将李德裕贬为浙西节度使。敬宗即位,李德裕还朝。牛僧孺被排挤出朝。

文宗大和初年,牛僧孺重返朝廷为相。武宗时,李德裕为相,李宗闵被贬死,牛僧孺亦被贬为地方小吏。宣宗时,牛派官僚复又得势,李派官僚全遭罢斥,李德裕被贬,死于崖州(今海南琼山东南)。牛僧孺还朝后不久亦病死。宣宗一朝专用牛党官吏,形成牛党独领朝政的局面,牛李党争遂以牛党胜利结束。牛李党争历宪、穆、敬、文、武、宣六朝,斗争近40年之久,实为朝廷官僚权贵集团之间内部争权夺势的斗争,唐朝政治危机由此进一步加深。

藩镇割据

中国唐代中叶后,部分地方军政长官据地自雄,与唐廷抗衡的政治局面。唐玄宗开元、天宝年间,为控制和防御周边各族的进犯,大量扩充边兵,并创设节度使制,节度使有军事统领、财政支配及监察管内州县之权。这些节度使统掌的军镇有藩卫(即保卫)唐廷之责,故又称"藩镇"。安史之乱后,为了抵御叛军,军镇制度扩展到内地。唐代后期,藩镇林立,这些藩镇亦称"方镇"。其中一部分不受朝命,不输贡赋;有的甚至倚仗自身实力对唐廷跋扈不驯,割据叛乱,或藩镇相互兼并,最后唐廷被强藩朱温所灭,演变为五代十国。

朱温篡唐

唐朝灭亡的事件。朱温,原籍宋州砀山(今属安徽)人,因家贫,曾寄养于萧县刘崇家。后与其兄一同加入黄巢起义军。因战绩卓著,黄巢入据长安(今陕西西安)称帝,遂委以其为东南面行营先锋使、同州防御使。后屡为唐军所败,曾数请黄巢发兵援救,黄巢不应,遂于中和二年(882年)叛变降唐。唐僖宗任命他为左金吾卫大将军,充河中行营副招讨使,赐名"全忠"。此后他于镇压义军中有功,受封为宣武等四镇节度使、梁王,于汴州(今河南开封)建官署。其逐步壮大实力,成为唐末势力最大的藩镇。

他凭借实力,先后吞灭秦宗权、刘仁恭、朱瑾等割据势力。时唐政权经黄巢起义的冲击已分崩离析。文德元年(888年),唐僖宗死。宦官杨复恭拥立僖宗弟李晔即位,是为唐昭宗。宦官与朝官间的斗争愈演愈烈,且各自拉拢藩镇以为后援。宦官韩全诲勾结凤翔节度使李茂贞,宰相崔胤则依靠朱温,天复元年(901年),崔胤召其统兵入长安,谋诛宦官。韩全诲挟昭宗至凤翔(今属陕西)。朱温出兵击败李茂贞,挟持昭宗返回长安,又诛杀宦官数百人。

天祐元年(904年),杀崔胤,逼昭宗迁都洛阳(今属河南)。是年八月,杀昭宗,立其子李柷为帝,是为哀宗。次年,又杀宰相裴枢等30余人,沉尸黄河。遂独揽大权。天祐四年(907年),逼哀帝退位,自立为帝,国号梁,史称后梁。唐亡,中国历史进入五代十国时代。

陈桥兵变

后周禁军统领赵匡胤等人发动的政变。后周显德六年(959年),世宗柴荣(又名郭荣)亲统大军北伐契丹,欲收复燕云十六州,不料身染重病,只得退兵返回都城开封(今属河南)。柴荣病危之际,为防止皇族内部争夺权力导致政变,令归德军节度使赵匡胤接替太祖之婿张永德,任殿前都点检,掌握禁军大权,辅佐幼子柴宗训。

不久柴荣病故,年仅七岁的柴宗训即位,是为周恭帝。逾年正月,趁"主幼国疑"之机,赵匡胤以镇州(今河北正定)、定州(今属河北)二州名义,谎称契丹与北汉勾结,大举南侵,请求朝廷速派兵迎敌。宰相范质、王溥不辨真伪,急令赵匡胤率大军北上。赵匡胤领兵出城,日暮,驻军于距开封城东北40里处的陈桥驿(今河南封丘东南陈桥镇)。他将军中诸事悉交其弟赵匡义(后更名赵光义)和亲信、谋士赵普代为处理后,即入帐内饮酒。全然不问军中事,直至醉卧榻上。

次日清晨,赵匡胤尚未起床,诸将领便聚集其寝帐之外。赵匡义入帐请出其兄。赵匡胤走出帐外,众人拔刀抽剑,列队于庭院之中,齐声请求他称帝。不等赵匡胤答话,赵普等人便拿出事先已准备好的为皇帝登极时穿的黄袍,披戴在他的身上。赵匡胤无可奈何,对众人说:"你们贪图富贵,立我为天子,能从我命则可;不然,我就不干"。众人异口同声道:"唯命是听。赵匡胤随即要求众人秋毫无犯,不得掠抢财物。之后他立即派人赴开封,与守将石守信、王审琦等人联络。自己率军自陈桥回师开封。

入城后,赵匡胤命兵士返回军营,自己亦回到原来的官署。不多时,众将领簇拥范质等朝廷要员来到赵匡胤官署,屈身于阶下。赵匡胤于堂上召集文武百官,依据每人功劳高下定入朝列班次序。此时翰林承旨陶穀自袖中取出已写好的禅位制书,当众宣读,称柴宗训退位,由赵匡胤即皇帝位。随后赵匡胤出官署,入宫中进崇元殿,在此更换朝服,头戴衮冕,正式即位称帝。他下令将柴宗训和符后等迁至西宫,并去柴宗训帝号改称"郑王",尊符后为周太后。后周历史至此结束。次年正月,赵匡胤令大赦天下,改元建隆,仍定都开封。因其曾于宋州(今河南商丘)出任过归德军节度使,遂以"宋"为国号,史称"北宋"。赵匡胤是为宋太祖。

杯酒释兵权

宋太祖赵匡胤在建立宋朝后,为了防止握有重兵的武将叛乱,危及自己的统治,与赵普商量,决定削夺大将的兵权。公元961年初秋的一天,宋太祖召集石守信等大将宴饮,在酒席上用劝导的方式,以高官厚禄为条件,解除了诸大将的兵权。这就是历史上所说的"杯酒释兵权"。

王安石变法

宋神宗时的政治改革。北宋中期,土地兼并日益严重,阶级矛盾尖锐;政府开支浩大,财政十分困难;同时辽和西夏威胁着北宋的安全。为了摆脱面临的危机,1069年,宋神宗任用王安石变法。变法的主要内容有:青苗法、募役法、农田水利法、方田均税法和保甲法。新法推行几十年,使农业生产有所发展,政府收入增加,军事力量也有所增强。变法最后遭到官僚大地主反对而失败。

澶渊之盟

公元1004年辽圣宗、萧太后率兵20万大举南侵。北宋真宗在宰相寇准等人的力劝下亲临前线澶州(今河南濮阳),宋军士气大振;而辽初战不利,统帅萧挞览阵亡,又有后顾之忧,于是宋辽双方议和:约为兄弟之国,宋每年输辽银十万两,绢20万匹;宋辽以白河沟为界。澶渊之盟的缔结,是宋辽双方力量均势下的产物,此后双方停止战争,和平往来100年之久,宋辽边境得以安定,双方生产都有恢复和发展。

靖康之变

宋代钦宗靖康年间金灭北宋的事件。靖康元年（1126年）正月，金军南下，渡过黄河，直抵北宋东京开封城。宋钦宗派使者赴金营求和。金军提出：宋须交金500万两、银5000万两、牛马骡各一万头匹、驼1000头、杂色缎100万匹、绢帛100万匹；割让太原、中山（今河北定州）、河间三镇（称三镇，亦包括其所属州县）；尊金帝为伯父；以宋亲王、宰相作人质，送金军北渡黄河，才许议和。金军攻城，宋守军多次击退金军。但宋钦宗仍继续与金议和，答应了赔款和割地的要求。金撤军北归。

同年八月，金军再次南侵。闰十一月初，东京城破。宋钦宗亲赴金营，献上降表。从十二月起，金军大肆搜刮宋廷的府库及官、民户的金银钱帛。次年四月，金军俘徽、钦二帝和后妃、皇子、宗室贵戚北撤。宋朝皇室的宝玺、舆服、法物、礼器、浑天仪等也被掠去。北宋灭亡。

黄天荡战役

南宋初年，宋军阻击金军的战役。建炎二年（1128年）秋，金为消灭南宋，发兵大举南侵。淮河以北宋军几乎全线崩溃。三年十月，金将兀术（完颜宗弼）率大军渡江，占据建康（今江苏南京）。高宗畏金，遂自临安（今浙江杭州）逃至越州（今浙江绍兴），再逃明州（今浙江宁波）。金军紧追不舍，高宗再登船逃往定海（今浙江镇海）。四年初，金攻占临安，陷明州。高宗又逃往温州（今属浙江）沿海，漂泊于海上。金军下海南追，遇大风雨，又遭南宋水师冲散，被迫撤回明州。

二月自临安北撤。南宋御营使司都统制、浙西制置使韩世忠闻讯，率所部8000余人，募得海船百余艘进驻镇江（今属江苏）戍守，以阻断金军退路。兀术见退路阻断，遣使入韩世忠军中，约定交战日期。三月十五日，两军水师于长江上激战。韩世忠亲自统兵，于江上纵横驰骋。力战数十回合，不分胜负。韩世忠妻梁红玉亦披挂上阵，亲自擂鼓以助军威。宋官兵奋力杀敌，金军败退，仍不能渡江北去。兀术遂以交还所掠财富及人口为条件，请求韩世忠让路遭拒绝。兀术见镇江渡江不成，指挥船队溯江北上。

　　韩世忠即令宋军船队沿长江北岸与金军并行,且行且战,将金军船队围进黄天荡(今江苏南京东北)。黄天荡系一死水港,金军船队刚入荡中,韩世忠令宋军以船只堵住出口。金军数次突围,均被宋军击败。金军于黄天荡受困20余天。后有奸细奏报老鹳河故道可抵秦淮河。兀术窃喜,下令挖河。是夜,金军倾巢出动,连夜开挖故河道30余里,方得以逃离黄天荡。

八字军

　　南宋初年的抗金武装。金军进入黄河流域的时候,山西、河北一带人民纷纷组织义军,进行抗金活动。王彦领导的"八字军"是其中最著名的一支。这支义军脸上都刺有"赤心报国,誓杀金贼"八字,故称"八字军"。他们团结太行山一带的义军,互相声援,给金军以沉重的打击。

红巾军大起义

　　红巾军起义是爆发于元顺帝至正十一年的一次农民战争。元朝统治者挥霍无度,到处搜罗民间美女,天天供佛炼丹。政府财政入不敷出,滥发货币,祸国殃民。加上黄河连年失修,多次决口,民不聊生,出现了"饿死已满路,生者与鬼邻"的悲惨局面。反抗的烈火在人民心中燃起。社会上流传着"一日三遍打,不反待如何"的歌谣。

　　在这种情况下,刘福通利用白莲教和弥勒教暗暗串通穷人。1351年,元朝政府强征农民15万人挖黄河河道。监督挖河的官吏乘机克扣河工"食钱"。河工挨饿受冻,群情激愤。刘福通派了几百名教徒做民夫,在工地活动,传布"石人一只眼,挑动黄河天下反"的歌谣,暗中凿了个一只眼睛的石头人埋在工地。民工挖出后,反抗的烈火顿时燃起。

　　在刘福通与白莲教另一首领韩山童领导下,3000人在颍州颍上县白鹿庄准备起义,因事前泄密,遭到敌人包围,韩山童牺牲。刘福通突围后把起义群众组织起来。起义者以红巾裹头。1355年,刘福通率军攻下亳州(今安徽亳州),立韩林儿为"小明王",国号"大宋",年号"龙凤",建立了农民革命政权。后刘福通被张士诚部将所杀,起义陷入低潮。

蓝玉案

明太祖为加强皇权而杀戮功臣之案。蓝玉,明定远(今属安徽)人。初为常遇春部下,英勇善战,官至大都督府佥事。后参加平蜀、北伐、平定云南等战役。洪武二十年(1387年),任大将军。二十一年(1388年),率15万兵征伐北元,大获全胜,进封凉国公。此后蓝玉恃功骄横,蓄养大批庄奴、假子,又强占东昌民田,欺凌百姓,横行乡里。二十六年(1393年),锦衣卫指挥使告其谋反,蓝玉随即被诛。列侯张翼等以下共15万余人,悉遭株连。史称"蓝狱"。蓝玉案后,明初开国元勋功臣,几乎被杀戮殆尽。诸多江南豪族亦遭杀戮。蓝玉案与胡惟庸案并称"胡蓝党案",为明朝初年朱元璋杀戮开国功臣的两大要案。

胡惟庸案

明太祖为加强皇权而杀戮功臣之案。胡惟庸,定远(今属安徽)人,至正十五年(1355年),随朱元璋起义于和州。历任宁国主簿、湖广佥事、太常少卿,洪武三年(1370年),官至中书省参加政事,后任左丞。六年,升右丞相,后进左丞相。在此期间,专权树党,毒死御史中丞刘基。朱元璋多次颁布诏令,规定功臣权限。

洪武十三年(1380年),以"谋不轨"罪将其处死。明太祖借机大兴党狱。洪武二十三年(1390年),颁布《昭示奸党录》,以伙同胡惟庸谋不轨罪,处死韩国公李善长、列侯陆仲亨等开国功臣。后又以胡惟庸通倭、通元(北元),罪不容诛而究其党羽,前后共诛杀30000余人,史称"胡狱"。胡惟庸案与蓝玉案并称"胡蓝党案",为明朝初年,朱元璋杀戮开国功臣的两大要案。

文字狱

中国封建社会的文化专制措施。即以文字罗织罪名,构成冤狱。尤以明朝初期和清朝康、雍、乾三帝时期最为严厉。明太祖朱元璋嫉恨部分知识分子不与之合作,特别怕有人嘲讽他曾当过和尚和参加过红巾军造反的经历,遂大兴文字狱。浙江府学教授林元亮,替人写《谢增俸表》,文中用"作则垂宪"语被曲解为"作贼垂宪",惨遭冤狱。北平府学训导赵伯宁替人作《长寿表》,文中有

"垂子孙作则"语,被说成是以作贼垂教子孙,亦被处死。台州训导林云作《谢东宫赐宴笺》,内有"体乾法坤,藻饰太平"。被曲解为体乾发髡,"发髡"为剃发为僧意,"藻饰太平"被解为"早失太平"。朱元璋读后勃然大怒,遂兴文字狱。清初,康熙、雍正、乾隆三帝深忌汉族士人讥讽胡人入主中原,鄙视满人统治,又大兴文字狱,以扼制汉族知识分子反清复明的思想情绪。康熙二年(1663年),浙江湖州富户庄廷鑨购得明末人朱国桢所撰《明史》,欲窃为己作,遂补写明末和南明史事。其中写有建州卫与明政府的臣属关系,且有诋毁满洲文句。被人告发,酿成《明史》案。庄氏全族以及为此书写序、校阅、刻字、印刷、买书、卖书、藏书者共72人被杀,几百人充军边疆。庄廷鑨本人在案发时,虽已去世,也被剖棺戮尸。雍正四年(1726年),江西考官查嗣庭出考题为"维民所止"。被指责"维止"二字,意在去"雍正"之头,以"大不敬"罪,下查氏入狱,后查死狱中,仍戮其首,其亲属或斩首或流放。乾隆朝的文字狱比康、雍二朝增加四倍以上,且多为望文生意,捕风捉影而兴狱。三朝文字狱多达80余起,株连极广,处罚甚严酷,严重束缚了知识分子的思想。

靖难之役

明初皇族内部争夺帝位的斗争。明太祖为巩固统治,实行分封藩王制度。把24个儿子和一个从孙,分封在北部边疆和战略要地,以辅卫王室。诸王在封地内,建王府、置官属,还拥有护卫甲士,少则三千,多则近两万。地方卫所亦受诸王监督与控制。受封诸王中,尤为燕王朱棣,拥兵十万,实力最强。洪武三十一年(1398年),明太祖死。因其长子朱标早夭,遂由皇太孙朱允炆继位,是为惠帝,亦称"建文帝"。诸王骄横跋扈,令惠帝颇感不安,恐形成尾大不掉之势。遂用齐泰、黄子澄削藩之策,借故先后削废周、齐、湘、代、岷五王。朱棣深知形势危机,削藩即将危及自身,遂暗中积蓄力量。建文元年(1399年)七月,燕王以"清君侧",诛齐、黄为名,起兵北平(今北京),号"靖难军"。先夺占河北大部分地区,后挥师南下,直捣南京(今属江苏)。建文帝先后派老将耿炳文和权贵子弟李景隆率师北伐,均惨遭失败。建文四年(1403年),靖难军攻入南京,惠帝死于宫中(一说自海上逃逸;一说微服潜逃,流入缅甸。关于建文帝下落问题,众说纷纭,史界至今尚无确论)。"靖难之役"后,朱棣夺取帝位,改元永乐,后建都北京,是为明成祖。

仁宣之治

明朝仁、宣二帝在位时期出现的太平盛世。明仁宗朱高炽、明宣宗朱瞻基在位时期(1425年,1426年—1435年),在政治和经济等方面采取措施,稳定社会秩序,促进经济发展。这一时期,内阁制度确立。以杨士奇、杨荣、杨溥为代表的殿阁大学士悉心辅佐,政治比较清明。且多次蠲免一些地区的租赋,又于水患多发地区兴修水利,疏浚河道,开仓赈济饥民。还肃正吏治、惩治贪官、抑制豪强,使社会矛盾得以缓和,国内没有发生大规模的农民起义。百姓生活较为安定,生产进一步发展,出现社会经济繁荣的景象。史称"仁宣之治"。

土木堡之变

明英宗被瓦剌俘虏的事件。宣德十年(1435年),明宣宗卒。其子朱祁镇继位,是为明英宗,时年仅九岁。朱祁镇尚为皇太子时,宦官王振曾入东宫侍奉其读书。王振为人狡黠,颇得朱祁镇欢心。及朱祁镇即位,王振倍受宠信,被英宗称为"先生",且奉命掌管司礼监,权极一时。正统十四年(1449年),北方瓦剌部统一蒙古诸部后,其首领也先欲恢复大元天下,遂分兵四路南下,进犯明朝。也先亲自统兵进攻大同(今属山西),明边境频频告急。王振侥幸贪功,不顾群臣反对,极力怂恿英宗御驾亲征。在王振的蛊惑与挟持之下,英宗决意亲征。大小群臣再三恳请英宗勿轻易出征,却悉遭斥责。英宗令下即行,未及认真部署,仓促出征。七月十七日,英宗命其弟、郕王朱祁钰留守北京,亲率50万大军出居庸关,直指大同。虽随征朝臣文武官员有数百人,然英宗不准他们参与军政事务,一切行动悉交王振独断。因未及准备,明军未至大同军粮已供应不上。又遭连日风雨,兵士死亡甚多。八月初一,明军进抵大同,王振又欲进兵北行。闻前方小败,英宗急令撤兵。也先闻讯,立即率兵入长城追击。王振为炫耀乡里,欲请英宗"临幸"自己故里蔚州(今河北蔚县)。他不听大同总兵郭登坚请英宗入紫荆关避敌的建议,执意挟持英宗赴蔚州。行40里后,王振又恐大军过境,损坏庄稼,又令大军转道宣府(今河北宣化)。明军迂回退兵,耽误时日。十三日,行至土木堡(今河北怀来东南),被瓦剌骑兵追及,陷入重重包围之中。土木堡地势高,无水可饮。将士饥渴,疲惫不堪。明军仓促应战,死伤过半。英宗见突围不成,便下马盘腿坐于地上,被瓦剌兵俘虏。混乱之中,王振被部下所杀。是役,随征朝臣数百人皆死。50万明军大部伤亡。骡马及衣甲器械辎重,悉被也先所得。明朝自建国以来近百年来积蓄的国力,遭到严重削弱。

夺门之变

明英宗为复位发动的政变。又称"南宫复辟"。明正统十四年(公元1449年),明英宗在宦官王振挟持下,亲征瓦剌,于土木堡(今河北怀来东)会战,被俘。十月,兵部尚书于谦等朝臣拥立英宗弟、郕王朱祁钰为帝,是为明景帝(景泰帝)。在于谦的组织和率领下,北京城军民英勇抗击瓦剌的进攻。激战五日,也先大败退兵。也先见北京城防坚固,知取胜无望,遂于景泰元年(公元1450年)秋,将英宗放还。英宗回到京城后,居皇城南宫,称太上皇,然对朱祁钰称帝事极为不满。景泰八年(公元1457元),景帝病危。在宦官曹吉祥、将领石亨和臣僚徐有贞等人的策划和支持下,英宗发动宫廷政变,夺占宫门,登奉天殿复位。英宗复位后,改元天顺。以叛逆罪杀害于谦,将病中的景帝勒死。

张居正改革

明中期的政治、经济改革。明中叶,英宗至武宗几代皇帝长期不理朝政,出现宦官专政、阁臣争权的局面,加剧政治的腐败。土地兼并愈演愈烈。皇帝大设皇庄,诸王、勋戚大量占田,官僚、缙绅广建庄田,地主更是疯狂兼并土地。土地高度集中,造成大量的农民破产,导致国家税田数额锐减。徭役名目繁多,官僚地主又凭借权势,将应承担的徭役转嫁给农民。致使农民避役四方,全国在籍户口数亦锐减。至明中叶,流民几乎遍及全国。明初为征派赋役制定的黄册、鱼鳞图册,已形同虚设。

赋役制度的破坏,严重影响着明廷的财政收入。但明廷支费与日俱增,入不敷出。随着土地的高度集中,社会矛盾日趋激化,各地农民的起义及反抗斗争不断,统治危机不断加剧。为挽救政治危机,缓解尖锐的社会矛盾,明神宗万历初年,内阁首辅张居正从政治、军事、经济等方面,进行了一系列的改革。他从整顿吏治开始,于万历元年(1573年)制定"考成法",严格对官吏的考核。为保证政令畅行,坚持"用人唯才"的选官原则,裁汰冗员,起用一批拥护改革的人才。加强边防,使战守有备。在经济上,他不顾豪强地主的激烈反对,下令重新丈量全国土地,清查漏税田产。

万历六年(1578年),制定《会计录》和《清丈条例》,颁行天下,限三年内清理完毕。经三年清查,税田增加近300万顷。在此基础上,改革赋役制度,于万历九年(1581年),推行"一条鞭法",作为新的赋役制度,即将田赋和各种名目的徭役合并征收,并将部分丁役负担摊入田亩中;农民可以出钱代役,由官府雇人服役;田赋改为征银;赋役由地方官府直接征收。一条鞭法简化了赋役征收手续,赋与役合二而一,出现"摊丁入亩"的趋势。徭役征银,使农民与国家的封建人身依附关系有所松弛,为城镇手工业提供了更多的劳动力。赋税征银,促进了货币地租的产生和农产品的商品化。有助于商品经济的发展和资本主义萌芽的产生。

郑和下西洋

郑和是明代著名的航海家。1405年,明成祖派他出使西洋。到1433年,郑和前后七次率船队到中印半岛、南洋群岛、印度和阿拉伯等地,最远到达非洲东海岸和红海沿岸,经历了亚非三十多个国家。郑和船队的远航,表现了我国人民英勇无畏的精神和高超的航海技术,是世界航海史上的壮举;增进了我国和许多亚非国家的经济文化交流,增强了人民之间的友谊。

平定倭寇

明朝嘉靖年间抗击倭寇侵扰东南沿海地区的斗争。14世纪以后,日本九州地区的封建诸侯组织武士、浪人及商人,常窜入中国沿海地区进行武装侵扰,抢劫商舶,杀掠居民。时称"倭寇"。倭寇之患始于元末,至明初已十分猖獗。明廷为遏制倭寇的侵扰,曾派兵阻击,且限制日本诸侯与中国的朝贡贸易。嘉靖年间,日本再度分裂为更多的诸侯国。为攫取更多的财富,倭寇在中国沿海地区的武装抢掠活动愈演愈烈。并与中国的出海经商者相勾结。沿海地区的城乡民众纷纷组织武装,保卫家乡。

嘉靖末年,明廷派遣俞大猷、戚继光、刘显等将领,赴浙江、福建、广东等地抗击倭寇,他们成为一代抗倭名将。俞大猷率领的"俞家军"英勇善战,于浙东海上抗倭长达22年,屡败倭寇。戚继光于嘉靖三十四年(公元1555年)奉命调浙江任参将。他招募3000名矿工和农民,亲自教以阵法,号"戚家军"。多次击败倭寇,后于台州(今浙江临海)重创倭寇。四十一年(公元1562年),倭寇犯福建,他奉命率军援闽。与俞大猷合兵大败倭寇,并捣毁其巢穴横屿(今福建宁德东)、牛田(今福建福清南)。四十二年,戚继光又与刘显、俞大猷联兵,攻克倭寇的重要据点平海(今福建莆田东南)。四十四年,俞大猷率水军,戚继光率陆军,合击剿灭盘踞于南澳的广东倭寇。倭寇之患基本平息。

明末三案

明末统治集团内部的党争事件。明神宗朱翊钧亲政后,生活极奢侈腐朽,不理朝政,统治陷入瘫痪境地。神宗皇后无子,王贵妃生子常洛,郑贵妃生子常洵,常洛为长。神宗宠爱郑妃,欲立常洵为太子。朝臣屡屡上书反对,迫于众议,神宗于万历二十九年(1601年)十月,册立常洛为太子。四十三年(1615年)五月,有一男子持木棒闯入太子居住的慈庆宫,被抓捕后供认受郑妃手下太监指使。史称"梃击案"。神宗庇护郑贵妃。以三吴士绅为主体的东林党人认为是郑妃阴谋,坚持追查元凶,遭神宗压制。

四十八年(1620年)七月,神宗死。八月,常洛即位,是为光宗。时常洛染病在身,郑妃亲信、太医崔文昇进泻药,光宗服后,腹泻不止。后鸿胪寺丞李可灼又进红丸两粒。泰昌元年(1620年)九月,光宗服后身亡,其在位仅一个月。史称"红丸案"。光宗死后,其宠妃李选侍与太监魏忠贤密谋,挟持年仅16岁的太子朱由校入居乾清宫,以操纵朝政。李选侍与郑贵妃交往甚密,东林党人上疏,以乾清宫为天子居地,请其移居他宫。迫于群臣众议,李选侍迁出。史称

"移宫案"。群臣遂拥立朱由校即位,是为熹宗。

三案引发了明廷内的激烈争执,逐渐形成以有抱负的官吏和知识分子组成的东林党,和以腐败、守旧的大官僚地主等组成的非东林党。熹宗即位后,不理朝政,以做木匠活为乐。司礼监秉笔太监魏忠贤与熹宗乳母客氏串通,得势专权。非东林党遂与之相勾结,形成阉党。阉党于朝中大肆迫害东林党人,将东林党臣僚逐出朝廷。明朝末期政治更加黑暗,统治陷入严重的危机之中。

郑成功收复台湾

郑成功(1624年—1662年),清初民族英雄。本名森,字大木,福建南安人。与其父郑芝龙同在南明唐王政权任官,被赐姓朱,改名成功,号"国姓爷"。顺治三年(公元1646年),郑芝龙降清,郑成功力阻无效,乃与父决裂。之后,他以厦门、金门为基地抗清。围攻福州(今属福建),攻克台州(今浙江临海),并拒绝清廷的招降。十六年五月,他率军沿长江西上,占据镇江(今属江苏)、芜湖(今属安徽)等四府三州21县。后因失误,在南京战败,伤亡惨重,退回厦门、金门。

顺治十八年(1661年),清军基本扫平大陆,清廷遂实行迁海政策,以切断郑成功与大陆的联系。郑成功为扭转战局,坚持抗清斗争,决定收复台湾作为抗清基地。三月,郑成功率将士25万人,分乘大小战船数百艘,自厦门出发,经澎湖,驶向台湾。他命何斌将军打先锋,经鹿耳门(今台南禾寮港)登陆,围攻荷兰总督所在地赤嵌城,击败荷兰从巴达维亚派来的援军。经过八个月的战斗,荷兰军屡遭败绩,康熙元年(公元1662年)2月1日,荷兰总督揆一,被迫投降,台湾光复。

郑成功收复台湾后,在台湾置府县,建立行政机构。又推行屯田,招徕大陆移民,并派汉族农师到高山族聚居地推广先进技术,促进了台湾经济的发展。他在收复台湾五个月后病死,子郑经嗣位,率领部众继续抗清。康熙二十年(公元1681年),郑经死,郑氏集团内部斗争加剧。二十二年六月,清军出兵台湾。八月,在位的郑经幼子郑克塽出降,清廷收复台湾。

雅克萨之战

清朝初期对沙皇俄国的自卫反击战。16世纪后期,沙俄越过乌拉尔山向东扩张,占领西伯利亚的大片土地,开始与我国领土毗连。17世纪中叶,沙俄把侵略矛头指向我国黑龙江流域,强占尼布楚、雅克萨等地,筑城盘踞。清军和世代居住在那里的我国各族人民奋起反抗。清政府也多次提出抗议和警告,而沙俄不但无视中国政府的警告,反而加紧扩张。1685年和1686年,康熙帝派出军队,对沙俄侵略军发起自卫反击战,两次在雅克萨大败侵略军。沙俄政府被迫同意通过谈判解决边界问题。

康乾盛世

清朝前期出现的繁盛局面。历康熙、雍正、乾隆三帝,近一个半世纪(1661年—1795年)。康熙帝即位之初,剪除了以鳌拜为首的满族贵族中的保守势力。强调"满汉一家",缓和民族矛盾,为百年盛世奠定了基础。他在位期间,致力于巩固边疆,消除割据,反对分裂。先后平定三藩之乱,统一台湾;两度亲征厄鲁特蒙古准噶尔部的叛乱;抗击沙俄的侵略,取得雅克萨战役的胜利,与俄国签订划定中俄东段边界的《尼布楚条约》。维护和巩固了国家的统一,为清朝社会的发展,提供了相对稳定的社会环境。

雍正帝在位期间,继续平定准噶尔部叛乱。并于西藏设置驻藏大臣,加强中央政权对西藏地区的管理。乾隆帝最终平定准噶尔部叛乱。挫败沙俄对我国西北领土的扩张野心。之后又于天山南北路分置伊犁将军、参赞大臣,对新疆地区实施统治和管理。还击败廓尔喀(尼泊尔)对西藏的入侵。颁行《钦定西藏章程》,对西藏的政治、经济、军事实施重大改革,提高驻藏大臣的职权。规定达赖、班禅及其他活佛转世的"金奔巴瓶掣签"仪式,均须在驻藏大臣监视下进行,并呈请中央朝廷钦定批准。经康、雍、乾三代平定叛乱,反击侵略的斗争,最终巩固了统一的多民族国家。

在经济方面,康熙、雍正、乾隆三帝注意发展生产,采取废除满族贵族的圈地、奖励垦荒、实行更名田(即将原明代藩王庄田免价给予原佃户耕种,佃户改为民户,田地永为世业)等措施;并调整赋役制度,推行"摊丁入亩"的赋税制度。此外三帝还经常大规模地蠲免钱粮,减轻农民的赋税负担。为发展生产,三帝在位期间,先后治理了黄河、永定河,并在江、浙修筑近300里长的海堤,以治理水患,保护农业生产。经过百余年的恢复和发展,至乾隆中叶,社会经济水平已达到并超过明代。

康、雍、乾三帝,在国家统治方面,进一步加强皇权,设军机处,实行奏折制度,根绝宦官干政,制定严苛的刑法,严厉镇压反叛;且大兴文字狱,实行文化专制;自中央到地方,建立严密的统治网络,极大地强化了专制主义中央集权的统治。在康熙、雍正、乾隆三帝的百余年间,国力强盛,国内局势相对稳定,社会经济持续发展,国家的统一得到极大的巩固,而被史家誉为"康乾盛世"。

十全老人

清朝的第四位皇帝爱新觉罗·弘历,年号乾隆,是中国历史上寿命最长的皇帝,活了88岁,也是历史上执政最久的皇帝之一,共执政60年,退位后还当了三年的太上皇。乾隆时期,也是清代历史上最强盛的时期之一,后人把康熙、雍正、乾隆三代称为"康乾盛世"。

乾隆帝执政的60年,在文治和武功方面都颇有建树。在文治方面,他勤于朝政,善于控制各级官员并能恩威并施,对拥护清朝的汉族知识分子进行笼络,拉拢一批地主阶级文人到朝中做官,让其充分发挥才能,以维护统治的稳定,但是对于反满反清的知识分子又大兴文字狱,进行打击迫害。乾隆帝还善于利用巡游之机,加强对各地的统治。他曾数次外出巡游,其中六次下江南,了解南方的政治、经济形势和民风民俗,考察各级官员,这位皇帝也是多才多艺的天子,每到一地,都兴趣盎然,执笔挥毫,在许多地方留下墨宝,至今人们还能看到。

乾隆皇帝不仅文治显著,而且极有军事才干。18世纪,随着西方势力的不断东进,我国边疆地区屡次出现危机,少数民族起义也屡次发生,但乾隆帝却能运筹帷幄,及时调兵遣将,多次平定一些叛乱、外族入侵和少数民族起义。他非常得意自己一身的武功,晚年曾写出《十全武功记》,将两平准噶尔,定回部,两定大小金川,靖台湾,降服缅甸、安南(今越南),两次降服廓尔喀蒙古,合计为十,他自诩为"十全老人",并镌刻了"十全老人之宝"的印章。他凭借清初发展起来

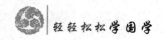

的国力,东征西讨,使清朝国势在他统治的时代达到极盛时期,仅人口就增长到三亿多,这是自古以来所没有的。

虎门销烟

中国人民在禁烟斗争中取得的一次重大胜利。1839年3月10日,奉命查禁鸦片的钦差大臣林则徐抵达广州。他在人民群众支持下,会同两广总督邓廷桢、广东水师提督关天培加紧整顿海防,缉拿烟贩,严厉查禁鸦片。3月18日,林则徐召集行商,宣布了以"清源"为核心的禁烟政策,限令外国鸦片贩子在三天之内,将其趸船上所有鸦片造具清册,尽数缴官,以绝其害;并要求外商出具甘结,声明"嗣后来船永不敢夹带鸦片,如有带来,一经查出,货尽没官,人即正法"。同时他表示禁烟决心,"若鸦片一日未绝,本大臣一日不回,誓与此事相始终,断无中止之理。"

英国驻华商务监督义律破坏禁烟,唆使英商拒缴鸦片,并准备将英商撤离广州。3月24日,林则徐下令封仓,暂停中英贸易,派兵围守商馆,撤退中国雇员,断绝商馆与澳门往来交通。由于中国人民的坚决斗争,义律无可奈何,转而命令英商缴烟。4、5月间,英、美鸦片贩子被迫缴出鸦片20283箱(每箱约120斤。其中1500余箱系缴美国烟贩)零2000多麻袋,总计237.6万余斤。从6月3日到25日,在林则徐主持下,用盐卤和石灰将全部鸦片在虎门海滩当众销毁。销烟时,去现场观看的群众莫不欢欣鼓舞,拍手称快;一些外商和传教士则形象十分狼狈。

虎门销烟是中国人民禁烟斗争的重大胜利,也是对以英国为首的西方殖民主义者的一次沉重打击。它向全世界表明了中华民族清除烟毒,维护民族尊严和反抗外国侵略的坚强意志和决心。

辛酉政变

慈禧太后发动的一次宫廷政变。1861年农历是辛酉年,又称为"辛酉政变"。因载淳初即位时下令明年改年号为"祺祥",故又称为"祺祥政变"。1860年咸丰帝在英法联军进京前逃往热河(今河北承德)避暑山庄。1861年8月病死于该地,遗诏其六岁子载淳继位,并以怡亲王载垣、郑亲王端华、户部尚书肃顺等八人为赞襄政务王大臣辅政。载淳的生母叶赫那拉氏被尊为"圣母皇太后",徽号"慈禧",权势欲极大,与辅政八大臣的矛盾日益尖锐,遂勾结与洋人有往来的恭亲王奕䜣,并得到掌握兵权的胜保等人的支持,图谋推翻咸丰帝的遗诏,从八大臣手中夺取权力。

10月26日,咸丰旁的棺材起运回北京,那拉氏命肃顺护送棺材慢慢前进,自己则与钮祜禄氏等先行,于11月1日到达北京。第二天突然发动政变,先在北京城中逮捕了载垣、端华,又在密云逮捕了肃顺。8日将三人处死,其余五人或充军,或革职。从此,那拉氏掌握了清朝的最高统治权。之后,中外反动势力公开勾结,共同镇压太平天国。

洋务运动

为了维护清政府的统治,清政府中的一批封建官僚以"自强""求富"为名,购买和仿制洋枪洋炮,史称"洋务运动"。从19世纪60年代到90年代。洋务派的代表人物,在清政府中央有奕䜣;在地方有曾国藩、李鸿章、左宗棠、张之洞等。

洋务运动大致分为三个阶段:第一阶段从1864年太平天国革命失败到19世纪70年代初。在这个阶段中,洋务的重点集中在军事工业方面。洋务派先后办了安庆军械所、江南制造局、金陵机器局、福州船政局、天津机器局等几个军事工厂,制造新式武器,以便继续武装清政府的军队,大力镇压人民革命运动。但这些军事工业从设计施工、机器装备、生产技术一直到原料燃料的供应,完全都要依靠外国,而且经营管理混乱腐败,生产成本十分昂贵。生产出来的武器军舰,质量很低。

第二阶段从19世纪70年代初期到中法战争。这个时期外国侵略者加紧了对中国的进攻,日本、英国、沙俄、法国等侵占中国的边疆地区。洋务派为了应付这种局势,直接向外国购置了许多枪炮,并先后向英、德、美、法购买了大小舰艇数十艘,建立了北洋舰队。同时,为了筹集经费,培养洋务人才,还经营了一些民用工业和一些教育机构。

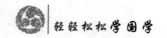

第三阶段是从中法战争到中日甲午战争。这个阶段中,洋务派把重点转为"求富",大力投资于民用工业、纺织、铁路、炼钢等工业部门。李鸿章主办的上海织布局,华盛纱厂、漠河金矿、津榆铁路等,张之洞主办的汉阳铁厂、大治铁矿、马鞍山煤矿等,都是这个阶段中的主要企业。

洋务运动没有使中国走上富强的道路,但它在客观上刺激了中国资本主义的发展,引进了西方先进技术,加速了封建生产关系的瓦解,从而刺激了中国民族资本主义的产生。

镇南关大捷

中法战争中的决定性战役。又称"谅山大捷"。1885年2月,法军直扑中越边境的谅山、镇南关(今友谊关)。淮军将领广西巡抚潘鼎新接受李鸿章的指示,从谅山退到镇南关以北140华里的龙州。法军不战而得谅山,并一度闯入镇南关。法军声称"广西的门户已不存在了"。当地群众则在关上写道:"我们将用法国人的头颅,重建我们的门户!"此时清方起用退职老将冯子材帮办广西军务,冯子材赶到前线,团结各军将士,整顿部队,构筑工事,认真备战。与王孝琪、王德榜等据险扼守。他把部队分为左中右三路,自居中路,担任主攻。

3月24日,法军旅团长尼格里率军分三路扑向关前隘,逼近长墙,有的已越墙而入。年近七旬的冯子材亲率二子奋身陷阵,"皆感奋,殊死斗"。越南人民也前来助战,法军在中越军民的合力围歼下,被击毙一千多人,全军狼狈南逃。冯子材等率军乘胜追歼,连克文渊、谅山、长庆等地,击伤法军司令尼格里,俘获大批降军及弹药武器,迫使法军退到河内。镇南关大捷,扭转了危局。

戊戌变法

1898年(农历戊戌年)以康有为、梁启超为代表的资产阶级维新派领导的变法运动。又称"百日维新""戊戌维新"。自19世纪60年代起,因受西方资本主义思想和洋务运动的影响,中国的一些知识分子,萌发了早期资产阶级维新思想。到了90年代,逐渐形成思潮。1895年清政府被日本打败后,签订了《马关条约》,举国震动,民族危机空前严重。同年5月康有为、梁启超联合在京会试的各省举人1300余人上书光绪帝,提出拒和、迁都、变法、练兵等主张,是为"公车上书"。

同年8月,由康有为发起,维新派在北京成立了强学会,出版《中外纪闻》《强学报》等刊物,宣扬维新变法,疾呼救亡图存。此后,梁启超、严复、谭嗣同等分别在天津、上海、湖南等地建立了类似的维新派政治团体,并同顽固派就行变法、兴民权、君主立宪、提倡西学、改革教育等诸多重大问题展开了论战。1897年冬,德国强占胶州湾,列强争相效尤,中国被瓜分之大祸,迫在眉睫。康有为从上海赶至北京上书光绪帝,力陈变法图强。

1898年1月29日,康有为呈递了《应诏统筹全局折》,提出:①大誓群臣以定国是;②开制度局于宫中,选用天下"通才"20人,全面推行新法;③设待诏所许士民上书。4月,康有为在北京发起组织保国会。6月11日,光绪帝宣谕《明定国是》诏书,决定变法,至9月21日这103天内,光绪帝先后发出数十道有关变法的诏书,主要内容有:京师设立农工商总局,铁路、矿产总局,提倡开办实业,保护农工商业的发展,奖励发明,修铁路,开矿山;设立全国邮政局,裁撤驿站;改革财政,编制国家预算决算;改革科举制,废八股,改试策论;开办京师大学堂,各地遍设中小学堂,兼习中西学科,开设经济特科;设译书局;允许民间创立报馆、学会;派员出国留学、游历;训练海陆军、裁减旧军,力行保甲制;删改则例、淘汰冗员,允许百姓上书言事等。

变法触犯了以慈禧为首的封建顽固势力的利益。9月21日,慈禧发动政变,光绪帝被软禁于瀛台。慈禧宣布"临朝听政"。康有为、梁启超出逃。28日,维新派人士谭嗣同、杨锐、刘光第、林旭、杨深秀、康广仁被杀。变法宣告失败。

四、古代官制

官

"官"字的甲骨文字形,从"宀",以"一"覆众,则有治众的意思,一般指官员、官职、官府等统治人民的人员或政体。究其本义,官是庇护人民的人。但是中国历史给人的印象是"官"从庇护人民转变为庇护自己,欺压百姓。因为官

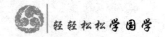

本来的"庇护"（覆）的地位,已经决定了他永远是治人的,人是在他之下的。民众当然可以期望得到一个安稳的庇护,但是没有保障机制可以使得他们的愿望发挥太大作用,所以古代政治的极致也只是民享,而不是民治。

僚

"僚"字的最初的意义是美好容貌的意思,语出《诗经·陈风·月出》里的"佼人僚兮"。后来这个意义引申出同僚的僚的意义,《尚书·酒诰》里面有"百僚庶尹"的句子,属于商王朝的内廷官员,后来,僚就变成了一般官员的意思。但是有一点值得注意,"僚"一般指的还是内部的官吏,这个"内部"是相对的,对于君王,内部就是朝廷,对于地方官,内部就是衙门里面。即使是幕僚这样非编制的群体,还是用了"僚"这个称呼,加上一个"幕"字更加可以见出私属的意味。

吏

"吏"在中国古代指的都是低级官员,地位不会太高,早期很可能遍及各个部门,管理记事与文献。在"官"之下,而且"吏"强调作为官守的责任所在,从这个意义上说,倒是很接近今天所谓的技术官僚。还有一点值得注意,"吏"在古代也指官府里面的胥吏或者差役,属于政府机构里面跑腿的佣人,已经不属于官僚的范畴了。还有一点,传统上说"吏治",一般而言指的是地方政治,因为"吏"经常被用来指称地方官员,所谓"西汉吏治之美"就是说西汉地方政治的优良。

士

士是古代在地位上处于大夫和庶人之间的一个阶层,主要任职于卿大夫家里为家臣,或者接受诸侯国的官职。但是,随着郡县制度的推行,君主权力的加强,士的地位得到了解放,从传统的待召的士变成了游士,即希望通过游说的方式来获取君主或者权臣的赏识,一跃而成为地位显赫的大官。实际境遇的剧变造成了士这一社会阶层的剧变,不仅表现在各自生活道路的分化,更表现在各自思想的巨大分歧上,这就是经常被议论的战国时期"百家争鸣"的局面。但是,随着秦始皇的统一,游士的生存空间受到很大的挤压,虽然汉初一度兴起,但独尊儒术之后,游士阶层逐渐消失。取而代之的是以儒家信仰为生命依托的士的出现,他们在西汉作为循吏发挥影响,把儒家的信念传播到各个地方,对中国文化范型的树立与知识分子人格的树立有深远的影响。

太师、太傅、太保

古文经学家认为的古代高官三公,为天子辅弼之官。太师名号,汉代以后,往往成为大臣的加衔,能够得到这个名号的,都是一些朝中的权臣,比如北宋的蔡京,南宋的秦桧、韩侂胄、史弥远,明代的张居正。而所谓的太子太师,则是皇太子的辅导之官,往往也是由大臣兼任的。太傅与太保的情况与太师相似,并且也有太子太傅、太子太保。

司马、司徒、司空

今文经学家认为的古代三公。不过,这三个官名,在先秦时期多有设置,不仅在中央,在地方也有。本义是司马管理军事,司徒管理人民,司空管理建设。在西汉以丞相、太尉、御史大夫为三公以后,司马一度不置,但汉武帝改太尉为"大司马",东汉又改称"太尉"。后代以大司马称兵部尚书,少司马称兵部侍郎。此外,隋代以后,地方官也有司马一职,为一挂名空职。至于司徒,西汉哀帝改丞相为大司徒,后代则以司徒作为大官员的加称,清代又称户部尚书为大司徒。而司空在汉代也经常与御史大夫的名称换来换去,最后也变成一加官,乃成为荣誉头衔,而同时,又习惯成为工部尚书的代称。

家臣

先秦时期卿大夫家族的官员,包括管理全家政务的家臣和管理采邑政务的家臣。家臣是士阶层的一般前途,家臣在道德上要求必须忠实于自己的主人,即使是付出自己的生命也在所不惜。到了战国,家臣迅速萎缩,这是有历史原因的,因为君主集权的加强,需要大量士阶层的人支持,并且贵族的势力迅速萎缩，家臣也失去了土壤。当然，从前的家臣也有趁着春秋战国之际崛起的，例如，分晋以前的三家的家臣在分晋后立刻成为国家的官僚，从这个角度说，家臣也可算是官僚制度的一个基础。

门客

也叫"食客"。最早出现于春秋时期。每一个诸侯国的公族子弟都有着大批的门客，如楚国的春申君、赵国的平原君、魏国的信陵君、齐国的孟尝君（战国四公子）等。门客的人生目标是求富贵、取尊荣、建不朽之功业，他们的路径是通过依附某个主子，将自身"工具化"，达成豢养与被豢养的关系。从这个角度说，他们也是早期士阶层的一个变种。门客主要是作为主人的谋士、保镖，必要的时候也可能发展成雇主的私人武装。门客按其能力作用的差别分为若干级，最低的只能谋求温饱，最高级别的则食有鱼，出有车。先秦门客的流品芜杂，既有破落的贵族子弟，也有不甘于贫贱的底层游民。他们共同的特点，是在礼崩乐坏的"乱世"中追求自身价值的实现。他们渴望建功立业，哪怕付出生命的代价，也愿以极端行为惊世骇俗而名垂青史。这是一个非常芜杂的群体，反映了战国那个时期机会的众多、人员流动的频繁与平民阶层心态的急躁。

相、丞相、宰相

相，原是指古代在主人会见宾客的时候，辅助主人进行接待仪式的人，一般由家中高级家臣担任。而宰是指主祭祀时宰杀牲畜的主要家臣。实际上，在内即为宰，在外即为相。相、宰这两个名称显示出中国古代家臣制度的痕迹。后来之所以演变成为了国家最高的行政长官的名称，说明家天下的情形已经出现，原来是管理一家的家臣因为这个家庭成为天下之主而成为了管理天下的行政官员。同样，他还保持着原来家臣的一部分痕迹，例如他可以管理皇家的家族事务，御史中丞就是联络皇帝与宰相的官员，皇家的家族事务是要通过御史中丞通报给御史大夫，再传到宰相的。由于朝代的不同，宰相也改换有其他名称，如丞相、相国等。

太尉

太尉之名最早见于《吕氏春秋》，是秦代设置的官名，为全国最高军事长官，与丞相、御史大夫并称为"三公"。汉代延续设置，西汉武帝建元二年（前139年）后不再设置。西汉早期，设太尉官多半和军事有关，故带有虚位性质，不同于丞相、御史大夫等官职。武帝时以贵戚为太尉，一变过去由力战武功之臣充任太尉的惯例，而又和丞相同等，这也和西汉早期有所差别。光武帝建武二十七年（51年），又将大司马改为"太尉"。东汉太尉实为丞相，与西汉早期掌武事的太尉名同而实异。每逢皇帝刚刚即位的时候，太尉与太傅同录尚书事，权位极重。后代的王朝或者设置，或者不置，设置的也往往只限于大臣的加官，此外，太尉也成为了高级武官的尊称。元代以后再未设置太尉一官。

御史大夫

御史大夫是秦代设置的官名，为丞相的副手，负有监察百官的职责。西汉时丞相、御史并称，丞相府和御史大夫府合称"二府"。凡军国大计，皇帝常和丞相、御史共同议决。丞相位缺，一般都是由御史大夫直接升任。御史和皇帝亲近，所以群臣奏事须由他向上转达，皇帝下诏书，则先下御史，再达丞相、诸侯王或守、相，因而皇帝常常利用御史大夫督察和牵制丞相。成帝绥和元年，把御史大夫更名为大司空，哀帝建平二年（前5年），又改为御史大夫。元寿二年，又改名大司空。一直延续到东汉。汉献帝时，在曹操的专权下，又恢复了丞相和御史大夫的官制。到东汉初年，御史大夫的官属，由御史中丞总领，中丞替代御史大夫而成为执法和监察机构的首脑人物。魏晋南北朝偶尔也恢复御史大夫的名称，或替代司空，或替代御史中丞。隋、唐以后所设御史大夫，除宋代为虚衔外，均为御史台长官，已经不再具有汉、魏三公的性质。明代改御史大夫为都御史，御史大夫这一官职从此被废除。

十三曹

十三曹是汉代丞相下属的13个办事机构，一个曹大致相当于现在一个司。这十三曹的名称如下：第一，西曹，主管府史署用。第二，东曹，主管二千石长吏的迁除,并且包括军吏在内。二千石是当时最高的官,以一年俸禄有2000石谷得名。第三,户曹,主管祭祀农桑。第四,奏曹,管理政府一切章奏,大致相当于唐代的枢密院,明代的通政司。第五,词曹,主管词讼,就是法律民事诉讼。第六,法曹,掌邮驿科程,一如现在的交通部。第七,尉曹,主管卒曹转运,是管理运输的,大致相当于清代的漕运总督。第八,贼曹,管理缉拿盗贼。第九,决曹,主罪法,属于刑事法律的方面。第十,兵曹,管理兵役。第十一,金曹,管理货币盐铁。第十二,仓曹,管理仓谷。第十三,黄阁,管理簿录众事,即宰相府办事机构的总务主任。这13个部门,合成一个宰相直辖的办事机构。由此可见,宰相所管理的事务遍及了各个方面,也标志了中国中央行政机构的一种成熟。

郎官郎吏

"郎"这种类型的官名是从战国时开始设置的,是帝王侍从官侍郎、中郎、郎中等的通称。原为护卫陪从、随时建议,备顾问差遣等侍从之职,郎官一直沿用到清朝。郎官在汉代是重要的职位,可理解为皇帝的护卫。更为重要的是,郎官的选拔属于汉代官员选拔的重要环节,因为汉代的郎官都是在贵族子弟中选拔优秀人才:汉朝初年,二千石以上的大官僚任职三年以上,可以送子弟一人到京师为郎,叫作"任子";拥有资产十万钱(景帝时改为四万钱)而又非商人的人,自备衣马之饰,也可以候选为郎,叫做"赀选"。说是在皇帝身边做侍卫,实际上是学习做官,增加阅历,一般经过一段时间的历练,都会被任命正式的行政职位。像曹操、袁绍这样的人都是做郎官出身。当然,西汉初年,因为多是地主阶级子弟为郎,在这种选官制度下,较高的官吏多数出于郎中、中郎等郎官和吏二千石子弟,选郎、吏又以财富为准,未必都是人才,所以渐渐也难以适应王朝日益加强的专制统治的需要。后来的选孝悌力田或举贤良方正的制度就兴起来了。

三公九卿

三公:古时辅助国君的三个最高官职的合称;九卿:古时中央政府的九个高级官员。西汉今文经学家以为三公指司马、司徒、司空,而古文经学家则以太傅、太师、太保为三公。秦代不设三公。西汉最初继承秦制,辅佐皇帝治国者主要是丞相和御史大夫,最高军事长官是太尉,但不常置。而从武帝时起,因为受到经学影响,丞相、御史大夫和太尉也被称为"三公"了。先秦文献中有九卿之说,秦代并没有这种制度,西汉初也不见九卿名称。武帝以后,人们将秩(官的品级)为中二千石一类的高官附会为古代九卿(太常、光禄勋、太仆、廷尉、卫尉、大鸿胪、宗正、大司农、少府)。不过本来汉代的卿,有十几种官,将九卿定为九种官职,始于王莽新朝,其制中以中二千石为卿。即以大司马司允、大司徒司直、大司空司若、羲和、作士、秩宗、典乐、共工、予虞为九卿,分属于三公。总而言之,三公只是实行于两汉,并且权力一直下落,曹魏重新恢复三公之制。在魏晋南北朝时期,三公依然位居极品,且开府置僚佐,但实权则进一步向尚书机构转移。至隋代,三公完全变成虚衔或优崇之位。宋代以后,往往亦称太师、太傅、太保为三公,但其虚衔性质不变,并渐次演化成加官、赠官。明、清同。至于九卿,魏晋以后多同东汉之制,但是隋唐九卿虽然也为太常、光禄、卫尉、宗正、太仆、大理、鸿胪、司农、太府,却已无行政之权。南宋、金、元,九卿多有省并。明、清遂改以吏、户、礼、兵、刑、工六部尚书,都御史,大理寺卿、通政司合起来共称为九卿,以前的九卿之官或有保留,但已成为虚衔或加官、赠官。这里有一个"九卿"的名与实的关系。

将军

春秋时代以卿统领军队,把一军的统帅称为"将军",所以统领军队的卿即为将军,将军在当时还不是严格的官名。到战国时代才开始为正式官名,而卿仍称将军,国家又置前后左右将军。秦代承袭战国制度。汉代置大将军、骠骑将军,位次丞相;车骑将军、卫将军、前后左右将军,位次上卿。西汉还有中将军。晋朝的将军名目众多,有骠骑、车骑、卫将军,有伏波、抚军、都护、镇军、中军、四征、四镇等大将军,开府(所谓开府,是指官员可以成立府署,自选僚属)者位从公,不开府者秩二品。三品将军秩二千石。而晋诸州刺史多以将军开府,都督军事。南北朝时将军名号更多,权位不一。而唐代以后,上将军、大将军、将军,或为环卫官,或为武散官。到了宋、元、明三朝,多以将军为武散官;殿廷武士也

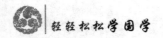

称"将军"。明清两代,有战事出征的时候,才置大将军和将军,战争结束则免去。清朝,将军成为宗室的爵号之一,而驻防各地的军事长官也称"将军"。

尚书

尚书在战国时也称为"掌书",为低级官员,在殿中主发布文书。秦代到汉初时,尚书与尚冠、尚衣、尚食、尚浴、尚席,合称为"六尚"。属于皇宫的内臣,负责皇帝的日常起居和工作,相当于今天的秘书之类的,是职位低微的内廷官员,并不能直接参与最高的政治决策。光武帝亲政的时候,以尚书台总领纪纲,职无不统,并且御史台也合并在少府下面,而不以实权交给三公等传统意义上的权臣。自此以后,尚书的权威日益高涨,宫廷的办公机构最终取代了中央政府,而尚书这个原本只是皇帝侍从的官职也就一跃而居于三公之上,由事务官变为政务官了。并且因为尚书事权极重,所以当时称之为"政归台阁"。而所谓的"台阁",就是指宫廷办事处的意思。

博士

"博士"最早是一种官名,最早出现于战国时代,负责保管文献档案,编撰著述,传授学问,培养人才,以备顾问。汉武帝时,还设立了五经博士,博士成为专门传授儒家经学的学官。到了唐代,设置国子、太学、四门等博士。另有律学博士、书写博士、算学博士,府学、州学、县学博士之称,这时的博士均为教授官,而非中央官学传授儒经学官的专称。如魏晋以后有太医博士、天文博士、历博士、卜博士、算学博士等。而到了宋朝,则对服务性行业的服务员也称为"博士"。据《封氏闻见记》"饮茶"条记载:"命奴子取钱三十文,酬煎茶博士。"

卖官制

古代的卖官制叫做"赀选","赀",是指财货,"纳赀",指向政府缴纳金钱或财物,拜官授爵。故"赀选"又叫做"卖官鬻爵"。秦代的时候,规定可以纳粟授爵。而到了西汉文帝时,为了抵抗匈奴,下令"边民入粟边"则拜爵,与此同时,又颁布了纳赀钱可以为官的法令。中国的卖官制从此兴起。到了东汉中后期,卖官甚至成为了国家财政的主要收入。汉灵帝时期在京城的皇宫宫门外,公开贴榜,标价出售。当然这样的做法最终会造成官员素质的整体下降,政府与有钱人达成了一个买卖协议,而这个协议是以鱼肉人民为代价的,自然政府最终的垮台是不可避免的。

侍中

官名,秦代开始设置,当时的侍中为丞相之"史"(属员),以往来殿内东厢奏事,所以称之为"侍中"。到了汉代时侍中为上至列侯、下至郎中的加官。担任皇帝侍从,出入宫禁。最初仅仅作为皇帝的侍从、顾问机构,不过由于近在帝侧,其地位渐渐尊崇,等级超过了侍郎。东汉末年设有侍中寺,到了晋代或称为门下省,而到了南北朝时期门下省权力逐渐扩大,北朝更是政出门下,乃成为了中央政治机构的重心。以至于到唐代时,门下与中书、尚书合称"三省",与中书省同掌机要。其间一度改称东台、鸾台、黄门省等,不久又恢复旧称。其最高长官侍中,其下设黄门侍郎、给事中、散骑长侍、谏议大夫、起居郎等官。宋代沿置。但是整个宋代,门下省的主要职权为都政事堂(中书)所夺。元代以后则废,不再设置。

秘书省

秘书省是我国古代专门管理国家藏书的中央机构。东汉时始置秘书监一官,职责是管理图籍。曹操设置秘书令,典尚书奏事,兼管秘记。南北朝以后才设秘书省,其主官为秘书监,监以下有少监、丞及秘书郎、校正郎、正字等官员,管理国史、著作两局。唐代曾经改称"兰台"和"麟台",在唐代初年,秘书省职位清闲,一向没有统领它的官署,虽然名声清廉,可是不能算重要的部门。唐代科举出仕,往往是先在秘书省工作,然后步入真正的仕途,所以唐代有许多著名的文人曾在秘书省任职。秘书省后来逐渐衰落,到了明代,更是因为丞相胡惟庸谋反案所波及,朱元璋废中书省,罢秘书监,藏书由翰林院典籍管理。迁都北京后,宫内文渊阁藏书实由内阁执掌。具有千年历史的秘书省,就此销声匿迹了。

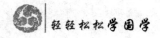

清官

即清资官，或称"清职"。魏、晋、南北朝时，人们崇尚虚玄，不愿务实，遂将"职闲廪重"（《晋书·阎缵传》）和接近皇帝的清要之职视为清官。诸如"东宫官属""黄散之职""秘书丞"之类，这些所谓"清官"的定义来自于积习，并不是政府的刻意规定。成为"清官"首先是要清贵，在皇帝的身边而又没有实际职权，表明门阀身份崇高、位居切要。其次是要清闲，这样才能使世族保持自己的"闲适"。然后一点则是众多的"清官"都是文翰性的官职（秘书郎、著作郎），因为对于士族而言，文化上的垄断独尊也是非常重要，这样一来，文法吏职就显然是不合名流口味的，并且除了少数禁卫军校之职，一般说来武官也不在"清官"的行列。总体而言，"清官"的职位是庶人很难得到的，这突出地显示了魏晋南北朝门阀政治的特点。

尚书省

官僚机构。南朝宋得名，前身为"尚书台"。由汉代皇帝的秘书机关尚书发展而来。是中国古代魏晋至宋时期中央最高政府机构之一。元代以后，尚书省遂废除。

门下省

门下省是中国魏晋至宋代的中央最高政府机构之一。初名侍中寺，西晋时才称为门下省。门，指皇宫内门，因其门户漆以黄色，故又称"黄门"。门下省原为皇帝的侍从机构，南北朝时权力逐渐扩大，北朝时期政出门下，成为了中央政权机构的重心。隋唐时与中书省同掌机要，共议国政，在唐代前期，宰相议政的政事堂，也设在门下省，以后才移到中书省。侍中具有封驳权，即对皇帝颁发诏书的审核权。门下省在宋代仅仅存在形式，实际职权已移至其他机构，其长官成为寄禄虚衔。南宋初期，中书、门下合并为一。辽金亦置门下省。元代以后，门下省不再设置。

中书省

中书省也是中国魏晋至宋代的中央最高政府机构之一。魏曹丕始设,为秉承君主的意旨,掌管机要、发布政令的机构。发展到隋唐,成为全国政务中枢。唐代的中书、门下和尚书三省同为中央行政总汇,由中书省决策,通过门下省审核,经皇帝御批,然后交尚书省执行,故实际任宰相者称为"同中书门下平章事"。宋代虽仍然设置尚书、门下、中书三省,而中书省权力最大。中书省掌握着行政大权,它与掌管军事大权的枢密院合称"二府"。元代以中书省总领百官,与枢密院、御史台分掌政、军、监察三权。门下、尚书两省皆废,故中书省较前代显得尤为重要。地方行政一部分也由中书省掌握。明代朱元璋废中书省,由皇帝直接统领六部,机要之任则归"内阁",此后便无中书省这一机构,甚至在一定程度上,可以说"宰相"一位从此也没有了。

三省的相互关系

三省,即是指隋唐时期,在中央行政系统中处于核心地位的三个部门:尚书省、门下省、中书省。三省的长官实际上相当于秦汉的宰相。把宰相之职一分为三,避免了权臣专权,使中央集权进一步加强。后来,又因三省长官品位崇高,中书令、侍中也不再常设。但是宰相不可没有,故唐代特置"同中书门下平章事",凡以本官加带此类头衔的官员,即为宰相。所以一来这些做宰相的人本来官品位都不高,因而进退较易,在使用上显得颇为便利,这既有利于发挥臣下才智,又削弱了相权,加强了皇帝的权力;二来各省分工合作、互相监督,大大提高了办事效率,中央政府机构的系统日益完善,加强了中央的集权。这一项相互配合又相互制约的制度在中国政治制度史上具有划时代的意义,充分体现了古人的政治智慧。

六部

六部即吏部、户部、礼部、兵部、刑部及工部,是中央政府行政机构内部六个核心的管理部门,唐代的时候六部的名称固定,统归于尚书省,宋代沿袭之。六部的职能大体如下:吏部为管理文职官员的机关,掌品秩铨选之制,考课黜陟之方,封授策赏之典,定籍终制之法。户部掌全国疆土、田地、户籍、赋税、俸饷及一切财政事宜。礼部掌典礼事务与学校、科举之事。兵部职掌全国军卫、武官选授、简练之政令。刑部为主管全国刑罚政令及审核刑名的机构。工部则为管理全国工程事务的机关。元代的时候六部统一归属于中书省。明代的时候废除中书省,六部则直接对皇帝负责,成为主管全国行政事务的最高机构。各部置尚书一人,总管本部的政务,下设左右侍郎各一人,为尚书之副。

刺史

中国古代职官名,始于汉代。武帝元封初年,废除了沿秦而置的监御史制度。分全国为13部(州),每州各置部刺史一人,后通称为"刺史"。此时的刺史为监察官,受御史中丞管辖,以六条诏书监察本州郡县官,秩六百石,较太守的秩比二千石为低。东汉的时候,刺史的权力逐渐扩大,成为了实际的地方长官。灵帝时期改部分刺史为牧,刺史实际已为一州军政的长吏、太守的上级,州郡两级制随之形成。魏晋南北朝时期,以刺史领州,多带使持节、持节、假节、都督诸军事衔。隋文帝废除郡,以州领县,则刺史与前代的太守无异。隋唐时期,炀帝、玄宗、武则天都曾经废州改郡,不久仍用其旧。晚唐五代时,节度使、观察使所领诸州不得径自奏事上计,节度使甚至自署刺史,最终导致刺史职任渐轻。宋代以朝臣充知州,刺史成为专供武臣迁转的虚衔。

酷吏与循吏

酷吏一词始自司马迁的《史记·酷吏列传》,循吏一词始自司马迁的《史记·循吏列传》。从字面意义上说,酷吏就是用残酷方法进行治理的官吏,而循吏则是比较遵循法律而进行温和管理的官吏。但实际上并非如此简单,西汉酷吏的特点首先在于比较廉洁,其次则是不畏豪强,对不服从法律的人特别是豪门贵族敢于痛下辣手,第三个特点是几乎所有的酷吏都没落得个好下场。西汉酷吏有着很强的法律精神,虽然这种精神往往使他们显得残忍。而西汉的循吏一个重要的特点在于十分重视地方的教化,而这一点并不属于他的职责范围。其实,酷吏、循吏的数量并不算多。

三辅

西汉时本指治理京畿地区的三位官员,后指这三位官员管辖的地区。汉景帝时分内史(首都长安所在地区)为左、右内史,与主爵中尉(不久改为主爵都尉)同治长安城中,所辖皆京畿之地,故合称为"三辅"。武帝时改称为"京兆尹"(分管今西安以东、渭河以南地区)、左冯翊(分管渭河以北、洛河中下游地区)和右扶风(分管咸阳以西地区),辖境相当于今陕西中部地区。后世的政区分划虽然时有更改,但直至唐代,习惯上仍称这一地区为"三辅"。

都护府

唐朝设置在边区用以统辖羁縻地区的军事行政机构。都护的职责是"抚慰诸藩,辑宁外寇",凡对周边民族之"抚慰、征讨、叙功、罚过事宜",皆其所统。它的出现,是唐初边疆地区民族关系发展的客观需要。自贞观十四年(640年)创设安西都护府起,终唐一代,建置时有改易。唐代的都护府有河北道安东都护府、关内道燕然(瀚海、安北)都护府、陇右道安西和北庭都护府、岭南道安南都护府、剑南道保宁都护府。元代也有设置,主管畏兀尔(维吾尔)族和汉族之间的诉讼。都护府是唐王朝加强地方统治。处理民族关系采取的重要举措,也是唐朝前期政治清明、经济发展社会繁荣的原因之一。这项制度对后世产生了非常深远的影响。

节度使

节度使,中国古代官职。唐代驻守各道的武将称"都督",都督带使持节的称"节度使"。"节度"一词出现甚早,意为节制调度。唐代节度使渊源于魏晋以来的持节都督。南北朝时,刺史大都加持节都督,北周及隋改称"总管"。而节度使成为固定职衔是从唐睿宗景云二年(711年)开始的。至开元、天宝年间,北方逐渐形成了平卢、范阳、河东、朔方、陇右、河西、安西四镇、北庭伊西八个节度使区,加岭南、剑南共为十镇,成为固定军区,各有受其统属之州、军、镇、城、守捉。节度使例兼管理内调度军需的支度使及管理屯田的营田使。天宝后又兼所在道监督州县之采访使,集军、民、财三政于一身。又常以一人兼统二

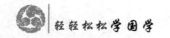

至三镇,多者达四镇,最终造成外重内轻之势,酿成了安史之乱。

路、州、府

路是宋代的地方一级行政单位,在宋太宗初期,一直实行"道""路"并存的行政区划制,在至道三年(997年)始定天下为15路:京西路、京东路、河北路、河东路、陕西路、淮南路、江南路、两浙路、福建路、荆湖南路、荆湖北路、广南东路、广南西路、西川路、峡西路。路的长官称为"监司"(有四个),一路下设有州,州的实际长官是知州,州下设置县,县的实际长官为知县,此外,宋代在重要的地方设为府。宋代实行的是三级制地方行政制度,它对于地方行政管理制度进行了以分权和制衡为中心的一系列改革,削弱了地方政府行政长官权力,在路级行政机构实行分权管理,监司互察,加强对州县官的监管。但是宋代的地方官过分受制于中央,最终还是流入了卑弱的境地。

宰执

宰执,宰相与执政的简称。宋代的中枢机构,也就是宋代的宰相。因为宋代先后以"同平章事"、尚书左右"仆射"、左右"丞相"为宰相;又先后以"参知政事""枢密使""副使"、尚书左右"丞"为执政,所以二者合称"宰执"。宋代的宰相称为"中书门下平章事",这是沿袭唐代的称谓。副职则称"参知政事",也称为"执政",这是赵匡胤为牵制宰相而特地设置的。

枢密院

枢密院,唐、五代、宋、辽、元时代的官署名称,是主要管理军事机密及边防等事的中央政府机构,与中书省并称"二府",同为最高国务机关。枢密院最初设置始于中唐时期,宋太祖沿袭此制,以分割宰相的掌兵职权,造成了民政权与军政权的分离。枢密院的长官称为"枢密使",有调兵之权而无掌兵权。枢密使与同中书门下平章事等共同负责军国要政,枢密使有时亦称"知枢密院事",简称"知院"。其副职称"枢密副使"或同知枢密院事。任此职者一般为文官,且往往即由同平章事兼任。凡军事之措置,均由枢密使秉皇帝意旨决定执行。值得注意的是,在宋代诸多中央职官及其机构设置中,以分割宰相之权为目的而贯穿始终的只有枢密院而已,在宋代政治系统中具有举足轻重的地位。辽设北枢密院、南枢密院及汉人枢密院。元代枢密院主要掌军事机密、边防及宫廷禁卫等事务,战争时设行枢密院,掌一方军政。明清时期废止。

计相

计相,为宋朝最高财政长官。地位仅次于宰相。后唐长兴元年(930年)始设三司(盐铁、户部、度支)使,总管国家财政。宋初沿旧制,三司总理财政,成为仅次于中书、枢密院的重要机构,号称"计省";三司的长官三司使被称为"计相",总管四方贡赋和国家财政。三司使统领三部:盐铁掌管工商收入及兵器制造等事;度支掌管财攻收支和粮食漕运等事;户部掌管户口、赋税和榷酒等事。地方州郡赋税收入除留一小部分外,其余全部由中央掌握。三司权力非常重,并且有与宰相、枢密使并立的态势。

翰林学士

唐玄宗开元初年以张九龄、张说、陆坚等掌四方表疏批答、应和文章,号为"翰林供奉",与集贤院学士分司起草诏书及应承皇帝的各种文字。德宗以后,翰林学士成为皇帝的亲近顾问兼秘书官,承命撰拟有关任免将相和册后立太子等事的文告,有"内相"之称。到了唐代后期,往往以翰林学士升任宰相,地位十分尊贵。北宋的翰林学士仍掌制诰,特定其资权,变成了一种清要而又显贵的官员了。清代以翰林掌院学士为翰林院长官,其下有侍读学士、侍讲学士。宋代能够进入翰林学士院任职的,都是一些文学之士。学士中资格最老的称为"翰林学士承旨",其下则称"翰林学士""知制诰"。承旨不常设,其他学士也无定员。其职责是负责起草朝廷的制诰、赦敕、国书以及宫廷所用文书,侍从皇帝出游,充当顾问。其实,北宋的很多宰相也是从翰林学士中选拔的,北宋前期的翰林学士,没有秩品。元丰改制后,翰林学士承旨和翰林学士成为正式官员,正三品,并且不任其他官职,专司草拟内制之职。至于明清的翰林学士,政治的筹码不再像过去那样重,但是仍然是清贵的职位,受到人的尊敬。

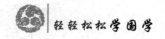

锦衣卫

明朝官署名。即锦衣亲军都指挥使司,皇帝的侍卫机构。前身为太祖朱元璋时所设御用拱卫司。明洪武二年(1369年)改设大内亲军都督府,十五年设锦衣卫,朱元璋为了加强中央集权统治,特令其掌管刑狱,赋予巡察缉捕之特权,下设镇抚司,从事侦察、逮捕、审问活动,且可以不经过司法部门。锦衣卫的首领被称为"指挥使"(或指挥同知、指挥佥事),一般由皇帝的亲信武将担任,很少由太监担任。其实锦衣卫乃是著名的酷政,明代有许多朝廷官僚以外的直属皇帝的专设监察、刑狱系统,锦衣卫只是其中之一。这类系统,自己有军队、有监狱,又直接向皇帝负责,基本上贯穿于整个明朝。锦衣卫的性质首先是"侍卫",就是皇帝的亲兵;其次是"刑狱",自己可以审判;再次是"密缉",则又说明其特务机构的性质。设立这样机构的直接原因是要处理朝中的命官的时候(例如朱元璋遍杀功臣),可以更方便和直接。提到厂卫(东厂、西厂、锦衣卫),人人都心惊胆战,而在其中,由于东厂厂主与皇帝的关系密切,又身处皇宫大内,更容易得到皇帝的信任,所以东厂和锦衣卫的关系,逐渐由平级变成了上下级关系,在宦官权倾朝野的年代,锦衣卫指挥使见了东厂厂主甚至要下跪叩头。

八旗制度

清代满族的社会组织形式。努尔哈赤在统一女真各部的战争中,随着势力的不断壮大,人口也日益众多,先前那种只凭血缘关系的军事与生产组织(牛录制),已不能适应需要了,于是八旗制度便应运产生了。努尔哈赤将五牛录组成一个甲喇,再由五个甲喇组成一个固山,即旗,并且以八种不同形式的旗帜作为标志,成为战斗、生产、行政的一个固定单位。万历四十三年(1615年)正式整编八旗,建立八旗制度。满洲八旗建立后,又建立蒙古八旗,再建立汉军八旗,从而使八旗制度完善。旗的组织具有军事、行政和生产等多方面职能。入关前,八旗兵丁平时从事生产劳动,战时荷戈从征,军械粮草自备,入关以后,建立了八旗常备兵制和兵饷制度,八旗兵从而成了职业兵。应该说,八旗制度对于满族的振兴是有重大意义的。八旗的名称分别是:正黄、正白、正红、正蓝、镶黄、镶白、镶红、镶蓝。

三殿三阁大学士

三殿为保和殿、文华殿、武英殿,三阁为体仁阁、文渊阁、东阁。清代设立内阁,为最高的政务机构,初设大学士满、汉各一人,协办大学士满、汉各一人,以及学士、侍读学士、中书等官。乾隆年间,乃定三殿三阁大学士之制,其中,保和殿大学士为其中最为尊贵的,乾隆朝的傅恒死后,就无人再得此大学士级别,因此原为第二的文华殿大学士就相当于最高的大学士了,这项制度一直沿用到清末。三殿三阁大学士均为文臣最高官位,地位极为尊崇,汉人一般非翰林出身的不授此官。而这六位大学士一般都是退休(致仕)时才空出职位,由协办大学士递补,除非该人被革职或是死亡。

军机处

军机处,清代官署名。也称"军机房""总理处"。是清朝中后期辅佐皇帝的中枢权力机关。任职者没有定员,一般由亲王、大学士、尚书、侍郎或京堂兼任,称为"军机大臣",俗称"大军机",其僚属成为军机章京,俗称"小军机"。军机大臣少则三四人,多则六七人,被称为"枢臣"。清末汉人只有左宗棠、张之洞、袁世凯等短时间担任过军机大臣。军机处职掌为秉承皇帝意志,处理军国要及官员任免和一切重要奏章。清军机处设有专门的档案房,有专职的保密人员管理这些档案,从而使军机处的保密工作做得非常之好,为后代留下了许多难得的珍贵史料。可以说,军机处的设立是清代中枢机构的重大变革,标志着清代君主集权发展到了顶点。

南书房

清官署名。在北京故宫乾清宫西南,本康熙帝读书处,俗称"南斋"。南书房设于康熙十六年(1677年),光绪二十四年(1898年)撤销,是清代皇帝文学侍从值班的地方。常侍皇帝左右,备顾问、论经史、谈诗文。皇帝每外出巡幸亦随扈。皇帝即兴作诗、发表议论等皆记注。进而常代皇帝撰拟诏令、谕旨,参预机务。清代的士人视之为清要之地,以能入为莫大的荣耀。一方面,在南书房里可以研讨学问,吟诗作画,但因为南书房"非崇班贵檩、上所亲信者不得入",所以它完全是由皇帝严密控制的一个机要机构,随时承旨出诏行令,这使得南书房"权势日崇"。而南书房地位的提高,正是康熙帝削弱议政王大臣会议权力,同时将外朝内阁的某些职能移归内廷,实施高度集权的重要步骤。而自雍正朝军机处建立后,军机大事则均归军机处办理,南书房官员不再参与机务,其地位有所下降。但由于入值者常能觐见皇帝,并且为一重要的清要之地,因此仍然具有一定的地位。

理藩院

清代设置,由蒙古衙门改制,是中国清代政府管理蒙古、回、藏等少数民族事务的中央机构。始创于清朝皇太极年间,在顺治年间由附属于礼部改为独立部门,并在清初至总理各国事务衙门成立前兼领对俄罗斯事务。清政府通过理藩院实施对各少数民族地区的统治与管理,加强与它们的联系。理藩院六司是旗籍司、王会司、典属司、柔远司、徕远司、理刑司,分掌爵禄、朝贡、定界、官制、兵刑、户口、耕牧、赋税、驿站、贸易、宗教等政令。理藩院所辖,先后尚有内馆、外馆、蒙古学、唐古特学、托忒学、俄罗斯学、木兰围场、喇嘛印务处、则例馆等机构。此外还派司员、笔帖式等常驻少数民族地区,处理特定事务,定期轮换。

总理衙门

中国晚清主管外交事务、派出驻外国使节,并兼管通商、海防、关税、路矿、邮电、军工、同文馆、派遣留学生等事务的中央机构。初称总理各国通商事务衙门,简称"总理衙门""总署"或"译署"。建立于1861年初,是清政府为办洋务及外交事务而特设的中央机构。总理衙门的经费,主要靠被洋人所控制的海关税收供给。在总理衙门干事的人,待遇高、升迁快、地位突出,是炙手可热的人物。总理衙门成为清政府的重要决策机构。在总理衙门的推动下,中国的近代化有了长足的发展。但在中国外交史上,它也是见证耻辱的地方。光绪二十七年(公元1901年)六月,即在慈禧太后"回銮新政"前夕,清廷诏谕改总理衙门为外务部,负责一切外交事务。此后,按照列强的要求,清政府陆续增设了商务部、学部、铁路局、海军部等机构,行使原总理衙门的其他部分职权,总理衙门自此从中国历史上消失。

钦差大臣

钦差大臣是中国的古代官名,是指由皇帝派赴某地专办某事之官。"钦"就是表示皇帝的,"差"表示差遣。从明代开始,凡由皇帝亲自派遣,出外办理重大事情的官员称"钦差"。清代沿袭。其出于特命并颁授关防(即印章)者,加有钦差大臣的头衔,可以直接向各级官员下达指令。

如爱国民族英雄林则徐,就是由道光皇帝派遣专门负责鸦片事宜的钦差大臣。

镇

镇是中国的基本地方行政单位。镇作为地方单位开始于古代的军镇,因为军事屯扎必然有消费的要求,所以军镇逐渐成为四周的老百姓销售物品的一个集中地区,他们周期性地集中于军镇,这就类似于后代的赶集。而随着镇的军事地位的消失,定期赶集的习惯并没有消失,如此一来,镇成为了民间商品集散的一个中心地带。直到后来,镇成为了附近许多村庄的实际中心,被赋予了地方中心行政单位的意义。直到今天,镇仍然以这样的形态在中国的广大土地存在着,不能不说"镇"这样一种制度的出现所造成的影响是极为深远的。

行中书省

行中书省简称"行省",或只称省,是元朝地方最高行政机构,并为一级行政区名称。金朝初年,因为首都设在东北,难以对燕云及黄河南北广大地域进行有效管辖,设置过行尚书省,后来待统治稳定后又废除。金末宣、哀两帝,为防御蒙古、南宋、西夏的进攻,也设过行尚书省多处。元朝初年的时候,曾经仿照金朝在中央设尚书省作为全国最高行政机构,在地方设行尚书省作为其派出机构,设官与尚书省略同。后来,因为尚书省改为中书省,行尚书省也改为行中书省,其辖区逐渐稳定下来,成为常设的地方行政机构。元代行省包括:陕西、甘肃、辽阳、河南江北、四川、云南、湖广、江浙、江西、岭北行省。虽然后来有所变化和发展,但是大体奠定了今天中国行省的规模。明灭元后,改行省为承宣布政使司,但习惯上仍称为"行省",一般简称"省"。于是,省作为地方一级行政区的名称,一直沿用到了现在。

达鲁花赤

蒙古和元朝的官名,为所在地方、军队和官衙的最大监治长官。达鲁花赤在蒙古语中原意为"掌印者",后来成为长官或首长的通称。蒙古贵族征服许多其他民族和国家,无力单独进行统治,便委付当地的统治阶级人物治理,派出达鲁花赤监临,位于当地官员之上,掌握最后裁定的权力,以保障蒙古大汗和贵族的统治。在元朝的各级地方政府里面,均设有达鲁花赤一职,掌握地方行政和军事实权,是地方各级的最高长官。在元朝中央政府里面,也有某些部门设置达鲁花赤官职。达鲁花赤一般必须由蒙古人或色目人担任,这种做法被认为具有强烈的民族不平等色彩。

明代三司

明朝的"三司"即是指承宣布政使司、提刑按察使司、都指挥使司。长官是布政使、提刑按察使和都指挥使,三司为常设机构。都指挥使司是地方最高军事机构,司掌一方之军政,上奏表时,序衔于布政司、按察司之上。承宣布政使司简称"布政",是一省的最高行政权力机构。提刑按察使司简称"按察司",是一省的最高司法机构。其职责是纠官邪、戢奸暴、平狱讼。遇重大案件,要与都、布二司会议,报告抚按,听命于部院。按察司长官为按察使,别称"臬台"或"臬司"。三司互相牵制,这是为了便于中央对于地方的控制。到了后来,三司作为地方长官的地位渐渐被总督和巡抚取代。

总督和巡抚

总督和巡抚合称"督抚",都是从明朝开始设置的。总督是中国明清地方军政大员,又称为"总制"。分专务和地方两种,专务总督以所辖专务为职,提督军务为辅;而地方总督多因防边或镇压人民而设,以所辖地区军务为主。这些总督因事而设,事毕即撤,自成化五年(1469年)两广再设总督后,其职始专,才近于定制。巡抚又称"抚台",以"巡行天下,抚军按民"而名,明洪武始设。应该说,总督和巡抚最初设立时,其身份仅仅是中央派往地方的监察官员,有一些西汉刺史的性质,但是后来督抚逐渐取代了之前的地方长官——三司,成为真正的地方大员,一直延续到清朝。

道员

清代地方行政机构分为省、道、府、县四级,其中道设道员,为介于省藩、泉二司与府、厅中间一级的地方长官,各省无定员。道有分守道与分巡道的区别,分守道专掌钱谷,分巡道专掌刑名。此外,还有专职道,是主管一省某一方面的事务的,比如粮储道、盐法道、兵备道、河工道等。道员其实起源于明代,明初布政司、按察司因辖区大而事务繁杂,布政司的左右参政、参议分理各道钱谷,称为"分守道";按察司的副使、金事分理各道刑名,称为"分巡道",这就是道员称谓之始。至清乾隆间裁去参政、参议、副使、金事等职,专设分守道与分巡道,多兼兵备衔,管辖府、州,于是就成为了省以下府、州以上的高级行政长官。道员别称"道台""观察"。

南、北洋大臣

南洋大臣全称为办理江浙闽粤内江各口通商事务大臣,又称"南洋通商大臣",是清末专管南部中国沿海通商口岸交涉、通商、海防等事务的钦差大臣。《南京条约》订立后,清廷设置五口(广州、厦门、上海、宁波、福州)通商大臣,由两广总督兼任,后改由两江总督兼任,先后有湘系集团的曾国藩、曾国荃、左宗棠、沈葆祯、刘坤一等专任40余年,职掌除交涉、通商、海防外,还训练南洋海陆军,兴办工矿交通事业等,不过因为局限于两江一带,所以远远赶不上与之对等

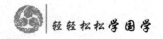

的北洋大臣的地位以及职权。

北洋大臣也称"办理三口通商事务大臣""北洋通商大臣"。1861年初,清政府鉴于北方已有通商口岸,对外交涉日繁,遂设立三口通商大臣专职,办理北方新辟的牛庄、天津、登州三口对外交涉事宜,后由直隶总督兼任,职责范围相应扩大。除办理北方地区的外交、通商外,还负责训练北洋海陆军,及兴办轮船、电报、煤矿、铁路、纺织等洋务企业。1870年8月李鸿章调任直隶总督,此后李鸿章担任直隶总督兼北洋大臣达28年之久,专办清政府外交,兴办北洋海陆军,并在北方兼长江流域筹办轮船、电报、煤铁、纺织等企业,致使北洋大臣地位不断提高,职权不断扩大,势力远远超过了本来地位与之对等的南洋大臣。

明清胥吏

胥吏是古代的衙役,类似于今天政府机构的办事员。胥吏对于地方政府,是不可或缺的重要帮手,但也正是这一点,造成了胥吏的痼疾。尤其是到了明清社会,地方的条例繁多,政务司法处理大都交付师爷,地方治安以及一般的日常活动由胥吏去打点,而地方官关心的是如何提高政绩,以脱离地方系统进入中央系统。这样一来,地方的政治实际上落入了师爷和胥吏手中,尤其是胥吏,因为长期在地方任职,已经形成了持久的势力,很便于他们欺压百姓,谋取私利。

五、古代刑法

朝审

朝审是指由朝廷派员会审死囚案件的制度。一般于每年霜降后,三法司会同公、侯、伯会审判处监候的死罪囚犯,然后分别作出不同处理,称为"朝审"。

朝审是由刑部每年秋天八月,对所管辖的京师地方监候死囚,派王公大臣在天安门外金水桥朝房审理。朝审时,三法司、九卿、詹事、科道入座,当堂命吏对应死人犯朗读罪状及所定实、缓意见。

秋审

秋审是清朝的一种审判制度,从明朝发展而来。清朝将朝审发展为两种,即朝审和秋审,但这两种审判方式形式基本相同,只是审判的对象有区别。秋审的对象是复审各省上报的被处以死刑的囚犯,而朝审则是复审刑部在押的死刑犯。审判官的组成是相同的,都是中央各部院的长官。朝审和秋审的区别还在于时间上,朝审要晚一些。

秋审开始执行于顺治十五年(1658年)。秋审体现了对死刑的重视,但其判决有时也根据当时形势的需要来定,如果是治安混乱时期,就有可能加重,如果太平时期,可能会减轻。

笞刑

笞刑,是古代"五刑"之一,是以竹、木板责打犯人背部、臀部或腿部的轻刑,针对轻微犯罪而设,或作为减刑后的刑罚。笞刑始于东汉文帝,汉景帝时期的《棰律》规定了刑具规格、受刑部位,同时在施刑时中途不得换人,并彻底固定下笞刑的刑具是竹板及其长度厚度。这个是古代刑制改革的要点之一。

杖刑

隋唐以来五刑之一。宋、明、清三代规定妇人犯了奸罪,必须"去衣受杖",除造成皮肉之苦外,还达到凌辱之效。

流刑

流刑也称"流放""充军"。是古代将罪犯遣送到边远地区服劳役的刑罚,秦汉时已有这种刑罚。南北朝时始作为定刑。北周时把流刑分为卫、要、荒、镇、蕃五服,以离开皇都二千五百里至四千五百里分五等。隋代定为五刑之一。隋《开皇律》中流刑有三种:一千里、一千五百里、二千里。唐律把流刑分为二千里、二千五百里、三千里三个等次。流刑一直沿用至清代。

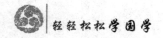

发配

即充军。古代的一种刑罚,指把死刑减等的罪犯或其他重犯押解到边远地方去服役。《明史·刑法志》:"充军者,明初唯边方屯种。后定制,分极边、烟瘴、边远、边卫、沿海、附近军。有终身,有永远"。"终身",规定罪犯要服役到死;"永远",则还要罪及子孙后代。

徒刑

徒刑是一种剥夺罪犯人身自由并强制其劳役的刑罚。罪犯判决后,由一定的机关管制,按规定年限去服苦役。战国时,称徒刑为"鬼薪""城旦"等。鬼薪,指为宗庙砍柴三年。城旦,指服筑城苦役四年。秦汉时,服徒刑的人,仍从事筑城、舂米、为宗庙打柴拣米等劳役。北周武帝时开始称为"徒刑"。隋代定为五刑之一,并把徒刑具体规定为一年、一年半、二年、二年半、三年五个等次。唐代的徒刑还规定犯人要戴刑具从事劳作。徒刑沿用至清代。

黥刺配

黥刑也叫"墨刑"。是一种在犯人脸上刺成记号或文字,再涂上墨的刑罚。刺配脱胎于上古时期的黥刑,就是在犯人脸上刺字,并发往远地充军。刺相当于墨刑,配则指发往远地充军。

劓刑

先秦五刑(死刑、墨刑、劓刑、膑刑、宫刑)之一,即割掉鼻子的刑罚。《史记·商君列传》:"公子虔复犯约,劓之。"

拶指

"拶指"是旧时一种酷刑,用绳子穿五根小木棍,套着手指,用力收紧。

炮烙

本作炮格,一种烧烫的酷刑。是纣王在位时,为了镇压反抗者所设置的一种残酷的刑罚。《史记·殷本纪》:"纣乃重刑辟,有炮烙之法。"在铜柱上涂抹膏油,下面燃烧炭火,教犯人赤足在铜柱上走过,那是一定要滑下去的,滑下去便恰恰跌到火炭上烧死。后来泛指用烧红的铁烧烫犯人的酷刑。

刖膑

刖,也称"剕",古代的一种把脚砍掉的酷刑。膑则是古代一种剔掉膝盖骨的酷刑。战国时,孙膑与庞涓同学兵法,后来庞涓做了魏惠王的将军,嫉妒孙膑的才能,诳他到魏,处以膑刑,故称"孙膑"。

宫刑

宫刑,又称"腐刑""阴刑""蚕室"和"椓刑"。即"丈夫割其势,女子闭于宫"。阉割男子生殖器,破坏妇女生殖机能的一种肉刑,是古代的五刑之一。宫刑的最初作用是为了惩罚男女之间不正当的两性关系。秦汉以后,宫刑的范围逐渐扩大,成为统治者对付反抗者的一种残酷手段,司马迁就曾受过宫刑。隋朝开皇,在刑法上正式废除了宫刑,以后历代刑制上也见不到宫刑,但直到明清时仍有宫刑的实例。

车裂

所谓车裂,就是把人的头和四肢分别绑在五辆车上,套上马匹,分别向不同的方向拉,这样把人的身体硬撕裂为五块,所以名为车裂。有时,执行这种刑罚时不用车,而直接用五条牛或马来拉,所以车裂俗称"五牛分尸"或"五马分尸"。

凌迟

凌迟也称"陵迟",又名"寸磔""磔刑""剐刑",清代称为"寸殛",即民间所说的"千刀万剐"或"杀千刀""渔网抄"(用渔网包裹犯人全身皮肤,刽子手把隆起的皮肉割去),是中国酷刑之一。陵迟原来指山陵的坡度是慢慢降低的,用于死刑名称,则是指处死人时将人身上的肉一刀刀割去,使受刑人痛苦地

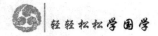

慢慢死去。凌迟刑最早出现在五代时期，正式定为刑名是在辽，此后，金、元、明、清都规定其为法定刑，是最残忍的一种死刑。

凌迟刑的处刑方式很残忍，一般记述是说将人身上的肉一块块割下来。而历代行刑方法也有区别，一般是切八刀，先切头面，然后是手足，再是胸腹，再是枭首，最后肢解。而且，行刑很有讲究，如果受刑者立刻死亡，则说明刽子手行刑失败。受刑者往往要忍受数小时的痛楚才会气绝身亡。

这种刑法主要用于处罚那些十恶中的一些犯罪，如谋反、大逆等。到了清朝乾隆时期，如果打骂父母或公婆、儿子杀父亲、妻子杀丈夫，也是触犯伦理道德的重罪，要处凌迟刑。但后来为了镇压农民反抗，对于不按时交纳赋税的也要处以凌迟刑，这在明太祖时期尤为突出。

大辟

夏商五刑之一，即死刑。《吕刊》郑玄疏曰："死刑是罪之大者，故谓死刑为大辟。"《尚书大传》："大辟，死刑也。"

弃市

古代在闹市执行死刑，并将尸体抛弃并暴露在街头，称为"弃市"。语出《礼记·王制》："刑人于市，与众弃之。"流行于秦、汉，魏晋各代。隋唐以后虽未将其列为刑罚种类，但执行死刑，一般都用弃市方式。

六、史学典籍

史的分类

史的分类多有不同。参照各家分类法，现在一般把史分为：纪传体正史、编年体、国别体、纪事本末体、典制体、史评与学术史六类。

纪传体

纪传体，就是以人物为记述中心从而展现一代或历代历史的体裁，由西汉司马迁始创。

纪传体是记录"正史"所用的体裁。"纪"指"帝王本纪",主述帝王事迹。"传"指"列传",叙述人臣事迹。司马迁著《史记》,将先秦史籍如《禹本纪》《尚书》《周谱》《世家》《穆天子传》《帝王诸侯世谱》等所采用的各色体裁熔冶一炉,成"本纪""表""书""世家""列传"等五大部分,记载从三皇五帝至西汉武帝时期的一段通史。对于《史记》所采用的纪传体,清代史学家赵翼曾评说:"司马迁参酌古今,发凡起例,创为全史"。

以后出现的《汉书》《后汉书》等,基本都沿用了《史记》的体例,《汉书》稍作修改,将"本纪"改称"纪","列传"改称"传","书"改称"志","世家"不录,从而形成了"纪""传""表""志"四位一体的结构。

正史之说最早见于梁阮孝绪的《正史削繁》,而以纪传体史书为正史则开始于唐初官修的《隋书·经籍志序》:世有著述,皆拟班马,以为正史。至乾隆时,又规定未经皇帝钦定的不得列为正史,至此遂有二十四史之说。

编年体

编年体是我国古代史书体裁之一。它以年代来编排史事,故称"编年体"。它是最早存在的史书体裁,先秦史籍使用的就是这种体裁。

编年体以时间为线索叙事的方式,最为切近历史事件本身发生、发展的规律,所以此类史书能从时间上展现给人完整的历史面貌,线索分明。但这种体裁由于同一时间既要叙述此事,又要叙述彼事,一时间千头万绪,势必打断某一事件的连续性,造成事件的前后割裂、首尾不连贯,甚至是支离破碎。此外,这种体裁也难以把人物的生平事迹和典章制度的来龙去脉原原本本地叙述清楚。

《春秋》是我国传世最早的编年体史书,它以年月日来记录、编排史事。另外一部先秦史籍《竹书纪年》使用的也是编年体。此后如汉代荀悦的《(前)汉纪》、晋代袁宏的《后汉纪》、宋代司马光的《资治通鉴》都是编年体;《通鉴》续书自然也都是编年体。此外,历代实录、起居注使用的也是这种体裁。

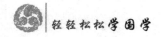

国别体

国别体是以国家为单位,分别记叙历史事件的文体体裁。国别体史书即分国记载史事的史书,它对我们了解古代各国的政治、军事、外交、经济等方面有着重要的文献价值。

纪事本末体

纪事本末体是历代"别史"所采用的体裁之一。其以历史事件为纲,记事前后连贯,条理分明,由南宋袁枢始创。这种体裁既不同于纪传体的以人为主,也不同于编年体的以时间为主,而是以事件为主的新的记事方法,在中国古代史书中与编年体、纪传体鼎足而三。

虽然这种史书只是对编年体或纪传体史书的改写和钞摄,并无很高的史料价值,但在史学方法上,却创立了一种新的体裁。以事件为叙述中心,眉目清楚,既避免了编年体一件事情相隔几卷,难以理清首尾的缺陷,也避免了纪传体一件事情在多人的纪或传中重复出现的不足,所以前人认为这种新体裁的优点是"文省于纪传,事豁于编年"(章学诚《文史通义·书教下》)。这个评价是中肯的。

典志体

典志体,也称为"政书体",是以典章制度为中心的史籍体裁之一。《四库全书总目》称为政书,"以国政朝章六官所职者,入于此类";隋唐志书中称为"旧事"或"故事"。如果推源,则是《史记》"书"和《汉书》"志"的沿袭;若再上推,那就是《尚书》了。《尚书》是典制体史书之源。

纪传体中有书志一门,盖导源于《尚书》,而旨趣在专纪文物制度。典制体是正史"书"或"志"以外专讲典章制度的书,既有贯通古今典制的专书如《通典》之类,也有分类编纂一朝典制的如各朝《会要》,还有把典制文件汇编成册的各朝《会典》,以及专讲某一方面制度的档案类书籍如《唐律疏议》等。

方志

方志也叫"地志""地方志""志书",是一种传统的史地类书籍。它以地区为主,综合记录该地自然和社会方面的有关历史与现状;此外,专门记载名山大川、城池都邑、寺庙宫观、名胜古迹、风土人情的书籍,也可以归入此类之中。按传统的分类法,此类书籍归史部。

方志起源于古地理书,如《山海经》《禹贡》。秦汉魏晋南北朝时期是方志的形成阶段,内容侧重于地理方面,名称多为"地志""志记"。现存第一部比较完整的方志书《越绝书》(相传为东汉袁康所撰),就出现在这个时期。此后各代,修志日多,至清而达到全盛。

我国地方志数量庞大,种类繁多。就所写地域范围而言,可分为全国性总志和地区性方志两类;而后一类除省志(一般称"通志")、府志、县志之外,还有更小行政区划的乡村镇志、里坊志,专门行政(或军事、经济)单位的志书,如卫所司志、边关志、盐井志等,也属此类。就所写内容的范围而言,可分为通志和专志,通志即一般意义上的志书,内容包括该区域各方面的内容;而专志则是记述某一专门内容的志书,如山川、寺庙、都邑、人物、风土等等。

二十四史

"二十四史",中国古代各朝撰写的24部史书的总称。它上起传说中的黄帝(前2550年),止于明朝崇祯十七年(1644年),计3213卷,约四千万字,用统一的有本纪、列传的纪传体编写。

"二十四史"称法有其形成的历史。三国时社会上已有"三史"之称。"三史"通常是指《史记》《汉书》和东汉刘珍等写的《东观汉记》。《后汉书》出现后,取代了《东观汉记》,列为"三史"之一。

"三史"加上《三国志》,称为"前四史"。历史上还有"十史"之称,它是记载三国、晋朝、宋、齐、梁、陈、北魏、北齐、北周、隋朝十个王朝的史书的合称。后来又出现了"十三代史","十三代史"包括了《史记》《汉书》《后汉》和"十史"。

到了宋代,在"十三史"的基础上,加入《南史》《北史》《新唐书》《新五代史》,形成了"十七史"。明代又增以《宋史》《辽史》《金史》《元史》,合称"二十一史"。清朝乾隆初年,刊行《明史》,加先前各史,总名"二十二史"。后来又增加了《旧唐书》,成为"二十三史"。从《永乐大典》中辑录出来的《旧五代史》也被列入。乾隆四年(1739年),经乾隆皇帝钦定,合称"二十四史",并刊"武英殿本"。1920年,柯劭忞撰《新元史》脱稿,民国十年(1921年)大总统徐世昌以《新元史》为"正史",与"二十四史"合称"二十五史"。但也有人不将新元史列入,而改将《清史稿》列为二十五史之一。或者,如果将两书都列入正史,则形成了"二十六史"。

《史记》

《史记》,司马迁著,约成书于前公元104年至前91年,早称"太史公记""太史公书""太史公传",后人因"太史公记"而省略成《史记》。近人梁启超称赞这部巨著是"千古之绝作"。鲁迅誉之为"史家之绝唱,无韵之《离骚》"。

《史记》是我国历史学上一个划时代的标志,是一部"究天人之际,通古今之变,成一家之言"的伟大著作。全书包括本纪、表、书、世家和列传,共130篇,526500字。《史记》通过这样五种不同的体例和它们之间的相互配合和补充而构成了完整的体系,上自黄帝,下至武帝太初(公元前104年—前101年)间,全面地叙述了我国上古至汉初三千年来的政治、经济、文化多方面的历史发展,是我国古代历史的伟大总结。

具体来说,"本纪",以历代帝王为中心,为全书的总纲,按时间记录帝王事迹,实际上也是编年的全国大事记;"表",谱列帝王、诸侯、贵族、将相大臣的世系,爵位及相关的政迹;"书",以事件为纲,记载经济、水利、天文、地理、礼乐、律法等的具体情况和典章制度;"世家",记载诸侯列国和有特殊地位及影响的历史人物,如孔子、陈涉(即陈胜)等;"列传"主要是各种不同类型、不同阶层人物的传记,少数列传则是叙述国外和国内少数民族君长统治的历史。

《史记》的诞生,是中国文化史上的一件大事,就中国史学的具体发展而言,《史记》的贡献巨大。第一,《史记》开创了"纪传体"体例,建立杰出的通史体裁,是中国史学史上第一部贯通古今,网罗百代的通史名著。第二,秉笔直书的史学传统,所谓秉笔直书,就是史学家必须忠于历史史实,既不溢美,也不苛求,按照历史的本来面貌撰写历史,反对那种"誉者或过其失,毁者或损其真"的做法。第三,建立了史传文学传统,司马迁的文学修养深厚,其艺术手段特别高妙。往往某种极其复杂的事实,他都措辞非常妥帖,秩序井然,再加以视线远,见识高,文字生动,笔力洗练,感情充沛,信手写来,莫不词气纵横,形象明快,使人惊呼击节,不自知其所以然。

《汉书》

《汉书》是一部断代史。所记载历史始于汉高帝刘邦元年(前206年),终于王莽地皇四年(23年),包括本纪12篇、表八篇、志十篇、列传70篇,共100篇,后人划分为120卷。

《汉书》为班固所著。班固(32年—92年)字孟坚,东汉扶风安陵(今陕西省咸阳市东)人。《史记》只写到汉武帝的太初年间,因此,后有刘向、刘歆、扬雄等人为它编写续篇。班固的父亲班彪(3年—54年)对这些续篇感到很不满意,遂"采其旧事,旁贯异闻"为《史记》"作《后传》65篇"。班彪死后,年仅二十几岁的班固,整理父亲的遗稿,决心继承父业,着手编撰《汉书》。不久,班固因以"私改作国史"被告发入狱,后授兰台令史而得续作。班固死后,他妹妹班昭学问精深,完成第七表《百官公卿表》,第六志《天文志》。

《汉书》一书出于班氏父子三人,《汉书》把《史记》的"本纪"省称"纪","列传"省称"传","书"改曰"志",取消了"世家",汉代勋臣世家一律编入传。《汉书》新增加了《刑法志》《五行志》《地理志》《艺文志》。《刑法志》第一次系统地叙述了法律制度的沿革和一些具体的律令规定。《地理志》记录了当时的郡国行政区划、历史沿革和户口数字,有关各地物产、经济发展状况、民情风俗的记载更加引人注目。《艺文志》考证了各种学术别派的源流,记录了存世的书籍,它是我国现存最早的图书目录。《食货志》是由《平准书》演变来的,但内容更加丰富了。它有上下两卷,上卷谈"食",即农业经济状况;下卷论"货",即商业和货币的情况,是当时的经济专篇。

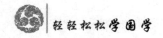

《资治通鉴》

《资治通鉴》是我国古代著名历史学家、政治家司马光和他的助手，当时著名的史学家刘敛、刘恕、范祖禹、司马康等人历时19年编纂的一部规模空前的编年体通史巨著。《资治通鉴》全书294卷，有考异、目录各30卷，约300多万字。

《资治通鉴》所记历史断限，上起周威烈王二十三年（前403年），这是因为之前的编年历史有《春秋》《左传》的记载，而司马光编写《资治通鉴》一方面也有继承"春秋"编年传统的意味，下讫于后周显德六年（959年），共1362年。《资治通鉴》的内容以政治、军事和民族关系为主，兼及经济、文化和历史人物评价，目的是通过对事关国家盛衰、民族兴亡的统治阶级政策的描述，以警示后人。可以说，在中国的古代，除《史记》之外，几乎没有任何一部史著可与《资治通鉴》媲美。

司马光虽然有很多著名的史学家做帮手，但是全书的文字是由他本人写定的，因此全书的行文风格一致，记叙生动，具有很高的文学价值。同时，司马光注意在书中随时发表他本人关于历史的见解，以显示出史家的"微言大义"，这也是让很多人赞赏的。再则，本书考证精确，准确程度甚至超过了之前的正史。总之，本书继承了前代史学的优良特点，是我国古代史学的登峰造极之作。

《国语》

《国语》是中国第一部国别体史记，又称"国记"，是一部分国记事的历史散文，起自西周穆王，讫于战国初年的鲁悼公，分载周、鲁、齐、晋、郑、楚、吴、越八国的历史。它最初的记录者可能是各国的史官，在春秋战国之际由晋国的史官编纂成书。《国语》的记事比《春秋》详细生动的多，也保存了许多珍贵的史料。《战国策》是一部战国时期的史料汇编。西汉后期的刘向校理群书，加以整理，去其重复，得33篇，按国别分为东周、西周、秦、齐、楚、燕、赵、魏、韩、宋、卫、中山12国策，定名为《战国策》。晋陈寿《三国志》记载了魏、蜀、吴三国的历史。

后来晋陈寿的《三国志》、魏崔鸿的《十六国春秋》、清吴任臣的《十国春秋》等，都是这种《国语》体的发展。

旧传春秋时左丘明撰，现一般认为是先秦史家编纂各国史料而成。全书共21卷，分《周语》《鲁语》《齐语》《晋语》《郑语》《楚语》《吴语》《越语》八个部分，《晋语》最多。全书起自周穆王，终于鲁悼公，以记述西周末年至春秋时期各国贵族言论为主，因其内容可与《左传》相参证，所以有《春秋外传》之称。

《国语》的思想比较驳杂。它重在记实，所以表现出来的思想也随所记之人、所记之言不同而各异。如《鲁语》记孔子语则含有儒家思想；《齐语》记管仲语则谈霸术；《越语》写范蠡尚阴柔、持盈定倾、功成身退，带有道家色彩。《国语》与《左传》《史记》不同，作者不加"君子曰"或"太史公曰"一类评语。所以作者的主张并不明显，比较客观。

《国语》的文字比较难读，前人多有注释者，如郑众、贾逵等。三国时吴国韦昭的注本是现存最早的注本，保留了已亡佚的郑众等多家注本的片断。

《战国策》

《战国策》是中国古代的一部国别体史学名著，主要记述了战国时的纵横家的政治主张和策略，展示了战国时代的历史特点和社会风貌，是研究战国历史的重要典籍。全书按东周、西周、秦国、齐国、楚国、赵国、魏国、韩国、燕国、宋国、卫国、中山国依次分国编写，共33卷，共497篇，上起前490年知伯灭范氏，下至前221年高渐离以筑（古代的弦乐器）击秦始皇，约12万字。

《战国策》的作者直到现在也没有确定，原有《国策》《国事》《短长》《事语》《长书》《修书》等名称。西汉末年，刘向校录群书时在皇家藏书中发现了六种记录纵横家的写本，但是内容混乱，文字残缺，于是刘向按照国别编订了《战国策》。因此，战国策显然不是一时一人所作，刘向只是战国策的校订者和编订者。因其书所记录的多是战国时纵横家为其所辅之国提出的政治主张和外交策略，因此刘向把这本书命名为《战国策》。北宋时，《战国策》散佚颇多，经曾巩校补，是为今本《战国策》。

《战国策》一书反映了战国时代的社会风貌，比较客观地记录了当时的一些重大历史事件,是战国历史的生动写照。它详细地记录了当时纵横家的言论和事迹,展示了这些人的精神风貌和思想才干,另外也记录了一些义勇志士的人生风采,反映出战国时期思想活跃,文化多元的历史特点。《战国策》不仅是一部历史著作,也是一部非常好的历史散文集。其文学性非常突出,尤其在人物形象的刻画、语言文字的运用、寓言故事等方面具有非常鲜明的艺术特色。

《战国策》一书对司马迁的《史记》的纪传体的形成,具有很大影响。《战国策》的文学价值历来为研究者所称赞,但是对它的思想却是众说纷纭。这是由于该书思想与后世的儒家思想不符,过于追逐名利,而且过于夸大纵横家的历史作用,降低了史学价值。

第三章

不可不知的文学常识

一、古代文学名家

屈原

屈原(约前340年—约前278年)原姓芈,名平,字原;又名正则,字灵均。战国末期楚国丹阳人。

屈原是中国最伟大的浪漫主义诗人之一, 也是我国已知最早的著名诗人和伟大的政治家。他创立了"楚辞"这种文体(也就是创立了"词赋"这一文体),也开创了"香草美人"的传统。《离骚》《九章》《九歌》《天问》是屈原最主要的代表作。《离骚》是我国最长的抒情诗。屈原是我国积极浪漫主义文学传统的奠基人,他的作品广泛采纳神巫故事和寓言形式,以神奇瑰丽的想象创造出了许多色彩斑斓的境界。他吸收楚地民歌艺术特点并加以革新创造,创建了句法参差不齐而又错落有致的新诗体——楚辞体, 他的作品呈现出和《诗经》同工异曲的艺术风貌。1953年是屈原逝世2230周年,世界和平理事会通过决议确定屈原为当年纪念的世界四位文化名人之一。

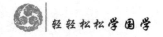

宋玉

宋玉(约前298年—约前222年),字子渊,号鹿溪子,楚国归州人,是继屈原之后又一位浪漫主义大诗人,世人以"屈宋"并称。他是屈原的学生,始事屈原,后经景差介绍,任顷襄王的文学侍从。因作《大言赋》《小言赋》《风赋》,深得楚王赏识,赐田云梦泽,具体地点约在今澧水流域临澧县境内的浴溪河一带。不久,宋玉因国君昏庸、小人当道以及自己孤高不群而失职,被放逐到赐地居住。晚年,他创作了楚辞名篇《九辩》。

据《汉书·艺文志》载,宋玉有赋16篇。现署名宋玉的作品有《九辩》《招魂》《风赋》《高唐赋》《神女赋》《登徒子好色赋》《对楚王问》《笛赋》《大言赋》《小言赋》《讽赋》《钓赋》《舞赋》《高唐对》《微咏赋》《郢中对》等。但这些作品只有《九辩》一篇公认为宋玉所作,其余均系后人伪作。

宋玉在中国文学史上有重要地位。《九辩》是在屈原作品影响下的产物,在形式上更接近汉赋,是屈原骚体赋的变种,是楚辞和汉赋之间的过渡性作品。

曹植

曹植(192年—232年)字子建,安徽亳县人。三国时魏国著名诗人。曹操之子,曹丕之弟。三曹中曹植成就最高,是建安文学的代表人物之一。早年才华横溢、文思敏捷,深得曹操宠爱,曹操一度曾欲立其为太子。这时期的诗,大多表现他统一天下的社会理想和建功立业的进取精神,《白马篇》是其代表作。由于他平日饮酒无度、不拘小节,逐渐失宠。待到曹操去世,曹丕即位后,他更是横遭迫害。从传说"七步诗"的故事,可以想见其处境的艰危。这时期的诗,以《杂诗》和《赠白马王彪》为代表,大多抒发他壮志难酬的激愤之情。其中,也有少量反映民生疾苦、吟咏恋爱悲欢的作品。

曹植的诗,感情激昂、富于气势、描写细致、善用比兴。钟嵘在《诗品》中把这方面的特点概括为"骨气奇高,词采华茂"八个字。

除诗而外,曹植的赋和散文也写得相当出色,如《洛神赋》《与吴季重书》等,均为名篇。

陶潜

陶潜即陶渊明(约365年—427年),一名潜,字元亮,因宅边种植五棵柳树,所以号五柳先生。浔阳(今江西省九江市)人。东晋著名田园诗人,文学家。出身于破落官僚地主家庭。少有抱负,性喜自由无拘。从29岁开始出仕,先后做过江州祭酒、镇军参军、彭泽县令等几任小官。因憎恶官场污浊,41岁时决意辞职归隐,此后20余年亲事农耕,与农民朝夕相处,虽一贫如洗,甚至乞食于人,仍洁身守志,义无反顾。死后被朋友谥号"靖节先生"。

现存诗120余首和散文辞赋数篇,成就均高。其诗可分为咏怀诗和田园诗两类,前者慷慨悲愤,表达了不向命运低头的抗争精神和安平守志,不与黑暗现实妥协的生活态度,如《咏荆轲》《咏贫士》《读山海经》等;后者描写淳朴自然的田园日常生活,讴歌春播秋收的劳动景象,抒发躬耕的宝贵体验以及与农人和睦相处的愉快心情,如《归园田居》《癸卯岁始春怀古田舍》等。散文为《桃花源记》《归去来辞》和《五柳先生传》等,同为传世名作。陶潜是对后世影响非常广泛的作家。李白、杜甫、白居易,苏轼等文学大家都对他极为推崇。

孟浩然

孟浩然(689年—740年)本名浩,字浩然。因他未曾入仕,又称之为"孟山人"。湖北襄阳(今湖北襄阳县)人。唐代诗人,世称"孟襄阳"。早年隐居家乡鹿门山,闭门苦读。壮年时曾漫游吴越,40岁左右到长安谋求官职,因为无人引荐,没有成功,只好仍回家乡,过着以诗酒自娱的生活。张九龄镇荆州,他曾做过一段时间从事,不久回乡,因背发毒疮而死,年52岁。

孟浩然是唐代创作山水田园诗的先驱者,尤以五言诗见长。其诗歌已摆脱初唐应制、咏物的狭窄境界,更多地抒写个人怀抱,给唐代诗坛带来了新鲜气息。风格清淡自然,韵味悠长,部分诗歌还具有雄浑劲健的一面。有《孟浩然集》。

王维

王维(701年—761年)字摩诘,蒲州(今山西永济县)人。唐朝诗人,外号

"诗佛"。他是一个早熟的作家,九岁就负有才名,19岁,赴京城试,举解头(即第一名举子),21岁成进士。曾一度奉使出塞,此外大部分时间在朝任职。张九龄为宰相,提拔他为右拾遗,转监察御史。安史之乱中,为叛军所俘,授以伪职。长安、洛阳收复后,被降职太子中允,后升为尚书右丞,世称"王右丞"。王维早期有抱负和热情,写过一些昂扬奋发诗篇。张九龄罢相后,他逐渐转向消沉,笃信佛教,长期亦官亦隐,写了大量山水田园诗,表现出逃避现实的消极倾向。但也有一部分山水诗,以雄健和清远的笔调,出色地描绘了祖国河山的美,被苏轼赞为"诗中有画",成为盛唐山水田园诗派杰出的代表作家,把晋、宋以来描写自然景物的诗歌艺术推进了一步。王维的诗各体俱佳,有多方面的成就,是李白、杜甫之外的又一位大诗人。王维多才多艺,除作诗外,又精通绘画、音乐、书法。能以绘画、音乐之理通于诗,达到了诗情画意完美结合的高度艺术境界。有《王右丞集》,存诗400余首。他是唐代山水田园派的代表。尤以山水诗成就为最,与孟浩然合称"王孟",晚年无心仕途,专诚奉佛,故后世人称其为"诗佛"。

李白

李白(701年—762年),字太白,号青莲居士,又号"谪仙人"。祖籍陇西成纪(今甘肃天水附近),先世于隋末流徙西域,李白即生于中亚碎叶(今巴尔喀什湖南面的楚河流域,唐时属安西都户府管辖)。幼时随父迁居绵州昌隆(今四川江油)青莲乡。

李白是我国文学史上继屈原之后最杰出的浪漫主义诗人,有"诗仙"之称。与杜甫齐名,世称"李杜"。他生活在李唐王朝由盛而衰的前夕,对当时腐朽的统治集团作了无情的揭露和尖锐的批判;他善于描绘祖国山河的壮丽景色,表达他对祖国大好河山的热爱以及对自由和光明的渴望与追求;他对人民的痛苦也深表同情,并在诗中有所反映。

李白诗的艺术风格雄奇奔放,想象丰富,语言流转自然,音律和谐多变。《蜀道难》《行路难》《梦游天姥吟留别》《静夜思》等,很能代表他作品的艺术特色。今存诗900余首,有《李太白集》。

杜甫

杜甫(712年—770年),字子美,自号少陵野老,一号杜陵野老、杜陵布衣,世称"杜少陵""杜工部"。我国唐代最伟大的现实主义诗人,与李白并称"大李杜",人称"诗圣"。原籍湖北襄阳,生于河南巩县(现巩义市)。远祖为晋代功名显赫的杜预,祖父为初唐诗人杜审言,其父为杜闲。唐肃宗时,官左拾遗。后入蜀,友人严武推荐他做剑南节度府参谋,加检校工部员外郎。故后世又称他"杜拾遗""杜工部"。

杜甫以古体、律诗见长,风格多样,以"沉郁顿挫"四字准确概括出他自己作品的风格,而以沉郁为主。杜甫生活在唐朝由盛转衰的历史时期,一生坎坷,其诗多涉笔社会动荡、政治黑暗、人民疾苦,他的诗被誉为"诗史"。杜甫忧国忧民,人格高尚,诗艺精湛。杜甫一生写诗一千四百多首,其中很多是传颂千古的名篇,比如"三吏"和"三别",并有《杜工部集》传世;其中"三吏"为《石壕吏》《新安吏》和《潼关吏》,"三别"为《新婚别》《无家别》和《垂老别》。杜甫的诗篇流传数量是唐诗里最多最广泛的,是唐代最杰出的诗人之一,对后世影响深远。

韩愈

韩愈(768年—824年),字退之,河阳(今河南省焦作孟州市)人。祖籍河北昌黎,世称"韩昌黎"。晚年任吏部侍郎,又称"韩吏部"。谥号"文",又称"韩文公"。唐代文学家、哲学家、思想家,他与柳宗元同为唐代古文运动的倡导者,主张学习先秦两汉的散文语言,破骈为散,扩大文言文的表达功能。宋代苏轼称他"文起八代之衰",明人推他为唐宋八大家之首,与柳宗元并称"韩柳",有"文章巨公"和"百代文宗"之名。主要作品为《师说》《马说》《原毁》《进学解》《祭十二郎文》等,结为《昌黎先生集》。他主张恢复先秦两汉散文传统,掘弃南北朝以来的骈体文;主张文章内容的充实,并"唯陈言之务去"。在诗歌创作上主张"以文为诗",力求新奇。

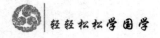

柳宗元

柳宗元(773年—819年),字子厚,因系河东人,世称"柳河东",因官终柳州刺史,又称"柳柳州"。祖籍河东(今山西省永济市)。唐代宗大历八年(773)出生于京都长安(今陕西省西安市)。唐代文学家、哲学家、散文家和思想家,与韩愈共同倡导唐代古文运动,并称为"韩柳"。与刘禹锡并称"刘柳"。与王维、孟浩然、韦应物并称"王孟韦柳"。与唐代的韩愈和宋代的欧阳修、苏轼、苏洵、苏辙、王安石、曾巩并称"唐宋八大家";主要作品为《捕蛇者说》《三戒》(包括《黔之驴》)、"永州八记"(包括《小石潭记》《石渠记》等散文,《渔翁》《江雪》等诗,结为《柳河东集》。他是中国第一个把寓言正式写成独立的文学作品的作家,开拓了我国古代寓言文学发展的新阶段。

刘禹锡

刘禹锡(772年—842年)字梦得,晚年自号庐山人,生于彭城(今江苏徐州),洛阳(今属河南)人。唐代中期诗人、文学家、哲学家、政治家,有"诗豪"之称。世称"刘宾客"。刘禹锡的诗歌,反映现实面较广,内容比较丰富,艺术风格豪爽明朗。《聚蚊谣》《飞鸢操》《昏镜词》等政治讽刺诗,托物寄兴,借题发挥,却寓意鲜明。锋芒毕露;他的咏史怀古之作如《西塞山怀古》《金陵五题》等,于低回唱叹之中,寄寓着对兴亡变化的沉思和盛衰治乱的教训,也很有自己的特色。

白居易

白居易(772年—846年),字乐天,号香山居士,祖籍太原(今属山西)。后来迁居下邽(今陕西渭南)。贞元十六年(800年)中进士,授秘书省校书郎。宪宗元和年间,任翰林学士、左拾遗及左赞善大夫等官。初与元稹相酬咏,号为"元白",又与刘禹锡齐名称为"刘白"。

白居易是一位伟大的现实主义诗人。他的诗歌题材广泛,形式多样,语言平易通俗。他的思想较为复杂,但主导思想则是儒家的"穷则独善其身,达则兼济天下"。他的文学创作也受到了这种思想的影响。他所写的《秦中吟》《新乐府》,敢于针对当权者的弊政,反映人民疾苦,深刻地揭露社会矛盾,他又是中唐新乐府运动的主要倡导人。白居易的叙事诗如《长恨歌》《琵琶行》，描写细腻，生动感人，具有独特的艺术风格，影响极为广泛。在诗歌创作理论上，他提出"文章合为时而著""诗歌合为事而作"的主张。现存诗3000多首，自编为《白氏长庆集》。

杜牧

杜牧（805年—852年）字牧之，号樊川居士，京兆万年（今陕西西安）人，唐代诗人。宰相杜佑之孙。唐文宗大和二年（828年）登进士第，任宏文馆校书郎，兵曹参军，后到宣歙观察使沈传师和淮南节度使牛僧孺幕中任幕僚，以后又历任监察御使、左补阙、史修馆修撰、黄州、池州刺史，最后入京任司勋员外郎，官终中书舍人。

杜牧是一个关心时事，很有政治抱负的诗人，但由于政局日下，他在仕途上几经坎坷，理想也落了空。在文学创作上，他主张文章"以意为主，以气为辅，以辞采章句为之兵卫"，他的诗歌创作中的成功之作，实践了这一理论。杜牧的诗歌和李商隐齐名，世称"小李杜"。在艺术风格上，他不求"高绝"，不务"奇丽"，古诗写政治社会题材较多，笔力豪健；近体诗俊爽清丽，含蓄蕴籍，咏史诗通过具体历史情景，议论抒情，特持拗峭，自成风格。另外他的《阿房宫赋》也很有名，是历代传诵之作。有《樊川文集》。

李商隐

李商隐（813年—858年），字义山，号玉溪生，又号樊南生、樊南子，晚唐著名诗人，有"七律圣手"之称。他祖籍怀州河内（今河南沁阳市），生于河南荥阳（今河南荥阳市），汉族。诗作文学价值很高，他和杜牧合称"小李杜"，与温庭筠合称为"温李"，与同时期的段成式、温庭筠风格相近，且都在家族里排行第十六，故并称为三十六体。在《唐诗三百首》中，李商隐的诗作有22首被收录，位列第四。其诗构思新奇，风格绮丽，尤其是一些爱情诗写得缠绵悱恻，为人传诵。但过于隐晦迷离，难于索解，至有"诗家都爱西昆好，只恨无人作郑笺"之诮。因处于牛李党争的夹缝之中，一生很不得志。死后葬于家乡荥阳。

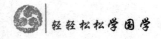

柳永

柳永(987年—1053年),原名三变,字景庄。后改名永,字耆卿。排行第七,又称柳七。崇安(今属福建)人。宋仁宗朝进士,官至屯田员外郎,故世称"柳屯田"。他自称"奉旨填词柳三变",以毕生精力作词,并以"白衣卿相"自许。北宋词人,婉约派最具代表性的人物之一。他一生在仕途上抑郁不得志,独以词著称于世。他为人放荡不羁,终身潦倒。其词多描绘城市生活的繁华、歌妓悲欢、愿望及男女恋情,尤长于抒写羁旅行役之情。此外也有些反映劳动者悲苦生活、咏物、咏史、游山玩水等等。创作慢词独多。铺叙刻画,情景交融,语言通俗,音律谐婉,在当时流传很广,对宋词的发展有一定影响。《雨霖铃》《八声甘州》《望海潮》等颇有名。但作品中时有颓废思想和庸俗情趣。诗仅存数首,《煮海歌》描写盐民贫苦生活,甚痛切。有《乐章集》。

范仲淹

范仲淹(989年—1052年),字希文。北宋名臣,政治家、文学家、军事家、教育家,吴县(今属江苏)人,少年时家贫但好学,当秀才时就常以天下为己任,有敢言之名。曾多次上书批评当时的宰相,因而三次被贬。宋仁宗时官至参知政事,相当于副宰相。李元昊反,以龙图阁直学士与夏竦经略陕西,号令严明,夏人不敢犯,羌人称其为"龙图老子",夏人称其为"小范老子"。宋仁宗庆历三年(1043年)范仲淹对当时的朝政的弊病极为痛心,提出"十事疏",主张建立严密的仕官制度,注意农桑,整顿武备,推行法制,减轻徭役。宋仁宗采纳他的建议,陆续推行,史称"庆历新政"。可惜不久因为保守派的反对而不能实现,因而被贬至陕西四路宣抚使,后来在赴颍州途中病死,卒谥文正。范仲淹喜好弹琴,然平日只弹履霜一曲,故时人称之为"范履霜"。他工于诗词散文,所作的文章富政治内容,文辞秀美,气度豁达。他的《岳阳楼记》一文中的"先天下之忧而忧,后天下之乐而乐"两句,为千古佳句。至今广为传诵。朱熹称他为"有史以来天地间第一流人物"!有《范文正公文集》传世。

欧阳修

欧阳修(1007年—1072年),吉州庐陵(今江西吉安)人。字永叔,号醉翁,晚号六一居士。北宋时期政治家、文学家、史学家和诗人。宋仁宗天圣八年(1030年)进士。嘉佑五年(1060年),拜枢密副使。次年任参知政事。以后,又相继任刑部尚书、兵部尚书等职。熙宁四年(1071年)六月,以太子少师的身份辞职,居颍州。卒谥文忠。欧阳修在政治和文学方面都主张革新,既是范仲淹庆历新政的支持者,也是北宋诗文革新运动的领导者。又喜奖掖后进,苏轼父子及曾巩、王安石皆出其门下。创作实绩亦灿然可观,诗、词、散文均为一时之冠。散文说理畅达,抒情委婉,为"唐宋八大家"之一;诗风与散文近似,重气势而能流畅自然;其词深婉清丽,承袭南唐余风。曾与宋祁合修《新唐书》,并独撰《新五代史》。又喜收集金石文字,编为《集古录》。有《欧阳文忠公文集》。诗歌《踏莎行》。

苏轼

苏轼(1037年—1101年),字子瞻,又字和仲,号"东坡居士",世人称其为"苏东坡"。眉州(今四川眉山市)人,祖籍栾城。北宋著名文学家、书画家、诗人,豪放派词人代表。苏洵子。嘉佑进士。神宗时曾任祠部员外郎,因反对王安石新法而求外职,任杭州通判,知密州、徐州、湖州。后以作诗"谤讪朝廷"罪贬黄州。哲宗时任翰林学士,曾出知杭州、颍州等,官至礼部尚书。后又贬谪惠州、儋州。北还后第二年病死常州。南宋时追谥文忠。与其父苏洵、其弟苏辙,合称"三苏"。在政治上属于旧党,但也有改革弊政的要求。其文汪洋恣肆,明白畅达,为"唐宋八大家"之一。其诗清新豪健,善用夸张比喻,在艺术表现方面独具风格。少数诗篇也能反映民间疾苦,指责统治者的奢侈骄纵。词开豪放一派,对后代很有影响。《念奴娇·赤壁怀古》《水调歌头·明月几时有》传诵甚广。苏轼又擅长书画,与蔡襄、黄庭坚、米芾并称"宋四家"。诗文有《东坡七集》等。存世书迹有《答谢民师论文帖》《祭黄几道文》《前赤壁赋》《黄州寒食诗帖》等。画迹有《枯木怪石图》《竹石图》等。

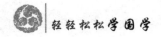

秦观

秦观(1049年—1100年),字少游,一字太虚,别号邗沟居士、淮海居士。扬州高邮(今属江苏)人。北宋词人。36岁中进士。曾任蔡州教授、太学博士、国史院编修官等职位。在新旧党之争中,因和苏轼关系密切而屡受新党打击,先后被贬到处州、郴州、横州、雷州等边远地区,最后死于滕州。他与黄庭坚、晁补之、张耒号称为"苏门四学士",以词闻名,文辞为苏轼所赏识。其词风格婉约纤细、柔媚清丽、情调低沉感伤、愁思哀怨。向来被认为是婉约派的代表作家之一。对后来的词家有显著的影响。有《淮海集》《淮海居士长短句》(又名《淮海词》)。

李清照

(1084年—约1155年)号易安居士,山东济南人,南宋杰出女文学家,婉约词宗。历史上与济南历城人辛弃疾并称"济南二安"。其父李格非,北宋齐州历城县人,齐鲁著名学者、散文家。母王氏,知书善文。夫赵明诚,为吏部侍郎赵挺之之子,金石考据家。李清照早年生活优裕,工书能文,通晓音律。婚后与赵明诚共同致力于书画金石的整理,编写了《金石录》。中原沦陷后,与丈夫南流,过着颠沛流离、凄凉愁苦的生活。赵明诚病死,境遇孤苦。早年词作多写相思之情;金兵入侵后,遭遇国家巨变,词作多感慨身世飘零。她的诗文感时咏史,与词风迥异。她还擅长书画,兼通音律。现存诗文及词为后人所辑,有《漱玉词》等。主张"词,当别具一家也"。是中国历史上唯一一位名字被用作外太空环形山的女性。有《易安居士文集》。

陆游

陆游(1125年—1210年)字务观,号放翁,越州山阴(今浙江绍兴)人。南宋诗人。他出生于北宋灭亡时期,幼年即随家人逃难,尝尽了颠沛流离的痛苦。其父陆宰,是很有民族气节的官员和学者,朝廷南渡后,他回到家乡著书。陆游自幼就受到爱国的家庭教育,立下了抗战复仇的壮志。29岁赴临安应进士试,被取为第一,次年试于礼部,被秦桧黜落。孝宗即位,赐进士出身,曾任镇江、隆汉通判。乾道六年(公元1170年)入蜀任夔州通判,后又入四川宣抚王炎幕,投身军旅生活。光宗时,除朝议大夫、礼部郎中,65岁被罢官,回老家山阴闲居,死时年86。陆游一生坚持抗金主张,虽多次遭受投降派的打击,但爱国之志始终不渝,死时还念念不忘国家的统一,是南宋伟大的爱国诗人。陆游具有多方面文学才能,尤以诗的成就为最。12岁即能诗文,一生作品丰富,有《剑南诗稿》《渭南文集》等数十个文集存世,自言"六十年间万首诗",今尚存9300余首,是我国现有存诗最多的诗人。其中许多诗篇抒写了抗金杀敌的豪情和对敌人、卖国贼的仇恨,风格雄奇奔放,沉郁悲壮,洋溢着强烈的爱国主义激情,在思想上、艺术上取得了卓越成就,在生前即有"小李白"之称,不仅成为南宋一代诗坛领袖,而且在中国文学史上享有崇高地位。《关山月》《书愤》《十一月四日风雨大作》《游山西村》等都是传诵颇广的名篇。他的词成就也很高,《钗头凤》《诉衷情》等,很能体现其特色。著有《剑南诗稿》《渭南文集》《南唐书》《老学庵笔记》等。

辛弃疾

辛弃疾(1140年—1207年),南宋词人。原字坦夫,改字幼安,自号稼轩居士。历城(今山东济南)人。辛弃疾是我国历史上伟大的豪放派词人、爱国者、军事家和政治家,与苏轼齐名,号称"苏辛",与李清照一起并称"济南二安"。出生时,山东已为金兵所占。21岁参加抗金义军,不久归南宋,历任湖北、江西、湖南、福建、浙东安抚使等职。任职期间,采取积极措施,招集流亡,训练军队,奖励耕战,打击贪污豪强,注意安定民生。一生坚决主张抗金。但他所提出的抗金建议,均未被采纳,并遭到主和派的打击,曾长期落职闲居江西上饶、铅山一带。68岁时,抱着未能实现的愿望病死。

其词抒写力图恢复国家统一的爱国热情,倾诉壮志难酬的悲愤,对南宋上层统治集团的屈辱投降进行揭露和批判;也有不少吟咏祖国河山的作品。艺术风格多样,而以豪放为主。热情洋溢,慷慨悲壮,笔力雄厚。《破阵子·为陈同甫赋壮词以寄之》《永遇乐·京口北固亭怀古》《水龙吟·登建康赏心亭》《菩萨蛮·书江西造口壁》等均有名。但部分作品也流露出抱负不能实现而产生的

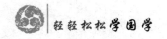
消极情绪。有《稼轩长短句》。今人辑有《辛稼轩诗文钞存》。

文天祥

文天祥(1236年—1282年),原名云孙,字履善,又字宋瑞,自号文山,抗元将领。选中贡士后,改名为天祥。吉州庐陵(今江西吉安)人。南宋后期杰出的民族英雄、军事家、爱国诗人和政治家。宋理宗宝祐四年(1256年)考取进士第一,官江西安抚使。德祐二年(1276年),元军围临安,他赴元军议和被拘留,解送北方,至镇江脱走,回温州拥立端宗,图谋恢复,转战东南。端宗景炎三年(1278年),兵败被俘,期间,元军多次劝其投降,企图利用他的声望来收服尚未收服的两淮、江南、闽广等地。但文天祥宁死不屈。他被拘囚燕京四年,终以不屈被害。

文天祥最优秀的作品是后期所作。这些作品记录了他后期生活的种种经历,表现了他在敌人面前至死不屈,坚持民族气节的光辉品质。《过零丁洋》《正气歌》都是他的名作。他的创作前期受江湖诗人影响较深,后期则主要学习杜甫,风格悲凉沉郁。有《文山全集》。

关汉卿

关汉卿(约1219年—1301年),号已斋(一作一斋)、已斋叟。金末元初大都人(今河北安国),元代杂剧作家,我国文学史上早的伟大戏剧家。与郑光祖、白朴、马致远合称“元曲四大家”,并位居其首。他一生“不屑仕进”,生活在底层人民中间,多才多艺、能写会演、风流倜傥、豪爽侠义,是当时杂剧界的领袖人物。他是一位熟悉舞台艺术的戏曲家,既是编剧,又能登台演出。关汉卿在《南吕·一枝花·不伏老》中自述“通五音六律滑熟”“我也会吟诗,会篆籀,会弹丝,会品竹。我也会唱鹧鸪,舞垂手,会打围,会蹴鞠,会围棋,会双陆”“我是个蒸不烂、煮不熟、捶不扁、炒不爆、响当当一粒铜豌豆”,可见他的才艺、生活和个性。

他著有杂剧60部,现仅存18部,其中曲白俱全者15部。所作套曲十余套,小令50余首。他的戏曲作品题材广泛,大多暴露了封建统治的黑暗腐败,表现了古代人民特别是青年妇女的苦难遭遇和反抗斗争,人物性格鲜明,结构完整,情节生动,语言本色而精炼,对元杂剧和后来戏曲的发展有很大影响。在艺术上,关汉卿被推为本色派之首。

关汉卿的作品主要有《窦娥冤》《救风尘》《望江亭》《单刀会》等。其中《窦娥冤》被称为世界十大悲剧之一。关汉卿是我国戏剧的创始人,数量超过了英国的戏剧家"戏剧之父"莎士比亚,被称为"中国的莎士比亚"。1958年,世界和平理事会把关汉卿与达·芬奇等同列为世界文化名人。关汉卿不仅是我国古代文学进步传统的接续继承者,而且是我国古代戏剧的伟大开拓者。为我国刚刚成熟的民族戏剧——元杂剧的完善奠定了基础,为繁荣文学艺术建立了不朽的功勋。

施耐庵

施耐庵(1296年—1370年),原名彦端,字肇瑞,号子安,别号耐庵。江苏兴化人(一说浙江钱塘人)。元末明初著名小说家。施耐庵生活在社会大变动时期,目睹朝廷黑暗,人间不平。因而借古讽今,创作了我国文学史上第一部描写农民起义的长篇小说《水浒传》。除此事外,相传他曾与罗贯中合著《三国志演义》《隋唐志传》等。

罗贯中

罗贯中(约1330年—约1400年),名本,字贯中,号湖海散人。山西太原人。一说钱塘(今浙江杭州)或卢陵(今江西吉安)人。生平事迹不详。元末明初著名小说家、戏曲家,是中国章回小说的鼻祖。一生著作颇丰,主要作品有:剧本《赵太祖龙虎风云会》《忠正孝子连环谏》《三平章死哭蜚虎子》;小说《隋唐两朝志传》《残唐五代史演义》《三遂平妖传》《粉妆楼》,代表作《三国演义》。

吴承恩

吴承恩(约1500年—约1582年)字汝忠,号射阳山人,山阳(今江苏淮安)人。明代著名小说家。吴承恩自幼聪明过人,性毓多慧,博学多才,工书、诗文,少时即以文名著乡里。但屡试遭挫不第,至中年才补上"岁贡生",后流寓南京,长期靠卖文补贴家用。晚年因家贫出任长兴县丞。他不善阿谀逢迎,懒得送往迎来,终于辞职归田。老而无子,晚景凄凉,最后穷困而死。

吴承恩在我国文学史上的主要贡献是长篇神魔小说《西游记》。他的诗和散文也写得相当出色,但大部分都已散失了,留存至今的是由其表外孙丘度汇辑刊行的《射阳先生存稿》,共四卷。

汤显祖

汤显祖(1550年—1616年),字义仍,号若士,又号海若,晚号茧翁,别署清远道人,江西临川人。明代伟大的戏曲家、文学家。万历十一年(公元1583年)进士,任南京太常博士,礼部主事,因上疏弹劾朝廷大臣申时行,被贬为广东徐闻县典史,后又调任浙江遂昌知县。三年后被免职。此后一直在他修建的"玉茗堂"从事文艺创作。

汤显祖一生著有四部世界不朽名剧——《临川四梦》(《牡丹亭》《紫钗记》《南柯记》《邯郸记》)和2000多首诗及500多篇文章,其诗文和戏作在我国文学史上具有重要的影响,其代表作《牡丹亭》,一直享誉文坛,驰名海外。是世界公认的文化巨人,被誉为"东方的莎士比亚"。

李渔

李渔(1611年—1680年),本名李仙侣,后改名为李渔,字笠鸿、谪凡,号笠翁,浙江兰溪人。明末清初戏曲家、文学家。18岁补博士弟子员,在明代中过秀才,入清后无意仕进,亲身参加戏剧实践,从事著述和指导戏剧演出。后居于南京,把居所命名为"芥子园",并开设书铺,编刻图籍,广交达官贵人、文坛名流,常率家庭戏班演出于达官贵人门下。著有《凰求凤》《玉搔头》等戏剧,《肉蒲团》《觉世名言十二楼》、《无声戏》《连城璧》等小说与《闲情偶寄》等书。传世传奇有《比目鱼》《风尘误》等十种。其作品多写才子佳人故事。在创作理论上力主"求新";戏文主张浅显易懂。

蒲松龄

蒲松龄(1640年—1715年),字留仙,又字剑臣,号柳泉居士,世称"聊斋先生",自称异史氏,山东淄川(今淄博)人。清代杰出文学家、小说家。早年就以诗文闻名于乡里,19岁考中秀才,但以后多次应考,都屡遭失败。71岁时,才循例做了贡生,不久就去世了。

蒲松龄的大半生,都靠教私塾维持生计。由于科举失意,生活困顿,使他对封建统治阶级产生强烈不满,和劳动人民在思想感情上比较接近。他用了几十年心血,创作了我国古代杰出的短篇小说集《聊斋志异》。这部小说集,以文言写成,借说狐谈鬼,写心中的"孤愤"之情,有极高的艺术成就。其中,如《促织》《婴宁》《辛十四娘》《青凤》等,皆为我国文言小说的精品。

曹雪芹

曹雪芹(1715年—1763年),名霑,字梦阮,号雪芹、芹圃、芹溪。清代文学家、小说家。祖籍辽阳,先世原是汉族,后为满洲正白旗包衣。

曹雪芹出生于南京。其曾祖曹玺、祖父曹寅、父亲曹頫三代连任江宁织造,深得康熙皇帝的信任。康熙六次南巡,五次驻跸于曹府。曹寅两个女儿都被选作王妃。因清朝王室的内部斗争,到雍正五年,其父曹頫被株连,革除官职,抄没家产,于是全家迁到北京。曹雪芹晚年居住在北京西郊的荒村,过着"举家食粥酒常赊"的贫困生活。由于幼子早殇,伤痛过度,他未及50岁,就与世长辞。

曹雪芹"身胖,头广而色黑"。他性格傲岸,愤世嫉俗,豪放不羁。嗜酒,才气纵横,善谈吐。败落前的曹家,是官僚世家,也是书香门第。这为曹雪芹的文化修养提供了优越条件。他自幼工诗善画,多才多艺。家道的中衰和个人生活的剧变,又使他对自身所属的贵族阶级有了清醒的认识。在回忆、感伤、反思和批判中,曹雪芹以自己的整个生命,饱和着血泪,写下了划时代的不朽名著《红楼梦》。可惜的是,他于贫病交迫中匆匆死去,没有来得及完成自己的创作计划。这是中国文学史上最大的一桩憾事。

《红楼梦》内容丰富,思想深刻,艺术精湛,把中国古典小说创作推向最高

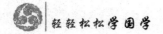

峰,在世界文学发展史上占有十分重要的地位。《红楼梦》是他"披阅十载,增删五次""字字看来皆是血,十年辛苦不寻常"的产物。除《红楼梦》外,曹雪芹还创作了许多诗画作品,但流传下来的很少。

袁枚

袁枚(1716年—1797年)字子才,号简斋,晚年自号仓山居士,随园主人,随园老人。钱塘(今浙江杭州)人。清代诗人、诗论家。袁枚少有才名,擅长诗文,24岁中进士。历任溧水、江浦、沭阳、江宁等地知县。33岁辞职,在江宁小仓山随园居住。

袁枚是"性灵说"的提倡者,在当时很有影响。他的诗文,往往任情而写,清新自如,不拘格套,但由于抒写的多是士大夫的闲情逸致,社会意义不大。著有《随园诗话》《小仓山房诗文集》等。

袁枚在乾隆时期,与蒋士铨、赵翼齐名,并称"乾隆三大家",或"江右三大家"。

龚自珍

龚自珍(1792年—1841年)字尔玉,又字璱人,号定庵;后更名易简,字伯定;又更名巩祚,号定盦,又号羽琌山民。浙江仁和(今杭州)人。清末思想家、文学家,是近代改良主义的先驱者。出身于世代官宦学者家庭,从小就勤奋好学,15岁开始写诗,但屡试不第,38岁才中进士,做了几任小京官。曾任国史馆校对、内阁中书、礼部主事等职。后辞官南归,讲学于江苏丹阳,不久病逝。

龚自珍在政治上反对封建制度的腐败,主张实行社会改革,抵抗西方资本主义的侵略,在哲学上反对孟子的"性善"论和荀子的"性恶"论,认为"性无善无不善"。所作诗文,表现其社会变革理想,洋溢着爱国热情。其中,散文《病梅馆记》、诗《己亥杂诗·九州生气恃风雷》等,为其代表作。

龚自珍博学群书,除文学之外,通晓经学、文字学、历史学、地理学等。

王国维

王国维(1877年—1927年)字伯隅、静安,号观堂、永观,浙江海宁人。近代中国著名学者,杰出的古文字、古器物、古史地学家,诗人,文艺理论学,哲学家,国学大师。

　　早年研究哲学、文学,深受德国康德、叔本华和尼采等人的思想影响。1903年起,任通州、苏州等地师范学堂教习,讲授哲学、心理学、逻辑学。1907年任学部图书局编辑,从事戏曲史和词曲研究。辛亥革命后以满清遗老自居,从事中国古代史料、古文字学、音韵学的考释和研究。1925年任清华研究院教授。1927年在北京颐和园投水自尽。著有《宋元戏曲考》《人间词话》《观堂集林》等。

　　王国维的《人间词话》发表于1908年,是我国近代影响最大的一部诗论著作。其内容可以概括为三方面。一是阐发"境界"说,二是讨论写实家与理想家的关系,接触到创作方法中的现实主义与浪漫主义问题,三是论述文艺家体验人生的原则,提出了"入乎其内""出乎其外"的命题。

二、古代文学作品

《楚辞》

　　战国时期兴起于楚国的一种诗歌样式。在西汉前期已有"楚辞"这一名称。由于楚辞作品中以屈原的《离骚》最为著名,故有人以"骚"代称楚辞。西汉末年刘向把屈原、宋玉等的作品汇为一集,定名《楚辞》,是中国文学史上第一部楚辞作品专集。

　　楚辞的直接渊源是江淮地区土生土长的民间歌谣,同时也受北方文化的某些影响。到战国中期经屈原等人加工、改革和扶植,成为一代文学样式。屈原是楚辞的代表作家。在屈原之后,还曾出现了宋玉、唐勒、景差等后起之秀。楚辞的特点是引用方言词汇大量描绘楚地山川物产、习尚风俗、历史传说、神话故事等等,即"皆书楚语,作楚声,纪楚地,名楚物"(宋黄伯思语),地方色彩相当浓郁。

　　楚辞是楚文化的重要组成部分,它和《诗经》交相辉映,异曲同工。《诗经》基本上是中原文化的产物。思想情调和艺术风格多多少少染上宗法社会"非礼勿动"的色彩,而楚辞作品则显示了人神混一,任情率真,直肆泼辣,不拘礼俗的氏族社会遗风,《诗经》中的比兴手法及其象征意蕴比较单纯,而楚辞作品"香草美人"式的比兴、奇异的想象和拟人手法充分结合,构成了更强有力的艺术内驱力。

《诗经》基本上是四字句,楚辞作品每句字数不等,句中句尾多用语气虚词以协调音节,和前者的整饬相比较,更显得起伏回宕,摇曳多变,《诗经》较多关注民生疾苦,批判社会现实,开后代现实主义文学先河,楚辞作品抒情火热逼人,绘景斑斓多彩,为我国浪漫主义文学摇篮。古来"风""骚"并称,可以想见楚辞地位之高和影响之大。

《离骚》

《离骚》是屈原自叙平生的长篇叙事诗,是屈原的代表作。共373句,2400余字,为中国古代最长的自叙性抒情诗,以前也常被用作屈原作品的总称。关于篇名的涵义,古今看法不一,司马迁释成"离忧",班固解作"遭忧",王逸注为"别愁"。作为长篇宏制,《离骚》的思想内容十分丰富。

全诗大约可分三个部分。第一部分(起首到"岂余心之可惩")从自己的身世、品质、抱负写起,回忆往昔勉力自修,辅助楚王革新政治以图救民于水火,然楚王偏信谗言,自己终于被疏见放的遭遇,表明自已坚持理想和原则,决不与邪恶势力同流合污的政治态度。第二部分(从"女嬃之婵媛兮"到"余焉能忍与此终古")借女嬃之劝告,陈词于"重华"。列举古代兴亡盛衰的史实,申述自己举贤授能的政治主张,而后准备神游宇宙、"上下求索",表现了追求理想,探索真理的执着精神。第三部分(从"索藑茅以筳篿兮"到末尾)写自己在天门不开,陈说无路之后,转而请灵氛占卜,巫咸降神来释疑解惑,寻觅新的希望。在得到启发之后,诗人神游天上,感到无限舒畅自由,但忽在灿烂的阳光中瞥见故乡山河,顾盼眷恋不忍离去,最终怀着矛盾痛苦的心情准备以投水自杀的方式为正义事业和自己的人生理想殉节并得到精神上的解脱。

《离骚》是屈原用生命和热血熔冶成的伟大诗章,不仅内容深厚感人,而且艺术形式相当完美。作者大量借取古代神话传说,运用极其丰富的想象和联想,采用铺叙夸饰的写法,把幻想和现实、历史和神话交织起来,宛如一幅色彩绚烂的画卷,其次广泛运用"香草美人"式的比兴和拟人的手法,把丰富的情思化作一连串生动鲜明的艺术形象表现出来,在语言上词藻华美,音节错落有致又富于变化,还广泛地采纳了不少楚地方言词汇。这些特点为其后兴起的辞赋文学奠定了基础。诗中体现出来的现实批判精神和积极浪漫主义创作方法为后代无数进步作家所继承,并形成一种优秀传统。

《山海经》

是先秦古籍,是一部富于文学性,保存神话传说颇多的最古老的地理书。共18篇,约31000多字。其中包括"五藏山经"五篇,"海外经"四篇,"海内经"四篇,"大荒经"五篇。主要记述古代神话、地理、物产、巫术、宗教、古史、医药、民俗、民族等方面的内容,具有多方面的学术价值。各篇非一人一时所作,至西汉刘歆校书时才汇编成书。以文学角度而言,本书的主要意义在于保存了许多远古神话传说,如《精卫填海》《夸父逐日》《大禹治水》等等。这些神话大都较为原始,情节完整、形象生动,不仅为今人研究古代社会状况提供了宝贵资料,而且为后代文学的发展提供了母胎和土壤。

《孔雀东南飞》

《孔雀东南飞》是中国汉乐府民歌中最长的一首叙事诗,也是我国文学史上第一部长篇叙事诗,是我国古代民间文学中的光辉诗篇之一。最早见于徐陵所编的《玉台新咏》,题为《古诗为焦仲卿妻作》。宋代郭茂倩《乐府诗集》将它收入《杂曲歌辞》,题为《焦仲卿妻》。诗前小序概述了故事内容:"汉末建安中,庐江府小吏焦仲卿妻刘氏,为仲卿母所遣,自誓不嫁,其家逼之,乃投水而死。仲卿闻之,亦自缢于庭树。时人伤之,为诗云尔。"

《孔雀东南飞》通过刘兰芝、焦仲卿的婚姻悲剧有力地揭露了封建礼教、封建家长制的反人道的本质,歌颂了纯真的爱情和为爱情而宁死不屈的斗争精神,表达了人民争取婚姻自由和生活幸福的强烈愿望,具有深刻而巨大的社会意义和思想意义。此诗在艺术上取得了很高成就。不仅男女主人公的形

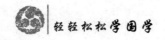

象塑造得丰满、生动、富有立体感,而且次要人物亦写得性格鲜明。

全诗的故事情节跌宕曲折,充满戏剧冲突。语言朴素流畅,以抒情的笔调叙事,且运用了民歌铺张和渲染的手法,从而大大增强了艺术效果。《孔雀东南飞》是汉代乐府叙事诗的巅峰之作,也是我国文学史上现实主义诗歌中的不朽名篇。《孔雀东南飞》与南北朝的《木兰辞》并称"乐府双璧"及"叙事诗双璧"。后又把《孔雀东南飞》《木兰诗》与唐代韦庄的《秦妇吟》并称为"乐府三绝"。

《洛神赋》

《洛神赋》原名《感鄄赋》,一般认为是因曹植被封鄄城所作,也称《感甄赋》。是三国时代曹植的一篇著名抒情赋。据序文所言,作者于黄初三年(公元222年)朝京师后回来渡洛水时有感于"宋玉对楚王说神女之事"而作此赋。实际情况是否如此,历来看法不一。《洛神赋》中的洛神,即洛水之神洛嫔,相传为上古伏羲氏之女,名叫宓妃,以貌美著称。因为溺于洛水,后人奉其为洛水之神,世代敬仰。有人说曹植所梦宓妃即曹丕甄后,怕是妄测之论。清代有人认为此赋"托辞宓妃以寄心文帝(曹丕)""纯是爱君恋阙之词",似有几分道理。

这篇赋用浪漫手法刻画洛神纯洁多情的性格,抒写对洛神的一见钟情,与洛神相会的无限欢愉,以及人神相隔难得如愿以偿的极度惆怅,其抒情气氛十分浓郁,给人以若真似幻的美感。此赋艺术成就极高,尤其是描写洛神前来聚会一段,颇多传神之笔。《洛神赋》语言精炼而词藻华美,富于神话色彩,是建安文学中杰出的代表作,堪称千古名篇。

《桃花源记》

东晋诗人陶渊明《桃花源诗》的前记。创作年代不详,一般认为是诗人晚年的作品,陶渊明生活在政治黑暗、兵连祸结的东晋末年,对现实极为不满。为了表达自己的社会理想,他写了《桃花源诗<并序>》。作品描绘了一幅诗意盎然的理想社会图景,这个社会平等自由,无君臣贵贱之分,无徭赋战乱之苦。男女老少在"良田美池"里"怡然自乐"地从事农桑生产,家给人足,社会风气淳厚朴实。后人把它看作独立的文章。这就是《桃花源记》。《桃花源记》所描绘的当然只是作者构想出的一个乌托邦世界,但它的美好恰巧反衬出陶潜所处社会的黑暗污浊。这个世界不仅是作者社会政治理想的形象说明,而且也是封建社会劳动农民憎恶君权统治、热望自由生活的普遍心理的曲折表述。此文构思奇特、结构巧妙,是我国古代的散文名作。

《滕王阁序》

唐代王勃作。全称《秋日登洪府滕王阁饯别序》,一名《滕王阁诗序》。滕王阁在今江西省南昌市赣江滨。滕王,唐高祖李渊的儿子李元婴,其任洪州刺史时,建此阁,后因元婴被封为滕王,故名"滕王阁"。全篇先描述滕王阁所居地形之雄、人物之异以及与宴的宾主之美,次写登上滕王阁所看到的景色之胜;接下来抒发报国之愿和"无路请缨"之感,最后以七言滕王阁诗作结。

全篇对仗精工典雅,语言华丽流畅,音韵协调铿锵,是一篇脍炙人口的骈文名篇。关于这篇骈文,曾有这样一个传说。相传洪州都督阎伯屿重修此阁后,在这里大宴宾客,让他的女婿吴子章预先构思作序,准备在宴会上向众宾客夸耀其才华,王勃往交趾探视父亲,路过南昌与宴,当阎伯屿假意请众宾作序时,王勃毫不谦让,当即应命授笔,阎伯屿很不高兴。王勃写一句,阎伯屿即让人暗中报告给他,当写到"落霞与孤鹜齐飞,秋水共长天一色"时,阎伯屿不禁叹道:"真是个天才!"

这首诗对山水景物的描绘,细致深刻,优美感人,从中寄慨言志含意丰蕴,令人回味无穷,是山水诗中不可多得的佳作。

"三吏""三别"

唐代诗人杜甫所作的组诗。一共六首,三吏为《新安吏》《潼关吏》《石壕吏》;三别即《新婚别》《垂老别》《无家别》。这六首诗大约写于公元759年,公元758年郭子仪、李光弼等九节度使率唐军60万人围攻相州(今河南安阳),与安史乱军展开激战,结果唐军失利,伤亡惨重,唐王朝因兵员不足,遂向民间征

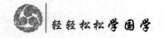

发,百姓苦不堪言。

这年冬,杜甫从华州去洛阳,亲眼看到各种惨象,情不能已,于是写下这组组诗。诗中对由于安史之乱所引起的社会残破景象和人民的痛苦生活都有真切反映,表现了诗人对国家民族危亡的关切和人民痛苦的同情。艺术上,这组诗运用乐府形式,通过对话和独自的形式,刻画人物的精神面貌,形象鲜明,是杜甫现实主义作品的代表作。

《游子吟》

唐代诗人孟郊所作。这是一首歌颂人间最崇高的感情——母爱的诗篇。原诗是:"慈母手中线,游子身上衣。临行密密缝,意恐迟迟归。谁言寸草心,报得三春晖。"大意是:游子临行之前,慈母为他做好衣裳,一针一线,缝得非常细密,是害怕儿子迟迟难归。区区小草似的儿女,又怎能报答母亲春晖一般的恩泽呢?这首母爱的颂歌,感情极为真挚,语言素朴自然,不加雕饰,于淳朴素淡之中寄寓着浓烈醇美的诗味,千余年来,引起了读者感情上的强烈共鸣,给人们留下了深刻印象。

《长恨歌》

唐代诗人白居易所作的长篇叙事诗。作于元和元年(公元806年),诗成后陈鸿为之作《长恨歌传》。内容写唐明皇(李隆基)和杨贵妃(杨玉环)的爱情悲剧。

《长恨歌》可谓中国古代叙事文学的极品。全诗可分为五个部分。第一部分写汉皇(指唐明皇)重色求偶、杨玉环的得宠以及杨氏姊妹高官厚禄、显赫一时。第二部分写唐玄宗沉缅声色,安禄山起兵,明皇君臣逃奔西蜀,途中军队哗变,杨贵妃被缢的经过。第三部分写明皇返京后睹物伤情,对杨妃的刻骨思念。第四部分写明皇思念而不可得,遂派方士上天入地,四处寻觅,最后在海外仙山找到杨妃。第五部分写杨妃的话,点明"长恨"。

这首诗的主题具有双重性,作者一方面对唐明皇的沉缅声色、荒淫误国有所讽刺和揭露,另一方面又对他们的爱情悲剧充满同情。诗的前半部分主要是揭露和讽刺唐明皇的荒淫误国,后半部分则用充满同情的笔调写唐明皇的入骨相思, 从而使诗的主题由批判转入对他们的坚贞专一的爱情的歌颂,但是在歌颂和同情中仍暗含讽意。由于作者创作思想的矛盾,在客观效果上,同情远远超过了讽刺。

《长恨歌》在艺术上有很高的成就,前半部分是现实主义的描写,后半部分则运用了浪漫主义的幻想手法。想象丰富,描写细致,人物形象生动,语言和声调谐和优美,抒情叙事融合无间,具有强烈的艺术感染力。《长恨歌》千百年来盛传不衰,也对后世的文学产生了非常深刻的影响。

《捕蛇者说》

唐代文学家柳宗元的散文名篇。作于作者被贬永州期间。通过永州人宁愿冒生命危险捕毒蛇以抵交赋税的严酷事实,深刻地揭露了中唐时期的腐朽政治,以及由于统治阶级的横征暴敛、繁苛赋税给人民带来的痛苦生活,具有强烈的现实意义。

文章先写永州郊外产一种极毒的蛇, 这种蛇制成药可治疗多种疾病,因而宫廷太医便征集这种蛇,并以此来抵赋税,永州人便争相捕蛇。接着通过蒋氏三代人捕蛇的悲惨遭遇,揭露了在繁重赋税下民不聊生的黑暗现实。最后作者得出结论说,繁苛的赋税的祸害比毒蛇更厉害。

全文以叙事为主,兼以议论。波澜起伏,情态曲尽,表现了作者对人民痛苦生活的深切同情,具有很强的感染力和社会现实意义。

《阿房宫赋》

唐代杜牧所作。阿房宫,秦朝宫殿名,相传秦始皇三十五年开始营建前殿,全部工程在秦亡前没有完成。秦亡时,被项羽烧毁,遗址在今陕西省西安市阿房村。

全文共分四个部分。第一部分写阿房宫规模之大,楼台之多以及歌舞之盛。第二部分写宫中珍奇之多以及秦始皇生活之奢。第三部分写秦始皇搜刮财富,不遗锱铢以及他的大肆挥霍,招致灭亡。第四部分是作者议论,讽喻统治阶级应从秦朝的灭亡中吸取教训。作者自述写作此篇的主旨时说："宝历（唐敬宗年号）大起富室，广声色，故作《阿房宫赋》。"可见此篇是有为而作，是为了促使唐敬宗觉醒，从秦朝的灭亡中吸取教训。

这篇赋在艺术上也很有特色，一方面具汉赋的铺陈和藻饰，另一方面，又有许多散文的笔法，很像带韵的散文。全篇音调和谐，清新流畅，是赋中名篇，传诵颇广。

《岳阳楼记》

北宋范仲淹所作散文。岳阳楼，即今湖南省岳阳市西城门楼，楼高三层，面临洞庭湖。唐代开元四年（公元713年）得名，自唐以后，很负盛名，为历代才士登临吟咏的地方。

全文先写作记的缘由，作者说，庆历四年春天，他的好友滕子京被贬谪到巴陵郡，很有政绩，重修了岳阳楼，嘱他写一篇记，这篇记就是应邀而作的。接着描绘了登上岳阳楼所看到的壮观景象。作者说，岳阳楼多是贬谪之人聚集的地方，由于每个登楼者的心情各不相同，因而登楼所感也肯定不同。然后作者分别写了两种情景和由此所引起的各种人的不同感受：一种是淫雨连绵，阴风怒号，浊浪排空，樯倒楫摧，虎啸猿啼。在这种情况下，登楼人往往为自己的不幸遭际而悲伤；另一种是春和景明，水天一色，碧波万顷，鸥翔鱼游，岸草葱绿，皓月当空，波光粼粼。在这种情况下，登楼人则往往心旷神怡，喜气洋洋。最后作者议论说，古代的仁人志士，和上述两种人都不同，他们不因为某种事物而欢喜，也不因为自己的失意而悲伤，而是"先天下之忧而忧，后天下之乐而乐"，作者说这是他一生所追求的，也以此来勉励友人和后人。

这篇散文，文笔清新优美，议论和写景相结合，包含有深刻的哲理，深受人们喜爱。

《醉翁亭记》

北宋欧阳修所作散文。写作时间为宋仁宗庆历六年（公元1046年），其时作者降职为滁州（今安徽滁县）太守。醉翁亭在滁州西南七里许的山上，亭由僧人智仙主持修造,欧阳修命名。

全文先写醉翁亭的地理位置、修造者及命名由来。次写醉翁亭一带四时景色的变化,再写山间游人之盛及太守与游人宴饮之欢。最后写天晚人归,太守酒醒后,述而作文,写下此篇。

这篇散文从写"乐"着笔,而这种"乐"又是通过写景物变化,与人宴饮表现出来的,因而显得情调闲适恬淡,表现了作者洒脱的情怀,同时又蕴含着作者失意抑郁的情怀,含蓄委婉,全篇语言精炼,格调别致,连用21个"也"字,但由于运用得当,并不显得重叠,反而有回环往复,一唱三叹之致,是散文中的名篇。

《赤壁赋》

北宋苏轼所作。时作者任黄州团练副使,他曾多次游黄州赤壁,先后写了两篇《赤壁赋》,分别为《前赤壁赋》和《后赤壁赋》,《赤壁赋》指《前赤壁赋》。

全文先写作者与客泛舟赤壁江上的时间、江上景色及饮酒、诵诗、客人吹箫的情况,接着就箫声引出主客之间的问答。主人问客人箫声为何吹得那样悲凉,客人回答说是有感于人生短促,才吹出了洞箫的悲音。接着主人发表不同见解,和客人展开辩论,从事物的变与不变中提出了物我无尽的命题。同时又说物各有主,不是你所有的,你一毫也不能取,江上清风、山间明月是造物主无尽的宝藏,是你我共同享受的。

这篇散文表现了作者遭受贬谪后的旷达的生活态度。但由于作者政治上的失意,生活态度上显得比较消极,反映了作者世界观的强烈矛盾。全篇把写景、议论、抒情有机地结合在一起,文笔优美,语言流畅自然,是散文作品中的名篇。

《窦娥冤》

元代关汉卿创作的一出著名悲剧。全剧四折,写窦娥七岁到蔡婆家做童养媳,17岁成亲。不久丈夫病故,剩下婆媳二人。一次蔡婆去赛卢医处讨债,被赛卢医骗到荒野。眼看要被勒死,碰巧为泼皮张驴儿父子撞见。赛卢医吓跑了，张驴儿父子胁迫蔡婆婆媳嫁与他们父子。蔡婆无奈，只好答应。窦娥对张驴儿父子的无赖行径非常气愤。张驴儿见威逼不成，便买来毒药，想毒死蔡婆。不想毒药为他父亲误食。张驴儿便诬告窦娥"毒死公公"，太守不问来由，将窦娥判为死刑。窦娥满腔怨愤，临刑前发下三桩誓愿：一是要血飞白练，二要六月下雪，三要楚州大旱三年。窦娥的冤情感动天地，三桩誓愿，都得以实现。三年后，窦娥的父亲窦天章做了两淮提刑肃政廉访使来到楚州，察知窦娥冤情，将张驴儿处死，太守革职，赛卢医充军发配。

这出戏揭露了封建官吏的贪赃枉法，泼皮流氓的横行霸道，表达了被压迫人民的反抗要求，在现实主义描写中，焕发出浪漫主义光彩，是世界戏剧史上的不朽之作。

《西厢记》

元代王实甫的著名剧作。《西厢记》的故事来自唐人元稹所写的《莺莺传》，宋代赵令畤将这个故事改编成《蝶恋花鼓子词》，金代董解元又进一步把它改编成《西厢记诸宫调》。王实甫以上述作品为基础，写成《西厢记》杂剧。

其戏剧情节是这样的。已故崔相国夫人郑氏，带女儿莺莺、丫环红娘，扶崔相国灵柩回故乡安葬，因路途阻隔，暂住普救寺西厢。书生张君瑞路过此地，与莺莺一见倾心。不久，叛将孙飞虎带兵围住寺院，要夺取莺莺做压寨夫人。郑氏提出，谁能解围，以莺莺相嫁。张生与兵马大元帅杜确有交情，修书一封，救兵赶来，解了重围。郑氏中途变卦，嫌张生出身寒门，不让他和莺莺结为夫妇。张生和莺莺由红娘穿针引线，私下交合。郑氏发觉后，便拷问红娘。红娘理直气壮地为之辩护，并责备郑氏出尔反尔。郑氏不得不承认既成事实，但又以"不招白衣女婿"为借口，强令张生赴京赶考。莺莺送张生于十里长亭。后来，张生果然得中状元，在杜确帮助下，与莺莺团圆。

《西厢记》歌颂封建社会青年男女的自由恋爱，具有深广的社会意义。莺莺、张生、郑氏、红娘几个人物各具个性，性格鲜明。结构严谨，文辞优美，是我国古典文学遗产中的瑰宝。

《水浒传》

由明初施耐庵编著的长篇小说。小说所反映的宋江起义,发生在北宋徽宗宣和年间。在宋末《宋江三十六人赞》和宋末元初的《大宋宣和遗事》中,已有这方面的记载和描写,并且故事也已初具规模。元代出现了许多以李逵、燕青、武松等为主角的杂剧。施耐庵、罗贯中就是在这些作品基础上,经过创造性加工,完成《水浒传》的编著的。

小说的版本很多,以70回、100回、120回本最为流行。在120回本中,描写了以宋江为首的农民起义从发生、发展到失败的全过程。第71回前为第一部分,写林冲、宋江、武松等好汉被逼上梁山的过程;72回至82回是第二部分,写梁山好汉与官军的对抗与被招安之事,83回至90回是第三部分,写他们奉命征辽;91回至100回,是第四部分,写他们征王庆;101回至110回是第五部分,写他们征田虎;111回至120回,是第六部分,写他们征方腊和最后失败。

《水浒传》通过对宋江起义的正面描写,深刻揭示了封建社会地主和农民的基本矛盾,和“官逼民反”的真理,其鞭挞所及,已达最高统治层,主题具有强烈的批判性。一百零八条好汉中,不少人物都写得性格鲜明,像李逵、武松、鲁智深、林冲和宋江等,都达到了典型的高度。这部小说在中国文学史上是一个里程碑,从它开始,长篇创作步入了新的阶段。

《三国演义》

元末明初罗贯中所写的一部长篇历史小说,反映了从汉末黄巾起义起到三国归晋止前后近100年的历史。故事由刘备、关羽、张飞桃园三结义发端,写曹操在征讨董卓过程中扩充势力,挟天子以令诸侯,传位到儿子曹丕手里,篡汉自立,做了魏国皇帝。刘备借助诸葛亮的韬略,几经转战,继而在成都建立起蜀汉政权。东吴孙权依凭长江天险,割据一方,最后也立国称帝。吴蜀两国为与曹魏抗衡,在赤壁之战中实行联合,但终因争夺荆州而分裂。刘备兵败而死,诸葛亮受命辅佐幼帝阿斗,七擒孟获,六出祁山,功未立而身先死。蜀汉先为曹魏所灭,后司马氏又篡魏灭吴,天下一统于晋。

小说从严格的正统观念出发,以蜀汉为中心,描述了三国鼎立以及它们

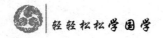

在政治、军事、外交等方面的复杂斗争。人物众多，性格各异，头绪繁复，结构井然。流传六七百年，至今在群众中仍有广泛的影响。

《西游记》

明代吴承恩撰写的一部著名的长篇神魔小说。它是根据唐朝青年僧人玄奘赴天竺（今印度）取经的故事，在传记、话本、杂剧以及各种民间传说的基础上综合加工而成的。全书共一百回，大致可分为三个部分：第一回到第七回，主要写孙悟空出世、得道和大闹三界（天府、龙宫、地狱）的情况；第八回到第十二回，主要写唐僧的出世和取经的缘由；第十三回到最后一回，主要写孙悟空等保护唐僧到西天取经，一路上战妖斗魔，历经八十一难，终成正果的过程。

《西游记》是中国文学史上一部积极浪漫主义的代表作。书中成功地塑造了融猴身与人性于一体的孙悟空的典型形象。大闹三界刻画了他热爱自由，勇于反抗的性格；降妖伏怪则表现了他疾恶如仇、百折不回的精神。其他如猪八戒、唐僧等形象，也各以其鲜明的个性而为人们所称道。书中想象奇特，语言诙谐幽默，几百年来一直受到读者的喜爱。

《牡丹亭》

明代汤显祖创作的传奇，又名《还魂记》。故事发生在南宋初年，南安太守杜宝的独生女儿丽娘，一次和丫环春香到后花园游玩，萌动春心。回房午睡，梦中与一位手持柳枝的风雅才子在牡丹亭畔梅树下幽会，此后便念念不忘，忧思成疾。死前，她画了一幅自画像，并题诗一首，托春香藏在花园的湖石边。三年后，一位名叫柳梦梅的青年才子来游花园，拾到了杜丽娘的画像，画中女子恰是他梦中幽会过的人儿。入夜，画中女子竟然出现在柳梦梅面前，并告知柳梦梅使她起死回生之法。柳梦梅照此办理，杜丽娘果然还魂。他们俩结为夫妇，一起逃到临安。柳梦梅被钦定为状元，经皇帝公断，杜宝认了女婿，阖家团圆。

这部传奇，以浪漫主义的创作方法，揭露封建礼教的严酷，表现青年男女冲决罗网的决心，具有强烈的反封建的思想意义。作品想象丰富、情节离奇、感情热烈、文字优美，艺术感染力很强。

《金瓶梅》

明代隆庆、万历年间写成的一部长篇小说。作者不详，万历丁巳年词话本题为兰陵笑笑生，但此人姓名、生平如何，无从查考。另外还有多种说法，都未有确证。

这部小说的故事由《水浒传》第二十四回至三十六回关于武松事迹的描写发展而来。全书一百回，写生药铺老板西门庆的荒淫生活。他先与潘金莲通奸，毒死其丈夫武大郎。武松报仇时错杀了人，被刺配孟州，西门庆趁机娶潘金莲为妾。后来又与有夫之妇李瓶儿及其婢女春梅先后私通，并纳为妾。小说书名就是由潘金莲、李瓶儿、春梅这三个妇女的名字中各取一字合成的。西门庆有钱有势，独霸乡里，谋财害命，夺人妻子，33岁纵欲暴亡。后来潘金莲被武松杀死，春梅做了周守备的妾，由于淫乱被杀。

《金瓶梅》是我国第一部由文人创作的以家庭生活为内容的长篇小说。它通过对西门庆及其家庭关系的描写，揭露了封建社会的黑暗和腐朽，具有一定的认识价值。在艺术上，它运用真实的细节，刻画了西门庆、潘金莲、李瓶儿等性格鲜明的人物形象。但小说中色情描写过多，是一大缺点。后起的《红楼梦》在一定程度上受了它的影响，但思想内容要比它深刻得多，艺术形式也要比它完美得多。

《长生殿》

清代洪昇创作的一部传奇剧。分上下卷，共50出。它以安史之乱为背景，描写了唐明皇和杨贵妃的爱情故事。上卷从"定情"开始，一方面写他们二人的真挚相爱，同时也写统治阶级的腐化以及内部矛盾，如杨国忠的专权，安禄山的野心等，表现了唐明皇沉溺于爱情给朝政带来的祸害，终于导致了马嵬兵变的悲剧。下卷写他们二人的刻骨相思，最后感动了天地鬼神，同登仙箓，得以团圆。

剧本既同情和赞美唐明皇、杨贵妃的爱情，又批判由爱情而造成的政治后果，思想倾向有其复杂性。词曲清丽、诗意盎然、场面宏大，在艺术上成就较高。

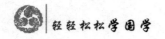

《桃花扇》

清代孔尚任创作的一部传奇剧。其故事梗概如下：复社文人侯方域等揭露阉党余孽阮大铖，引起阮大铖的恐惧。阮大铖借侯方域与秦淮名妓李香君成亲之机，给侯方域送去银子300两以表祝贺，遭到李香君的严词拒绝。阮大铖怀恨在心，诬陷侯方域勾结左良玉作乱。侯方域只得逃到史可法处躲避。当李自成率领农民军攻下北京，清兵乘机入关之时，阮大铖等在南京拥立福王朱由崧为南明皇帝。阮大铖依仗权势，逼迫李香君给漕抚田仰作妾。李香君在反抗中倒地，鲜血溅到侯方域赠予的诗扇上。文人杨龙友就着血痕画成了桃花。李香君托她师傅苏昆生将桃花扇带给侯方域，盼他早回。侯方域一回南京，即被阮大铖等逮捕入狱。这时清兵南下，史可法带领3000弱兵死守扬州，最后城破身亡。接着南京陷落，福王被俘。侯方域从狱中逃出，在栖霞山白云庵找到李香君。由于国破家亡，他们割断"花月情根"，修真学道去了。

在《桃花扇》中，作者热情歌颂了具有正义感和民族气节的爱国者，对南明王室的腐败，阮大铖等的夺权，进行了深刻的揭露。全剧结构宏伟，场面宏大，文辞典雅，感慨深沉，有很高的艺术成就。

《儒林外史》

清代吴敬梓创作的一部讽刺小说。全书共55回，近40万字，由许多独立的短篇故事连缀而成。小说通过对"儒林"中各个不同类型的封建知识分子形象的展示，揭露和批判了害人的科举制度和虚伪的礼教规范，其中像范进中举而发疯的故事，严贡生临终前因点两根灯草而死不瞑目的故事等等，都刻画得淋漓尽致，入木三分，作者不加一句褒贬之辞，而人物情态却跃然于纸上。

《儒林外史》代表着我国古典讽刺艺术的一个高峰。鲁迅先生：说："迨吴敬梓《儒林外史》出，乃秉持公心，指摘时弊，机锋所向，尤在士林；其文戚而能谐，婉而多讽，于是说部中乃始有足称讽刺之书。"鲁迅这番论述的大意是：《儒林外史》客观公正地批判现实，锋芒所向，主要在士大夫阶层；文字悲痛中显得诙谐，委婉中多带讽喻，自它出现，我国小说创作才开始有了真正称得上讽刺性的作品。这是鲁迅对《儒林外史》的思想倾向、艺术风格及其在中国小说史上地位的一个全面评价。

《红楼梦》

清代曹雪芹、高鹗所著的一部长篇小说。全书120回,前80回是曹雪芹写的,后40回高鹗续成。原名《石头记》,乾隆末年,程伟元把它整理出版时,改名《红楼梦》。

这部小说,以贾宝玉,林黛玉的爱情故事为线索,描写了贾、史、王、薛四大家族,主要是贾家荣、宁二府从兴盛到衰落的整个过程。贾宝玉是荣国府的一位公子,由于他从小和姐妹、丫环们在一起厮混,较少受到封建礼教与习俗的影响。他鄙视功名利禄,厌恶八股时文,同情丫环奴仆的不幸,追求个性解放。他和他的姑表妹、从苏州前来贾府投靠外祖母的林黛玉自幼相处,两小无猜,在思想一致的前提下,萌发了纯洁真挚的爱情。但他们的爱情遭到了以贾母为首的封建家族的反对。他们的爱情关系被拆散。弱不禁风的林黛玉,听到宝玉成亲的消息,口吐鲜血,悲愤而死。贾宝玉在王熙凤设计的"掉包儿计"的蒙蔽下,和薛宝钗成了亲。他在认清骗局以后,毅然离家出走,和封建家族表示了彻底的决裂。

《红楼梦》涉及的社会生活面非常广阔。它对封建社会的官僚制度、土地制度、宗法制度、婚姻制度、科举制度,以及包括社会心理、道德、哲学、艺术等在内的整个意识形态,都进行了有力的批判,是我们认识中国封建社会的"百科全书"。它以巨大的艺术表现力,描写了400多个人物,塑造了像贾宝玉、林黛玉、王熙凤、薛宝钗等一大批性格鲜明、个性丰富的艺术典型。无论是就思想性而言,还是就艺术性而言,《红楼梦》都达到了我国古典小说的最高峰。

和曹雪芹所写的前80回相比,高鹗的续书有明显的不足。尽管他在贾林悲剧方面基本贯彻了曹雪芹的意图,个别章节也写得精彩动人,但诸如宝玉中举、兰桂齐芳、贾府中兴等情节的设计,显然背离了原作的精神,这不能不影响到《红楼梦》的现实主义深度。

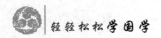

四大谴责小说

清代末年李宝嘉的《官场现形记》、吴趼人的《二十年目睹之怪现状》、刘鹗的《老残游记》和曾朴的《孽海花》等四部小说的并称。

李宝嘉(1867—1906年),字伯元,江苏武进人。所著《官场现形记》着力暴露了清末官僚制度的腐败和帝国主义的侵略,反映了当时的社会矛盾,表现出改良主义倾向。该书在"四大谴责小说"中最著名,最具代表性。吴趼人(1866—1910年),名沃尧,广东南海人。所著《二十年目睹之怪现状》以改良派人物的商业活动为主线,反映了20世纪初中国官场、商场和洋场的种种怪现状。刘鹗(1857—1909年),字铁云,江苏丹徒人。所著《老残游记》通过对江湖医生老残所见所闻的描述,暴露了清末的官僚政治。曾朴(1872—1935年),字孟朴,江苏常熟人。所著《孽海花》描写的是金雯青和傅彩云的故事,从一个侧面反映了清末社会的政治文化面貌。

三、古代文学形象

女娲

神话传说中的人物。相传她是人类的始祖,曾抟黄土造人。见《风俗通义》。又传说远古之时天塌地陷。她曾炼五色石以补苍天,断鳌足以立四极,平治洪水,杀死猛兽,改造了自然,拯救了人类。见《淮南子》。

盘古

神话传说中的人物。相传他生于混沌中,后开天辟地,天日高一丈,地日厚一丈,他也日长一丈。如此以往,经一万八千岁,天极高,地极厚,自然界所有的事物,如日月、星辰、风云、山川、田地、草木、金石,都是他身体的不同部分变成的。见三国时期徐整《三五历记》。

精卫

神话传说中的人物,也称"誓鸟""冤禽""志鸟"。相传她是炎帝的女儿,原名女娃,因游东海淹死,化而为鸟,始名精卫。精卫鸟不断地衔来西山的树枝、石块,发誓要填平东海。见《山海经》及南梁代任昉《述异记》。

夸父

神话传说中的人物。相传他立志与太阳赛跑,结果进入日轮,感到口渴舌焦,便下饮黄河、渭水,一直喝干了两河之水,仍不解渴。他想到北方大泽中去喝水,但半路上就渴死了。他扔掉的手杖,化成了一片树林。见《山海经》。

洛神

即洛水的女神洛嫔,三国时期魏国曹植《洛神赋》中的人物。她长得极为美丽,传说曾与曹植邂逅相遇,一见钟情。但终因人神殊途,不能结合。

牛郎、织女

神话传说中的人物,从星名衍化而来。牛郎即牵牛星,织女即织女星,两星分别位于银河两侧。传说织女为天帝孙女,长年负责织造云锦(天上的云霞)。自嫁与牛郎后,织锦中断,天帝大怒,责令她与牛郎分开,只准一年中的七月初七相会一次。见《古诗十九首·迢迢牵牛星》。后来至《荆楚岁时记》《风俗通》诸书,故事内容越来越丰满,相传他们七夕相会时,有乌鹊在银河上为他们搭桥,称为"鹊桥"。

月下老人

传说故事中的人物,简称"月老"。相传月下老人专司人间男女的婚事。他随身带有一只口袋,袋中藏有红绳。他将红绳的两端分别系在男女双方的脚上,两人即使相隔千里,也会成为夫妇。见唐代李复言《续玄怪录》。

钟馗

神话传说中的人物。相传唐玄宗一次重病,神思恍惚,于梦中被群鬼所缠。忽见一大鬼来,捉鬼而啖,众鬼方退。因问之,大鬼自称钟馗,生前曾多次应武举试,皆因容貌奇丑而未中,死后为鬼,发誓要铲尽天下妖孽。玄宗醒后,

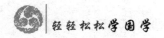

病体霍然而愈。于是命画圣吴道子依梦中形状画成钟馗图像,悬于宫中以驱鬼避邪。旧时民间风俗多于除夕或端午节悬钟馗像,谓能祛邪祟,保平安。

木兰

北朝乐府民歌《木兰诗》中的人物。她勤劳善良、孝敬父母,在国难当头之际,毅然女扮男装,代父从军。在战场上,她冲锋陷阵、英勇拼杀,建立了显赫的战功。战后,她功成身退,拒绝了天子给她的高官厚禄,布衣归里,恢复了寻常女儿身份,表现出高尚的品德和节操。木兰是我国古代文学作品中少见的女英雄形象,英姿飒爽,极富神采,在重男轻女的封建社会十分难得。这个形象深受广大人民的喜爱,千古不朽,成了家喻户晓的英雄人物。

西施

东汉赵晔所撰《吴越春秋》中的人物。一名"先施",春秋末年越国苎罗(今浙江诸暨)人。西施为绝色美女,曾浣纱于溪边。当时吴越争战,越国失败后,大夫范蠡将她推荐给越王勾践,献于吴王夫差,成为夫差最宠爱的妃子。她有意迷惑夫差,祸乱吴国,终于使越王报了亡国之仇,打败了吴国。吴亡后,她与范蠡隐于五湖。其事又见《越绝书》。明代梁辰鱼据此故事编成传奇戏剧《浣纱记》。

孟姜女

民间故事中的人物。其事最早见于西汉刘向《列女传》,言齐人杞梁植战死,其妻哭于城下,十日而城崩,略具故事雏形。唐人所编《碉玉集》载:秦时燕人杞良娶孟超女仲姿为妻,因杞良被始皇遣筑长城,为官吏击杀,仲姿哭于长城下,城即崩塌。《敦煌曲子词》中有《捣练子》云:"孟姜女,杞良妻,一去烟(燕)山更不归。造得寒衣无人送,不免自家送征衣。"情节已多有发展。后世逐渐演变,故事越来越完整,情节越来越丰满,主人公也逐渐固定为孟姜女、范喜良。孟姜女千里送寒衣,哭塌长城八百里的故事,现已广泛流传于民间,任人皆知。她作为忠于爱情、反抗暴政的妇女的典型形象,受到人民的广泛尊敬,宋代民间甚至有为其塑庙者。

窦娥

戏曲《窦娥冤》中的人物。原名端云,后改名窦娥。她三岁丧母,七岁时被父亲卖给蔡婆做童养媳,17岁结婚,不久丈夫死去。后泼皮无赖张驴儿威逼她成亲,坚持不从。张驴儿又诬告以毒死公公之罪,她被昏官判为死刑。临刑前她大骂天地,怒斥鬼神。对天连发三愿:如果自己确属冤屈,则血溅白练、六月飞雪、亢旱三年,结果桩桩应验。最后冤案终得平反。这个形象充分体现出封建社会受迫害者英勇不屈、死而不已的反抗精神。

包公

文学故事人物。本为宋代历史人物,名拯,曾任龙图阁直学士,故又称"包龙图"。史载他"立朝刚毅,贵戚、宦官为之敛手,闻者皆惮之,人以包拯笑比黄河清,童稚妇女亦知其名"。在民间传说和文学作品中,他成了一个除暴安良、刚正不阿、铁面无私、清正廉明、坚持正义、打击邪恶、善断疑案、善平冤狱的清官典型,民间甚至有他能"昼断阳,夜断阴"之说。在元杂剧《鲁斋郎》中,他巧妙地将皇帝庇护的权豪势要鲁斋郎的名字减去几画改为"鱼齐即",待皇帝批斩后又改为鲁斋郎,将他斩首;在《陈州粜米》中他又巧妙地为民除害,赦免无辜。明代小说《包公案》及后世的其他小说戏曲创作,多有敷演包公故事的。他是深受群众喜爱、妇孺皆知的艺术典型之一。

张生

戏曲《西厢记》中的人物。名珙,字君瑞,青年书生,富于才情。他在普救寺遇到崔莺莺,一往情深,孜孜追求,蔑视门第界限,敢于向封建婚姻制度挑战,并将爱情置于功名富贵之上。经过种种曲折,终于如愿以偿。但他身上又有浓厚的书呆子气,有软弱、迂阔的一面。他是忠于爱情、既勇又懦、具有一定叛逆思想的封建知识分子的典型代表。此形象最初唐代元稹的传奇小说《莺莺传》,在《西厢记》中,他的性恪已有很大发展。

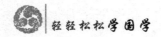

崔莺莺

戏曲《西厢记》中的人物。她出身相国之家,美丽多情、娴雅深沉,不满封建礼教的束缚和"父母之命,媒妁之言"的婚姻,追求自由幸福的爱情。在普救寺遇到张生后,为其风流清俊、聪明多才、诚实温顺、仗义救人所动。但由于身份和家教的影响,使她在追求自由爱情的过程中疑虑重重,躲躲闪闪。后来经过内心情与礼的反复、激烈的斗争,终于冲破束缚,和张生结合。她还蔑视门第观念和功名富贵。此形象最初见于唐代元稹的传奇小说《莺莺传》,在杂剧《西厢记》中已有很大发展。

林冲

小说《水浒传》中的人物。他绰号"豹子头",出身于枪棒教师家庭,自己又是东京80万禁军教头,虽然对现实有一定的不满,但出身、经历和地位形成了他苟安现状、逆来顺受、委屈求全的性格。后来高俅之子高衙内妄图霸占其妻,父子俩设计将他赚入白虎节堂,定罪刺配沧州,让他看守大军草料场,后又派人赶到沧州烧毁草料场以图谋害。他忍无可忍,杀死了仇人,上了梁山。不久火并了王伦,为梁山事业的发展开辟了道路,在历次与官军交战中骁勇善战,坚决果敢。宋江鼓吹招安时,他曾表示反对。这是一个"逼上梁山"的典型人物,明传奇《宝剑记》《灵宝刀》亦演林冲故事,但情节有所不同。

鲁智深

小说《水浒传》中的人物,他绰号"花和尚",本名"鲁达",出身下级军官,同情下层人民的疾苦,富于正义感,心地直爽,疾恶如仇,路见不平,敢于拔刀相助,与各种恶势力作斗争。他聪明机警,粗中有细,在斗争中显得坚决彻底,敢作敢当。为救素昧平生的金氏父女,他三拳打死恶霸镇关西,被迫到五台山出家。后在东京结识了林冲,大闹野猪林,粉碎了高俅父子杀害林冲的阴谋,最后加入梁山起义军,成为杀敌陷阵、反对招安的重要将领。

武松

小说《水浒传》中的人物，绰号"行者"。出身贫苦。排行第二，人称"武二郎"。他勇力过人，武艺高强，曾在景阳冈打虎除害，初显英雄身手；后又斗杀西门庆，醉打蒋门神，大闹飞云浦，血溅鸳鸯楼，同邪恶势力进行了坚决顽强的斗争，他疾恶如仇、恩怨分明、敢作敢为、有诺必成、襟怀磊落、做事机警、体谅弱小、反对招安，是深受人民喜爱的梁山将领之一。

宋江

小说《水浒传》中的人物，人称"山东及时雨宋公明"。他出身于小地主家庭，做过郓城县押司，"于家大孝""为人仗义疏财"，曾私自放走了劫取生辰纲的晁盖等人；后杀死阎婆惜，被刺配江州；在浔阳楼题反诗，被判处死刑；梁山英雄们劫了法场，他才加入义军，成为梁山起义队伍的首领。他是我国古代农民起义领袖的典型，具有卓越的领导才能，又有浓厚的封建正统思想，有农民阶级的弱点和动摇性；对朝廷的忠诚与叛逆，追名逐利思想与江湖义气集于一身。他为梁山事业的发展壮大做出了贡献，又是梁山义军受招安的主要鼓吹者和策划人。

西门庆

①小说《水浒传》中的人物。他是阳谷县一个破落户财主，在县衙前开个生药铺，从小奸诈，不务正业，发迹后专在县里管些公事，放刁把揽，说事过钱，排斥正直官吏。后来与武大郎妻潘金莲通奸，并与王婆、潘金莲共同害死武大，最后武松为兄报仇，将他杀死。

②小说《金瓶梅》中的主人公，性格比《水浒传》已有很大发展，是个富商、官僚、恶霸三位一体的典型形象。他娶妓纳妾、人财两得；结交官吏，贿赂权贵，做了理刑千户；贪赃枉法，作恶多端；杀人害命、求药纵欲，最后淫逸过度暴亡。作者借此形象反映出中国16世纪社会的黑暗、政治的腐败以及资本主义经济萌芽时期的各种人情世态。

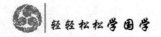

潘金莲

①小说《水浒传》中的人物。本为武大妻,挑逗武松不成,又与西门庆通奸,与王婆、西门庆合谋害死了武大。武松为兄报仇,将她杀死。

②小说《金瓶梅》中的人物,她出身寒微,几度被卖,后被张大户"赏"与矮小丑陋的武大做妻。她不满这种"错配"的姻缘,从极端的利己主义和享乐主义出发,以色相为资本,与命运抗争。她和西门庆通奸后毒杀武大郎,做了西门庆的妾。为了争宠,她挖空心思,尖酸刻薄,淫荡嫉妒,心狠手辣,对西门庆则诌媚奉迎,又与女婿陈经济私通,闹得西门庆"家反宅乱",最后被武松所杀。她是罪恶的封建社会造就的一个畸型形象,她为私欲而争斗,又终于被私欲所湮没,既是个值得诅咒的人物,又是个不幸的殉葬品。

刘备

小说《三国演义》中的人物。字玄德,出身于破落地主家庭,少时孤贫,早年落魄飘零,以"织席贩履"为业,立志"上报国家,下安黎庶";为人光明磊落,胸怀坦荡,诚笃敦厚,忠于友谊,与关羽、张飞桃园结义,生死不渝;他求贤若渴,礼贤下士,曾三顾茅庐,请诸葛亮出山,建立西蜀政权后,政令宽缓,深得民心,与吴、魏形成鼎足之势。他是一个理想化的政治人物,作者借此形象,在一定程度上反映出广大人民对美好生活的幻想和追求,同时也表明了作者力图把儒家的道德理想转化为政治理想,从而实现道德化政治的愿望。

曹操

小说《三国演义》中人物,与历史上那个杰出的地主阶级政治家、军事家、诗人的曹操有所不同。小说中的他是个集"功首罪魁"于一身的两面性人物,"治世能臣"与"乱世奸雄"的品格统一在他身上。他具有封建统治阶级固有的奸诈、诡谲、凶狠、残暴等特征,是个多疑善忌、嗜杀成性、奸诈凶残的极端利己主义者,信奉"宁教我负天下人,休教天下人负我"的人生哲学。但他又具有能臣的一面,目光敏锐、善于识人,有政治家的风度和气魄,用人唯才、任人唯贤,并深通兵法、善于用兵。不少戏曲中也有曹操形象,多以白脸奸臣的面目出现。

诸葛亮

小说《三国演义》中的人物,字孔明,号卧龙先生。他是刘备的军师,蜀汉的丞相,是政治、军事、外交无所不能、无所不精的典型。曾隐居隆中,被刘备三顾茅庐请出山后,赤胆忠心匡扶汉室。他具有卓越政治家的头脑和敏锐的政治眼光,高瞻远瞩,胸怀全局,料事如神,足智多谋。他精通战略战术,初出茅庐,就在博望坡用火攻以几千人打败十万敌军;他有杰出的外交才能及非凡的胆识,曾冒着生命危险只身赴江东,游说孙权、舌战群儒,缔结了吴蜀联盟,取得赤壁之战的胜利;为了伐魏,他曾率兵六出祁山,因错用马谡,失掉街亭,在危急关头巧设"空城计",吓退了司马懿的15万大军,化险为夷;他上通天文,下晓地理;严于律己,执法严明;体恤下属,关心百姓;鞠躬尽瘁,死而后已。诸葛亮在我国已成为智慧、忠诚的化身,其故事在民间流传颇广,戏曲中亦多演其事。

关羽

小说《三国演义》中的人物,字长生,后改云长,世称"关公"。他是蜀汉大将,与刘备、张飞桃园结义,身长九尺,髯长二尺,面如重枣,唇若涂脂,丹凤眼,卧蚕眉,使一把青龙偃月刀,重82斤,是一位驰骋疆场、所向无敌、骁勇异常、英武非凡的良将,曾斩华雄、刺颜良、诛文丑,过五关、斩六将,单刀赴会,水淹七军。他又是忠义的化身,与刘备、张飞情同手足,生死与共,对蜀汉忠心耿耿。其缺点是高傲自大、刚愎自用,在华容道上释放曹操,最后败走麦城,丧了性命。关公是深受人们喜爱的形象,也有不少戏曲敷演其事。

貂蝉

小说《三国演义》中的人物。她是司徒王允的歌姬,富于正义感。为了帮王允除奸献身事董卓,用"连环计"离间董卓与吕布的关系,最后终于借吕布之手将董卓除掉。亦有戏曲敷演其事。

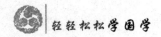

穆桂英

小说《杨家府演义》中的人物。她是山东穆柯寨主木羽之女,有勇有谋,尤善骑射,百发百中。因在阵前自招杨宗保为婿,归于宋营。在抗辽战斗中,她风驰电掣般驰骋于幽州战场,屡建奇功。杨宗保战死后,余太君百岁挂帅,率领杨家12寡妇征西,她年已50,仍挂先锋印,深入险地,力战番将,奋勇冲杀,于危难之中夺得胜利。她是深为人民群众喜爱的巾帼英雄形象。"穆桂英挂帅""大破天门阵"等名剧现仍经常演出。

孙悟空

小说《西游记》中的人物,又称"孙行者"。他是花果山上破石而生的石猴,被群猴推为"美猴王";曾云游海角,泛海学艺,学得72般变化,一个筋斗十万八千里;接着大闹龙宫,索取如意金箍棒;又大闹冥府,大闹天宫。他神通广大,勇猛无敌,蔑视天庭,否定权威,表现出强烈的叛逆精神。后来保护唐僧西天取经,一路上降妖伏怪,同各种邪恶势力进行顽强不屈的斗争。他勇敢机智,有胆有识,忠心仁爱。傲岸达观,天真朴实,诙谐风趣,乐观无私,是我国人民最喜爱的、妇孺皆知的英雄形象,具有浓厚的浪漫主义色彩。

猪八戒

小说《西游记》中的人物,名猪刚鬣,法名猪悟能。他本是掌管天河八万水兵的天蓬元帅。因调戏嫦娥被贬下界,误投猪胎成了黑猪精,强行入赘高老庄时,被孙悟空降伏,做了唐僧的二徒弟,与孙悟空、沙僧共保唐僧西天取经。他身粗力大,很能干活,有36般变化,所使九齿钉钯重达5000余斤。他贪吃贪睡贪财贪色,喜进谗言。但他贪小利而不忘大义,爱耍小手腕而又心底老实,狡黠而不奸诈,顽皮活泼,轻视礼仪,热爱生活,充满乐天精神,还有一种摆脱一切束缚的无牵无挂的忘我的天真,是家喻户晓的充满喜剧色彩的人物形象。

唐僧

小说《西游记》中的人物,本姓陈,法名玄奘。他虔诚信佛,诚心求法,誓志西天取经,严守"五戒六度"。但因恪守佛家教义,毫无原则地大讲慈悲,是非不分,人妖颠倒,软弱无能,易受愚弄,屡次为妖魔所骗,处处碰壁,步步遇难,在经历了种种劫难和艰辛之后,终于在孙悟空、猪八戒、沙僧的保护之下,完成了取经事业。按:历史上的玄奘,本是唐代名僧,曾历经艰难险阻,用了四年时间,行程五万余里,到天竺(今印度)求取真经,研究佛典;十几年后回国,用大象驮回佛经650多部,译出70多部,凡1335卷。其故事在民间广泛流传,南宋的"说经"故事《大唐三藏取经诗话》、元代的《西游记平话》、元末明初的《西游记》杂剧,均敷演唐僧取经故事。

姜子牙

小说《封神演义》中的人物,名尚,世称"姜太公",由历史人物吕尚演化而来。他曾在昆仑山学道,后奉师命下山辅佐周室,80岁时在渭水边垂钓,被文王访得,拜为丞相。在伐纣的过程中,他施展种种法术,运用多种智谋,终于完成灭纣兴周大业,最后奉命发榜封神。另据元代话本《武王伐纣平话》载,他在渭滨直钩垂钓,不设饵,而且离水面三尺,自曰"负命者上钩来",后世遂有"姜太公钓鱼,愿者上钩"之说。

妲己

《封神演义》中的人物。她由狐狸精幻化,变为美女迷惑纣王。为人妖媚阴狠,残忍无比,曾用炮烙、虿盆等酷刑残害大臣和百姓,后被姜子牙斩首。

岳飞

小说《说岳全传》中的人物。岳飞是南宋时期著名的民族英雄、抗金将领,其故事在民间广泛流传。小说中的岳飞既有史实的影子,更有浓郁的民间文学色彩。他早年即怀报国大志,在金人入侵、民族危难之际应募从军,献身抗金事业。他军令严明,体恤士卒,武艺高强,精通韬略,屡战屡捷,使金军望风披靡、闻名丧胆,是一位卓越的军事统帅。但他有浓厚的封建伦理观念,笃信"忠孝节义"等封建教条,最后被权奸秦桧以"莫须有"的罪名杀害。其故事在

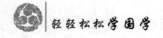

人民群众中广泛流传。

严监生

小说《儒林外史》中的人物,名大育,字致和。他胆小怕事,悭吝成性。家里银钱无数,但生病后舍不得花钱吃药,每晚挣扎着算账到深夜;临死时见油灯点燃两根灯草,担心费油,便伸出两个指头迟迟不肯断气,是个典型的守财奴形象。

贾宝玉

小说《红楼梦》中的人物。他出身于"钟鸣鼎食"之家,"诗礼簪缨"之族,生活于珠围翠绕、锦衣玉食的环境中,受祖母贾母娇宠,被视为贾府的命根子。但他厌恶贵族家庭腐朽、空虚、压抑的环境,精神上感到窒息和苦闷,渴望过自由的、无拘无束的生活。他鄙弃功名富贵,反对封建家长给他安排的读书做官的人生道路,对八股科举深恶痛绝,斥之为"饵名钓禄之阶""诓功名混饭吃"的工具,并痛骂那些以此求荣的人为"国贼""禄蠹"。他不满"尊卑有序,贵贱有别"的封建等级制度及男尊女卑的传统观念,同情奴婢,具有初步的民主平等思想。他追求"木石姻缘",即与表妹林黛玉建立在共同叛逆思想基础上的爱情,反对家长为他安排的"金玉良缘",即与恪守封建礼教的薛宝钗的婚姻,这种追求爱情自主、婚姻自由的行为与"父母之命,媒妁之言"的封建婚姻制度发生了尖锐的矛盾,并由此导致了他与封建家长之间一系列不可调和的冲突。由于阶级和时代的局限,他在和封建势力的斗争中常常缺乏勇气,在叛逆中往往夹杂消极的虚无主义宿命论思想,并有浓重的纨绔子弟的生活习气及封建伦理观念。他和林黛玉的爱情受到封建势力的残酷打击和摧残。林黛玉身亡以后,他万念俱灰,出家为僧。他是我国古典小说人物画廊中最为成功的艺术典型之一。

林黛玉

小说《红楼梦》中的人物。她虽然出身于"钟鼎之家""书香之族"的封建官僚家庭,但由于母亲早死,寄居在外祖母家(贾府),后来父亲也去世,实际上成了无家可归的孤女,在贾府这个龌龊、虚伪、势利的封建家庭中过着寄人篱下的生活。这种命运和处境,形成了她多愁善感、抑郁猜疑的心理和孤标傲世的性格。她敏感地注视着周围的一切,对贾府的种种黑暗与丑恶,常用尖刻的语言予以揭露和讽刺。她本来美丽聪慧,才华横溢,但在尔虞我诈、矛盾重重的贾府,却深感"一年三百六十日",时时有"风刀霜剑严相逼"。她鄙视庸俗的封建文人,诅咒虚伪的八股科举,不顾封建礼教的迫害摧残,执着地追求与贾宝玉建立在共同思想基础之上的真挚爱情。在贾宝玉被骗与薛宝钗成婚的当晚,她焚毁诗稿,呕血而死。"质本洁来还洁去,不教污淖陷渠沟",正是她宁死不屈的自白。她是我国古典小说人物画廊中最为成功的艺术典型之一。

薛宝钗

小说《红楼梦》中的人物。她是一个符合封建礼教要求的典型的封建淑女,出身于既是官僚、又是皇商的家庭,长期住在贾府。她恪守封建道德,博览诗书,才思敏捷,但看重现实利益,追求富贵荣华,意欲和宝玉结为"金玉良缘",常以少女的妩媚和婉转的言辞规劝宝玉走"仕途经济"之路,奉迎、取悦封建家长。为人端庄稳重,雍容大度,装愚守拙,随分从时,但内心圆滑世故,有冷酷、虚伪的一面。她被贾府选定为宝玉之妻,宝玉婚后出家,她遭到了"守寡"的命运,成为封建礼教的牺牲品。

王熙凤

小说《红楼梦》中的人物,又称"凤姐",是作品中塑造得最成功的一个反面典型。她出身于金陵豪族,又是贾府实权派王夫人的侄女,深得贾母的宠信,20岁就掌管了贾府的家政大权。她外表聪明能干,有理家才能,实则善弄权术,媚上压下,"嘴甜心苦,两面三刀;上头一脸笑,脚下使绊子;明是一盆火,暗是一把刀",狠毒放荡,阴险毒辣。她唯利是图,贪得无厌,收受贿赂,放高利贷,包揽词讼,谋财害命。"毒设相思局"害死了贾瑞,"弄权铁槛寺"害死了张金哥未婚夫,"机关算尽"逼死了尤二姐,最狡诈的是设下"掉包计"破坏

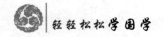

宝黛婚姻,逼死了林黛玉。这一条条人命,充分暴露了她的罪恶本质。王熙凤也是我国古典小说人物画廊中最为成功的艺术典型之一。

四、古代文学流派

建安七子

汉末魏初文学家孔融、陈琳、王粲、徐干、阮瑀、应玚、刘桢七人的合称。建安是汉献帝的年号。"七子"之称,首见于曹丕的《典论·论文》中。七子除孔融外,均在政治上与曹氏父子休戚与共。他们生活于天下大乱时期,对社会的动荡和人民的痛苦有直接感受,其作品大多能继承汉乐府的现实主义精神,真实地反映社会实况。这些作者同时又是统一天下、建功立业的积极追求者,因此他们的作品往往充溢着慷慨不平之气而很少有消极厌世之情。七子的作品以诗歌为主,成就大小不一。一般认为王粲、刘桢最为优秀。王粲(177年—217年),字仲宣,河南修武人。《七哀诗》是其代表作。刘桢(?年—217年),字公干,山东东平人。他的《赠从弟》一诗较有名。此外,如陈琳的《饮马长城窟行》、徐干的《室思》等,也都写得不错。

三曹

三国时文学家曹操、曹丕、曹植父子的合称。曹操(155年—220年),字孟德,是三国时期杰出的政治家。虽长期生活在戎马军营之中,忙于国家政事,但极喜赋诗、著文,且很富革新精神,创作成就颇高。现存乐府体诗作20余首,文100余篇,代表作有《龟虽寿》《观沧海》《蒿里行》《苦寒行》等篇。曹丕(187年—226年),即魏文帝,曹操次子。少有逸才,博闻强识。建安二十二年被立为魏太子。曹操死后代汉称帝,死后谥号"文"。文学成就以诗歌和文学批评最为突出。今存诗歌约40首,代表作《燕歌行》是现存最早的完整的七言古诗。其文学论文《典论论文》以对"建安七子"的简要分析开综合评论作家作品的风气之先,他在论文中提出"文以气为主",强调文章是"经国之大业""不朽之盛事",代表着文学走向自觉之先声。"三曹"中成就最高的是曹植。

竹林七贤

魏晋间七个文人名士的总称。包括嵇康、阮籍、山涛、向秀、刘伶、王戎。《魏氏春秋》载："(嵇康)与陈留阮籍，河内山涛，河南向秀，阮兄子咸、琅邪王戎，沛人刘伶相与友善，游于竹林，号为七贤。"七贤中多数成员的基本人生态度是憎恶丑恶现实，崇尚老庄哲学精神，希望摆脱儒家礼教的束缚，放浪形骸，寄情山水，拒绝与达官贵人交游。七人均有文艺创作才能。阮籍的咏怀诗、嵇康的散文都在文学史上产生了较深远的影响。此外，如刘伶的《酒德颂》、向秀的《思旧赋》等也都是名篇。

初唐四杰

指唐代高宗到武后时期出现在文坛上的四位诗人。他们是王勃、杨炯、卢照邻、骆宾王。王勃(650年—676年)，字子安，绛州龙门(今山西河津)人。长于五言诗，骈文则以《秋日登洪府滕王阁饯别序》闻名。杨炯(650年—？年)，华阴(今属陕西)人。长于五言律诗，边塞题材的诗气势较胜。卢照邻(635年？—689年？)，字升之，号幽忧子，幽州范阳(今河北涿县)人。作品以七言歌行成就最高。《长安古意》为其代表作。骆宾王(646年？—？年)婺州义乌(今属浙江)人。曾任临海丞后从徐敬业起兵反对武则天，兵败下落不明。诗多悲愤之词。骈文以《代徐敬业传檄天下文》为世所传诵。"四杰"的诗，虽未能完全脱尽轻艳华丽的宫体气，但他们初步突破了宫体诗的狭小内容，洗去了前人的淫靡与庸俗，为唐诗的发展带来了新的气息。

山水田园诗派

盛唐时形成的一个诗歌流派，以王维、孟浩然、储光羲等为代表。这派诗人大多接近佛道，归隐山林，追求清静闲适的精神生活。

王维的《山居秋暝》《终南山》，孟浩然的《过故人庄》《春晓》，储光羲的《田家即事》等，都是山水田园诗派的名篇。作者通过对山水田园风光的描写，抒发了闲逸、淡泊的情怀。

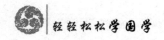

边塞诗派

盛唐时形成的又一诗歌流派。代表诗人有高适、岑参、王昌龄、李颀、王之焕、崔颢等。其中，以高适、岑参成就最大，故又称"高岑诗派"。

边塞诗派的人生态度是积极进取的，他们追求进步的理想，具有乐观的情绪。多用七言古诗或七言绝句，描写奇丽壮阔的边塞风光，诗句雄浑奔放，极富浪漫主义色彩。

唐宋八大家

指唐宋两代的八个散文作家。他们是唐代的韩愈、柳宗元，宋代的欧阳修、苏洵、苏轼、苏辙、王安石、曾巩。明代初年，朱右选韩愈、柳宗元等八人文为《八先生文集》，八大家之名即源于此，明代中期唐顺之编纂的《文编》一书，对唐宋散文也只取他们八人。后来茅坤选辑他们的作品为《唐宋八大家文钞》，"唐宋八大家"之名便流行开来。唐宋八大家的散文各有特色，艺术成就很高，所以流传很广。

花间派

五代时期的一个词派。五代时，后蜀卫尉少卿赵崇祚编选了以温庭筠为首，包括皇甫松、韦庄、薛昭蕴、牛峤、张泌、毛文锡、牛希济、欧阳炯、顾夐、孙光宪、阎选、尹鹗、毛熙震、李珣、和凝等18家的词为《花间集》。其中除温庭筠、皇甫松、和凝外，大都是集中在西蜀的文人，他们的词，风格大体一致，后世因此称他们为花间派。花间派的词人奉温庭筠为鼻祖，他们用艳丽的辞藻，华美的色彩，集中全力描写女人的姿态、生活和恋情。他们虽然继承了温词的风格，但在成就上远不如温。温词有较真实的感情，而他们的词只是片面发展了温词雕琢字句的一面，缺乏意境的创造，题材更为狭窄，结果是流于淫靡颓荡。花间词派中只有少数作家的部分作品，较能摆脱华艳气息，有一定价值。

婉约派

宋词的一大流派。代表人物有柳永、秦观、周邦彦、李清照、姜夔、吴文英等。他们继承唐宋五代以来委婉、清约的词风，作品多写男情女爱，离愁别绪，感情表达细腻，含蓄蕴藉，婉转动人，而且音律和谐，语言精美。这一词派的缺陷在于内容较为窄狭，缺乏社会意义，但应该承认，他们为词的形式的发展做出了贡献。

三苏

指北宋时期著名文学家苏洵以及他的两个儿子苏轼和苏辙，其中苏洵被称为"老苏"，苏轼被称为"大苏"，苏辙被称为"小苏"。苏洵（1009年—1066年），字明允，曾任秘书省校书郎，霸州文安县主薄，作品有（（嘉祐集》。苏轼（1037年—1101年），字子瞻，号东坡居士，作品有《苏文忠公全集》。苏辙（1039年—1112年），字子由，号颖滨遗老，嘉祐进士，曾官尚书右丞，门下侍郎，作品有《栾城集》。三苏在文学上各有成就，其中以苏轼成就最高。

豪放派

宋词的一大流派。由苏轼开创，辛弃疾完成。同派词人还有晁补之、陈亮、张孝祥、刘过、刘克庄等。他们的词都具有豪迈、旷达、雄健、奔放的风格，故称"豪放派"。

苏轼将北宋诗文革新成果引入词坛，"以诗为词"，突破"词为艳科"的藩篱，为豪放词派开辟了道路。以辛弃疾为代表的南宋爱国词人，进一步"以文为词"，把词的豪放意境发扬光大。如苏轼的《念奴娇·赤壁怀古》、岳飞的《满江红·怒发冲冠》、辛弃疾的《破阵子·为陈同甫赋壮词以寄之》等，都可视为豪放派的代表作。

苏门四学士

指北宋诗人黄庭坚、秦观、晁补之和张宋。黄庭坚（1045年—1105年），字鲁直，号山谷道人。又称涪翁，分宁（今江西修水）人，有《山谷集》。秦观（1049年—1100年），字少游、太虚，号淮海居士，高邮（今属江苏）人，有《淮海集》。晁补之（1053年—1100年），字无咎，号归来子，巨野（今属山东）人。有《鸡肋集》

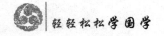

《晁氏琴趣外篇》。张耒(1054年—1114年),字文潜,号柯山,楚州淮阴(今属江苏)人,有《张右史文集》。他们四人都曾得到苏轼的热情鼓励和培养,出自苏轼门下,所以称为"苏门四学士"。苏门四学士虽然受到了苏轼的影响,但在艺术风格上又都各具特点。

中兴四大诗人

南宋诗人陆游、范成大、杨万里、尤袤的合称,文学史上也有以"尤杨范陆"名之者。这四位诗人中,陆游诗成就最高。

永嘉四灵

指南宋时期生活于浙江永嘉的四个诗人:徐照、徐玑、赵师秀、翁卷。徐照(?年—1211年),字灵晖,有《芳兰轩集》;徐玑(1162年—1214年),字灵渊,有《二薇亭集》;赵师秀(1170年—1219年),字灵秀,有《清苑斋集》;翁卷,号灵舒,有《韦碧轩诗集》。因为他们的字或号都带有"灵"字,故称为"永嘉四灵"。他们对于南宋中叶以后政治上的低气压并无反感,反而清闲自在。在艺术上,他们学习晚唐诗人贾岛,以清新刻露之词写野逸清瘦之趣,内容贫乏,意境狭窄。

元剧五大家

指元代以杂剧闻名的关汉卿、王实甫、马致远、郑光祖、白朴五位代表作家。语见明人王骥德《曲律》。也有将其中的王实甫略去,并称"关、马、白、郑",或"元曲四大家"。

元诗四大家

元代诗人虞集、杨载、范梈和揭傒斯的并称。虞集(1272年—1348年),字伯生,人称邵庵先生,祖籍四川仁寿,迁居江西崇仁。诗文在当时号为大家。有《道园学古录》等传世。杨载(1271年—1322年),字仲弘,福建浦城人,迁居杭州。著有《杨仲弘集》。范梈(1272年—1330年),字亨父,一字德机,湖北清江人。著有《范德机诗》。揭傒斯(1274年—1344年),字曼硕,江西丰城人。

著有《揭文安公全集》。四人中虞集声名最大,他的名诗如"杏花春雨江南"等久传不衰。

明初三大家

明代建国之初的宋濂、刘基,高启等三位文学家的合称。宋濂(1310年—1381年),字景濂,号潜溪,浦江(今属浙江)人。主修《元史》。《送东阳马生序》是其散文名篇。刘基(1311年—1375年),字伯温,浙江青田人。著有《诚意伯文集》20卷。散文如《卖柑者言》等影响较大。高启(1336年—1374年),字季迪,长洲(今江苏苏州)人。与杨基、张羽、徐贲齐名,世称"吴中四杰"。著作有《青丘高季迪诗文全集》25卷。他是明代诗人中最有成就者之一。

公安派

明代万历年间高举"反复辟"旗帜,猛烈反对前后七子拟古主义的一个文学流派。其代表人物是袁宏道、袁宗道、袁中道兄弟三人,世称"三袁"。因他们是湖北公安人,故名之为"公安派"。

公安派的文学主张是:其一,认为文学是随时代而发展的,不可厚古薄今;其二,要求作者充分表现自己的个性,"独抒性灵,不拘格套";其三,提倡用平易近人的语言写作,"宁今宁俗",不用典故。这文学主张对于打破拟古主义的陈腐格局起了积极作用,成为清代"性灵派"的诗和诗论的理论先声。但由于忽视社会实践、题材狭窄,在创作上虽有革新,却成就不大。

竟陵派

明代与公安派同期偏后的一个文学流派。因其代表作家钟惺、谭元春都是湖北竟陵人,故称"竟陵派"。

竟陵派在提倡抒写性灵、反对拟古主义这一点上,与公安派有共同之处。但他们为了避免像公安派那样流于俚俗,比较看重学问。他们提倡的"性灵",比公安派狭窄,认为只有表现了"幽情单绪""孤行静寄"者,才是"真有性灵之言"。他们还反对公安派平易近人的文风,主张用怪字,押险韵。因此,在一定

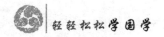

程度上导致了形式主义倾向。

浙西词派

清代词坛的一个重要流派。因其代表作家都是浙西人,故称"浙西词派"。这一流派的开创者是朱彝尊。在康熙年间,先有以朱彝尊为首的"浙西六家",至乾、嘉之际,又有厉鹗崛起。前后风靡100余年,是清代持续较久、影响极大的一个词派。

浙西词派在艺术上以南宋姜夔、张炎的词为正宗,推崇其风格与技巧,由于他们过分追求形式,不少词作内容琐屑,感情贫乏。

这一词派前后期两位代表人物分别为:朱彝尊(1629年—1709年),字锡鬯,号竹垞,浙江秀水(今嘉兴)人;厉鹗(1692年—1752年),字太鸿,号樊榭,浙江钱塘(今杭州)人。

桐城派

清代散文创作的一个著名流派。康熙时由方苞开创,到乾隆时姚鼐形成。方苞、姚鼐等都是安徽桐城人,故称"桐城派"。但其后继者中如管同、梅曾亮等并非桐城人。

这一流派主张学习《左传》《史记》等先秦两汉散文和唐宋古文家韩愈、欧阳修等人的散文,讲究"义法",要求语言"雅洁",以阳刚阴柔分析文章风格。其散文作品内容大都较为贫乏,但记事小品和描写山水风景之作尚简洁可读,如姚鼐的《登泰山记》等,便是其中的名篇。

姚鼐(1723年—1815年),字姬传,称惜抱先生,安徽桐城人。著有《惜抱轩全集》,编有《古文辞类》。

常州词派

清代词坛的一个流派。由常州词人张惠言所开创,后来周济又加以发展。他们在艺术上反对浙西词派重形式不重兴寄的风气,强调词要有寄托,要有微言大义。

张惠言(1761年—1802年),字皋文,阳湖(今江苏武进)人。著有《茗柯词》,编有《词选》等。周济(1781年—1839年),字保绪,又字介存,荆溪(今江苏宜兴)人。著有《介存斋论词杂著》,辑有《宋四家词选》等。

五、古代文学体裁

古体诗

诗体名。又称"古诗""古风",和近(今)体诗相对而言,指那些产生年代较早,每篇不拘句数,不求对仗、平仄、用韵也比较自由的古诗。有四言、五言、六言、七言及杂言诸体,以五、七言为主。后世用这种诗体写成的作品也称为"古(体)诗"。

近体诗

诗体名,亦称"今体诗"。唐代形成的律诗和绝句的通称,同古体诗相对而言。每篇的句数、字数和平仄、用韵等都有严格规定,律诗限定八句,绝句限定四句。

格律诗

诗歌形态之一,是一种严格按照一定格式和规则创作的诗体。它对诗的节、行和字的数目、声调音韵、词语对仗、句式排列等都有严格的规定,我国古代的律诗、绝句、词曲,欧洲的十四行诗等都属于格律诗。格律诗是人们在诗歌创作中对这一体裁的形式特点认识日益深化,从而通过长时期的探索而成熟、定型的,因而中外格律诗一般都具有和谐统一、寓变化于严整的审美特点,代表了古典诗歌形式的最高成就。但由于严格的格律限制了创作自由,不仅使许多内容难以表现,而且有限的格律也易于导向风格的雷同,故有形式刻板、束缚思想之弊。

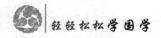

歌行体

是乐府诗的一种变体。汉、魏以后的乐府诗,题名为"歌""行"的颇多,二者虽名称不同,其实并无严格区别,都是"歌曲"的意思,其音节、格律一般都比较自由,形式采用五言、七言、杂言的古体,富于变化,以后遂有"歌行"体。到了唐代,初唐诗人写乐府诗,除沿用汉魏六朝乐府旧题外,已有少数诗人另立新题,虽辞为乐府,已不限于声律,故称"新乐府"。此类诗歌,至李白、杜甫而大有发展。如,杜甫的《悲陈陶》《哀江头》《兵车行》《丽人行》,白居易的许多作品,其形式采用乐府歌行体,大多三言、七言错杂运用。

律诗

诗体名。我国古代"格律诗"的简称,近体诗的一种。起源于南北朝,成熟于唐初。一般每首八句,四韵或五韵;中间两联必须对仗。第二、四、六、八句押韵,首句可押可不押,通常押平声。分五言、七言两体,简称"五律""七律";亦偶有六律。每首10句以上者则称为"排律"。

四言诗

诗体。"四言"指四字组成的诗句。四言诗指通首都是或基本是四字句写成的诗歌。在上古歌谣及《周易》韵语中,已有所见,到中国第一部诗歌总集《诗经》中,虽杂有三、五、七、八、九言之句,而基本上是四言体。

四言诗是古代产生最早的一种诗体。《诗经》中的《国风》《小雅》《大雅》等都是以四言诗为基本体裁。在先秦两汉的其他典籍里,如《史记》所载《麦秀歌》,《左传》所载《宋城子讴》《子产诵》等,也都是以四言体为主。可见,在西周到春秋时期,无论是社会上层还是下层,是娱乐场合还是祭祀场合,最流行的诗体是四言诗。

五言诗

每句五个字的诗体。它作为一种独立的诗体,大约起源于西汉而在东汉末年趋于成熟。当然,《诗经》中早就有五言的句子,如《召南·行露》:"谁谓雀无角,何以穿我屋?谁谓女无家,何以速我狱?"汉魏六朝时期的诗作,以五言为主。说明五言诗形成于此一时期。五言的句式是在四言的基础上每句增加一个字,在句子的节奏上增加了一拍,形成了二二一或二一二的节拍群。由于不同节奏在诗中交错运用,就使句式更富于变化,更具有音乐感。另外,由四言变为五言,使句子在语法成分上增加了容量,使一个句子可以容纳主语、谓语或宾语同时出现,从而增强了句子的表现力。历史上的诗作总量,以五言诗为最多。唐人写有大量的五言古风及五言律绝,如李白、杜甫等人的作品。五言诗以首句不入韵为常式,间也有首句入韵的。五言古风多是一韵到底,甚少换韵,这与五言律诗相似。

六言诗

指旧诗的一种体裁,全诗都是六个字一句,不太流行。在《诗经》中已有萌芽。其后诗人也偶尔写过六言四句的短诗,如王维的《田园乐》:桃红复含宿雨,柳绿更带朝烟。花落家童未归,莺啼山客犹眠。

七言诗

诗体名。全诗每句七字或以七字句为主。起源于先秦和汉代的民间歌谣。汉、魏之际七言诗极少,南北朝至隋渐有发展,到了唐代,才真正发达起来,成为我国古典诗歌又一种主要形式。七言诗包括七言古诗(简称"七古")、七言律诗(简称"七律")和七言绝句(简称"七绝")。

杂言诗

诗体名。古体诗的一种,最初出于乐府。诗中句子字数长短间杂,无一定标准,最短仅一字,长句有达九、十字以上者,以三、四、五、七字相间者为多。其特点是形式比较自由,便于无所拘束地表达思想感情。杂言诗最初出于两汉乐府歌辞,诗中句子字数长短间杂,最短有一字、二字,长句有达九字、十字以上者,而以三、四、五、七言相间杂者为多。句式变换和用韵都很自由,有时还夹用少数散文句式。如汉乐府"铙歌十八曲"和"相和歌辞"中的《东门行》

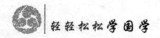

《病妇行》《孤儿行》等等，后世文人写作古题乐府，以及由古乐府体变化而来的长篇歌行体，一般都采用杂言体形式。如唐代李白的《襄阳歌》《江夏行》，杜甫的《兵车行》等。

章回小说

章回小说是古典小说的主要形式，它是在宋元长篇话本、讲史的基础上发展而来的，"讲史"主要是讲述历史上的战争故事，由于说话人不能把每段历史故事从头到尾地在一两次讲完，就必须分若干次讲解，每讲一次，就叫做"一回"，这就是章回小说"回"的本义。它的"回目"起源是，在每次讲话以前，要用题目向听众揭示主要内容，这样将两个章节的内容联系在一起，上下衔接。经过元末明初的发展，到了明代中叶，章回小说更加成熟，出现了一批优秀作品，如《西游记》《三国演义》等。

章回小说除具有一般长篇小说的特点之外，它本身的特点是，每章都有回目，每个回目由上下两联组成，互相对偶，字数相同，回目具有提示作用；每回的开头常有诗词，前面一段内容常和上一回相联，结尾常在故事最吸引人、情节正处在高潮阶段，用"且听下回分解"结束；在叙述故事时有一些程式化的语言，如"话说""却说""且说"等。

笔记小说

笔记小说是一种带有散文化倾向的小说创作形式，它的特点就是兼有"笔记"和"小说"特征。"笔记"使其在记叙上获得了一种散文化的记叙空间，在这一空间里，作者可以叙述，也可以表达别人及自己的思考以及观点，而"小说"则是一种带有故事性的叙述和创作，由于"笔记"本身获得的自由空间，又可以使"小说"创作与散文化的"笔记"叙述相互交叉，使其优势十分明显。而笔记小说中的民间文学因素也是十分浓郁的，如在笔记小说相对较为成熟的魏晋、唐、宋时期以来的《搜神记》《世说新语》《太平广记》等，则是这方面的代表。到了后来，纪晓岚的《阅微草堂笔记》和蒲松龄的《聊斋志异》笔记小说，又达到了相当高度。它的故事以及生活、视角与视点，均是平民化与带有十分明显的民间文学特色的，包含了许多传说、寓言、掌故、轶事。

笔记小说可分为志人小说和志怪小说。东晋干宝的《搜神记》是志怪小说的代表作，南朝宋代刘义庆的《世说新语》是志人小说的代表作。

志怪小说

人们把那种记述神灵鬼怪或写神、鬼、人混杂等奇异故事的小说通称为"志怪小说"。志怪小说形成于魏晋南北朝时期，鲁迅在《中国小说史略》中讲到，志怪小说的形成与宗教迷信有关。魏晋南北朝时期，社会动荡不安，战乱频繁，社会上形成侈谈鬼神、称道灵异的风气，人们常把自己的反抗心理和对美好理想的追求，用奇异的幻想，借助神仙、鬼怪表现出来，于是就出现了大量的形形色色的"志怪"小说。这些作品大致可分为三种类型：一是以控诉和揭露统治者的罪行为主的作品，如《冤魂志》中的《弘氏》，《搜神记》中的《干将莫邪》等；二是以反映劳动人民忠贞爱情为主的作品，如《父喻》《白水素女》等；三是写一些怕鬼和不怕鬼的故事，如《宋定伯捉鬼》《赵泰》等。

魏晋南北朝的志怪小说数量很多，但现存很少，仅有30余种，其中以干宝的《搜神记》为代表，还有东方朔的《神异经》《十洲记》，郭宪的《洞冥记》等，志怪小说对后世文学的发展影响很大。

话本小说

话本小说是宋代民间文学的代表。话本，就是说话人说话的底本，它主要包括讲史和小说两大类。前者是用浅近的文言讲述历史上的帝王将相的故事；后者指的是用通行的白话来讲述平凡人的故事。宋代的讲史话本有《五代史平话》《大宋宣和遗事》《全相平话五种》等。这些话本以正史为主要依据，但也采入一些传说、异闻等，同时也不免虚构，以增强吸引力。它们的情节往往较曲折，篇幅较长。元明清的历史小说正是由此演变而成的。

宋代话本小说与长期以文言文为语言的中国古代文学传统完全不同，它是中国小说史上第一次将白话作为小说的语言进行创作，这是一个突出的进步。在人物塑造上，宋代话本小说以平凡人物为主，不再将非凡人物作为主要的塑造对象，这是中国小说进一步走向平民化的标志。另外，宋代话本小说采取的是在"说话"这样的场景里展开故事的叙述方式，这样的叙述模式后来成了白话小说的经典叙述方式。以上几个方面对于明清小说、白话小说的影响都是非常巨大的。

元曲

元代文学艺术的代表。为杂剧和散曲的合称。杂剧始于两宋，盛于元代，是在宋杂剧、金院本和诸宫调的基础上，融歌舞艺术和说唱伎乐，发展而成的一种新的戏曲形式。它将歌曲、宾白、舞蹈结合在一起，是一种综合艺术。见于史籍、文献记载的元杂剧名目约有600余种，现存200种；杂剧作家200人左右。前期杂剧作家主要活动在大都（今北京），著名剧作家及代表作品主要有关汉卿的《窦娥冤》、王实甫的《西厢记》、马致远的《汉宫秋》、白朴的《墙头马上》等。后期杂剧作家的活动中心在杭州（今属浙江）。著名作家有郑光祖、乔吉、宫天挺、秦简夫等，主要作品有郑光祖的《倩女离魂》等。杂剧的题材十分广泛，有反对封建官府、追求爱情的婚姻自由的内容，也有历史故事，还反映了少数民族的生活。散曲源于民间小曲和少数民族音乐。分小令、带过曲和套曲三种基本形式。前期散曲家有关汉卿、马致远、卢挚等。后期有张养浩、刘致、张可久、乔吉等。

杂剧

始于两宋、盛于元朝的新戏曲综合艺术形式。元代元曲在文学艺术上取得很高成就。元曲包括杂剧和散曲，而杂剧以其艺术上的创造性、内容的现实性，成为元代文学艺术的代表。杂剧是历代歌舞艺术、讲唱伎艺长期发展而成的新的戏曲形式。始于两宋，盛于元朝。它是在宋杂剧、金院本和诸宫调的基础上逐步形成的。杂剧的题材相当广泛，有反封建官府、追求爱情婚姻自由、历史故事等多方面内容，也有不少反映少数民族生活的题材，如反映回族生活的《老回回控狐洞》，女真人李直夫的《虎头牌》也很有特色。

散曲

适于单独演唱的小段曲牌。散曲起源于民间小曲和少数民族音乐。分小令、带过曲、套曲三种基本形式。前期散曲家有关汉卿、马致远、卢挚等，后期有张养浩、刘致、张可久、乔吉等。此外，蒙古人阿鲁威、女真人奥敦周卿、王景、畏吾儿人贯云石、回回人萨都剌、马九皋、阿里西瑛、丁野夫等，都是著名的散曲家。

南戏

宋元时期，活跃于温州一带的地方戏。明祝允明说："南戏出于宣和之后，南渡之际，谓之温州杂剧"。元初衰落，元后期，杂剧由盛入衰，南戏发展活跃起来。南戏不像杂剧在折数和宫调上有严格规定，它的押韵和宫调都较自由，登场演唱的角色可生可旦，声腔也发展成昆山、海盐、余姚、杭州、弋阳等腔。现存元代南戏剧本16种，片断119种，存目33种，高则诚的《琵琶记》艺术成就最高，《荆钗记》《白兔记》《拜月亭》《杀狗记》也称"四大传奇"。

民间文学

民间文学是文学的一个组成部分，是一种由劳动人民口头创作，在民间广泛流传，反映劳动人民社会生活和思想情趣的口头语言艺术。它的主要体裁包括散文体的神话、传说、民间故事、民间寓言和笑话，韵文体的民间歌谣、叙事诗、史诗和谚语，韵散体结合的民间说唱、民间戏曲等。民间文学一般是以劳动人民的生产劳动、社会生活、熟悉事物为题材，以表现劳动人民的思想认识、道德观念、生活态度、审美情趣，以及对于各种客观事物的评价为主题，以劳动人民的自身形象为主要描写对象，具有反映社会生活广泛性和深刻性的特点。

神话

神话是民间文学的一种体裁样式，它是远古时期的人民所创造的反映自然界、人与自然的关系以及社会形态的具有高度幻想性的故事。长期以来文学、历史、哲学、社会学、宗教等各方面的研究者对神话做出过各种解释,形成了不同的学派。自然学派认为神话表现了远古人类对自然的理论和想象的探求;历史学派认为神话是对当时历史的真实记录;社会学派认为神话与当时的社会风俗、宗教仪式有密切关系;人类学派则认为神话是原始信仰的残留物。这些学派不同程度地触及神话的一些现象和特点,但都未能对神话做出全面的、本质的、准确的概括。马克思指出:"任何神话都是用想象和借助想象以征服自然力,支配自然力,把自然力加以形象化";神话"是已经通过人民的幻想用一种不自觉的艺术方式加工过的自然和社会形式本身。"这一著名论断揭示了神话的本质。神话的内容包括三个方面:一是对自然现象的解释,如《盘古开天地》《女娲造人》神话,二是反映人们生产斗争和征服自然的愿望,如《后羿射日》《精卫填海》神话,三是对社会生活的反映,如《黄帝蚩尤之战》《刑天舞干戚》神话等。神话随着人类童年的消逝而不再产生,但历史已证明,神话具有不朽的魅力和无穷的生命力。

民间传说

民间传说是劳动人民创作的与一定的历史人物、历史事件和地方古迹、自然风物、社会习俗有关的故事。传说的主人公大都有名有姓,而且不少还是历史上的有名人物;他们的活动遗迹,常常被联系到地方上某些自然物、人工物及社会风俗上面,成为这些事物来历的说明。因此,传说具有历史性和地方性特点,它的流传往往有一个中心点。传说可分为人物传说、史事传说和地方风物传说三个大类。

民间故事

民间故事是民间文学中的重要门类之一。从广义上讲,民间故事就是劳动人民创作并传播的、具有虚构内容的散文形式的口头文学作品,是所有民间散文作品的通称,有的地方叫"瞎话""古话""古经"等等。这里所说的民间故事是狭义的,指神话、传说以外的口头创作故事。民间故事包括幻想故事(也称"童话")、生活故事(也称"世俗故事")、民间寓言(包括一部分动物故事）、民间笑话（包括机智人物故事）几个大类。其中生活故事中的长工和地主故事、工匠故事、巧媳妇和"呆"女婿故事等是大家所熟知的故事类型。

民间歌谣

民间歌谣是劳动人民集体的口头诗歌创作，属于民间文学中可以歌唱和吟诵的韵文部分。它具有特殊的节奏、音韵、章句和曲调，并以短小的篇幅和抒情的性质与史诗、民间叙事诗、民间说唱等其他民间韵文样式相区别。民间歌谣包括民歌和民谣两个部分。《诗经》里有"心之忧矣，我歌且谣"的说法；《毛诗故训传》里解释说，"曲和乐曰歌，徒歌曰谣"，这是我国关于歌谣的最早定义。一般来说，民间歌谣可分为劳动歌、仪式歌、时政歌、生活歌、情歌、儿歌六个大类。

民间说唱

民间说唱现在一般称"曲艺"，它有着悠久的历史、浓厚的地方特色和鲜明的民族风格。四川成都天回镇出土的"说书俑"表明，早在汉代我国就有了说书艺人的活动。"说话"一词，远在隋唐之间就已经为群众所习用。唐代还出现了"俗讲"和"变文"（俗讲是宣传佛经的一种讲唱形式，变文即是其韵散相间的一种文体，后来也用它演唱民间传说或故事）。到了宋代，市民阶层扩大，城市经济发展，勾栏、瓦肆林立，"百戏"中就有各种说唱活动。如说的有"说三分""说浑话"，唱的有"诸宫调""唱耍令""小唱"，学的有"学乡谈"（摹拟地方乡音）、"叫果子"（模仿市声）等。

民间说唱是一种"叙述体"，它和"代言体"的戏剧的表现方式不同，是以"说书人"身份与观众直接交流的。这种方式密切了说唱者和听众间的情感联系，因而成为广大群众喜闻乐见的艺术形式。民间说唱中的多数曲种是有说有唱的，文学、表演、音乐三位一体，带有一定程度的综合性。据不完全统计，现在流行的曲种约有300种。

第四章

不可不知的艺术知识

一、书法知识

书法

中国传统艺术之一。是以毛笔书写汉字的方法，来表达作者精神美的艺术。我国的书法艺术有三千多年的历史，之所以成为一门艺术，是由于中国人善于把实用的东西上升为美的艺术，同时又与中国独特的文字和毛笔关系密切有关。其文字以象构思、立象尽意的特点酝酿着书法艺术的灵魂，而方块构形，灿然于目的姿质又构成书法艺术的形式基础。书法不仅成为表达最高意境与情操的民族艺术，而且居于所有艺术之首。书法在中国不仅举世同好、千古一风，而且早已走出国门，成为传播友谊的媒介，在东方世界颇有影响，也倍受西方世界的瞩目。

飞白

书法名词，亦称"草篆"。一种书写方法特殊的字体。笔画是枯丝平行，转折处笔路毕显。相传东汉灵帝时修饰鸿都门，工匠用刷白粉的帚子刷字，蔡邕得到启发而作飞白书。唐代张怀瓘《书断》载："飞白者，后汉左中郎将蔡邕所作也。王隐、王愔共云'飞白变楷制也'。本是宫殿题署，势既径丈，字宜轻微不满,名曰飞白。"北宋黄伯思称:"取其若丝发处谓之白,其势飞举谓之飞。"明代赵宦光称:"白而不飞者似篆,飞而不白者似隶。"今人将书画的干枯笔触部分泛称为"飞白"。传世的唐宋御制碑多以飞白题额,如《晋祠铭》《升仙太子碑》等。清张燕昌、陆纪曾有《飞白录》二卷。

章法

书法术语。指安排布置整幅作品中,字与字、行与行之间呼应、照顾等关系的方法。亦即整幅作品的"布白",亦称"大章法"。习惯上又称一字之中的点画布置,和一字与数字之间布置的关系为"小章法"。明张绅《书法通释》云:"古人写字正如作文有字法。章法、篇法、终篇结构首尾相应。故云'一点成一字之规;一字乃终篇之主'。"明董其昌《画禅室随笔·评书法》云:"古人论书以章法为一大事,盖所谓行间茂密是也。余见米痴小楷,作《西园雅集图记》,是纨扇,其直如弦,此必非有他道,乃平日留意章法耳。右军(即王羲之)《兰亭序》,章法为古今第一,其字皆映带而生,或小或大,随手所如,皆入法则,所以为神品也。"可见,章书在一件书法作品中显得十分重要,书写时必须处理好字中之布白、逐字之布白、行间之布白,使点画与点画之间顾盼呼应,字与字之间随势而安,行与行之间递相映带,如是自能神完气畅,精妙和谐,产生"字里金生,行间玉润"的效果。布白的形式大体有三,一是纵有行横有列,二是纵有行横无列(或横有行纵无列),三是纵无行、横无列,它们或有"镂金错采"的人工美,或具"芙蓉出水"的自然美。

笔法

书法术语。写字作画用笔的方法。中国书画主要都以线条表现,所用工具都是尖锋毛笔,要使书画的线条点画富有变化,必先讲究执笔,在运笔时掌握轻重、快慢、偏正、曲直等方法,称为"笔法"。唐张怀瓘道《玉堂禁经·用笔祛》云大凡笔法,点画八体,备于"永"字。故元赵孟頫于《兰亭跋》中云"盖结字因时相传,用笔千古不易"。

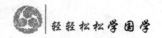

文房四宝

书法书写材料。旧时对纸、墨、笔、砚四种文具的统称。文房谓书房。北宋苏易简著《文房四谱》,一名《文房四宝谱》,叙述这四种文具的品类和故事等。这些文具,制作历史悠久,品类繁多,历代都有著名的制品和艺人。如安徽泾县(原属宁国府,产纸以府治宣城为名)的宣纸,歙县(原为徽州府治)的徽墨,浙江吴兴(原为湖州府治)的湖笔,广东高要(原为肇庆府治,古名端州)的端砚,以及与端砚齐名的歙县的歙砚。

真迹

书法术语。指真实可靠的手迹而不是出于他人的假托和伪造。唐代张怀瓘《书断》:"开元十六年五月,内出二王真迹,及张芝、张昶等书付集贤院。"

墨迹

古代书法术语。墨迹是研究书法艺术的重要实物。春秋、战国之际的盟书是目前发现最为丰富和完整的墨迹,如《沁阳玉简》即是盟书。1966年在山西侯马,1979年在河南温县又发现了大量的盟书。盟誓是春秋时盛行的一种政治活动,是诸侯或卿大夫通过盟誓仪式,来缔结具有一定制约作用的联盟。盟书是用朱色或墨色写在玉片和石片上的,玉石片多呈圭形。盟书上的字,笔画起笔见方,中肥末锐,笔锋显露,用笔粗细有致,率意自然。商代甲骨、玉石和陶片上留下的笔写字迹,都表明中国很早就有了毛笔。然而迄今所见到的最早的毛笔实物是战国中期在河南信阳、湖南长沙的楚墓中出土的。长沙左公山楚墓出土的毛笔是用上好的兔箭毛制成。墨迹证明了商、周时人们日常书写应该是用毛笔的。

简册

古代书写材料。据文献记载商代就已经有了简册。《尚书·多士篇》说周公曾对殷人讲过"惟殷先人,有册有典"。西周和春秋时期,人们也应有在竹木简上记事的习惯,因竹木简易于腐朽,商、西周和春秋时期的简册目前尚未发现,而战国时期的竹简发现很多。据记载在汉、晋时期就有简牍的发现。1941年以后在湖北随县和江陵、湖南长沙、河南信阳等地的楚墓中出土了不少战国中晚期的竹简,内容为遣册、古书和卜筮记录。近年来在四川青川县郝家坪和湖北云梦县睡虎地发现了战国时期的秦木牍和秦简,使得小篆产生前的秦人书写的隶书墨迹展现于世。青川木牍和云梦秦简上的隶书字形正方、长方、扁方不拘,笔画肥、瘦、刚、柔,极尽变化。点面有明显的起伏和波势,用笔有轻、重、疾、徐的区别,是考证隶书发展的极为珍贵的资料。除了这些秦木牍和秦简之外,在战国文字中那些草率急就的字体和秦《高奴禾石权》中也已蕴含着隶书的因素。可见早在秦始皇推行小篆之前已有初期的隶书在流行。篆书从线条转化为隶书的点画,不仅丰富了书法的用笔,而且这种新的体势和风格对以后的汉字和书法的进一步发展产生了极为深远的影响。

帛书

古代书写材料。帛是白色的丝织品,汉代总称丝织品为"帛"或"缯",或合称"缯帛",所以帛书也名"缯书"。20世纪30年代在湖南长沙子弹库一座楚墓中曾有人盗掘出一件帛书,年代约为战国中晚期,是中国目前最早的帛书。帛书上绘有神怪图和写有900多字,是一种数术性质的书。春秋时期帛书就已经出现,《国语·越语》有"越王以册书帛"的话,可见帛书和简册在当时是并行使用的。

战国的竹简和帛书,都是手写。这些字的笔画具有弹性,起止处较尖锐,中间或偏前的部分略粗,充分表现了毛笔书写的特色。这与金文随形轻重和因接搭凝结的笔画形态不同,已由迟重变为流美,笔画和体式也较金文更为简略。竹简、帛书是研究战国楚文字和书法的重要资料。

甲骨文

古代书法文体之一。商、西周的甲骨文刻在龟甲、兽骨上,其文字是记录当时占卜的内容,故又称"卜辞",是十分成熟的文字。商代甲骨文最初是清光绪二十五年由王懿荣发现的。至今出土已有15万片以上,其文字属于商代后期。1977年在陕西岐山县周原地区,又出土西周早期甲骨17000多片,除少数有文字外,大都无文字。商、西周甲骨文是用尖利的工具契刻的,也有用类似毛笔所写的墨书和朱书文字。龟甲兽骨都很坚硬,上面契刻的文字,笔画瘦硬方直,线条无论粗细,都显得遒劲和富有立体感。有粗不为重,细不为轻的感觉。也有的甲骨文笔画比较粗壮,出现弧形的线条。甲骨文契刻时的轻重疾徐,在线条上都能细微地反映出来,表现出契刻者运刀如笔的熟练技巧。不同时期的商、周甲骨文,在书法风格上有明显的差异,或雄伟俊迈,或纤细谨密,或草率粗放。这些风格上的差异,也是甲骨文断代的重要依据之一。那些书写契刻甲骨文的巫史(卜辞中的所谓贞人),无疑是当时的书法家,像著名的《大骨四版》《祭祀狩猎涂朱牛骨刻辞》《四方风名刻辞》《宰丰骨匕刻辞》《鹿头骨纪事刻辞》等甲骨,都是含有艺术素质的精美的书法作品。

金文

古代书法文体之一。商、西周的金文(旧称钟鼎文)也是十分重要的文字资料,在书法上有着与甲骨文不同的艺术特色。根据《左传》《墨子》等书记载,中国在夏代已经开始了青铜的冶炼和铸造,在商、周两代发展和形成了光辉灿烂的青铜文化。在青铜器上铸铭文,始于商,盛行于西周。这些青铜器上的铭文,现在称之为"金文"。金文一般是铸,少数是刻。金文的铸作是先把文字书写在软坯上制成范模,然后用烧熔的铜液浇铸。在金文刻范和铸的过程中,对原来书写的笔画虽有所损益,但仍能更多地保留和显示书写时的笔意,字画丰腴、体势凝重,有极高的艺术性。

大篆

古代书法文体之一,也称"籀文",因其着录于字书《史籀篇》而得名。《汉书·艺文志》:"《史籀》十五篇,周室王太史籀作大篆。"《说文》中保留了籀文225个,是许慎依据所见到的《史籀》九篇集入的,是我们今天研究大篆的主要资料。籀文笔画更加工整匀称,笔势圆整;线条比金文均匀,线条化达到完成的程度,无明显的粗细不均的现象。形体结构比金文工整,开始摆脱象形的拘束,打下了方块汉字的基础。

小篆

古代书法文体之一,也叫"秦篆"。秦朝李斯受命统一文字,这种文字就是小篆。通行于秦代。形体偏长,匀圆齐整,由大篆衍变而成。东汉许慎《说文解字·叙》称:"秦始皇帝初兼天下,……罢其不与秦文合者。(李)斯作《仓颉篇》,中车府令赵高作《爰历篇》,太史令胡毋敬作《博学篇》,皆取史籀大篆,或颇省改,所谓小篆者也。"今存琅琊台刻石、《泰山刻石》残石,即小篆代表作。

隶书

隶书是汉字书体之一。相传为秦末程邈所整理。省改小篆,去繁就简,字形变圆为方,笔画改曲为直,改"连笔"为"断笔",从线条化走向笔画化,更便于书写。这种书体流行于古代"徒隶",即下层办公文的小官之中,故称为"隶书"。从篆到隶是汉字演变史上的一个转折点,奠定了楷书的基础。隶书结体肩平,工整精巧,撇、捺等点画向上挑超,轻重顿挫富有变化,书法造型艺术较为美观。

楷书

汉字书体之一。楷书形成于汉末,成熟于魏晋时代,全盛于隋唐,也称作"真书""正书"。它吸收隶书结构匀称明晰的优点,把隶书形体的扁平改方正,把隶书笔画的波折改为平直。书写时较之隶书更为方便,今天仍沿用。我们现在看到的魏晋时的楷书,离篆隶不远,形体古朴自然,但无严谨的法度约束。隋代以后,楷书注意法度,结构整齐、方正,书法家层出不穷,以颜真卿、柳公权等人成就最高。宋元明清的书法家都以唐以前楷书为规范。近代以至当代学者更是如此。

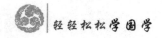
草书

汉字的书体之一。特点是结构简省、笔画连绵。形成于汉代,是为书写简便在隶书基础上演变出来的。有章草、今草、狂草之分。章草笔画省变有章法可循,代表作如三国吴皇象《急就章》的松江本。今草不拘章法,笔势流畅,代表作如晋代王羲之《初月》《得示》等帖。狂草出现于唐代,以张旭、怀素为代表,笔势狂放不羁,成为完全脱离实用的艺术创作,狂草如唐代张旭《肚痛》等帖和怀素《自叙帖》,都是现存的珍品。从此草书只是书法家临摹章草、今草、狂草的书法作品。

行书

汉字书体之一。是介于楷书、草书之间的一种字体,可以说是楷书的草化或草书的楷化。它是为了弥补楷书的书写速度太慢和草书的难于辨认而产生的。笔势不像草书那样潦草,也不要求像楷书那样端正。楷法多于草法的叫"行楷",草法多于楷法的叫"行草"。行书大约是在东汉末年产生的。

魏碑

北朝碑刻的统称,其特点是笔力、字体强劲,是后世书法的一种楷模。魏碑书法艺术,主要分两大类:一类是佛教的造像题记;一类是民间的墓志铭。仅龙门石窟的造像题记就有三千余品,而著名的是《龙门二十品》。墓志在南北朝时十分盛行,其中北魏的墓志铭比前代都多,书法中带有汉隶笔法,结体方严、笔画沉着、变化多端、美不胜收。康有为称魏碑有十美,概括了魏碑书法雄强、朴拙、自然天成的艺术特点。

钟繇

(151年—230年)字元常,三国魏颍川(今河南许昌)人。因为做过太傅,世称"钟太傅"。他的书法,以曹喜、蔡邕、刘德升为师,博采众长,兼善各体,尤精小楷。结构朴实严谨,笔势自然,开创了由隶书到楷书的新貌。和晋代王羲之并称"钟王"。他的书法历代为人所重视。他的真迹,早已失传,宋代以来法帖中所刻的小楷《宣示表》《荐季直表》等都是晋唐人的临摹本。

王羲之

（303年—361年），字逸少，号澹斋，原籍琅琊临沂，后迁居山阴，官至右军将军，会稽内史，是东晋伟大的书法家。代表作品有：楷书《乐毅论》《黄庭经》，草书《十七帖》，行书《姨母帖》《快雪时晴帖》《丧乱帖》，行楷《兰亭序》等。精研体势，心摹手追，广采众长，冶于一炉，创造出"天质自然，丰神盖代"的行书，被后人誉为"书圣"。其中，王羲之书写的《兰亭序》为书家所敬仰，被称作"天下第一行书"。王羲之对真书、草、行主体书法造诣都很深。

陆机

（261年—303年），字士衡，苏州人，西晋书法家，三国东吴名将陆逊之孙。陆擅长草书，有《平复帖》传世。《平复帖》是中国古代书法名家流传至今的最早墨迹。该帖斑驳古拙，取章章之精蕴；信笔纵横，成今草之自由。陆机纯用秃毫枯锋，信笔纷披而行。其结体，内敛蓄势与圆转纵横交相辉映。其章法，笔断意连、散若群星，又顾盼流连。通篇看来，既有清疏萧散的典雅韵味，又有率意挥洒的自由气象。历代论者均把陆机的《平复帖》奉为章草向今草过渡的典范。

王献之

（344年—386年）字子敬，王羲之的第七个儿子，东晋书法家。官至中书令，世称"王大令"。他的书法，兼精楷、行、草、隶各体。幼时从他父亲学书，后来取法张芝，别创新法，自成一家，与父齐名，人称"二王"。南朝宋齐梁陈之间，人多崇尚他的字。他的楷书以《洛神赋十三行》为代表，用笔外拓，结体匀称严整，如大家闺秀，姿态妩媚雍容。其草书以《鸭头丸帖》最著。草书名作《中秋帖》，列为清内府"三希"之一，笔画连续不断，世称"一笔书"。

陶弘景

（456年—536年），字通明，丹阳秣陵人。南朝齐梁间道教思想家、书法家、书法理论家。工草隶,尤擅长行书,师法钟繇、王羲之。其字体势开张、中心紧密、笔画舒展、疏密有致,自成一家。他的传世书迹有《屈画帖》《瘗鹤铭》。《瘗鹤铭》为著名的摩崖刻石,字体厚重高古,用笔奇峭飞逸,虽是楷书,而略带隶书和行书意趣。历来书家对此碑评价甚高。他还著有《与梁武帝论书启》,文辞优美、议论深刻,为世人所重。

欧阳询

(557年—641年),字信本,隋唐书法家。善书法,先学羲之,行草入献之门径。其楷书中正出险,中宫而四张,姿态优雅,便于初学,世称"欧体"。书论作《三十六法》《八诀》《传授诀》《用笔论》等。传世碑帖有《九成宫醴泉铭》《化度寺碑》《皇甫诞碑》《虞恭公碑》《卜商帖》《张翰帖》等。

怀素

(725年—785年),字藏真,僧人,俗姓钱,长沙人,幼时出家。好饮酒,每当饮酒兴起,不分墙壁、衣物、器皿,任意挥写,时人谓之"醉僧",是继张旭之后的又一大草书家。他的草书,出于张芝、张旭。唐吕总《续书评》中说:"怀素草书,援毫掣电,随手万变",宋朱长文《续书断》列怀素书为妙品。评论说:"如壮士拔剑,神彩动人。"前人评其狂草继承张旭又有新的发展,谓"以狂继颠",并称"颠张醉素",对后世影响很大。他存世草书墨迹很多,著名的有《东陵圣母帖》《论书帖》,是含有章草笔意的优秀作品;《苦笋帖》《千字文》和《自叙帖》,均为狂草,笔势狂怪怒张,神彩飞舞,可以说是着力的佳作。

褚遂良

(596年—659年),字登善,浙江钱塘(今杭州市)人,唐代书法家。其书体学的是王羲之、虞世南、欧阳询诸家。其特色是善把虞、欧笔法融为一体,方圆兼备,波势自如,比前辈更显舒展,深得唐太宗李世民的赏识。李世民曾以内府所藏王羲之墨迹示褚,让他鉴别真伪,他无一误断,足见他对王的书法研习之精熟。

颜真卿

(709年—784年)唐代中期杰出的书法家。字清臣,京兆万年(今陕西西安)人。开创具有盛唐风貌的刚健雄厚、雍容壮伟、大气磅礴的新书风。书法初学褚遂良,兼得二王和初唐四大家的书艺特点,后又学张旭笔法,广泛吸收民间书家的风格,集众之长,熔于一炉,逐渐形成了筋骨层的"颜体"新风貌。笔法上大大加强腕力的作用,笔画上清劲丰肥,竖笔多相向,结构庄重正大,笔致圆转深厚,布局充实茂密。整体上充满质朴豪迈的气概和刚健丰伟的气度,给人以厚重的浮雕感。他的正楷端庄雄伟,气势开张;行书圆劲激越、诡异飞动。其书法成就与他正直的人品也不无关联。传世书迹,碑刻有《多宝塔碑》《麻姑仙坛记》《颜勤礼碑》《中兴碑》《李玄靖碑》等,行书有《争座位帖》,书迹有《自书告身》及《祭侄稿》。后人辑有《颜鲁公文集》。

张旭

(675年—750年),字伯高,苏州人,唐代书法家。他不仅楷书精妙,草书尤为见长。其书得东晋二王的精髓,又自创新意。纵情于酒,寓情于书,大醉辄呼叫狂走,下笔如有神助。其书奔放不羁,纵笔如兔起鹘落,气势如虹,有急雨旋风之势,被称为"狂草",是当代今草新的表现形式。黄庭坚称其为"草书之冠冕"。张旭的传世书迹有草书《肚痛帖》《心经》《醉墨帖》《千字文》《自言帖》《古诗四帖》等。

柳公权

(778年—865年)唐代晚期著名书法家。字诚悬,京兆华原(今陕西耀县)人。元和年中举为进士。官至太子少师,后封河东郡公。柳公权是继颜真卿之后,对我国书法艺术的发展做出卓越贡献的一位书家。初学王羲之书,后博览虞世南、欧阳询书家笔法,最终得力于颜真卿。在结字上,吸取了"颜体"的纵势,用笔上集欧体之方与颜体之圆,形成了不同于诸书家流派的新型书体——"柳体"。"柳体"字结体谨严端庄,笔力遒劲峻拔,独具风神,对当时及后世影响极大。其名与颜真卿并重,合称"颜柳"。"柳体"与"颜体"同以筋骨具备著称,世有"颜筋柳骨"之说,然字形风貌却有明显的差异。"颜体"肥硕丰润、圆紧浑厚、刚健雄强、竖笔相向,布局满密笃实,显出雍容大度的气派;"柳体"则瘦挺劲媚、骨力遒健、结构劲紧、棱角外揑,竖笔不相向,布局疏密得当,表现出清利高雅的气质。柳公权的《玄秘塔碑》,千百年来一直为人们学习楷书最喜爱的范本。《金刚经》《神策军碑》,亦为最著名书碑。书迹《送梨帖题跋》,笔致清晰自然,神采生动天真,耐人寻味。

米芾

(1051年—1107年),字元章,号襄阳漫士、鹿门居士、海岳外史。官至礼部员外郎,礼部在唐、宋又称为"海宫舍人",故世称"米南宫"。米芾的书法,以广泛吸收前人的长处为基础,他临摹的对象由唐代颜、柳、欧、褚上溯魏晋,更远追先秦咀楚文、石鼓文与鼎铭,其泛览博观、多方取资是前人所罕见的。米芾精通前人的笔法,因此当时有人嘲笑他是"集古字"。但他在精熟古人笔法后,能扩充运用,形成自己的笔法。他曾说:"既老而始成家,人见之,不知以何为祖也。"可见其深知古人法度的重要。所以在学古方面,米芾的功力无疑是最深厚的,他独特的、精彩生动的、跳跃逸宕的笔法,将其性情与写字时的感受展现无遗,而每一字的结体都是古人的,每一笔的笔法都是有来历,这也是由复古而变古的一个例证。

苏轼

(1036年—1101年),字子瞻,自号东坡居士,眉州眉山(今属四川省)人,宋代书法家,官至端明殿翰林侍读学士、礼部尚书,谥文忠,诗、文、书、话俱为大家,与黄庭坚、米芾、蔡襄(一作蔡京)并称书法史上的"宋四家",幼学王羲之,后习颜真卿,杨凝式,笔圆韵胜,天资焕发,亦擅画竹石古木,自写胸臆,妙得形似,意趣盎然,著有《东坡全集》《东坡题跋》。

黄庭坚

(1045年—1105年),字鲁直,号山谷道人,宋代书法家。江西修水人,出生于诗书之家,自幼纵览六艺,博学多闻,治平年间中进士。"苏门四学士"之一。政治上与苏共进共退,屡遭贬谪。以文学著称,追求奇拗诗风,开创江西诗派,影响很大。尤以书法为世所重。为宋四家之一,是宋书尚意的重要人物。苏书尚天趣,黄书尚韵味;黄书结体而取纵势。他与苏轼一起将宋代书法的人文气推向高峰。黄庭坚书法的最大特点是重"韵",持重风度,写来疏朗有致,如朗月清风,书韵自高。

蔡襄

(1012年—1067年)字君谟,兴化仙游人。官至端明殿学士。《宋史·蔡襄传》称他:"襄工于手书,为当世第一,仁宗尤爱之。"宋四家中,他年龄辈份,应在苏、黄、米之上。宋四家中,苏、黄、米都以行草、行楷见长,而喜欢写规规矩矩的楷书的,还是蔡襄。他的书法学习王羲之、颜真卿、柳公权,浑厚端庄,雄伟遒丽。苏东坡说:"君谟天资既高,积学至深,心手相应,变化无穷,遂为本朝第一。"蔡襄为人忠厚正直,字识渊博,他的字"端劲高古,容德兼备"。《颜真卿自书告身跋》得鲁公笔法而修于鲁公书,可为楷则。沈括说他善于"以散笔作草书,谓之散草,或曰飞草,其法皆生于飞白,自成一家。"

赵孟頫

(1254年—1322年)字子昂,号松雪,浙江湖州人,是元代最显赫的画家之一,也是最卓著的书法家之一,在中国书画史上具有广泛影响。他的绘画标榜复古,提倡笔墨法趣,刻意摹唐人笔意,而轻视南宋院画末流;他的书法最佳为楷书、行书,集晋唐书法之大成,兴复王羲之、王献之书风,有"赵"体之称。《元史》上说他"篆籀分隶真行草,书无不冠绝古今,遂以书名天下",足见其在书史上的地位。由于其妻管道昇、其子赵雍均在书画上名冠一时,元仁宗曾把他们三人的书法合装成册,秘藏于宫中。"石如飞白木如籀,写竹还于八法通。若也有人能会此,方知书画本来同。"赵孟頫的这首题画诗已成为我国书画界的座右铭。

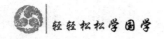

董其昌

（1555年—1636年），字玄宰，号思白、香光居士等，华亭（上海松江县）人，官至南京礼部尚书，谥文敏，为明代后期显赫的大书家。"尺素短札，人争购宝之。"清初康熙皇帝更是偏爱董书，以至清"士子执管者，莫不习董"，形成举世"专仿香光"的局面。董其昌的书法流行中国书坛近一个世纪，在中国书法史上产生了巨大的影响。董其昌的行草，古淡潇洒、追求逸趣。章法布局仿五代杨凝式，行距较宽。楷书则以拙取胜。董其昌书法崇尚平淡天真，自谓"吾书往往率意"，认为自己的书法高于赵孟頫，"赵书因熟得俗态，吾书因生得秀色"，但后世常将赵董并称，因两位大家书风俱典雅秀美。

朱耷

（1626年—1705年）字雪个，号"八大山人"。明朝朱元璋之子朱权的后裔。明亡后，遭国毁家亡之难，削发为僧。朱耷是清代著名的书画家，他的简笔写意花鸟画，以独特的面貌，开一代新风。他的书法亦与他的绘画风格相似，极为简练，到晚年喜用秃笔，一变锐利的笔势而成浑圆朴茂的风格。

郑燮

（1693年—1765年）清画家，字克柔，号板桥，江苏兴化人，幼家贫，好读书，强记博闻，应科举为秀才、举人、进士，曾任山东范县知县，后因助乡民胜讼及赈济饥民，得罪豪绅，遭弹劾而罢官，久居扬州，书画文词名重一时，为"扬州八怪"之一，善写兰竹，尤以墨竹为胜，工书法，融隶书于行楷中，自称"六分半书"，能诗文，著有《郑板桥全集》。

翁同龢

（1830年—1904年），字叔平，号松禅、瓶笙、韵斋，常熟人，咸丰六年（1856年）状元，清代书法家。他工诗能文，精研书画，收藏亦富，其书法在清代书坛上占有重要地位，备受后人推崇。早年主要学习欧阳询、褚遂良，后又学赵孟頫、董其昌，再后又致力学真卿，得其风骨，使自己的书法融南北诸家之长，含英咀华,冶古今碑帖于一炉,终于开创了苍老遒劲、刚健浑穆、含蓄朴茂的翁体。翁同龢对书学理论与技法也有深刻的研究。

《石鼓文》

著名书法碑帖之一,为战国时代秦国刻石。石鼓共有十枚,形似鼓状,每件石鼓上以籀文刻四言诗一首,共十首,其内容为记述秦王游猎之事,故石鼓又称为"猎碣"。字迹磨损很多,今藏在北京故宫博物馆。《石鼓文》在书法史上有承前启后的重要地位。它的字体是典型的秦国书风,并对后来秦朝小篆的出现产生了很大影响。同时其本身的艺术成就也很高,它的结体方正匀整,舒展大方,线条饱满圆润,笔意浓厚,在《石鼓文》字里行间已经找不出象形图画的痕迹,完全是由线条组成的符号结构。

《泰山石刻》

著名书法碑帖之一,是秦始皇二十八年登泰山颂秦德的刻石。相传为李斯所书。小篆之精,古今妙绝的就是秦《泰山刻石》。而作为石刻文字,有正史记载的首推秦《泰山刻石》,由于其显要的政治地位、文字地位、书法艺术地位,历代史学家、文学家、书法家推崇备至,奉为圭臬,号称"天下第一刻"。秦灭六国,统一文字,创制小篆,始皇五次东巡,七处留刻。原石现已大多不存在了。目前尚存两块,即《琅琊刻石》,但字迹已残泐模糊。能够供人们研究和临摹的秦小篆,也只有明拓的"安国本"《泰山刻石》了。

《乐毅论》

著名书法碑帖之一。在王羲之所有的正书中,唐代智永认为《乐毅论》最佳,后人多半认同。梁朝时就已有临摹本,是今日所见最早的摹本;唐朝年间又有不错的重摹本;快雪堂帖所刻的则流于妍媚无力了。宋代高绅曾获古刻石,一般以为是此帖的祖石,刻法精绝,碑文自"海"字之后残缺不全,世称"止海本",石亡之后翻刻就没有令人惊叹的作品了。现今流传下来的可分为两类:一种是笔画瘦而行狭者,如快雪堂帖;另一种是笔画肥而行润者,例如宋

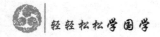

拓的清仪阁本，浑古遒劲，堪称杰作。右军的正书，遒古平寓秀丽，足为后世典范。其他如黄庭经、东方画赞、曹娥碑等也都是小楷之杰作。

《兰亭序》

著名书法碑帖之一。王羲之的行书有如行云流水，其中又以兰亭叙为最极品；晋穆帝永和九年三月三日，右军宦游山阴，与孙统承、谢安等41人在会稽山阴的兰亭聚会，修郯醮之礼。饮酒赋诗，由他以特选的鼠须笔和蚕茧纸，乘兴而书写了一篇序，记叙盛会，共324字，其中20个"之"字名有不同的体态及美感。此帖下笔有如神助，有"遒媚劲健，绝代所无"之誉。

《曹娥碑》

著名书法碑帖之一。现通行的为小楷本。相传为王羲之书，堪称传世精品。古人称："邯郸文与右军书，珠联璧合，乃中华瑰宝。"书圣王羲之的碑刻早已失存，现存曹娥庙内的，是蔡卞摹刻，尚见笔惊龙蛇，刚劲浑厚，也弥足珍贵！

《龙门二十品》

著名书法碑帖之一，是龙门石窟中的二十尊造像的题记拓本，北魏书风的代表作。《始平公造像记》本是附属于佛龛的题记，全称为《比丘慧成为亡父始平公造像题记》，北魏孝文帝太和二十二年（498年），刻于河南洛阳龙门古阳洞北壁。题记由孟达撰文，朱义章楷书。此碑与其他诸碑不同之处是全碑用阳刻法，逐字界格，为历代石刻所仅见，在造像记中独树一帜。记文内容寄造像者宗教情怀，兼为往生者求福除灾。清乾隆年间始被黄易（1744年—1801年）发现，受到书坛重视，列入"龙门二十品"。此碑文方笔斩截，笔画折处重顿方勒，结体紧密，点画厚重饱满、锋芒毕露，显得雄峻非凡，被推为魏碑方笔刚健风格的代表。

《孔子庙堂碑》

著名书法碑帖之一。唐碑，正书，虞世南撰并书。原碑立于唐贞观初年。楷书35行，每行64字。碑额篆书阴文"孔子庙堂之碑"六字。碑文记载唐高祖武德九年（626年），封孔子23世后裔孔德伦为褒圣侯，及修缮孔庙之事。为虞世南69岁时所书。此碑书法用笔俊朗圆润，字形稍呈狭长而尤显秀丽。横平竖直，笔势舒展，一片平和润雅之象。宋黄庭坚有诗赞曰："虞书庙堂贞观刻，千两黄金那购得。"

《九成宫醴泉铭》

著名书法碑帖之一。为唐代楷书名家欧阳询所书，魏徵撰文。记载唐太宗在九成宫避暑时发现泉水之事。此碑立于唐贞观六年（公元632年）。楷书24行，行49字。此碑用笔方整，且能于方整中见险绝，字画的安排紧凑、匀称，间架开阔稳健。明陈继儒曾评论说："此帖如深山至人，瘦硬清寒，而神气充腴，能令王者屈膝，非他刻可方驾也。"明赵涵《石墨镌华》称此碑为"正书第一"。

《麻姑仙坛记》

著名书法碑帖之一，全称《有唐抚州南城县麻姑山仙坛记》。为唐代楷书名家颜真卿撰文并书，为颜书代表作之一，与其齐名的还有《多宝塔碑》。唐大历六年（771年）四月立。碑原在江西临川，明代毁于雷火。楷书，据传世剪裱本计共901字。此碑楷书，庄严雄秀，历来为人所重，是颜体代表作之一，为颜真卿六十多岁时的作品。此时颜真卿楷书风格已基本完善，不但结体紧结，开张一任自然，而且在笔画上也从光亮规整向"屋漏痕"的意趣迈进了。欧阳修《集古录》中说："此碑道峻紧结，尤为精悍，笔画巨细皆有法。"

《玄秘塔碑》

著名书法碑帖之一。全称《唐故左街僧录内供奉三教谈论引驾大德安国寺上座赐紫大达法师玄秘塔碑铭并序》，唐裴休撰文，柳公权书并篆额。《玄秘塔碑》立于唐会昌元年（841年）十二月，碑在陕西西安碑林。楷书28行，行54字。《玄秘塔碑》结字的特点主要是内敛外拓，这种结字容易紧密、挺劲；运笔健劲舒展、干净利落，四面周到，有自己独特的面目。

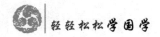

《三希堂法帖》

书法名作汇帖之一,产生于清代。清代乾隆皇帝十分喜爱书法,他征得晋代王羲之的《快雪时晴帖》、王献之的《中秋帖》和王珣的《伯远帖》三部希世书法珍品,遂收藏于养心殿一室内,并将该室取名"三希堂"。乾隆十二年,他又命大臣选宫内所藏历代书法墨迹之精华与这三件珍品汇总,选编、摹刻成一部丛帖,命名为《御刻三希堂石渠宝笈法帖》,简称《三希堂法帖》。该帖收录了历代135家340件楷、行、草书作品,另有题跋210件,总计9万多字。该帖刻工精良,堪称历代法帖之冠。

二、美术知识

中国画

中国传统绘画的主要种类。从美术史的角度讲,民国以前的国画我们都统称为"古画"。中国画在古代无确定名称,一般称之为"丹青",主要指的是画在绢、宣纸、帛上并加以装裱的卷轴画。近现代以来为区别于西方输入的油画(又称"西洋画")等外国绘画而称之为"中国画",简称"国画"。它是用中国所独有的毛笔、水墨和颜料,依照长期形成的表现形式及艺术法则而创作出的绘画。中国画按其使用材料和表现方法,又可细分为水墨画、重彩、浅绛、工笔、写意、白描等;按其题材又有人物画、山水画、花鸟画等。中国画的画幅形式较为多样,横向展开的有长卷(又称"手卷")、横披,纵向展开的有条幅、中堂,盈尺大小的有册页、斗方,画在扇面上面的有折扇、团扇等。中国画在思想内容和艺术创作上,反映了中华民族的社会意识和审美情趣,集中体现了中国人对自然、社会及与之相关联的政治、哲学、宗教、道德、文艺等方面的认识。

四君子

"四君子"是中国画的传统题材,以梅、兰、竹、菊谓四君子,是传统寓意纹样。明代黄凤池辑有《梅竹兰菊四谱》,从此,梅兰竹菊被称为"四君子"。画家用"四君子"来标榜君子的清高品德。《集雅蔡梅竹兰菊四谱小引》:"文房清供,独取梅、竹、兰、菊四君者无他,则以其幽芳逸致,偏能涤人之秽肠而澄莹其神骨。"文人高士,常借梅、兰、竹、菊来表现自己清高拔俗的情趣,或作为自己的鉴戒。它的起源可早至晚唐,到宋代更为盛行。明万历年间黄凤池还辑有《梅竹兰菊四谱》,一般均借"四君子"来表现正直、虚心、纯洁而有气节的思想感情。各种形式的四君子图案纹样,一直流传到现在。

吴带、曹衣

"吴带曹衣"是中国传统的人物画中两种比较有特色的对人物衣服褶纹的表现方法:一种是"吴带当风",一种是"曹衣出水"。

这两种方法风格不同,但对后代的人物画都有很大的影响,尤其是吴带当风。

吴带当风指的是唐代著名的佛像人物画家吴道子的线描方法。他所画的人物,线条圆转有力,衣带飘飘,好像是被风吹着舞动一般,所以由此得名。这种风格也被称作"吴装"或"吴家样",是很有名的佛教的造像样式,后来许多画家学的都是吴道子的这种方法。现在从许多寺庙的壁画中都可以看出这种风格的影响来。

"曹衣出水"也称"曹家样",常常和"吴家样"相提并论。它的创始人是南北朝时期北齐的画家曹仲达。这位画家所画的佛教人物,笔法非常稠密、重叠,衣服显得又窄又紧,贴在身上,仿佛是穿着湿衣服刚刚从水中出来一般。

凹凸画

以前,中国人由于不了解绘画的透视方法,因而把呈现立体效果的绘画作品称为"凹凸画"。

早在汉朝时,印度的佛教就已传入中国,随之而来的宗教绘画对中国的美术产生了一定程度的影响。曾受到古希腊艺术影响的印度美术也带有希腊绘画强调立体效果、重视明暗的特色。这种特色传到中国后,为一些画家所学习借鉴。

南朝时著名画家张僧繇曾在金陵(今江苏南京)的一乘寺采用"天竺法"作画,用这种新技法能使作品显现出有趣的效果来,远望像浮雕一样凹凸有致,凸现在墙壁之外,近看则是平面。这种奇特的绘画方法曾使当时的观众大为惊异,很多人不相信自己的眼睛,甚至伸手去触摸壁上的画。这在当时轰动一时,后来一乘寺也由此被叫作"凹凸寺",用这种绘画方法创作出的画作就被称作"凹凸画"。

中国传统的绘画,主要是以线条在平面上勾勒物象,表现自然万物,所以,习惯于欣赏平面画法的中国人不了解西方的透视技巧,突然看到这种立体感强烈的作品,难免会大吃一惊。

猪纹黑陶钵

出土于浙江余姚河姆渡遗址的猪纹黑陶钵,代表了新石器时代早期中国原始艺术的最高水平。装饰在陶钵外壁的是一头猪,身上刻满了纹理,丰满耐看,充满了夸张的色彩。整个画面线条十分粗犷,原始韵味十足。

《鹳鱼石斧图》

彩陶画《鹳鱼石斧图》,是我国原始陶画中罕见的艺术珍品。画面左边那只鹳鸟六趾抓地,昂首挺立,两眼瞪得滚圆,嘴里还叼着一条大鱼;右边有一把石斧,斧头捆绑在竖立的木棒上端,木棒的中部画了个"×"号,手握的地方刻着用绳索做装饰的纹理。整个画面色彩醒目,笔法凝重,真实地反映了原始部落的渔猎生活。

彩陶人面鱼纹盆

彩陶人面鱼纹盆,是我国原始彩陶的代表作之一,1955年出土于陕西西安半坡遗址。盆中展现的黑彩人面纹和鱼纹至今清晰完好。人面纹的眼、鼻、嘴齐备,头上戴着三角形饰物,耳朵旁边各有一条小鱼,是一个形态奇特的人鱼合体,这一切不禁使我们联想起了美人鱼的新奇造型,其实我们的祖先早在原始社会就已经具有这种丰富的想象力了。

《人物御龙图》

这幅帛画线条行走如丝,技法成熟,是我国早期传统绘画中的一件精品。在这幅画中有一个身材修长的男子,他穿了一件长袍,戴着高帽,腰间佩带一把剑;他手里拿着缰绳驾御着龙船,潇洒飘逸神态自若,看上去是个有权有势的人;他的右上角有一只仙鹤仰望着苍天,左下侧有条大鱼像是在前面引路。整个画面隐喻了墓主人无论在天上还是在人间,都有享不尽的荣华富贵。

《飞天》

"飞天"是佛教中的一种神灵,也叫"凌空神"和"伎乐天"。传说飞天是莲花的化身,出生在风光绮丽的天宫七宝池,出现在鼓乐齐鸣、天花乱坠的佛说法的庄严时刻。它借着临风舞动的飘带,在天空云彩间自由地飞翔。这幅《飞天》图是西魏飞天壁画中最具代表性的一幅。这类图画大多是画在洞窟上部的天宫阁楼里,在敦煌石窟早期的壁画中占有较大的比例。抬头看这幅图,画面上有一个人在吹着笛子,另一个人在翩翩起舞,带动色彩艳丽的衣饰飘飘摇摇,给舞姿增色添彩,美不胜收,使人领略到一种空灵自由的神韵。

《簪花仕女图》

这幅图相传是唐代画家周昉的手迹,他的仕女画代表了当时仕女画的主导风格。卷图上展现的是宫中有代表性的几个嫔妃和侍女,以古代人物画常用的主人大仆人小的表现手法突出主要人物。画家笔下的几个嫔妃,有的在逗狗,有的在赏花,还有的在与蝴蝶嬉戏。写实的手法生动地刻画出嫔妃们薄如蝉翼的纱衣长裙和雍容华贵的高发花饰,再现了唐代仕女的盛妆,特别是色彩的成功运用,很好地表达了仕女们柔和恬静的美。

《步辇图》

唐代贞观年间,文成公主与当时吐蕃的赞普王松赞干布的联姻是人们熟知的历史事件。唐代画家阎立本的《步辇图》反映的就是这一历史事件中的一个片断。

唐贞观十五年(641年),唐太宗接见松赞干布派来迎娶公主的使者禄东赞。禄东赞是吐蕃酋长,在吐蕃掌握军政大权,是松赞干布的心腹,为人性格庄重,且富于智慧。据说太宗接见他时,觉得他和别的少数民族首领不大一样,很赞赏他,拜他为右卫大将军,并且想把一个公主的外孙女许配他为妻。禄东赞婉言辞谢,声明自己已有妻子,而且是来为国王迎娶,自己如果先娶妻,不大合适。太宗听他说得有道理,更加喜欢他。《步辇图》所描绘的,就是此次召见的情景。

画上共画有13个人物,分成两组,右组是以唐太宗为中心,九个宫女抬着步辇,手执华盖长扇,簇拥而至。左组是恭顺地等待着太宗的三人,最右边是宫廷礼官,中间一人为禄东赞,左边是翻译官,整幅画面视觉上以太宗为核心。唐太宗李世民是历史上有名的开明君主,任贤纳谏,开创了"贞观之治"。在这幅图中,画家阎立本的笔端充满崇敬之情。太宗被表现为一位雍容大度,既威严又不失和蔼风仪,目光睿智,表情庄重的长者形象。

而禄东赞呢,表情诚恳真挚,既有对大唐天子的敬畏,又有独立邦国高官的自矜。画家着意刻画他黑黑的肤色,和额头上因久受风沙而生出的长而深的皱纹。

在召见者与被召见者之间,是那九个顾盼生辉的妙龄宫女。她们的年轻美丽、多变的动态给画面平添了生气,也使构图取得了平衡。

由于阎立本是当时的宫廷画家,能够经常出入宫廷,他所绘的这一幅图当属可信,应为能够反映人物真实形象的写实作品。此图在表现技巧上相当成熟,线条圆转流畅,色彩的设置也干净明朗,富有节奏感。

《步辇图》现藏于北京故宫博物院。

《捣练图》

《捣练图》系唐代画家张萱之作,以其精湛的花艺描绘了唐代城市妇女在捣练、络线、熨平、缝制劳动操作时的情景。几个场面组织得自然得体,构图颇具匠心,疏密有致、动静相间。画中人物动作凝神自然,细节刻画生动,能看出扯绢时人物用力的微微后退后仰,表现出作者的观察入微。其线条工细遒劲,设色富丽,其"丰肥体"的人物造型,表现出唐代仕女画的典型风格。

《十六罗汉图·阿氏多》

《阿氏多》是唐末五代的画僧贯休的《十六罗汉图》中的一幅。阿氏多尊者一生下来就有两条长长的白眉毛,所以修成罗汉后,又叫"长眉罗汉"。图中罗汉张口露齿,双目炯炯,两道白眉,足有尺余,顺两颊下垂于胸前,由双手捻托。左耳刻画极度夸张,耳朵下部与下巴底线平行,使整个头部成方形。服饰颜色以蓝、绿、黄为基调,黄色格上以细密线画出布纹作为底色,上面画树石、龙凤或人物图案。全画用笔极其细致准确,几乎有毫发毕现的效果,可见画家用笔之工。有人曾将此画题作"戍博迦尊者"。

《韩熙载夜宴图》

《韩熙载夜宴图》是五代大画家顾闳中所作,是中国画史上的名作,中国十大传世名画之一。它不仅仅是一幅描写私人生活的图画,更重要的是它反映出那个特定时代的风情。由于作者的细微观察,不放过任何一个细节,把韩熙载生活的情景描绘得淋漓尽致,画面里的所有人物的音容笑貌栩栩如生。在这幅巨作中,画有四十多个神态各异的人物,蒙太奇一样地重复出现,各个性格突出,神情自然。全卷分为五段,每一段以一扇屏风为自然隔界。第一段是"听琵琶演奏"。第二段是"集体观舞",第三段是"间息",第四段是"独自赏乐",第五段是"依依惜别"。《韩熙载夜宴图》从一个生活的侧面,生动地反映了当时统治阶级的生活场面。画家用惊人的观察力和对主人公命运与思想的深刻理解,创作出的这幅精彩作品值得我们永久回味。

《明妃出塞图》

这幅出塞图是南宋画家宫素然的作品。画中描绘的是西汉元帝时宫女王昭君远嫁匈奴呼韩邪单于,与随从出塞的情景。画面表现的是一片荒凉的景色,寒风迎面,人物形象刻画得真实生动,用笔纯熟,线条勾勒细致流畅。作者

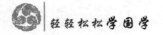

以粗笔淡墨,画出塞外苍茫萧瑟的环境特点。人、犬、马的动作体现出风的肆虐,同时也反衬出王昭君镇静、从容的精神风貌,是一件难得的传世佳作。

《清明上河图》

中国的写实性绘画到宋代发展到了顶峰,出现了反映城市经济发展和市民生活的作品。这类作品被称之为"风俗画"。这在中国美术史上是一个新概念。在宋代之前,尤其在唐代,人物画大部分是以帝王贵族或神仙佛祖为对象的,反映普通人生活的作品几乎没有。到了宋代,社会的结构有了一些改变,居住在城市中的市民阶层手里掌握着大量的金钱,和荷兰17世纪时的市民阶层一样,他们出钱,要求画家们创作和他们的生活有关的绘画,于是风俗画便大量出现了。

在这些作品中影响最大,最具代表性的应该说是北宋年间张择端画的《清明上河图》。上河指的是北宋京城汴梁(今河南开封)城中的汴河,清明指清明节。

画卷描绘的是清明节前后汴河两岸繁荣热闹的市民生活。分成三个大的部分:开首是宁静的田野村庄和准备去城里的乡人;中段是以虹桥为中心,汴河沿岸的商业贸易活动和河中的舟船运输场面;后段是城门内外,店铺林立,车马行人交错而行的热闹情景。三段之间,层层展开,跌宕有致,虽繁不乱,节奏分明,可见作者构图运笔的匠心。整幅画卷用写实笔法,一丝不苟,笔笔精到,画中男女老幼神情各异。各类动物、房屋、桥梁、船只的描绘更是具有史料价值。

此画作者张择端,是活跃于北宋后期卓越的风俗画家,曾一度供职于宫廷,后来在社会上卖画,传世作品不多。

《清明上河图》为长卷形式。明清时此画为皇家所有。现藏北京故宫博物院。

《丽人行》

北宋画家李公麟的《丽人行》是一幅著名的仕女画,颇有唐代张萱"虢国夫人游春图"的意趣。李公麟是宋代文人士大夫画家中卓越的代表人物。这幅《丽人行》取材于杜甫诗《丽人行》,描绘了秦、韩、虢三夫人春游长安水畔的情景。设色明艳,清雅丰美,人物与马匹均形神俱备。画面上,领前的是一位身材高大的太监,马速似乎太快,他正勒转马头使其暂停。一太监和两名宫女在后,另一扛衣太监骑青鬃马紧随三位夫人前行,以便随时救护。左前白马上面,是雍容华贵的韩国夫人,体态苗条,全神贯注于怀中女儿。虢国夫人则轻盈地单勒马缰,使马四蹄舒缓,马首右转。她身着粉色长裙,鲜红背心,流目女童。外侧绿衣宫女护卫的,是朱丹蛾眉的秦国夫人,骑的是一匹花马,她着艳红低胸长袖、紫蓝背心,双手控缰,虽慎骑谨坐,仍不失其娇美。人物勾画优雅细腻、呼之欲出,是宋代人物画中的珍品。

《听琴图》

宋徽宗赵佶的《听琴图》是他人物画中的代表作,也是一幅优秀的中国人物画。画中主人公,居中危坐石墩上,黄冠缁服作道士打扮。他微微低着头,双手置琴上,轻轻地拨弄着琴弦。听者三人,右一人纱帽红袍,俯首侧坐,一手反支石墩,一手持扇按膝,那神气就像完全陶醉在这动人的曲调之中;左一人纱帽绿袍,拱手端坐,抬头仰望,似视非视,那状态正是被这美妙的琴声挑动神思,在那里悠悠遐想;在他旁边,站立着一个蓬头童子,双手交叉抱胸,远远地注视着主人公,正在用心细听,但心情却比较单纯。三个听众,三种不同的神态,都刻画得惟妙惟肖,栩栩如生。画面上方,有"六贼"之首蔡京所题的七言绝句一首,右上角有宋徽宗赵佶所书瘦金书字体的"听琴图"三字,左下角有他"天下一人"的画押。

《浴马图》

元代画家赵孟𫖯非常喜欢画马,注意观察生活,善于捕捉所画对象的特点,因此所画对象的神态十分逼真。此卷画溪水一湾,清澈透明,梧桐垂柳,绿荫成趣,骏马数匹,马倌九人。画中的马姿态各异、神态生动,有的立于水中,有的饮水吃草,有的昂首嘶鸣,有的卧立顾盼。马倌们牵马临溪,或冲浴马身,

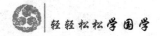

或在岸边小憩。人物、鞍马分别施以不同色彩，丰富浓郁而又清丽，做到了色不掩笔。用笔精细、色调浓润，风格清新秀丽。这幅图画代表了赵孟頫人物鞍马画中的典型风貌，是形神兼备、妙逸并具、风格高雅的艺术精品。

《乾隆皇帝大阅图》

《乾隆皇帝大阅图》系乾隆29岁时的戎装像，精神焕发，亦系郎世宁的盛年佳作。这是乾隆即位后第四年，首次去南苑阅兵的真实记录。图中的表现技法基本上是采用中国传统的绘画工具和材料而取得了西方细笔油画的艺术效果。作者减弱了对景物、人马的素描手法，以平光处理明暗，线条在起到轮廓线的作用后几乎被色彩隐去，天空中云彩的画法全出自西法，近景的草叶近乎西方的静物写生，只有远山的结构保留了清宫写实山水的一些特点。

《岳飞参花图》

《岳飞参花图》是清代画家吕焕成的作品。吕焕成善画人物、花卉，兼长山水，好作斧劈皴，风格颇似戴进。道释神像，笔法工整，设色古雅。画面绘岳飞端坐于凉台之上，神态安详，从中可以看出他已不是驰骋疆场英姿勃发的青年了。但上挑的眉眼及雍容的仪态仍不失英雄气概。右侧站一头髻高挽、手捧花瓶的贵妇。左侧一侍从手持月牙斧，神态威仪。一将领迎面走来，单手托盘，向岳飞报告着什么。纵观整幅画，画中人物刻画细腻生动，构图工整、设色淡雅，体现了画家整体布局的匠心独具。

《苏武牧羊图》

清代画家任颐的《苏武牧羊图》取材于苏武牧羊的历史故事，画面上不设背景，以此来突出苏武牧羊之地的荒凉：在这儿只能用野鼠草根来充饥，靠羊群御寒，但苏武不愿背叛汉朝而归附匈奴。挨着羊群席地而坐的苏武，胡须花白，面容憔悴。画家着意刻画他手里紧紧握着的汉节，以及从汉节后面露出的那只眼睛中透出的坚定信念，笔底间流露着苏武不辱使命、坚贞不屈的高尚民族气节。

《麻姑献寿图》

麻姑是中国古代神话传说中的女仙，传说每年三月三日西王母寿辰，她都要用灵芝酿酒祝寿，因此古时候为女性祝寿多画麻姑像表示庆贺。古代画《麻姑献寿图》的画家有不少，其中清代画家任熏所画的麻姑形象精妙入微，神情刻画颇为传神。她体态丰腴、相貌端庄，双手交于胸前，执灵芝、萱草。身旁的玉女手托装有蟠桃和仙草的果盘。二人衣着华丽，设色浓艳。画家运笔坚实刚劲、顿挫有致。背景的山石、夹叶树以及远处缭绕的祥云用笔浅淡、空灵，使画面的主体越发突显，加上金笺底色，使画面更加华丽典雅。

《游春图》

这幅《游春图》是隋代画家展子虔的传世作品，是古老的卷轴山水画。此图描绘了江南二月桃杏争艳时人们春游的情景。全画以自然景色为主，放目远眺：青山耸峙，江流无际，花团锦簇，湖光山色，水波粼粼，人物、佛寺点缀其间。此画笔法细劲流利，在设色和用笔上，颇为古意盎然，山峦树石皆空勾无皴，但线条已有轻重、顿挫的变化。以浓烈色彩渲染，烘托出秀美河山的盎然生机。这幅画的技法特点是以线勾描物象，色彩明丽，人物直接以粉点染。其双勾夹叶法和点花法等对唐李思训一派青绿山水产生很大影响。《游春图》的出现，结束了"人大于山和水不容泛、树木若伸臂布指"的早期幼稚阶段，使山水画进入青绿重彩工整细巧的崭新阶段。

《潇湘图》

《潇湘图》是五代南方山水画派之祖董源的代表性作品，它充分反映了董源在山水画创作上所达到的艺术成就。打开《潇湘图》，一片清旷疏朗之气扑面而来。全画以平远取势构图，描摹出江南山水的秀润空灵与淡远清深。根据图中人物的活动，画面可分为左右两部分。右半部主要描绘游船的活动，水面上，一只小船正缓缓向汀岸靠拢，船中一个貌似高官的朱衣人端坐于伞盖之下，身边另有陪侍和舟子数人。岸上一行五人似在迎迓小船，稍远处几个女子正遥遥观望。左半部所表现的是网捕景象，坡岸上几个渔人正撒网捕鱼，另有

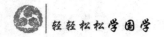

几个已下到水里,似在水下安网。在这两组人物之外,水面上还有几只小艇,错落点缀于清波之间,自在往还。画卷下端,沙洲苇渚历历可见。而上端的坡岸后,茂林重叠,屋舍隐约可见。其后山势连绵,层峦叠嶂,蔚然深秀。

《秋山问道图》

《秋山问道图》是五代画家巨然的名作,是一幅秋景山水画。画上主峰居中,这是五代宋初的典型构图。山峰石少土多,气势显得温和厚重。与北方画派石体坚硬、气势雄强的画风,趣味完全不同。中部,山间谷地,密林之中茅屋数间,一条蜿蜒的小路,绕过柴门,通往深谷。茅屋中依稀可见一人坐于蒲团之上,右边一人侧身对坐,大约就是问道者。山高密林,寂然无声,正是谈禅论道、修身养性的极佳妙境。画面下段,坡岸曲折,树木偃仰多姿,水边蒲草,被微风吹得轻轻摇摆,多少体现出秋爽的感觉。整幅画清秀淡雅,充满了诗意。

《溪山行旅图》

《溪山行旅图》是范宽的代表作,也是中国绘画史中的杰作。这件作品给人的第一感觉就是气势雄伟,巨峰壁立,几乎占满了画面,山头杂树茂密,飞瀑从山腰间直流而下,山脚下巨石纵横,使全幅作品体势错综。在山路上出现一支商旅队伍,路边一湾溪水流淌,正是山上流下的飞瀑,使观者如闻水声、人声、骡马声,也点出了溪山行旅的主题。画家以造型取胜,以酣畅的笔墨直指赏画者的心灵。

《春山瑞松图》

在中国传统山水画发展中,米芾独树一帜。画风被称为"米家山水""米氏云山",其技法被称为"米点"。图中突破了过去运用线条表现峰峦、云水、树木的传统方法,把王维以来的"水墨渲染"、王洽的"泼墨"、董源的"淡墨轻岚"及其点子皴,根据多雨迷漾变幻无常的江南自然景色,加以融会贯通,创为以横点为主,画烟云变化,雨雾烟消的山水。图中描绘云雾掩映的山林景色,白云满谷,远山耸立云端,近处古松数株隐显于雾气中。松下有亭,空无一人。山峦青绿晕染,再加"米点"(亦称"落茄被"),松树笔法细致、严密。用淡墨、淡色表现雾中树木,十分成功,作品描写的中心不是山峰林木,而是山中浮动的云雾。通过云雾表现春山的湿润、静谧和松树的矫健挺拔。

《踏歌图》

《踏歌图》是南宋著名画家马远的传世名作,是一幅山水人物画。画家表现雨后天晴的京城郊外景色。同时也反映出丰收之年,农民在田埂上踏歌而行的欢乐情景。此图近处田垄溪桥,巨石踞于左角,疏柳翠竹,有几个老农边歌边舞于垄上。远处高峰削成,宫阙隐现,朝霞一抹。气氛欢快、清旷,形象地表达了"丰年人乐业,垅上踏歌行"的诗意。此图在具体画法上,用笔苍劲而简略,大斧劈皴极其干净利索,正是院体的典型特色。树木的枝干有下偃之势,则是马远个人的创造。这幅作品,从总体上来说,虽然不是边角之景,但在具体处理上,已经融入了边角之景的法则,所以,并不以雄伟见长,而是以清新取胜。尤其是瘦削的远峰,宛如水石盆景,灵动轻盈,绝无北宋山水画那种迫人心肺的压倒气势。

《秋野牧牛图》

《秋野牧牛图》是南宋画家阎次平的代表作。这幅图描绘了真实生动的乡间生活情景,恰到好处地体现了画家细微的观察。图中画二牧童和三牛。二牧童坐于树下,一位似在给另一位捉虱子;一头大牛卧于树下,旁卧一小牛,另一牛向外奔去。前面树叶染以红色,后面树叶染以黄色,并以水墨写出,岸坡和远山则以淡墨轻抹,充满诗意。

《西湖柳艇图》

《西湖柳艇图》为南宋画家夏圭的作品,画面柔和细腻而又精致。画面中湖畔、柳树、游艇、屋宇、游人等配合得协调、生动而富于变化;用淡墨晕染出的浮动的白云,与远方烟雾中隐约可见的树木相接,共同构成了一幅清净雅丽的湖光景色。画家采用"之"字形构图,柳堤曲曲折折伸向远方,由实到虚,逐渐与宽阔辽远的天空融合在一起。与远处简约概括的景物形成对比的是,近处景物则细致工巧,用笔严谨,如房屋、游艇的造型准确,结构合理。柳枝先用墨线精心勾出,再用淡墨渲染,营造出一种烟雾迷蒙、清丽雅淡的气氛。点缀在画卷中的人物打破了画面的沉寂,同时也传达了人与景物的和谐之美,给人一种真实而缥缈的美。

《水竹居图》

元代画家倪瓒之作,他的作品具有鲜明的个人风格:诗与画配合,意境十分空阔,抒发了画家的失意悲哀之感。此图写一仙居景致,平静的水面环绕着一段坡石,几株大树簇生其上,枝叶扶苏。树后一岸边空地上,树间茅舍掩映,屋后竹林茂密。远处高大山坡下,林木葱郁,相比而生。整个画面弥散着幽静、清凉的气氛。画中笔墨沉实,赋形具体,为画家中年时期的代表作之一。

《双松平远图》

《双松平远图》是元代画家赵孟頫的作品,画面采取横幅构图,场面开阔,近景的双松耸立在怪石枯木之中,远处是平坡矮山。整个画面简约而古雅。右上部还题有"子昂戏作双松平远"的字样。画家追求笔墨的形式美感,借鉴书法用笔的丰富内涵,对加强作品的艺术感染力起了重要作用。从卷末的自题中我们可以看出,赵孟頫已经抛弃了宋代画院体的画风,并在奋起直追唐和五代的艺术大师了。

《秋江待渡图》

《秋江待渡图》是明代画家仇英的传世名作。江面既宽阔又弯曲,青松红树,疏柳修竹,崇山环抱。山中白云缭绕,变幻莫测。江中轻舟数叶,徐徐缓行。彼岸数人似焦急如焚,等待渡船,整幅画面中"秋江待渡"的主题十分突出。右下方的坡岸上竹树馆舍以及渡船,不仅起到了稳定画面的作用,而且使主题更加突出。图中笔墨精工而富有生气,设色妍丽,山石颇似刘松年画法。构图平中求险,静中寓动。

《黄海松石图》

弘仁是清代画家,他的画大多以黄山为题,《黄海松石图》就是这类作品中的代表。弘仁形成了自己刚正、平实、清醇、蕴藉的艺术风格。此画突出山之陡峭,但构图重心偏向左面,右面以两峰头与之呼应,石之凹凸处略施淡墨烘染,以加强其厚重感。虬松横出石隙,突出山之险峻。画家以渴笔焦墨勾皴层岩,以浓润的细笔写树,风格冷峻劲峭。很好地表现了山石坚硬之质感,真实地描绘出黄山之美。弘仁是"新安画派"的奠基人,被后人推为"新安四大家"的第一人。

《苍翠凌天图》

《苍翠凌天图》是清代初期画家髡残的代表作之一,画面以山景贯穿全图,仅留上端一小段天空。崇山层叠,古木丛生,近处茅屋数间,柴门半掩,远方山泉高挂,楼阁巍峨。山石树木用浓墨描写,干墨皴擦,又以赭色勾染,焦墨点苔,远山峰顶,以少许花青勾皴,全幅景物茂密、奥境深幽、峰峦浑厚、笔墨苍茫。这种画法比较少见。髡残非常巧妙地运用云、水、路的互相避让,解决了这种构图常见的画面景物拥挤的问题,使山体变得空旷而幽深。此图尺幅并不大,却给人以雄浑的感觉。

《黄山古松图》

《黄山古松图》是清代绘画大家吴昌硕的代表作之一。他以融入书法、篆刻技法的笔触作画,使作品更为大气磅礴。图中的山峦上长满了古松,仿佛披了一件墨绿色的松衫,呈现出一片苍翠;古松的枝条像苍龙一样弯曲,像是在欢迎缭绕在山头的白云;山涧的泉水流个不停,让人仿佛听到了泉水流动的哗哗声。左上角的题诗及印章,体现了吴昌硕绘画的一贯特色。

《五牛图》

唐代画家韩滉的《五牛图》是目前所见到的最早画在纸上的绘画作品。该图为长卷形式,画中的五头牛从左至右一字排开,各具状貌,姿态各异。一俯首吃草，一翘首前仰，一回首舐舌，一缓步前行，一在荆棘蹭痒。整幅画面除最后右侧有一小树外，别无其他衬景，因此每头牛可独立成章。画家通过它们各自不同的面貌、姿态，表现了它们不同的性情：活泼的、沉静的、爱喧闹的、胆怯乖僻的。全图结构准确，透视关系合理。作者选择了粗壮有力、具有块面感的线条去表现牛的强健、有力、沉稳而行动迟缓。其线条排比装饰却又不落俗套，而是笔力千钧。

《写生珍禽图》

《写生珍禽图》为手卷，是五代时期的画家黄筌传世的重要作品。画家用细密的线条和浓丽的色彩描绘了大自然中的众多生灵，在尺幅不大的绢素上画了昆虫、鸟雀及龟类共24只，均以细劲的线条画出轮廓，然后赋以色彩。这些动物造型准确、严谨，特征鲜明。鸟雀或静立、或展翅、或滑翔，动作各异，生动活泼；昆虫有大有小，小的虽仅似豆粒，却刻画得十分精细，须爪毕现，双翅呈透明状，鲜活如生；两只乌龟是以侧上方俯视的角度进行描绘，前后的透视关系准确精到，显示了作者娴熟的造型能力和精湛的笔墨技巧，令人赞叹不已。据说，这是画家黄筌为了教儿子认识鸟兽而精心绘制的识物课本。

《芙蓉锦鸡图》

北宋皇帝宋徽宗赵佶的作品《芙蓉锦鸡图》，画面构图均衡，疏密有致。两枝芙蓉枝繁叶茂，迎风绽放，一只锦鸡，飞临于芙蓉花枝梢上，转颈回顾，翘首望着一对流连彩蝶翩翩飞舞。状物工丽，神情逼肖。锦鸡之神态，全身毛羽设色鲜丽，曲尽其妙，俱为活笔。芙蓉枝叶之俯仰偃斜，精妙入微，每一片叶均不相重，各具姿态，而轻重高下之质感，耐人寻味。图下几枝菊花斜插而出，增添了构图之错综复杂感，渲染了金秋之气氛，衬托出全图位置高下，造成全图气势上贯。芙蓉斜刺向上，使观者凝神于飞舞之双蝶。用笔精娴熟练，双勾设色细致入微，空间分割自然天成。

《柳鸦芦雁图》

赵佶的花鸟画风格以工细彩墨为主,并能寓巧于拙,《柳鸦芦雁图》是他拙朴风格的代表作之一。色彩清淡、构图简练。此图共分二段,前段画一株柳树和数只白头鸦。柳树枝干用粗笔浓墨作短条皴写,笔势很壮,显得浑朴拙厚,凹凸节宽之状自然天成。柳条直线下垂,流利畅达,运笔圆润健韧而富弹性,墨色前后层次分明。停在枝上的白头鸦或靠根偎依,静观自得,或喃喃相语,使寂静的大地充满了生机。鸟身用浓墨,黝黑如漆。鸟的羽毛用墨留出白线,鸟的嘴舌用淡红色点染,头和腹部敷以白粉,周围略用淡墨烘染,把白头鸦衬托得分外突出,显得神采奕奕。全图很有质感。

《寒雀图》

北宋画家崔白的《寒雀图》构思着眼于一个"寒"字。画中的空白处,使人联想到隆冬的黄昏,一群麻雀在古木上安栖入寐的景象。作者在构图上把雀群分为三部分:右侧二雀,乍来迟到,处于动态;而中间四雀,作为本幅重心,呼应上下左右,串联气脉,由动至静,使之浑然一体。鸟雀的灵动在向背、俯仰、正侧、伸缩、飞栖、宿鸣中被表现得惟妙惟肖。树干在形骨轻秀的麻雀衬托下,显得格外浑穆恬淡,苍寒野逸。此图树干的用笔落墨都很重,且烘、染、勾、皴,浑然不分,造型纯以墨法,笔踪难寻。鸟类的羽翼给人毛茸茸的感觉,加上用淡色渲染,使这几只行骨轻秀的寒雀简直呼之欲出,极具神韵。

《四梅图》

南宋画家扬无咎的《四梅图》描绘的是梅花开放时的几种形态:含苞、待放、盛开和残败。含苞:画嫩枝尚未疏张,枝头已着花蕾,预报花期将临;待放:疏展的枝干,已经有少许含苞初绽;盛开:旧枝新条上的朵朵繁花,已经尽情开放,香气袭人;最后残败,表现残萼败蕊,随风飘散,颇有美人迟暮之情。作者的墨梅,一改彩染或墨晕花瓣之法,为墨笔圈线,气韵清爽不凡,韵致高远。既不同于描粉镂金的院派,又不同于逸笔草草的逸体。墨韵高华,清意逼人。一幅《四梅图》运笔寥寥,却是别出心裁,使人如看电影一般,在短时间内

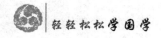

就能欣赏到梅花从结蕾到谢落的全过程。

《鸡雏待饲图》

南宋画家李迪的《鸡雏待饲图》，以不设任何背景的手法使主题更加突出，使人们的目光一下子就聚焦在画面上的两只小雏鸡身上：两只雏鸡一卧一立，面朝同一方向，屏气凝神，仿佛听见母亲觅食的召唤，正欲奔去。画面描绘传神，将雏鸡嗷嗷待哺的情态表现得淋漓尽致，充分反映了温馨的农家情调。画家用黑、白、黄等细线密实地描绘出雏鸡绒毛的质感，生动地绘出鸡雏幼小可人的生动神态，体现了深厚的绘画功力。此图为李迪晚年所画，构图极其简洁，无任何背景相衬，却捕捉住了鸡雏回眸的刹那间神情，动人心弦。

《横竿晴翠图》

元代画家柯九思曾一度得到元文宗的赏识，元文宗去世后他开始过着一种隐居的生活。他擅长画山水、花卉、竹石等，尤其是墨竹画得最为出色。这幅《横竿青翠图》的画面上只画了一竿竹枝，枝叶都用浓墨画出。画家以情作画，把自己的情思寄托在笔墨之中，注重书画用笔的巧妙结合，用笔苍劲，笔下的竹枝、竹叶充满了韧性和生机，表现出他坚忍顽强的精神力量。

《牡丹图》

《牡丹图》是明代"吴门画派"首领沈周的佳作。沈周年少成名，学识渊博，但终生不愿做官，而是专心于绘画。在这幅《牡丹图》中，上方是沈周的大幅长篇题词，下端画了一枝绽蕊怒放的牡丹。他用淡墨画花枝，墨色中掺加绿色绘叶，以纯熟的手法，把一枝形象生动的牡丹花展现在人们面前。

《瓜鼠图》

《瓜鼠图》是明宣宗朱瞻基的一幅写意小品画。画上一只小老鼠踞坡石上，正回头向上死盯着瓜藤上低垂的已经成熟的大苦瓜。画家用淡墨渲染小老鼠的全身，身上的毛用干笔点擦而成，茸毛的蓬松感觉跃然纸上，使老鼠的样子相当真实生动;石旁野草丛生,坡上瓜藤攀缘竹枝而上,硕果挂枝。瓜叶、果实用没骨法,小鼠毛不用细笔勾,而用浓墨淡墨涂擦而成,简率之中又见生动秀逸之气。坡石吸取书法笔意,使该图别开生面,韵味无穷。

《桂菊山禽图》

这是明代画家吕纪的代表作之一。画面上一株高大的桂树,枝干健挺,树枝分别伸向左右,花繁叶茂;树干上最显眼的一只鸟是那只蓝色寿带鸟,它伸头翘尾,紧盯着地上正在抢食的另外几只寿带鸟;树梢上则停着几只可爱的八哥,有的正在高歌对唱,有的正要展翅高飞;桂树的周围有巨石、盛开的菊花,还有一丛丛青草。吕纪用粗笔浓墨画树干,用工笔重彩刻画禽鸟,笔触细腻、色彩浓艳,整个画面光彩夺目,给人以欢快和谐的感觉。

《秋虫豆荚图》

清代画家髡残汲取古人绘画技艺的长处,结合自己创作的技法,绘出了很多富有创新意识的作品。在这幅《秋虫豆荚图》中,左边有一株豆荚,花开的正盛,上方有一只飞虫向豆荚花飞来。此图是用工整细致的笔法绘出的,情景真实生动,似能听见虫儿扑翅之声,而豆荚花的香气似乎也在鼻端萦绕。

《梅花图》

清代哈吉汪士慎,从小喜爱诗词、书画和篆刻。他一生贫穷,义卖字画为生,67岁时双目失明,但对艺术的热爱始终如一。他最擅长画梅花,这幅《梅花图》中有一枝老梅,它的主干直贯画面,又瘦又硬,但依旧傲然不屈,俊秀挺拔。此图蕴涵的"清高孤傲"的情调,正是汪士慎"人与梅花一样清"的人生写照。

《牡丹双鸡图》

清代画家任颐是"海上画派"的代表人物。这幅生动活泼的《牡丹双鸡图》是他的名作之一,画中一只大公鸡和一只花母鸡在大石头上漫步,公鸡昂着

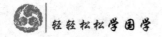

头,两眼睁得圆圆的,母鸡低着头,仿佛在寻找食物。其羽毛蓬松,十分可爱,仿佛只要发出"咕咕"的叫声,两只鸡就会从画中走来。

《墨竹图》

清代画家郑燮,号板桥,是扬州画派中最有影响的画家。他诗、书、画皆精,尤以绘墨竹见长。他的这幅《墨竹图》可谓别具风貌,竖立在巨石旁的竹枝,挺拔直立好像就要伸出画外一样。郑板桥用浓墨画竹子,以淡墨画石头,使这一高一矮、一浓一淡、一修长一敦厚的竹子与石头形成了鲜明的对比。

三、乐律常识

雅乐

顾名思义,"雅乐"的意思即"优雅的音乐"。雅乐是中国古代的宫廷音乐。雅乐的体系在西周初年制定,与法律和礼仪共同构成了贵族统治的内外支柱。以后一直是东亚乐舞文化的重要组成部分。宫廷雅乐乐谱在中国已失传,只有韩国、日本及越南尚有保存。

周武王建立周朝不久,就命周公姬旦制礼作乐,建立各种贵族生活中的礼仪和典礼音乐,使音乐为其王权统治服务。这一部分乐舞就是所谓的"雅乐"。它包含了远古图腾及巫术等宗教活动中的乐舞及祭祀音乐,也包含西周初期的民俗音乐。

乐府

乐府始于秦,绝于汉。根据《汉书·礼乐志》记载,汉武帝时,设有采集各地歌谣和整理、制订乐谱的机构,名叫"乐府"。后来,人们就把这一机构收集并制谱的诗歌,称为"乐府诗",或者简称"乐府"。到了唐代,这些诗歌的乐谱虽然早已失传,但这种形式却相沿下来,成为一种没有严格格律、近于五七言古体诗的诗歌体裁。

五声

五声也称"五音"，即我国古代五声音阶中的宫、商、角、徵、羽五个音级。五声与古代的所谓阴阳五行、五味、五色、五官、五谷等朴素的理论形式一样，是我国早期整体化的美学观，被西方人看作是整个东方音乐的基本形态。《战国策·荆轲刺秦王》："高渐离击筑，荆轲和而歌，为变徵之声，士皆垂泪涕泣。"文中的"变徵"是角、徵二音之间接近徵音的声音，声调悲凉。

八音

中国传统器乐吹打乐的一种。原为中国历史上最早的乐器科学分类法，西周时已经将当时的乐器按制作材料，分为金(钟、铙镈)、石(磬)、丝(琴、瑟)、竹(箫、篪)、匏(笙、竽)、土(埙、缶)、革(鼗、雷鼓)、木(柷、敔)八类。

八音也指民间器乐乐种。如山西五台山一带的八音会，所用乐器有管子、唢呐、海笛、笙、梅笛、箫、堂鼓、小鼓、大镲、小镲、大锣、云锣等；广西壮族的隆林八音乐队，使用的乐器共有八件，它们是：横箫(笛子)一对，高胡、二胡各一把，小三弦一把，锣、鼓、钹各一副。南宁市邕宁壮族八音则主要由大唢呐、小唢呐、五孔笛、锣、鼓钹、壮族乐鼓等组成。海南地区流行的海南八音源于潮州音乐，因使用八类乐器而得名，即：弦(二胡、椰胡)、琴(月琴、扬琴、三弦)、笛(唢呐)、管(长、短喉管)、箫(横箫、直箫、洞箫)、锣、鼓、钹等；彝族八音所用乐器有二胡、环箫(无膜笛)各一对，以及牛角胡、小锣、鼓、钹；仡佬族八音，所用乐器有角胡一把、胡芦胡一把、三弦一把、竹笛一支和锣、鼓、钹、板铃。

十二律

十二律是古代汉族乐律学名词，是古代的定音方法，即用三分损益法将一个八度分为十二个不完全相同的半音的一种律制。各律从低到高依次为：黄钟、大吕、太簇、夹钟、姑洗、中吕、蕤宾、林钟、夷则、南吕、无射、应钟。十二律又分为阴阳两类，凡属奇数的六种律称"阳律"，属偶数的六种律称"阴律"。另外，奇数各律称"律"，偶数各律称"吕"，故十二律又简称"律吕"。

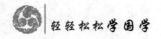

丝竹

江南丝竹是流行于江苏南部、浙江西部、上海地区的丝竹音乐的统称。因乐队主要由二胡、扬琴、琵琶、三弦、秦琴、笛、箫等丝竹类乐器组成,故名。在这些地区的城市和农村都很流行丝竹乐,但风格完全不同。城市丝竹乐风格典雅华丽、加花较多,流传很广;而农村则常用锣鼓,气氛热烈、风格简朴。

抱笙

抱笙是苗、侗、水、瑶、仡佬等民族的单簧气鸣乐器,古称"卢沙",苗、侗、水语都称"梗"。苗语又称"嘎斗""嘎杰""嘎东""嘎正"等。侗语又称"梗览""梗览尼""梗劳"等。流行于贵州、广西、湖南、云南、四川等省区。历史悠久,形制多样,音色明亮、浑厚,富有浓郁的地方特色,民间常用于芦笙舞伴奏和芦笙乐队合奏。经过改革,已在民族乐队中应用,可独奏、重奏或合奏,有着丰富的表现力。

筝

筝是一种长方形的多弦多柱乐器,其组成部分有:面板、底板、筝头、筝边、筝尾、岳山、码子、琴钉、音孔、筝弦。它的外形近似于长箱形,中间稍微突起,底板呈平面或近似于平面。筝的头部有缓缓而落的筝脚。在木制箱体的面板上张设筝弦。

在每条弦下面安置码子,码子可以左右移动,用来调整音高和音质。筝的优劣取决于各部分材料质地及制作工艺的高低。筝的共鸣体由面板、底板和两个筝边组成。在共鸣体内有音桥,呈拱形,它除了影响共鸣效果外,还起着支撑的作用。共鸣体的质量和结构对筝的音色影响很大。

箜篌

箜篌是十分古老的弹弦乐器,最初称"坎侯"或"空侯",文献中有"卧箜篌、竖箜篌、凤首箜篌"三种形制。

箜篌历史悠久、源远流长,音域宽广、音色柔美清澈,表现力强。古代除宫廷雅乐使用外,在民间也广泛流传。据考证,箜篌流传至今已有两千多年的历史了。在中国盛唐(618年—907年)时期,随着经济文化的飞速发展,箜篌演奏艺术也达到了相当高的水平,也就是在这个时期,中国古代的箜篌先后传入日本、朝鲜等邻国。在日本奈良东大寺的寺院中,至今还保存着两架唐代箜篌残品。但是,这件古老的乐器,从14世纪后期便不再流行,以致慢慢消失了,人们只能在以前的壁画和浮雕上看到一些箜篌的图样。

编钟

编钟是我国古代的一种打击乐器,用青铜铸成,它由大小不同的扁圆钟按照音调高低的次序排列起来,悬挂在一个巨大的钟架上,用丁字形的木槌和长形的棒分别敲打铜钟,能发出不同的乐音,因为每个钟的音调不同,按音谱敲打,可以演奏出美妙的乐曲。

根据文献记载和出土文物,发现我国在西周时期就有了编钟,那时候的编钟一般是由大小三枚组合起来的。春秋末期到战国时期的编钟数目就逐渐增多了,有九枚一组和13枚一组等。1978年,湖北随州一座战国时代的曾侯乙墓出土的编钟,是至今为止所发现的成套编钟中最引人注目的一套,这套编钟之大,足以占满一个现代音乐厅的整个舞台。

缶

缶原本是古代一种陶器,类似瓦罐,形状很像一个小缸或钵。是古代盛水或酒的器皿。圆腹、有盖,肩上有环耳,也有方形的。盛行于春秋战国。这种酒器能够成为乐器是由于人们在盛大的宴会中,喝到兴致处便一边敲打着盛满酒的酒器,一边大声吟唱,颇像现代的卡拉OK,所以缶就演化成为土类乐器中的一种。

磬

磬是古代石制的一种打击乐器。甲古文中磬字左半像悬石,右半像手执槌敲击。磬起源于某种片状石制劳动工具,其形在后来有多种变化,质地也从

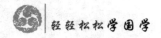

原始的石制进一步有了玉制和铜制。

磬的历史悠久,据先秦文献《尚书·益稷》记载:"戛击鸣球""击石拊石"。这"鸣球"与"拊石",即是磬在远古时期的称呼。20世纪70年代在山西夏县东下冯遗址出土了一件大石磬,长0.6米,上部有一穿孔,击之声音悦耳。经测定,此磬距今约4000年,属于夏代的遗存,这是迄今发现最早的磬的实物。

拍板

拍板,打击乐器的一种,又称"檀板""绰板",简称"板"。用于戏曲、曲艺和器乐合奏。古时由西北传入中原。唐代用于散乐,宋代用于民间说唱、民间器乐、教坊大乐和马后乐,元代用于宫廷音乐和杂剧,明、清用于宫廷和民间音乐。现代拍板多以三块长方形紫檀、红木或黄杨木板组成。板长0.18米—0.2米,宽0.04米—0.06米。前两块板用丝弦缠绕,然后用布带与后面的单块木板连结。以左手执后板,撞击前两块木板发声。拍板常与板鼓合用,由鼓手兼操。拍板也流传于蒙古族和满族中。

羯鼓

羯鼓是一种出自于外夷的乐器,据说来源于羯族。羯鼓两面蒙皮,腰部细,用公羊皮做鼓皮,因此叫羯鼓。它发出的音主要是古时十二律中阳律第二律一度。古时,龟兹、高昌、疏勒、天竺等地的居民都使用羯鼓。

南北朝时经西域传入内地,盛行于唐开元、天宝年间。羯鼓是用山桑木围成漆桶形状,下面用床架承放,用两只鼓槌敲击。羯鼓的声音急促、激烈、响亮,尤其适用于演奏急快节奏的曲目,鼓声凌空可以传得很远,特性与其他乐器差异很大。

羯鼓的槌杖一般是用黄檀、狗骨、花椒等木材制做而成的。木料必须干燥,杜绝潮湿之气,使其柔韧而滑腻。圈鼓身漆桶时要用刚硬的铁,铁要经过精炼,圈卷时应该均匀。铁如果不刚硬,则鼓边上下不齐,松紧不一。

四、雕塑艺术

石雕

亦称"石刻",雕刻艺术之一。为我国五大雕塑传统(陶、木、石、铜、泥)的组成部分,是按材料分类之雕塑品种。古代大型石窟、摩崖、陵墓雕刻与建筑雕刻,绝大多数是用石雕成,现仍保存有大量的石窟。秦代的石鲸鱼是巨大的石质雕刻,玉石雕刻则多为小型。其中用材料为大理石(汉白玉是其中之一)、青石、花岗石、砂石等。由于石的原材料得诸自然,且能长期保存,故石雕成为大型纪念性与装饰性雕刻的首选。传统石雕,是以斧、锤、凿等作为工具,近代有采用甘油、火药及简单机械替代的。因石雕品种繁多,色泽纹理绚丽多彩,与天空地貌融为一体,材料质感和景物协调一致,如乐山大佛等,给人以崇高和美的享受。

木雕

雕刻艺术之一。为我国五大雕塑传统(陶、木、石、铜、泥)的组成部分,是按材料分类之雕塑品种。常用的有楠木、樟木、柏木、黄杨、龙眼木、红木、梨木、杨木、桑树根及其他果木;一般构图都以圆木周边宽度为眼,以雕刻人物、山水、花卉、翎毛、楼台亭阁、动物水禽等室内小型题材作品为主。讲究刀法和风格,以及利用木料本身自然的特点去寻找材料内在的表现力,在表面的色泽、纹理、结构等微妙的变化中相形度势,因材施艺、量形取材,加以斧凿,在艺术上有独特的趣味。我国有长期的木雕传统,如楚墓木雕及鲁班做木雕的传说等,而木构古建筑的各部位装饰,大量使用木雕配合,则是建筑艺术的主要组成部分。室内的木雕也有大型的,主要用作宗教的偶像,雍和宫的巨型独木大佛及承德的粘拼木块制成的巨型观音像都是木雕名作。

骨雕

亦称"骨刻",雕刻艺术。按材料分类之雕刻品种之一。指在动物骨头或骨制品上雕刻的花纹或物像。因为骨质细密坚实,适于精雕细琢那些较为精美

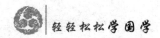

的形象。人类祖先用粗犷的骨雕制品开创了中国的雕塑艺术。距今60至10000年前的旧石器时代晚期的周口店山顶洞遗址出土的骨针,是我国最古老的雕刻品之一。到了新石器时代,出现了形式多样的小型雕刻品,骨雕技艺有了长足的发展,有阴纹线刻、薄浮雕纹、圆雕等多种形式的装饰物品。

1959年山东泰安大汶口出的骨雕筒是新石器时代骨雕工艺品。这些骨雕器皿利用动物肢骨空腔,就材成形,或圆形或三角形,高6厘米~8厘米。对器壁有多种形式的装饰加工,或刮磨或雕刻(如剔地凸起的弦带纹、阴刻沟条等),有的穿孔镶嵌绿松石。

贝雕

用有色贝壳雕刻或镶嵌成工艺品的技艺。早在宋元前后,我国民间就流行有螺钿镶嵌和贝贴等工艺等。现今贝雕品种有:各种人物、动物、花卉、挂屏等陈设品;各种文具、烟具、台灯等生活用品。色彩富丽,形状奇异,自然美观。主要产区有辽宁大连、山东青岛、广西北海、广东陆丰等地。

砖雕

一种民间雕刻工艺。指用凿和木锤在砖上钻打出各种人物、花卉等简单图像,作为建筑上某一部位的装饰品。种类有浮雕、多层雕、堆砖等。以北京、安徽、浙江、山西、江苏等地所产较出名,风格上南方较纤细,北方较浑厚。

泥塑

亦称"彩塑"。一种传统雕塑工艺。是在粘土里掺入少许棉花纤维,捣匀后,捏制成各种人物的泥坯,经阴干,先上粉底,再施彩绘。最著名的彩塑如敦煌莫高窟的菩萨和太原晋祠的宫女,无锡的"惠山泥人"及天津的"泥人张",各具风格。

雕漆

雕漆,因工序是雕,主要原料是漆,故名。始于唐代,盛于明、清,到现在有

1000多年历史。据史料记载,雕漆的发祥地在四川、云南一带。元、明两代才传入北京,技艺逐渐完美成熟,成为一种具有强烈地方特色的工艺。明代,北京官办特色的工艺作坊"果园厂"所生产的雕漆器,就已达到很高的水平。其造型庄重大方,雕刻技艺圆熟遒劲,形成了独特的风格。到了清代,雕漆又有新的发展,纹样严谨细腻,极重刻工,雍容华贵,风格与明代不同。北京雕漆与湖南湘绣、江西景德镇瓷器并驾齐驱,名扬四海,被誉为"中国工艺美术三长"。

雕漆工艺源于民间,有着悠久的历史,早期的雕漆工艺主要用于家具油漆,只有简单的图案嵌雕于漆器上,且多为单调的黑白两色。随着社会进步和人类的鉴赏水平提高,数十年中,雕漆工艺进入突飞猛进发展的黄金时期,逐渐成熟并形成了一种独特完善的艺术风格。

雕漆工艺,做工精细,品种繁多,大到茶几桌椅、屏风、壁挂;小到茶碗杯垫、托盘、妆盒,均可一显雕漆风采。

自古以来,具有较高欣赏保存价值的工艺品大多为手工制作。雕漆器具的制作,工序十分繁杂,且都须手工完成。

首先选用优质松、桦、椴等木材制成器物后,再用采于当地林间的老漆(即生漆)厚厚涂于器物表面,干后打磨光滑,此时,漆色黑亮照人,漆膜光彩饱满。然后,用选自各地的天然彩石及珍贵的玛瑙、象牙、玉石、珊瑚等雕刻成仕女人物,花草鱼虫,山石林木。其刻技严密精湛,有时一个人物或一朵花需分别刻制成几十个组件。随后,经精心拼配镶嵌于漆面之上。到此,才算功告大半。再经边框描金,彩绘背景图案,细微之处修刻,一件完美的雕漆艺术品便全部完工。制作程序,环环紧扣,稍有不慎,便会前功尽弃。因此,每一件工艺品都饱含着雕漆艺人的心血和智慧。雕漆工艺品具有极高的实用和艺术欣赏价值,漆面耐磨耐蚀,不易褪色,且不怕烧烫;同时,又是一件艺术佳品,山水人物,栩栩如生,典雅庄重,富丽堂皇。件件五光十色,风姿独具,置于室内,异彩纷呈,满屋生辉,如一幅定格的立体风光图画,让人百看不厌。

北京雕漆

北京雕漆早在15世纪的明初,就扬名于世界。清光绪以后,全世界只有北京

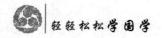

还在生产雕漆工艺品。

北京雕漆工艺过程十分复杂,要经过设计、制胎、涂漆、描样、雕刻、磨光等十几道工序,各工序技艺要求都很高。其中雕刻是最主要的工序。雕刻的刀法,过去主要是平雕,现在大量的是浮雕、镂空雕、立体圆雕。雕漆的配色也很讲究,过去只有黑、红、黄、绿四色,现在发展到白、杏黄、茶红、粉红等20多种。每种作品也由过去的单一色彩发展到现在的多种套色。这些产品,都具有防潮、抗热、耐酸碱、不变形、不变质的特点,深受人们喜爱。

北京雕漆有金属胎和非金属胎两种,前者是珐琅里,后者为漆里。着漆逐层涂积,涂一层,晾干后再涂一层,一日涂两层。涂层少者几十层,多者三五百层,然后以刀代笔,按照设计画稿,雕刻出山水、花卉、人物等浮雕纹样。所用之漆以朱红为主,黄、绿、黑等做底色,分为剔红(堆朱)、剔黄、剔绿、剔彩、剔犀等工艺品类。雕漆的工艺过程十分复杂,要经过制胎、烧蓝、作底、着漆、雕刻、磨光等十几道工序,各工序技艺要求都很高。

甘肃雕漆

甘肃雕漆以木刻镶嵌为特色,自成体系。雕漆工艺经数十道工序,一件作品少则三五个月,多则一年以上才能完成。雕漆产品耐酸碱、抗高温,其造型优美,图案精巧,色调绚丽多彩,尤其以古朴典雅的风格受到人们的青睐。雕漆工艺有镶嵌、雕项、彩绘、平磨、曝细、描金、胎花、藏绘、印锦、脱胎、刻绘、绒金堆漆、研磨彩绘等多种,制作方法有木胎、皮胎、压胎、脱胎等。选用檀木、红木等优质木材,以青田石,寿山石、绿冻石、珊瑚、象牙、玉、螺钿等为装饰材料,制作人物、花鸟、鱼虫、山水等图案,镶嵌在屏风、屏挂、桌椅、盘等家具、器皿和各种工艺品上。早在汉代,甘肃的武都、天水一带就成为我国雕漆产地之一。

陇中雕漆

在黄河文化的百花园里,陇中雕漆堪称一枝独具魅力的奇葩,为中华漆艺一绝。地处黄土高原中部的陇中地区,南依秦岭,北面渭水。山区森林中长有大量的漆树,其漆质地优良,品位上乘,为雕漆工艺提供了绝好的天然原料。

战国刻花石板

战国刻花石板中的珍品。1974年至1978年,河北平山中山国墓葬出土。长45厘米、宽40.2厘米,由许多小石板拼连而成。四角有钉孔,边缘装饰一周涡纹,内刻有勾连蟠曲的虺纹、兽纹和兽面纹等,和同时代的青铜器纹饰具有同一的风格。

南朝陵墓石刻

宋、齐、梁、陈四朝帝王陵墓前的石刻。江苏南京附近(包括江宁、句容、丹阳三县)有许多帝后王侯陵墓,目前仅见南朝陵墓前地面上有石刻31处。属于帝王的12处,王侯的19处。石刻体制巨大,造型优美,雕琢精致,是当时南方石雕艺术的代表作。石刻内容,有石兽、石柱和石碑。帝后和王侯墓前所列石刻略有差别。帝后墓前石兽均带角,有双角和单角之分,称"天禄(鹿)"或"麒麟";王侯墓的无角,称"辟邪"。二者均有翼,应属神兽。石柱亦称"神道石柱",又称"标"或"碣",或称"华表"和"表"。柱首为圆益或莲花座式,其上立一辟邪状小兽;中为圆柱身,刻瓜棱直线形条文,柱身上部嵌一方形小神道碑,上书墓主人某某之神道,其下方石上刻怪兽,柱础分两层,上层刻有翼怪兽,口内含珠,下层为一方石,四面有浮雕,多为动物形象。石碑碑首为圆形,左右双龙交缠,环缀于碑脊,碑身除刻写文字外,侧面均刻纹饰,分为八格。碑座为一龟趺。

画像砖

古代建筑物或墓室壁面上的图像砖,是建筑结构的一部分,又是一种室内装饰画。战国已有生产,秦代有所发展,两汉为盛期,以后渐减少。表现形式为阳刻线条、阳刻平面、浅浮雕等相结合;一般用木模压制,亦有直接刻在砖上,有的施加彩色。有方形和长方形等几种,多数每砖为一幅画面,亦有上下分为两个画面的。内容有割禾、制盐、采莲、弋射,以及饮宴、歌舞、百戏、车马

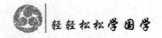

出巡、神仙故事等。构图富于变化,造型简练生动。画像砖大都发现于四川的东汉墓中。河南和长江中下游地区的南朝墓中也有发现,但多用小砖拼成一个画面,内容多为人物和装饰图案等。后代园林建筑等也用画像砖,大都是浮雕和圆雕的结合。

说唱俑

说唱俑赤着上身,鼓鼓的肚子向外凸出,左手环抱着一个鼓,右手高高地举着鼓槌。下身穿着长裤,却赤着大脚板,左腿蜷曲在卧榻上,右脚向外踢出。说唱俑的笑容是雕塑史上最不加掩饰最纯真可爱的,表现其活泼的天性。

昭陵六骏

"昭陵六骏"是贞观十年(636年)列置在陕西省礼泉县唐太宗李世民昭陵北祭坛内东、西庑房中的六块石刻浮雕作品,每件宽约两米,高约1.7米,重约2.5吨,每边各三件,从南往北,西庑房内为飒露紫、拳毛䯄、白蹄乌;东庑房为特勤骠、青骓、什伐赤。它们是以李世民在公元618年至622年五年间南征北战、统一天下时骑乘过最后壮烈牺牲的六匹战马为蓝本,根据唐太宗的意图创作设计出来的。

昭陵六骏以杰出的艺术风范和动人的情感魅力,以悲壮色彩和富于启迪性的英雄史诗,寄托了半生戎马的帝王对与自己唇齿相依、壮烈牺牲的六匹骏马的生死之情,但更多的是对大唐创业艰难的深深感叹,一扫以往穷奢极欲、无聊空洞的丧葬模式,并给予子孙后代以"勿忘创业艰难"的肺腑告诫,具有积极、达观的豪迈情绪和精神感召力。

这组珍贵的浮雕在20世纪初便被美国人盯上了,那时候六骏散落在山坡荒草之间,无人管理。于是在1914年,美国人把飒露紫、拳毛䯄凿成了碎块,盗运到了美国,现在藏在美国宾夕法尼亚大学博物馆。剩下的四件浮雕,在1917年时遭到同样的命运,被外国的文物走私者凿成了碎块,但在准备盗运时,被闻讯而来的中国人截获了。它们现在藏于陕西西安碑林博物馆内。

卢舍那大佛

龙门唐代石窟中,奉先寺大像龛是最具代表性的作品,凡是到过龙门的人,都会被卢舍那大佛的博大壮美所震撼。奉先寺位于西山南部半山腰间,后代称"九间房"。奉先寺在开窟造像时,别具匠心,一反常规,不采取全部开凿洞窟的方式,而是依山就势在露天的崖壁上雕造佛像,烘托出一种浑然天成的浩然大气。摩崖像龛南北宽36米,东西进深40.70米,为一巨型露天窟龛。

大卢舍那是龙门石窟最为壮丽的一尊石雕像,它典雅安详地坐在八角束腰涩式莲座上,其明丽秀雅,雍容高贵的气势,把大唐艺术推向了极致。

大卢舍那石雕像通高17.14米,头高4米,耳长1.9米。梵语"卢舍那佛"即光明普照、光辉普遍之意,是源自古代日神崇拜的太阳神信仰而来。1500年来,大佛仅双手及腿部以下因早年地质层的裂隙结构及气温变化因素而塌毁,其余仍基本保存完好。虽然如今人们已经无法真切地看到当初大佛被粉饰一新,受人顶礼膜拜的情景,但是仍可以推想出当初皇家贵族在此举行隆重祭礼的场面。无疑,这里的一切所表现的是大唐盛世的伟大和繁荣。

佛像大耳垂肩,头上是螺旋状的发髻,身穿通肩式长袍,长袍上水波状的衣纹清晰可见,衣服紧紧地贴着佛像的身体,好像刚从水中走出来一样。由于考虑到观看者仰视佛像时会产生错觉,于是大佛和其他佛像都被制成头部大、身躯较小的形状,虽然平视时觉得比例不当,但是当站在下方仰视佛像时,这种感觉就消失了,感受到的只是卢舍那大佛和他的弟子及菩萨们端庄静穆的美。

晋祠圣母殿彩塑

中国宋代祠庙彩绘泥塑。晋祠位于山西省太原市西南25公里的悬瓮山麓,是一座历史悠久的古建筑园林,其中有唐、宋、金及明各代遗存的文物。圣母殿位于晋祠西端,创建于北宋天圣(1023年—1032年)年间,是为祭祀西周武王后、唐叔虞之母邑姜所建。殿内尚存43尊彩绘塑像,除圣母像两侧小像是后补者外,其余都是宋初原塑。正中帐内为圣母坐像,圣母坐木制方座,头戴

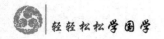

凤冠,面部静谧慈祥,双腿盘坐,双手隐于袖中,一置胸前,一置腿上,蟒袍自两膝向下沿方座垂下,整个塑像呈稳定的三角形,形态显得特别端庄。

　　泥塑虽经后世装銮,但塑造手法仍清晰可见。丰满的面庞,眉宇间细微的起伏都显露出少女的妩媚。依据年龄的长幼,各有不同的性格气质和风度,他们有的持巾俯首,有的持物而立,细致的身姿动态的处理,使众多人物富有生气,体现了宋代雕塑注重人物的真实描写的特点。衣纹的塑造也体现出雕塑家高超的技艺。圣母衣着绸缎,质地柔软,袍服随着人体、座垫、木座,有节奏有变化地层层垂下。侍女长裙衣纹多作程式化的表现,但帔巾、正面下垂的绶带以及所系不同形状的玉佩,不仅表现出不同的身份,更增加了造型上的变化。圣母殿彩塑表现了雕塑家处理群像泥塑所作的苦心经营。

五、曲艺知识

曲牌

　　曲牌是传统填词制谱用的曲调调名的统称。俗称"牌子"。古代词曲创作,原是"选词配乐",后来逐渐将其中动听的曲调筛选保留,依照原词及曲调的格律填制新词,这些被保留的曲调仍多沿用原曲名称,如"折杨柳""后庭花""虞美人""懒画眉"等,遂成"曲牌"。

　　曲牌的文字部分须"倚声填词",多作长短句,少用齐言。各曲的句数、用韵、定格(何处可加如"也罗"之类的和声),以及每句的字数,句法和四声平仄等,都有一定格式,从韵文文体来说,曲牌即为此种文体的格律谱。

　　曲牌牌名来源不一,有以地名命名,如"梁州序"等;有以曲牌节拍或节奏特点命名,如"长拍""短拍"等;有以乐曲曲式结构命名,如"三段子""三部乐"等;有的以来源命名,如"文序子""卖花声"等;有因字面错讹,转义为名,如"朝天子"原是名种牡丹"朝天紫"等。此外尚有其他民族语言的音译,如"拙鲁速""阿纳忽"等等,以及歌者创用牌名。

　　曲牌原为声乐曲,后在戏曲中有改为用器乐演奏的,遂演变为器乐曲牌。

诸宫调

宋金元说唱艺术。起源于北宋时期,取自同一宫调的若干曲牌联成短套,首尾一韵;再用不同宫调的许多短套联成万言的长篇,杂以说白,常用琵琶等乐器伴奏。诸宫调曲体宏大,曲调丰富,可以表现曲折复杂的长篇故事情节,比以前的唱赚等说唱形式发展了一步,所以流传久远,并对后世的戏曲音乐特别是元杂剧的音乐产生过直接影响。

鼓子词

宋代说唱艺术。说唱时以鼓为节奏。以同一词调重复演唱多遍,或间以说白,用来叙事写景。现存鼓子词都是封建时代知识分子阶层写景抒情之作,多用于朝廷州府筵席宴会,有北宋欧阳修咏西湖景物的《采桑子》等。对后世影响最大的是《元微之崔莺莺商调蝶恋花》。

词话

元明说唱艺术。元初即已盛行。今见最早的词话刊本为明成化年间北京永顺堂所刊《新编全相说唱足本花关索出身传》等16种,均为中长篇,散文、韵文交织或全部韵文。韵文基本为七字句,间有攒十字。

评书

是流行于北京以及北方广大地区的曲艺曲种。相传形成于清代初年。清康熙年间李声振《百戏竹枝词》有咏"评话"一首,称"其人持小扇指画,谈今古稗史事,以方寸木击以为节,名曰'醒木'"。当是早期北京街头说评书的情景。后来,评书艺术不断提高,逐渐流传到天津、河北、辽宁、吉林、黑龙江等地。评书的传统书目,经过长期积累,已有40余部,包括历史袍带书《列国》《西汉》《东汉》《三国》《隋唐》《精忠岳传》《杨家将》等十余部;侠义短打书《水浒》《包公案》《小五义》等十余部;神怪书《西游记》《济公传》及鬼狐书《聊斋》等。

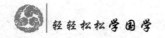

相声

起源于北京,流行于全国各地。于清咸丰、同治年间形成。它是一种历史悠久、流传较广,有深厚群众基础的曲艺表演形式。用北京话说讲,现各地也有以当地方言说讲的"方言相声"。在相声形成过程中广泛吸取口技、说书等艺术之长,寓庄于谐,以讽刺笑料表现真善美,以引人发笑为艺术特点,以"说、学、逗、唱"为主要艺术手段。表演形式有单口、对口、群口三种。单口由一个演员表演,讲述笑话;对口由两个演员一问一答,通常又有"一头沉"和"子母哏"两类;群口又叫"群活",由三个及以上演员表演。传统曲目以讽刺旧社会各种丑恶现象和通过诙谐的叙述反映各种生活现象为主,新中国成立后除继续发扬讽刺传统外,也有歌颂新人新事的作品。

说学逗唱

曲艺术语。相声传统的四种基本艺术手段。"说"是叙说笑话和打灯谜、绕口令等;"学"是模仿各种鸟兽叫声、叫卖声、唱腔和各种人物风貌、语言等;"逗"是互相抓哏逗笑;"唱"是编唱滑稽可笑的词用各种曲调演唱,或将某些戏曲唱词、曲调夸张演唱以引人发笑。

独脚戏

曲艺说唱艺术,又称"滑稽"。流行于上海、江苏、浙江一带,以方言演出。独脚戏兴起于1920年前后,早期以口技、杂学唱一类的节目为多,以后又发展了以"学"为主的及以"说"为主表现人物故事和以"做"为主的节目,使独脚戏的艺术表现手法形成"说、学、做、唱"四类。独脚戏现在一般以二人合作演出为主。

双簧

曲艺说唱艺术,流行于北京城区,形成于清代中叶。原为曲艺艺人在"全堂八角鼓"中表演的一种形式,初名"双学一人"。初兴时以学唱为主,后脸操三弦自弹自唱硬书、莲花落曲目选段或一些小曲,前脸持鼓架子充作三弦,配以相应的表情与动作。双簧靠学、歪学、故意露出破绽、失误而逗笑。由于它善于插科打诨,民国初年后有不少相声演员纷纷学演,后脸多弃弦不用,随之增强了说的成分。

快板

快板有"数来宝"、快板书、小快板、天津快板等多种形式。"数来宝"是两个人表演的;快板书是一个人表演的;小快板除了作返场小段以外,主要是群众文艺活动的一种形式;天津快板是用天津方言演唱的。

"快板"这一名称出现较晚,早年叫作"数来宝"。与"莲花落"一样,起初是乞丐沿街乞讨时演唱的。作为乞讨时的演唱活动,历史相当久远;作为艺术表演形式,则出现比较晚。"包袱""夸张""铺陈"是快板常用的艺术手段。

数来宝

曲艺表演的一种形式。数来宝又名"顺口溜""溜口辙""练子嘴",流行于中国南北各地。最初是艺人用以走街串巷、在店铺门前演唱索钱。由于艺人把商店经营的货品夸赞得丰富精美,"数"得仿佛"来"(增添)了"宝",因而得名。数来宝进入小戏棚演唱始于清末明初。数来宝艺人凭借丰富的生活经验,见景生情,即兴编唱,有的还能讲今比古,引经据典,夹叙夹议,积累了一些固定的套子词。后来吸收了对口相声的表现手法,形成对口数来宝,进一步增强了艺术表现力,出现了一些针砭时弊的新唱段。诙谐、风趣是数来宝的艺术特色之一。

数来宝的基本句式为上六下七, 上句六字为三三, 下句七字为四三、二五、二二三。上下句的末一个字要合辙押韵,并且同一声调。两句一组,可以一组一辙,也可以连续几个、十几个句组一辙。唱句中还可以插入一些独白,如过口白、夹白等。数来宝在它的演化过程中使用过多种击节乐器,如高粱竿儿、钱板儿、撒拉机、牛胯骨、三块板儿、三个碗儿、开锄板儿(又名"和平板儿")等。现在普遍使用七块板儿,大竹板儿两块叫"大板儿",小竹板儿五块叫作"节子板儿"。

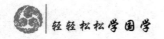

大竹板儿有多种打法，有演唱之前的开头板儿和演唱中的小过门儿，还可以打出种种花点儿制造气氛，有时摹拟某些音响，有助于表达唱词内容。

山东快书

曲艺表演的一种形式。山东快书产生于山东省鲁中南和鲁西南地区。山东快书一说创始于清咸丰年间的山东济宁艺人赵大桅。一说是在山东落子说唱武松故事的传统节目基础上演变而成的，以山东落子的竹板为击节乐器。山东快书自形成以来就以武松故事为主，因此演员被称为"说武老二的""唱大个子的"。正书之外有些风趣的小段子叫作"书帽"。山东快书由于曾用竹板击节而叫作"竹板快板"。20世纪30年代前后，曾叫作"滑稽快书"。山东快书的唱词基本上是七字句的韵文，穿插一些过口白、夹白或较长的说白。语言明快风趣，情节生动，表情动作夸张，节奏较快，长于演说英雄人物除暴安良的武打故事。

梅花大鼓

曲艺鼓曲类曲种。梅花大鼓又名"梅花调"，主要流行于北方地区。20世纪初开始在北京、天津两地流传。脱胎于清末流传在北京北城一带的清口大鼓。20年代，职业艺人多在南城演唱，称为"南板梅花调"，把原来北城的"清口大鼓"称为"北板大鼓"。30年代，天津著名弦师卢成科再次对梅花大鼓进行艺术改革，特别是丰富了段落之间的过门音乐（即"上、下三番"），并传授了花四宝等一批女弟子，形成"卢派"，又称"花派"。50年代，著名弦师白凤岩为了说唱新的内容，又一次对梅花调的板式、唱腔、唱法和过门进行革新，丰富了变调的艺术手法，灵活地插入曲牌和小曲曲调，称为"新梅花调"。梅花大鼓各个艺术流派的共同特点，是长于在叙事中抒情。它的慢板、中板，声腔婉转动听；快板、紧板，活泼有力；收束时的慢板稳重而又有余音。句式基本上为七字句，偶尔加三字头，快板中有时有五字句。梅花大鼓多为一人演唱。演员自击鼓板，伴奏乐器有三弦、四胡、琵琶以及扬琴等。

京韵大鼓

曲艺鼓曲类曲种。主要流行于包括北京、天津在内的华北及东北地区。它的渊源是清末由河北省沧州、河间一带流行并传入京津地区的木板大鼓。河间木板大鼓历史悠久，以演唱长篇为主，兼唱一些短篇。1870年前后，传入天津、北京。经艺人胡十、宋五、霍明亮以及后来的刘宝全、张小轩、白云鹏等改革，木板大鼓发展成京韵大鼓。伴奏乐器在原来的基础上，加上了三弦、四胡等乐器，并将河间方言改为北京的方言，吸收了京剧的发音吐字与部分唱腔，并采用了大量"子弟书"的曲本。20年代是京韵大鼓发展的鼎盛时期。各种流派繁多，风格各异，几乎与京剧并驾齐驱。京韵大鼓有五个特点：雅俗共赏的形式、刚柔并济的风格、说唱结合的方法、一曲多用的唱腔、写意传神的表演。

京韵大鼓的唱腔属于板腔体，可分为慢板、快板、垛板、住板。基本腔调为起腔、平腔、落腔、高腔、长腔、悲腔等。京韵大鼓具有半说半唱的特色，唱中有说，说中有唱。唱词基本为七字句和十字句，多为上下句的反复，并且比较讲究语气韵味，与唱腔衔接自然。京韵大鼓的主要伴奏乐器为大三弦与四胡，有时也有琵琶。演员自击鼓板掌握节奏。

西河大鼓

曲艺鼓曲类曲种。西河大鼓是河北曲种。以说唱中、长篇书目为主，也有少数演员专工短篇唱段。西河大鼓的前身，是清代中叶流行于河北省中部的弦子书和木板大鼓。西河大鼓的唱腔音乐，是以冀中语音的自然声韵为基础，吸取某些民歌、小调的音乐语汇发展而成的。在音乐结构形式上，约有30余种依附于主曲的乐曲和乐句的唱腔，分别归纳在三眼一板的头板、一眼一板的二板和有板无眼的三板三种板式中，在速度上都可作大幅度的伸缩，有的还派生出多种变格唱法，唱腔和谐流畅，生动活泼，似唱似说，通俗易懂。属于头板的唱腔有起板、紧五句、慢三句、一马三涧、快头板等；二板的唱腔有起板、流水板、双高、海底捞月、反腔、梆子穗、十三咳等；三板唱腔有散板、紧流水、窜板、尾腔等。西河大鼓的曲调大体上体现在流水板中，二板起板是流水板的

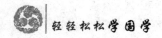

中把唱和下把唱的伸展,头板起板是流水板的发展、变化,其他大多数唱腔也都与这几个唱腔有着一定的关联。

西河大鼓的弦子书以小三弦伴奏,演员自弹自唱;木板大鼓没有弦索伴奏,演员自击简板和书鼓说唱。后来,这两种曲艺艺人拼挡演出,形成以鼓、板、小三弦伴奏的形式。

苏州评弹

曲艺鼓曲类曲种。用苏州方言说唱的弹词。流行于江苏南部、上海和浙江的杭嘉湖地区。清乾隆时已颇流行。苏州弹词在体裁上为散文和韵文结合,并以叙事为主,代言为辅。以"说噱弹唱"为主要艺术手段,表演上注意模拟各种类型的人物。说表技巧有火功、阴功、方口、活口等不同风格。唱词基本为七字句。基本曲调在原有的俞调、马调的基础上,于近代有很大发展,出现许多流派唱调,以小杨调、蒋调、薛调、徐调、周调等影响较大。除基本调外,另有一些曲版如"费伽调""乱鸡啼"等为辅助曲调。乐器以三弦、琵琶为主,也有增加二胡、阮等为陪衬的。

天津时调

曲艺鼓曲类曲种。清末民初以来流传于天津(主要在船夫、搬运工人、手工业者、人力车夫中传唱)。它渊源于明、清以来的时调小曲,又和很多地区的民间小调有密切关系。另有外地传来的"探清水河""怯五更""下盘棋"等小调。天津时调唱词句式有以七字句为主的,有长短句相间的;板式有慢板、中板、二六板和近于数唱的"垛子板",如"靠山调"中的"大数子"等。它的语音声调有浓厚的乡土气息。天津时调大多是一人独唱,伴奏乐器是大三弦以及四胡、节子板。它的腔调有"靠山调""老鸳鸯调""新鸳鸯调""喇哈调""落尺时调""落五时调"等。

单弦

曲艺鼓曲类曲种。原为八角鼓中的一种演唱形式,以一人操三弦自弹自唱而得名。单弦兴起于清乾隆、嘉庆年间,当时满族旗籍子弟开始编写、演唱八角鼓,创造了这种自弹自唱的演唱方式,借以自娱娱人。八角鼓状为八角形,象征八旗。开始多应亲友喜庆宴聚或在庙会等处义务演唱。后期(1880年左右开始)由于旗籍子弟随缘乐(本名司瑞轩)自编曲词在茶馆里演唱,对内容、唱腔等多所改革,遂形成独立的曲种。单弦是一种曲牌联套体的曲艺形式,曲牌众多、曲调丰富,艺术表现力强,适合于表现多方面的题材和反映现实生活。尤其在后期,又吸收了一些长于叙事的曲调,使它在叙事、抒情方面生动活泼,独具特色。单弦有两种演出方式:一是自弹自唱;二是一人站唱,以八角鼓敲击节拍,另一人操三弦伴奏,旧称"双头人"。八角鼓演唱以"岔曲""牌子曲"较常见。"岔曲"是始源于清朝乾隆年间的曲调,内容多为抒情写景。全曲分为六个段落,称为"六字脆唱"。依篇幅长短有大岔曲、小岔曲之分。岔曲文词典雅骈丽,多为前清作品。"牌子曲"以岔曲开头收尾,中间灵活使用各式曲牌,形成"联曲"的形式。曲牌格律要求非常严谨。内容有叙事性,并加入生活语言,不再拘于诗词散曲式的文体。

山东琴书

曲艺鼓曲类曲种。山东琴书发源于鲁西南的菏泽地区,产生于清代乾隆初年。原为农民自娱的庄家耍(即"玩局")。清末呈现兴盛局面,名家辈出,流传地区日益广泛。山东琴书最早为民间小曲联唱体,共有小曲200支,其中以"上合调""凤阳歌""叠断桥""汉口垛""垛子板""梅花落"最为常用,称为"老六门主曲"。清代末年撂地演出以后,以演唱中篇书目为主。由于很多曲牌拖腔过长、演出费力、格律严谨,艺人难于填词,遂在音乐上演变为以"凤阳歌""垛子板"为主要曲调,穿插少量小曲的结构形式。以扬琴为主要乐器,可唱小段儿,也可唱长篇大书。

凤阳花鼓

曲艺鼓曲类曲种。产生于安徽凤阳。最初为姑嫂二人演唱,歌词都是悲悲切切的内容。旧时凤阳旱涝灾荒不断,许多人家唱着花鼓,乞讨为生。凤阳花鼓成了贫穷讨饭的象征。改革开放以后,凤阳花鼓的形式和内容也随之起了很大变化。凤阳花鼓成了凤阳人自娱自乐的工具。花鼓演唱在城乡更加普及,凡是遇到喜事,或接待宾客,凤阳人总要热情表演一番,以表达欢乐的心情。凤阳花鼓又叫"双条鼓",表现形式一人击鼓,一人击锣,口唱小调,鼓锣间敲。花鼓的打法、舞步、花势、演唱等揉进了现代歌舞的技巧,在保持浓郁的地方特色的同时,形式更加活泼多样,气氛更加热烈欢快。

龙套

戏台上四人一组扮演兵士或衙役的角色。叫"龙套"。龙套由所穿的龙套衣得名。这几个人代表了千军万马。龙套在舞台上的活动有一定程式,如升帐或坐堂分站两厢的叫"站门";引导主人前行并开路的叫"圆场";在上下场门附近斜列两行候主人上场或下轿的叫"斜门",

在双方交战从兵刃下穿过叫"钻烟笼",分从两边上场叫"二龙出水"等。

龙套表演讲究"站如钉,走如风"。龙套在站堂助威时要像岩石一般,伫立不动;一旦动(跑)起来,犹如燕子掠过水面。舞台的气氛,有时是靠龙套跑出来的,所以又叫"跑龙套"。

龙套以头旗为主,二、三、四旗为副,要听头旗的指挥。他们常打着红门旗、飞虎旗、月华旗,演神话还打着风旗、水旗、火旗、云牌等。所以也有人称其为"打旗的"。

戏曲剧种及四大戏剧

我国是一个多民族的国家。地方戏曲剧种共有360多种,有近千年的演剧历史。其中,在全国影响较大的剧种当数以下几个:

京剧:是流行全国的大剧种,享誉最高,影响最大。

越剧:流行于江浙沪一带,约有90年历史。

昆剧:最初流行于昆山一带。表演上注重动作优美,舞蹈性强。

黄梅戏:源于湖北黄梅一带的采茶歌,主要流行于安徽一带,富有民歌味。

评剧:主要流行于北京、华北、东北。表演朴素自然,曲调活泼,北方特色浓厚。

川剧:主要流行于四川一带。生活气息浓,风趣幽默。

秦腔:流行于西北各省。音调激越高亢,长于表现悲壮激昂的情感。

豫剧:流行于河南,又称"河南梆子"。节奏明快,音调高亢。

另外,还有江西赣剧,广东粤剧,山西晋剧,江苏锡剧、扬剧,上海沪剧,湖南花鼓戏等,都是很受欢迎、很有影响力的剧种。

其中影响较大的京剧、评剧、越剧、汉剧被统称为"四大戏剧"。

京剧前身为徽剧,通称为皮黄戏。清朝同治光绪年间最为盛行。京剧未形成之前,盛行昆腔与京腔。

评剧,俗称"蹦蹦戏"或"落子戏",又名"平腔梆子戏",简称"平戏"。评剧名称是1953年在上海演出时才正式使用的。

越剧,因发源于浙江省绍兴地区嵊县一带,即古越国所在地,故名越剧。

汉剧,属于皮黄戏腔系,声腔以二黄西皮为主。二黄腔原出自平腔。西皮则由西北的梆子腔在湖北襄阳一带变化而成。

中国古代戏曲经典剧目

宋元南戏剧目:现存最早的南戏剧本《张协状元》、元南戏的辉煌之作"四大戏文"、南戏的压卷之作《琵琶记》。

元杂剧剧目:关汉卿的《窦娥冤》、王实甫的《西厢记》、白朴的《墙头马上》、马致远的《汉宫秋》、郑光祖的《倩女离魂》、杨显之的《潇湘夜雨》、纪君祥的《赵氏孤儿》。

明清传奇剧目:王济的《连环记》、李开先的《宝剑记》、许自昌的《水浒记·活捉》、沈璟的《义侠记》、汤显祖的《牡丹亭》《玉簪记》《秋江》《一捧雪》《人兽关》《永团圆》《占花魁》、洪昇的《长生殿》、昆曲《十五贯》、昆曲《钟馗嫁妹》、明清传奇的压卷之作《桃花扇》、传奇《雷峰塔》与京剧《白蛇传》。

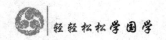

"生、旦、净、丑"由来

"生、旦、净、丑"是我国传统戏曲中的四个角色。它们是一台戏剧演出的四大台柱。"生、旦、净、丑"的取名和这四个字的反喻之意有关。

"生"是在剧中扮演男子的角色,有老生、小生、武生之分。而"生"字本身有生疏的意思。过去老生是各行当之首,也就是整出戏成败的关键,要求生角的演出必须老练娴熟、唱做俱佳。故反其意取名为"生"。

"旦"是在剧中扮演女性人物的角色,有青衣、花旦、老旦等之分。"旦"的本意是指旭日东升,也是阳气最盛的时候。旦角表演的是女性,女属阴,故反名之为"旦"。

"净"是在剧中扮演性格刚烈或粗暴的人物。通称"花脸",有铜锤花脸、架子花脸、武花脸等之分,"净"的本意是清洁干净,而剧中净角都是涂满油彩的大花脸,看起来很不干净。不干净的反面就是净,因而得名。

"丑"是在剧中扮演滑稽人物的角色。有文丑、武丑之分。在十二属相中,丑属牛,牛性笨,因此,丑就是笨的代名词,而演丑角的人,则要求活泼、伶俐、聪明,故相反取名为"丑"。

包公戏

北宋后期,政治愈加黑暗,徽宗昏庸,奸臣蔡京操纵朝政。他们穷奢极欲,变本加厉地压榨人民。处在水深火热之中的人们,当然希望有像包拯这样的好官为民请命,为民除害。包拯不能死而复生,于是民间就产生了包拯生前光明磊落,死后在阴曹地府掌管"东狱速报司"的传说。在现存的宋人话本中,就有《合同文字记》《三现身包龙图断冤》两种包公断案的故事。这时,包拯作为艺术形象的清官,已经出现,但包公的形象尚不够丰满。

元代杂剧作家采用借古喻今的手法,以历史题材来反映现实,于是包公的清官形象又在舞台上出现。就今天我们所见到的100多种元代杂剧里,包公戏就有13种之多,其中公案戏所占比例尤大。思想性、艺术性较高,称得起上乘之作的是无名氏的《包待制陈州粜米》和李行道(潜夫)的《包待制智勘灰阑记》两剧。

元代包公公案戏,对明代说唱艺人的影响极为深刻。

清朝咸丰年间(1851年—1861年)有人把说唱的《龙图公案》记录下来,去掉唱词,将它改成纯粹的散文话本。光绪五年(1879年)出版的石玉昆的《三侠五义》,便是把讲说包公故事的散文话本改成了小说。包公形象被注入了浓厚的忠君思想。小说中的包公、侠客在皇帝面前都非常驯服,为维护统治政权效劳,缺少为支持正义而敢于斗争的精神,与历史上的包拯距离甚远。清末人俞樾再将《三侠五义》修改,取名《七侠五义》,流传到现在。

新中国成立后,以包公故事为题材的戏剧,在舞台上大放光彩,《秦香莲》《包公赔情》等很引人注目。这类戏剧中包公的形象是铁面无私、执法如山、不畏权势、不徇私情的真正清官形象。和历史上的包拯相对照,这类包公戏是符合包拯品性的。

梨园

梨园,原是唐代都城长安的一个地名,因唐玄宗(唐明皇)李隆基在此地教演艺人,后来就与戏曲艺术联系在一起,成为艺术组织和艺人的代名词。我国人民在习惯上称戏班、剧团为"梨园",称戏曲演员为"梨园子弟",把几代人从事戏曲艺术的家庭称为"梨园世家",戏剧界称为"梨园界"等等。

《新唐书·礼乐志》载:"玄宗既知音律,又酷爱法曲,选坐部伎子弟三百,教于梨园。声有误者,帝必觉而正之,号皇帝梨园弟子。"可知梨园为玄宗时宫廷所设。梨园的主要职责是训练乐器演奏人员,与专司礼乐的太常寺和充任串演歌舞散乐的内外教坊鼎足而三。后世遂将戏曲界习称为"梨园界"或"梨园行"。

梨园,是我国历史上,第一座集音乐、舞蹈、戏曲的综合性"艺术学院"。唐玄宗自己担任了梨园的崔公(或称崖公),相当于现在的校长(或院长)。崔公以下有编辑和乐营将(又称"魁伶")两套人马。他为梨园搞过创作,还经常指令当时的翰林学士或有名的文人编撰节目,如诗人贺知章、李白等都曾为梨园编写过上演的节目。雷海青、公孙大娘等人都担任过乐营将的职务。他们不仅是才艺极高的

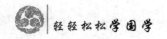

著名艺人,又是诲人不倦的导师。唐玄宗依靠这些杰出的创作人员和导演,造就了一大批表演艺术家。

梨园子弟分为坐部、立部、小部和男部、女部。坐部一般是优秀演员,乐工坐在堂上演奏,舞者大抵为3至12人,舞姿文雅,用丝竹细乐伴奏;立部是一般演员,乐工立在堂下演奏,舞者60人至80人不等,舞姿雄壮威武,伴奏的乐器有鼓和锣(即金钲)等,音量宏大;小部为儿童演出队。此外,还设有舞部,他又分为文舞和健舞。像这样庞大的编剧,男女兼有的皇家音乐、舞蹈、戏曲学院,出现在一千多年前,不能不说是世所罕见的。

京剧

京剧是我国的传统戏曲之一,以其表现手段绚丽多彩而成为中国的四大"国粹"之一。

中国的戏曲萌芽于春秋战国时期,到了元代,涌现出以关汉卿为代表的大批杂剧作家,产生了众多的优秀戏曲作品。元代是我国戏曲发展史上的重要时期。明清时期,全国已有很多地方戏曲,这些戏曲大都来自于民间,带有淳朴的乡土色彩及浓郁的生活气息。京剧就是在这些地方剧种的基础上诞生的。

1790年,乾隆皇帝八十大寿,作为一国之君,他要大肆庆贺一番。为了增加热闹的气氛,他命令四大徽班进京表演,其中以谭鑫培率领的"三庆班"最为著名。后来,徽剧就在北京定居下来,北京人根据其演唱的曲调,称其为"二黄戏",这就是京剧的前身。

1840年以后,湖北汉剧艺人带着许多汉剧剧目,来京同徽剧一起演出。汉剧的曲调主要是"西皮",这样,"西皮"和"二黄"得以结合形成了京剧的雏形。到了后来,京剧的武生表演艺术逐渐发展成熟,在表演风格上形成了三个主要流派,即俞菊笙的"俞派",黄月山的"黄派",李春来的"李派"。

"俞派"的表演气魄雄伟而身手矫健敏捷,开打勇猛剽悍而动作沉稳有力。"李派"身手轻灵迅捷,开打干净利落,精于短打戏。"黄派"主要流行于京津、东北一带,不但擅长武打,而且嗓音清越,善于唱念。三派的唱念也各有风格。"俞派"多唱西皮,没有什么花腔;念白很有气魄,节奏鲜明,韵味深厚。"黄派"注重唱功,以二黄戏居多,把武生和老生的唱法融合在一起,听起来苍凉悲壮,慷慨激昂,腔调也比较婉转曲折,复杂多变。"李派"的唱法比较简练朴直,易唱易懂。

由于京剧流派众多,同中有异,到了光绪年间,京剧已发展成为我国一个全国性的大剧种。

1919年,京剧艺术大师梅兰芳率领京剧艺人首次赴日本演出,使得京剧艺术开始走向世界,为促进国际文化交流做出了较大的贡献。

京剧脸谱

中国传统戏曲的脸谱,是演员面部化妆的一种程式。一般应用于净、丑两个行当,其中各种人物大都有自己特定的谱式和色彩,借以突出人物的性格特征,具有"寓褒贬、别善恶"的艺术功能,使观众能目视外表,窥其心胸。因而,脸谱被誉为角色"心灵的画面"。

脸谱的演变和发展,不是某个人凭空臆造的产物,而是戏曲艺术家们在长期艺术实践中,对生活现象的观察、体验、综合,以及对剧中角色的不断分析、判断,做出评价,才逐步形成了一套完整的艺术手法。

京剧脸谱与京剧表演艺术一样,是和演员一起出现在舞台上的活的艺术。京剧在中国戏曲史上,虽只有二百余年的历史,但与其他戏曲相比,它发展快,流传广,深受人民群众的喜爱,有广泛的群众基础。因此,京剧脸谱在中国戏曲脸谱中具有特殊的地位。

京剧脸谱是一种写意和夸张的艺术,常以蝙蝠、燕翼、蝶翅等为图案勾眉眼面颊,结合夸张的鼻窝、嘴窝来刻画面部的表情。开朗乐观的脸谱总是舒眉展眼,悲伤或暴戾的脸谱多是曲眉合目。勾画时以"鱼尾纹"的高低曲直来反映年龄,用"法令纹"的上下开合来表现气质,用"印堂纹"的不同图案象征人物性格。

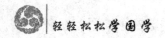

评剧

评剧是流行于我国华北、东北等地的地方戏曲剧种。发源于河北东部的滦县、乐亭、丰润一带。最初是农民农闲季节自发组织起来演唱的二人对唱"莲花落"等民间小调。后来从地摊唱上了土台子,从二三人的简单戏发展成了较复杂的戏。关于评剧名称的由来,说法不尽统一,一种说法是,该名称由早期的著名女演员李金顺所起。另一种说法是,该名称由李大钊所起。因作为小剧种的评剧刚走进城市舞台时,与国家大戏京剧均称为"平剧",引起京剧班主的忌妒,他们便挑拨武戏演员闹事。后来,时在报界工作的李大钊出面调解。他出了一个主意。给平剧在"平"字边加了一个"言"字。他说,京剧是国家大戏,代表北平就叫平剧;评剧是民间小戏,它反映社会现实快,演唱形式简单,通俗易懂,把"平"字加上一个"言"字就成了"评",这是以评论社会、评书说唱为重的意思。

越剧

越剧是浙江地方戏曲剧种之一,起源于绍兴地区嵊县,由当地民歌发展而成。主要流行于江浙、上海一带。因嵊县一带是古代越国所在地,故将此剧种称为"越剧"。越剧早期为"落地唱书",是嵊县一带农民敲着竹板、笃鼓演唱的一种山歌小调。1906年春节期间,嵊县农村六名说唱艺人首次化妆登台,唱腔仍以"落地唱书调"为主,只用笃鼓、檀板按拍击节,的笃之声不断,故被称为"的笃班",又名"小歌班"。1917年,小歌班进入上海。1923年间,小歌班在嵊县施家岙(今新市乡)招了一个女子科班,短期训练后即以"绍兴文戏"名义在上海演出,因女班扮相俊美,曲调流畅,至30年代中已全部改由女演员演出,故又称"女子文戏"。40年代前后,正式使用"越剧"名称代替"女子文戏"。

黄梅戏

黄梅戏是安徽地方戏曲戏种之一。流行于该省中部。因主要曲调由湖北黄梅传入而得名。黄梅位于湖北、安徽、江西三省交界处,在旧时代,它是荒州穷县,有不少以卖艺为生的民间艺人,走街串巷,摆场说唱。大约在清朝乾隆年间,民间艺人们以大别山的采茶歌、椎歌和江湖上流行的渔歌为基础,创造了一种民间歌舞小戏采茶调,因其婉转流畅,优美动听,易学易唱,很快由黄梅传向周围地区。其中一支传向安徽。以后,在黄梅采茶调的基础上,形成以演唱"两小戏""三小戏"为主的民间小戏。后又吸收"罗汉桩"说唱艺术,并受青阳腔和徽调的影响。逐渐发展成一个独树一帜的剧种。黄梅戏唱腔委婉清新、表演细腻动人,颇受广大观众喜爱。

秦腔

秦腔是流行于我国西北各省地方戏曲的剧种,由陕西、甘肃一带的民歌发展而成。秦腔名称的由来,说法不一:一说秦腔是秦地土生土长的剧种,自然姓"秦",故称为"秦腔";二说秦腔是《秦王破阵曲》即《七德舞》《七德歌》的简称。故名"秦腔";三说秦襄公收复丰镐,创建秦国,变温柔懦弱之气,成剧劲激昂之风。车邻驷铁,遗晌犹存,故取名"秦腔"等等。其实,比较确切的解释是:秦腔产生于"秦地",故冠以"秦"字,秦腔的"腔",确是"秦地"民众的一种声腔。产生于秦地的一种声腔戏曲,故取名"秦腔"。秦腔的音调激越高亢,以梆子按节拍,节奏鲜明。唱句基本为七字句,音乐为板腔体,长于表现雄壮、悲愤的情绪。

昆剧

昆剧起源于16世纪60年代,主要流行于江苏昆山一带。《浣纱记》的出现,标志着昆剧的诞生。

元末明初,南戏在我国戏剧舞台上占据着重要的地位。其代表性的声腔有余姚腔、海盐腔、弋阳腔和昆山腔。开始以弋阳腔和海盐腔最为有名,昆山腔还比较弱小,后来戏剧大师魏良辅对昆山腔进行了改革,为昆山腔奠定了坚实的基础。人们用昆山腔来演出戏剧,这样就产生了昆剧。因为它是由昆山腔发展而来,所以人们又称昆剧为"昆曲""昆山腔"。

昆剧的曲调细腻宛转,伴奏乐器一般使用笛、箫、笙、琵琶等。表演风格优美,舞蹈性非常强。昆剧刚一诞生,就以它独特的艺术魅力而迅速传遍大江南北,成为全国剧坛的霸主,对其他剧种产生了深远的影响。在昆剧的影响下,产生了北昆、湘昆、川昆、宁昆等许多支派,形成了一种声腔系统。

到了清代中期,随着地方戏曲的迅速崛起,加上昆剧一直处于停滞不前的地步,所以走向衰落,到新中国成立前几乎绝迹于舞台。新中国成立以后,我国艺术界对昆剧进行了改革和创新,使古老的昆剧焕发出新的光彩。

第五章

不可不知的道教、佛教知识

一、道教文化

道教教理和教义

道教从创教之初,就以老子的《道德经》为根本经典,将其中"道"和"德"作为基本的信仰。道教认为"道"是宇宙万物的本原和主宰,无所不在、无所不包,万物都是从"道"演化而来的。而"德"则是"道"的体现。

道教以太上老君为教主,也就是老子。此外道教的至尊天神在道经中还有其他说法,一是尊玉清元始天尊为最高天神,二是以上清灵宝天尊为最高天神,三是以太清道德天尊为最高天神。后来又演变成三位一体的老子一气化三清。

道教重生恶死,追求长生不老,认为人的生命可以自己做主,而不用听命于天。认为人只要善于修道养生,就可以长生不老,得道成仙。因此也就产生了许多修炼方法:炼丹、服食、吐纳、胎息、按摩、导引、房中、辟谷、存想、服符和诵经。

道教神学与道家思想未必切合,尤须深详;其间异同,颇值玩味。然道教既祖称老、庄,奉《老子》《庄子》为经典,毕竟吸收继承了老、庄思想的大量内容。此外,它也受到了《易》以及阴阳家的影响。

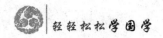

张天师与道教

道教的发展一般分为汉魏两晋的起源时期、唐宋的兴盛、元明期间全真教的出现和清以后衰落四个时期。

道教的形成是一个缓慢的发展过程。作为道教最终形成的两个标志性事件，一是《太平经》的流传，一是张陵的五斗米道的出现。东汉顺帝时(126年—144年)，于吉、宫崇所传的《太平清领书》(即后来所谓《太平经》)出世，得到广泛传播。到东汉灵帝时，张角奉《太平清领书》传教，号为太平道，自称大贤良师，信徒遍布天下九州，已是颇有影响。后来黄巾起义失败，太平道日趋衰微。同样是在东汉顺帝时，张陵学道于蜀郡鹤鸣山，招徒传教，信道者出米五斗，故称"五斗米道"。其孙张鲁保据汉中多年，后又与最高统治当局合作，使得五斗米道的影响从西南一隅播于海内，遂为道教正宗。

两晋南北朝时期，随着炼丹术的盛行和相关理论的深化，道教获得了很大发展。同时道教也吸取了当时风行的玄学，丰富了自己的理论。东晋建武元年，葛洪对战国以来的神仙家理论进行了系统地论述，著作了《抱朴子》，是道教理论的第一次系统化，丰富了道教的思想内容。南北朝时，寇谦之在北魏太武帝支持下建立了"北天师道"，陆修静建立了"南天师道"。

到了唐宋，唐高祖李渊认老子李耳为祖先，宋真宗、宋徽宗也极其崇信道教，道教因而备受尊崇，成为国教。此时出现了茅山、阁皂等派别，天师道也重新兴起。在理论方面，陈抟、张伯端等人阐述的内丹学说极为盛行。

金朝时，在北方出现了王重阳创导的全真道。后来，王重阳的弟子丘处机为蒙古成吉思汗讲道，颇受信赖，并被元朝统治者授予主管天下道教的权力。而同时，为应对全真道的迅速崛起，原龙虎山天师道、茅山上清派、阁皂山灵宝派合并为正一道，尊张天师为正一教主，从而正式形成了道教北有全真、南有正一两大派别的格局。

明代时，永乐帝朱棣自诩为真武大帝的化身，而对祭祀真武的张三丰及其武当派大力扶持。此时，道教依然在中国的各种宗教中占据着主导的地位。

清代开始，满族统治者信奉藏传佛教，并压制主要为汉族人信仰的道教。道教从此走向了衰落。

明清以后,道教基本已经停止了发展。进入近现代社会以后,道教更是衰微。新中国成立后的1957年,成立了中国道教协会,管理中国道教内部的事务。

道教的节日

道教把神仙诞辰的日子定为节日,每到节日来临,都要举行比较隆重的斋醮(古代以酒祭神之礼)仪式,包括祭星与设道坛诵颂,有的节日还有热闹的庙会集市。

道教的节日很多,北京白云观每年最隆重的节日就有五次:正月初七和初八为香客拜奉本命之神日;正月初九为道教所尊奉的玉皇大帝圣诞日,每年这天都要在白云观举行祭祀以为纪念;正月十九日为"燕九节",是纪念道教真人丘处机的诞生日;二月十五日为道教王老子诞生的生日,是为太上老君圣诞节;四月十四日是道教所奉吕洞宾生日,传说唐贞元十四年(798年)这一天,一只白鹤自天而降,飞入吕洞宾母亲的房中,此时吕母梦中也见此景,醒后即生下吕洞宾。后来人们每以此日举行斋醮仪式,以示纪念。

道教各派还有一些节日活动:如三月三日是王母娘娘的诞生日,俗称"蟠桃会",三月十五日为张(陵)天师圣诞,六月二十四日为关(羽)圣斋君圣诞,十二月十二日是王重阳祖师圣诞等等。

道教神仙

道教是一个多神教,最高的神是由道衍化的三清尊神,即元始天尊、灵宝天尊和道德天尊,其中道德天尊即是太上老君。另外道教按照人间的秩序创造了天庭及其皇帝玉皇大帝和一系列官员,吸收了佛教地狱和海中世界的概念,作为天庭的附属,也创造了阎罗殿和水晶宫的一系列神仙官员,再加上地方神仙系列如四值功曹、山神、城隍、土地、灶王等,还吸收了众多中国古代神话中的西王母、八仙等作为天庭秩序之外的"散仙"。所以道教的神仙众多,还随时可以吸收地方百姓创造的任何神仙以及崇拜的名人,如妈祖、关帝等都

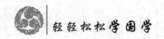

可以纳入道教的神仙系统。但一般宫观只供奉三清神像,其他的神可以建立自己的庙宇。

此外,道教认为人身也是一个小天地,因此人身上的各种器官,例如毛发、五官等等也都有神灵驻守,而且还有相应的修持方法。

道教戒律

道教戒律是一些约束道士思想言行的准则。戒律的内容主要有不得杀生、不得喝酒吃肉、不得偷盗、不得邪淫等。戒律是教徒必须遵守的,而且必须经过受戒仪式一名道士才能算作教徒。根据规则的严紧程度,戒律可以分成上品戒、中品戒、下品戒。根据节律的多少有"三戒""五戒""八戒""十戒""老君二十七戒"等。

除戒律外,还有道教清规,就是道士犯戒以后的处罚手段。具体条例派别不同则规定也不同。

道教的戒律,在吸取了佛教的一些内容和儒家三纲五常等要求的基础上,形成了一套自己特有的内容。道教的清规戒律也是随时事的变化而变化的,当与政权的法律相冲突时,会进行适当的调整。

道教的道术

道士的自身修行称为"道术",包括内丹、外丹、服食、房中等内容。外丹是指烧炼丹砂铅汞等矿物以及药物,制作能够使人长生不老的丹丸。现代科学认为这些丹药大多有毒,古人也有很多服食致死的例子,后来道教也认识到由于外丹服食和配制的方法较难掌握分寸,具有一定的危险性,因而后世转向较为保险的内丹修炼。外丹也被认为是现代化学的先驱。

内丹则是指通过行气、导引、呼吸吐纳,在身体里炼丹以达到长生不老的目的。外丹和内丹的用语相同,但是所指代的含义完全不同,比如把人体比喻为烧炼丹丸的炉鼎,不过理论上还是具有相通性。古时炼丹术的传授大多师徒相承、口口相授,外人很难了解。

此外道教还有许多道术。例如内观、守静、存思、辟谷等多种。这些在现代多被归为气功。另外,全真道的道教徒许多都习武术。中医理论亦源自道教。

　　道教的仪式统称为"斋醮科仪",斋是清洁的意思,醮是指祈祷,又称为"道场"。道教祭祀神仙,由于认为神仙清静洁高,因此祭祀前需要沐浴更衣,不喝酒吃荤,进行斋戒,进行祭祀活动称为"醮"。道教在发展过程中吸取了许多佛教的内容,名目繁多。道教认为通过这些仪式可以去灾求福。占卜也是道术的一部分,包括卜卦、抽签、测字等。此外,道教很有特色的是使用符、箓。符是用朱砂画在黄纸上的一些符号,道教认为可以用来治病,而箓则被认为可以驱使天神。另外道教认为口念禁咒可以治病,还可驱使鬼神、赶走野兽。这些主要都是正一道的法术。

道教的经典

　　道教奉老子的《道德经》、庄子的《南华经》为最重要的两部经典。另外,道教模仿佛教的大藏经创制了道藏,收集历代道家著作,不仅包括哲学和道家理论,而且包括炼丹、养生、治病、气功等方面的著作。主要有《正统道藏》《道藏辑要》《万历续道藏》等,现仅存明代《正统道藏》流传,其他版本已失传,现存历代道教经典多收录于此。道教的经书数量非常庞大,各派的主要经典也各不相同。

　　《周易参同契》是最早的丹经,称为"丹经之祖",此外《抱朴子》也是道教丹鼎派的基本经典。《太平经》和《老子想尔注》也是道教早期的主要经典。《黄庭经》和《上清大洞真经》则是上清经箓派的主要经典,茅山派也非常重之。《度人经》和《三皇文》则是灵宝派和三皇派的主要经典。《阴符经》和《常清静经》也是道教两部非常重要的经书,是道士必须诵习的经书。此外,《玉皇经》和《心印妙经》也是道教徒的日常功课之一。

　　道教南宗正一派虽然以符箓、斋醮、科仪为主,但北宋以后也主张三教一理,修炼内丹,出现了《悟真经》《金丹四百字》等经典。道教北宗全真派更主张三教合一,炼气全神,明心见性,兼融释儒,以《道德经》《孝经》和《般若心经》三家经典为主,提倡"孝谨纯一,敦厚朴素"。

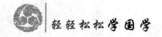

道教派别

从修行方式上来说道教主要分为两个派别——符箓派和丹鼎派。前者主张以符咒等方术治病驱鬼,后者主张炼金丹求仙,分外丹与内丹二脉。

道教的分派,一般认为是开始于宋、元。道教历史上比较有影响的有五个大派:

正一道,下面又分有灵宝派、正一派、净明派。

全真道,又有南宗和北宗之分。支派也有很多,如龙门派、遇仙派、南无派等。

真大道教,金朝时创立,元朝以后逐渐衰微。

太一道,金朝时创立,元末以后逐渐衰微。

净明道,南宋时创建,明朝以后衰微。

明朝以后,道教分为正一道和全真道两大派别,其他宗派全部归入这两个宗派。现在北京的白云观藏有《诸真宗派总簿》,所列道派共有86家,实际上只有80家。

正一道:正一道即东汉末年的五斗米道,后更名为天师道、正一道。其道士可以在家修行,不戒荤腥,可婚娶生子。其道观,一般被称作为"子孙庙"。

全真道:全真道兴盛于金元时代,是宋元新道派中最大也是最重要的一派。代表人物王重阳、丘处机。全真道讲求清修,其道士必须出家、素食。其道观,规模较大的一般被称作"十方丛林"(庙产归道众公有),规模较小的则被称为"子孙庙"(庙产私有)。此外还有介于两者之间的"子孙丛林"。

全真教

全真教,又称"全真道"或"全真派",中国道教的一个重要支派,于北宋末年至南宋初年期间由王重阳于河南终南山所创。王重阳仙游后,由他的七位弟子轮流接任。全真教除了继承了中国传统道教思想以外,更将符菉、丹药等及思想以外的内容重新整理,为今时今日的道教奠下了根基。全真七子之一的丘处机更因随同成吉思汗西征,而使全真派在元朝得以壮大。

全真教是金代兴起的北方三个新道派中最大和最重要的派别,因创始人王重阳在山东宁海自题所居庵为全真堂，入道者称全真道士而得名。全真教创建于金大定(1161年—1189年)年间。全真教是道教发展到后期最大的派别之一，元代以来与正一派一起延续至今。全真教三教合一的思想非常鲜明，这是其重要的特征之一。全真教仿效佛教禅宗，不立文字，在修行方法上注重内丹修炼，反对符箓与黄白之术，以修真养性为正道，以识心见性、除情去欲、忍耻含垢、苦己利人为宗。全真教规定道士必须出家住道观，不得蓄妻室，并制定了严格的清规戒律，这一点和正一道很不相同。

在金庸先生的《射雕英雄传》里，不单只全真教的创始人王重阳是抗金英雄，他的弟子也很爱国。但原来历史中的全真教由于地处当时金国的国境，所以在刘处玄、丘处机、王处一任掌门之时，都承认金国的政权；王处一更曾应金世宗的邀请进宫讲授道学。直到宋、蒙合灭金国，全真教才向南宋朝廷效忠，但另一方面又派丘处机及十八弟子北上向成吉思汗讲道。

正一道

正一道，道教教派。以中国江西龙虎山天师道为首，融合上清、灵宝等符箓道派而形成的一个大道派。相传东汉天师张陵创教之时，太上老君降临蜀郡鹤鸣山，授以"正一盟威之道"，让他伐诛邪伪，教化民众。南北朝时，南方天师道徒造作《正一经》和《正一法文》，后编入《道藏》，列为三洞四辅七部经典之一。隋唐五代，天师道在道教诸派中地位不甚彰显。至北宋真宗朝以后，龙虎山历代天师嗣位，皆受朝廷赐号，赏给钱物，扩建宫观，天师道逐渐上升为江南诸符箓道派之首。南宋理宗嘉熙三年(1239年)，加封张陵并命三十五代天师张可大提举三山(龙虎山、阁皂山、茅山)符箓，兼御前诸宫观教门公事，正一派从此正式取得了统领符箓诸派的地位。元世祖灭宋之后，赐封三十六代天师张宗演，命其主领江南诸路道教事。此后历代天师皆被元室封为真人，袭掌道教。明朝对正一道的崇奉更甚于宋元，道士赐爵封官者为数甚多。正一天师不仅统领江南诸路道教，而且受命主掌天下道教事，其地位凌驾于全真道之上。清朝正一道政治地位下降，正一真人品秩低于前朝。宋元明清朝正一道各派，皆以符箓斋醮之术著称于世。受时代影响，诸家符箓斋醮皆吸收内丹

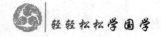
和雷法,以内丹修炼为施行符箓咒术之本。正一派组织也不如全真道那样严密,道士可以不出家,允许蓄养妻室,戒律亦不甚严格。

太极图

"太极"是儒家经典《周易》的重要概念。据说,道士陈抟曾作"无极图",后宋代理学家周敦颐又据之作"太极图"并著《太极图说》,以太极解释宇宙形成的过程。后来的理学家又把"太极"等同于"理"。在宋以后的官方哲学中,太极就成为天地万物的根柢和枢纽,是决定一切和派生一切的精神实体。金元之后,道教将《周易》易理与道教教义和内修理论相结合,并且在法衣法器中广泛采用了太极阴阳的图案。于是太极阴阳图在民间就成了"道"和道教的标志。

阴阳

阴原指山的北坡,河的南岸,阳指山的南坡,河的北岸。后来阴阳的涵义越来越扩大,如人之男女,生物之雌雄,天象之日月等都可用阴阳来概括,阴阳成为表述事物及其性质的对立的普遍性范畴,阳代表雄、积极、光明等事物和性质,阴代表雌、消沉、幽暗等事物和性质。阴阳是中国传统文化中的一个重要范畴。道家创立人老子认为,一切事物都是由对立的两种气——阴阳——构成的。后世也广泛使用阴阳来解释宇宙天地万物的生成。在道教典籍中,常可见到对阴阳的论述,在风水、占卜之术中,"阴阳"范畴更是得到广泛应用。

五行

即水、火、木、金、土五种元素。传统文化中,认为五行是构成宇宙万物的元素,五行相克,即木克土,土克水,水克火,火克金,金克木,循环往复。后阴阳说与五行说被结合起来,构成宇宙图式,来说明自然、社会乃至政治、伦常等生成,更替的基本原理。五行说也是道教炼丹术的重要理论依据。

八卦

是儒家经典《周易》的重要概念,指《周易》中的八种基本图形,卦形由"阳爻""阴爻"组成,每卦三爻,共组合成八卦:乾、坤、震、巽、坎、离、艮、兑。后世包括道教在内的各种命相之术都以八卦和天干地支相配测算人的天命吉凶。另外在道教内丹炼养的论著中,用八卦的象数学说来阐述修养要领,得到了广泛应用。和太极阴阳图一样,八卦图案也经常出现在道教的法衣、法器中,也是民间"道"和道教的标志。

内丹

内,指身体内部;丹,指小而圆的精神意识的产物。内丹修炼术是集道教各种养生术以及中医脏腑经络学说而成的重要功法。内丹术分为筑基、炼精化气、炼气化神、炼神还虚四个阶段。把人的身体比作"炉鼎",把人体内循环运行的经络比作内丹修炼的通道,在人为的精神意识的严格控制下,利用体内元气的推动力量,使精、气、神凝为"丹药"。丹药炼成后,可以从脑户出入,化为身外之身,永世长存。

炼制金丹

道教认为,凡人只要吃了金丹就能长生不死,然而这种金丹无法找到。战国时楚国、燕国的国王以及后来的秦始皇,都曾经派人四处寻访这种长生不死的仙丹,却没有一人能得到。于是一些道士便自己动手炼制金丹。

要炼成长生不死的金丹,原料必须永固不坏。草木类的药物,都容易坏,即使人参,火一烧就焦,水一泡就烂,自己都要"死"的药怎么能使人长生呢?像黄金、白银、汞、铅、砷(俗名砒霜)一类东西,不怕腐蚀,"水火不入",炼成丹才有作用,于是道士们把它们放在高温里熔炼。其实,金、银、汞、铅、砷等对人体都是有害的,好在用它们炼成的金丹价格十分昂贵,普通人吃不起,所以毒死的只是少数皇帝、大臣和贵族。北魏道武帝和明元帝父子、唐太宗李世民都是因服食金丹,不仅没有长生不死,反而被夺去生命。唐高宗也因服药中毒,五十几岁就眼睛昏花,难理朝政。

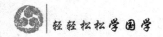

服食金丹对人有害无益,炼丹却是一项有意义的化学实验活动。道士们应用了许多化学方法来炼制金丹,如用金属汞或氰化物水溶液解黄金,用砷点铜生成砷化铜。今天还在使用的七星丹、紫金丹、红升丹,最早也是由炼丹道士发现的。《真元妙道要略》中的记载表明,世界上最早提炼出尿类固醇激素的人,也是道士。

道教的符

在道观或民间乡村,我们经常看到道士用画符、念咒、发放法箓的手段为老百姓消灾除病,然而符箓、咒语真有这样的神奇作用吗?

符,不是道教特有的东西,早在西汉以前就出现了符,有符节、符信,以及竹使符、铜使符、虎符等。当时只把这些符作为君臣之间、人与人之间表示征信的器物。

随着两汉天人感应说、谶纬学说的兴盛,符由象征信物的作用演变为具有预测事变的神秘色彩,这时符象征上天的意志,是天命神令的指示,与原始的符信含义,完全不同了。

符文的驱邪治病说实际上是在五斗米道创始人张陵时期才产生出来。传说张陵曾往阳山治妖,有毒龙于深水池中兴风作浪,张陵以书符一幅,投入水中,龙妖即逃去。从此,张天师门下就大力宣传画符治病,驱邪伏魔。符箓有镇鬼去殃、保护家室的作用。不但对存活于世的人有此作用,就是埋葬死人时,也经常要书画镇墓符。在当时自然科学、医疗卫生落后的社会中,认为人生病,是因妖魔作怪或自己有过错。因此忏悔谢过,驱妖伏魔疾病就能痊愈。所以,很容易就接受了张天师画符治病说。魏晋南北朝以来,符文被道教各派采用,符的意义更增添了神秘的宗教色彩。

法师画符用的是毛笔、墨锭、清水、朱砂、五色土纸,或绢、木、竹简、陶瓷、门、窗、墙壁等,作为道符的载体。符文书写多以大篆、小篆、虫书、云篆、象形画等结合使用。符图的使用,通常外用法为:佩戴、沉水、埋地、贴挂、点涂、洗拭、雕刻等。内用法则为烧灰服用、吞服等。

符文是一种画在纸上的象形会意的文字图形。就其物质结构看,毫无医疗作用。道士宣传它的治病功能，只是道教门内把它看作是从上天那里得到的调遣鬼神权力的兵符或护身符，是驱鬼辟邪、祈禳赐福的发令书。道教的符箓图文是多种宗教意义的集合体，道士们从这种奇妙莫测的文字中寻找精神寄托，在幻想中体现对自然、对社会的征服心理。它作为人与神、人与宗教世界主宰力量沟通的媒介，是宗教超灵感应的体现，是人类希求借助他力来战胜现实社会中邪恶、灾害的精神力量的象征。

道教的咒

咒语，是法师口中常念的三言、四言的短语，少则数字，多则数百字。道教的咒语来源于先秦时期巫觋的"咒禁法"。祝咒诀语，统言之都是法师与神明交谈的语言，细言之，又各有差别。

佛教传入后，亦多受佛徒香咒、赞偈的影响。南北朝以后，咒语发展成了对神明赞诵、祈诉、传令的秘语或颂词了。到了唐朝，咒语中吸收了许多方言、外来语、民俗俚语，因此其中多夹杂有方言俚语和梵文音译文字，咒语的内容变得奇曲晦涩，往往带有神秘性、不可解释性。在字数长短、音节快慢、短语韵律方面有一定的规律，可以反复吟诵，加入舞蹈动作，以增强咒语的效果。在内容上扩充为对神吏的嘱托，对鬼卒的呵叱、对仇人的诅咒、对病魔的降伏、对神灵的祈求、对自我的禁诫等。在古老的时代，人们对自然充满了希冀的同时，也充满了恐惧，充满了敬仰，人们笃信咒语，除了它是神示之外，更重要的是它有威慑人们身心思想的力量。它表达了人们的情绪、意望、宣泄等。当人们念诵起充满刻骨仇恨的咒文时，一种复仇的狂热，一种咬牙切齿的激情，不能不使人感到胆战心惊；当人们念诵起安详和谐的咒语时，美好的心绪，减轻了心灵的压抑。咒语对宗教信仰者的作用是可以想象的。在这样的需求下，信徒们并不追求理解咒文语义，而是更迷信于它的宗教色彩，利用它传达天神命令，或向天神申述心声、祈求福祀。从此咒语变成了信徒与神灵交往的重要手段。

道教的斋醮祭祀仪式

当你漫步在道教宫观的大殿上，听到笛笙箫管吹奏的仙乐，看到身穿彩绣道袍的高功法师,口中吟唱着经咒,脚下步斗踏罡,在香烟缭绕的神坛下,匍匐膜拜着善男信女,不禁要问:他们在干什么?他们在祭祀、斋醮礼拜道教的神灵。斋醮祭祷,是中国古代即有的祀礼,东汉五斗米道成立后,承袭了古代祭祀仪式,创建了宗教的特有的向神灵祈祷、忏悔、拜谢的礼仪。

道教设斋修醮,无非是为了"感天地、致群神、解世罪、灭凶咎、却怨家、修盛德、治疾病、济一切",使活在世间的人们祈禳得到现世的福寿,使亡灵孤魂得到超度安宁,向神伏罪,以缓解心理压力,乞求宽恕,自我慰藉,使失落的感情在宗教殿堂中找到依托,这就是道教(包括一切宗教)通过祭祷形式培养信徒的信仰意识,使其皈依道门、修心炼性,达到积德成真的目的。

道教斋法名目繁多,从性质上简单而论,有供斋:即摆放物品,供奉于神坛。有节斋:举行法事事前,当事人及法师要沐浴身体、节制饮食,以此来表示自身的诚意及对神灵的皈依。另有心斋:指除去一切欲望和杂念,追求心理上的绝对平静,精神上的自由超脱,达到"疏沦其心,摒弃智欲;澡雪精神,去秽累也;掊击其智,断绝思虑",使信徒们在祭祀中"无思无虑则专道,无嗜无欲则乐道,无秽无累则合道"。做好充分的心理准备,再与上苍神灵交通,才能获得灵验。

斋醮科仪是道教开展宗教活动的主要内容,通过高功法师的宿启、发炉、上香、燃灯、章表、经赞、巡坛等仪式来完成。斋醮科仪也是阐扬道法,弘扬教义的主要方式;也是道教发展民众、联系民众的手段;也是道教徒表达信仰、规戒身心的形象体现。

道教教义把人与天、地并立为"三才",而人在天地中,具魂魄,贯三才而立,因此,只有人才能以自己的道功和心灵去感应、去沟通天地鬼神。在道教斋醮中,通过神职人员"志心召请"诸路神仙,六道之灵,通过法师的符使有道德者升入仙界,使有罪恶者沉沦地狱。神虽是神灵,但要听从法师的启请;鬼虽是鬼魂,也要听从法师的呼唤。法事中启请何路神仙,召集何等鬼神,一切悉从举办仪式的施主、法师和该仪式的性质、目的而决定。人的意识主宰了祀神活动,这充分体现了中国道教的教义宗旨是"我命在我不在天"。尽管人们心理上敬神畏鬼,但在宗教斋醮祭祀实践中,却更多地体现了"神为我用"的信念和信心。

太上老君与南华真人

一些道观的大殿正中供奉着三尊大神,这是道教的最高神"三清"。其中的道德天尊,又叫太上老君,在《西游记》中把孙悟空关在八卦炼丹炉里,想把孙悟空烧成灰烬的,就是他。

"三清"中的太上老君是道教对老子的尊称,实有其人。老子姓李,名耳,楚国苦县(今河南鹿邑东)人。他是春秋时代的思想家,道家学派创始人,死后六七百年,又被道教尊奉为始祖,并受到历代统治者的青睐。汉桓帝曾在宫中立黄老浮屠祠,并派宦官到苦县祭祀老子。唐高宗封老子为太上玄元皇帝。宋真宗又加封其为太上老君混元上德皇帝,还用只有祭天时才演奏的"郊天乐",来祭祀老子。

老子与道教实际并无关系,后来道教奉他为始祖有三个原因。一是他的《道德经》正合道教宗旨。二是老子出生年代早,捧他出来可以摆摆老资格,与佛教、儒家比个高低。道教的产生比佛、儒晚得多,但老子却比释迦牟尼、孔子大十几岁或几十岁。三是老子有许多神奇的传说,与道教的神仙说正相吻合。司马迁的《史记》就说,老子因为能够"修道"和"养寿",所以活了一百六十多岁,或者二百多岁;并说老子晚年弃官出走,经函谷关,在那里写了五千多言的《道德经》,最后不知游历到哪里去了。道教在这个基础上,进一步加以神化。说老子生下来,有九条龙吐水为他洗涤身体,并且刚生下来就能行走,一步一朵莲花,共有九朵莲花。有这样一位了不起的人物当始祖,当然是最理想不过的了。

在道教尊奉的神当中,还有一位著名的历史人物,就是被尊为南华真人的庄子。庄子名周,字子休,宋国蒙(今河南商丘市东北)人。他是战国时代的哲学家,庄子学派创始人。他继承和发展了老子的理论。他描绘那些掌握了"道"的"真人""圣人",可以不食人间烟火,长生不老、逍遥自在,凌空飞游于四海之外。这些离奇幻想,后来成为神仙信仰的一个根据,庄子本人也被神化了。《真诰》说他在抱犊山中修炼,服下北育火丹,升天成了神仙。信奉道教的唐玄宗封他为南华真人。他的著作《庄子》也被称作《南华真经》。因为佛教有观音等四大菩萨,唐玄宗又把庄子和其他三人封为四大真人,使两者旗鼓相

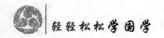

当。宋徽宗时,又加封庄子为微妙玄通真君。

三星高照

人们常用"福如东海、寿比南山"祝愿长辈幸福长寿。道教创造了福、禄、寿三星形象,迎合了人们这一心愿,"三星高照"就成了一句吉利语。

三星也是许多民间绘画的题材,常见福星手拿一个"福"字,禄星捧着金元宝,寿星托着寿桃、拄着拐杖。另外还有一种象征画法,画上蝙蝠、梅花鹿、寿桃,用它们的谐音来表达福、禄、寿的含义。

福星根据人们的善行施增幸福。古人认为岁星(木星)照临,能降福于民,于是有了福星的称呼。但道教另有一种说法。唐代道州有侏儒,唐德宗觉得有趣,命令每年要进贡几名作宫奴,供他观赏玩乐。道州刺史阳城认为这不合人道,便冒着犯上的危险,要唐德宗废除这项进贡。道州百姓感念阳城的恩德,奉他为本州的福星,以后又成为道教的福星了。

禄星掌管人间的荣禄贵贱,他的来历不太清楚,因为禄有发财的意思,所以民间往往借了财神赵公明的形象来描绘他:头戴铁冠,黑脸长须,手执铁鞭,骑着一头老虎。然而在道教的三星群像里,他却是一位白面文官。

寿星又叫南极老人,古人认为南极星的明暗可以兆示国家寿命的长短,也可给人增寿,是长寿的象征。寿星鹤发童颜、精神饱满、老而不衰、前额突出、慈祥可爱。早在东汉时候,民间就有祭祀寿星的活动,并且与敬老仪式结合在一起。祭拜时,要向七十岁上下的老人赠送拐杖。

王母娘娘

王母娘娘原叫西王母,本是昆仑山一个原始部落的女酋长。《山海经》说她形状像人,豹尾虎齿,善于啸鸣,头发蓬乱,佩着玉制的首饰。到了战国时代,西王母成了一位得道的仙人或半人半仙的人王。她曾给后羿长生不死之药,后被嫦娥偷吃。到了东汉,半人半仙的西王母又被说成是一个漂亮透顶的天仙。头上梳着太华髻,戴着太真晨婴冠,穿着黄金丝织成的衣服,脚穿凤纹鞋。这时她已经被认为是众女仙的头领了,同时也被尊为道教的大神。

道教的大神关羽

关羽信仰兴于宋,盛于明。宋徽宗崇宁二年,山西解州盐城池有水妖为害,乃遣三十代天师张继先召将缚之,继先投符盐池中,妖遂除。徽宗问所召何将,继先乃召关公神于殿左。于是徽宗封关羽为崇宁真君,不久,又追封为忠惠公。大观二年,又加封为武安王,并建关王庙于解州。

明代神宗时,封关羽为"协天护国忠义帝",万历四十二年,又被封为"三界伏魔大帝神威远镇天尊关圣帝君",并将其庙尊崇为武庙,与孔子的文庙相称。

关羽信仰本与道教无甚关系,但关羽生为大将,死后率鬼卒,当属道士可以召劝调遣的鬼神,因降魔有功,屡显灵异而得到帝王的信奉和百姓的供奉,于是成了道教的大神。

灶神的由来

灶神,即东厨司命定福灶君,俗称"灶君""灶王爷"。中国古代就有祭祀灶神。清代的《敬灶全书》称,灶君姓张,名单,字子郭。当属男神。现在民间供奉的东厨司命定福灶君的纸马,往往是一对老夫妇并坐,即灶君和灶君夫人的画像。

灶神之职原是主管人间的饮食制作。约在东晋,灶神又有了监察人间罪恶,掌握一家寿夭祸福的职能。每年腊月二十四日,灶神上天,报告人间功过,定人祸福。因此,我国南北习俗均于腊月二十三日晚上奉祀灶君,焚香祀送。旧时亦有士绅家于二十三日送灶,百姓家二十四日送灶之别。奉祀灶君多用糖元宝、炒米糖、花生糖、芝麻糖和糯米团子之类,以冀堵住灶神之口,不讲人间罪恶,世称"上天言好事,下界保平安"。祭毕,即将奉祀经年灶君旧纸马从灶上揭下,连同纸锭等一起焚化,以示灶神上天。除夕接神时,再行接灶神之礼,奉祀灶神后,再在灶上粘贴新的灶君纸马。

八仙的传说

中国自古有以"八"称事的传统,如淮南王刘安见八公理事的故事,杜甫诗中有"饮中八仙"的诗人,唐人江积有《八仙传》,五代时道士张素卿绘有八仙真形图八幅,这八位神仙是李巳、容成、董仲舒、张道陵、严君平、李八百、范长生、葛永贵,均是道教中的得道者。宋元时期八仙传说盛行,但已与唐代八仙名目完全不同,盖指钟离权、吕洞宾、韩湘子、蓝采和、曹国舅,其他的有指徐神翁、余仙翁、风僧寿;有指元壶子、李凝阳、李八百;有指李元中、刘海蟾;有指李铁拐、张果、何仙姑等等,名目并不统一,这种现象直至明初依然,大概因民间流传不一。八仙人物名目的变化形成现在所传的八仙,是经过明人吴元泰加工定形的。吴元泰在其神魔小说《八仙出外东游记》中即定下了现今的八位仙人,小说中的故事如为庆寿东渡过海等已加工成了民间文艺、戏曲艺术的脚本。因此,八仙故事也因此而传之弥广,对八仙的信仰也就形成了。

钟离权为五代时后晋、后汉年间人,遂有"汉钟离"之名。仕后汉为将军,一次奉旨征讨吐蕃,失败后逃入深山而迷路,遇一异人,便师事之。老人以长生秘诀、金丹火诀、青龙剑法传授。后又遇华阳真人,传授太乙刀法,内丹火符,后入崆峒山修道成仙。关于他的传说出现于宋朝初年,至北宋徽宗时,逐渐丰富起来。

吕洞宾的神仙传说,最早见于北宋初年,后越演越烈。其实吕洞宾本是五代末宋初的一名隐者,精通剑术,修丹炼药以救济世人,有名声在世。北宋徽宗时,岳阳出现了《吕洞宾自记碑》,碑记他是京北人,唐末举进士不第,游华山遇钟离权传金丹大药;遇苦竹真人,传驱鬼避邪之术。常游行汴京、两浙之地,先度弟子郭上灶,后度赵仙姑,均已成仙。《自记碑》出现后,对吕洞宾的纷繁传说也就逐渐统一起来。至明代又加上钟离权以黄粱一梦超度吕洞宾的故事,并结合其他仙迹而演化成今天所传的八仙故事。

韩湘子字清夫,唐史部侍郎韩愈的外甥。自幼落拓不羁,不喜诗书,少年时出家为道士,相传有异行。元和十四年(819年)韩愈被贬潮州,韩湘子于蓝关相见。后世遂以此敷演而成仙话流传。

蓝采和传说是赤脚大仙降生,化为乞丐,混迹于市井之间,行歌乞讨,警悟世人。蓝采和的故事盛传于唐末五代,流传久了,形成了神奇而丰富的神仙故事。

曹国舅名佾,生性恬静,淡泊寡欲,虽为皇亲,却视功名富贵如浮云。一心向道,隐迹山林。相传后遇钟离权、吕洞宾授受道家秘法,得道成仙,于南宋高宗绍兴四年卒于徐州萧县玉虚观。关于曹国舅的其他一些传说,多为后人衍化增添而来。

张果,唐时隐居山西中条山的高道,有异术,屡被皇室召见。由于传说他已有数百岁,便称为张果老。每次出行,均乘一白驴,倒骑驴背,日行数万里。歇时驴可折叠起来,放入行囊中。用时以水呪(同"咒")喋(喷水)又恢复白驴原形。后世存诗记其事,曰:"举世多少人,无如这老汉。不是倒骑驴,万事回头看。"因此,张果老倒骑驴的神话,一直流传至今。

神仙李铁拐并无真实人物为其所本,而是把几个传说人物的仙话附会在一起而形成今世的八仙故事。魏晋时有仙人李八百,精于丹鼎之术,顷刻间能拐行八百里,故名铁拐李。又宋代有刘跛子,相传遇吕洞宾于君山,修习灵龟吐纳气法,后得道成仙。又传说唐代开元、大历年间,李元中学道于终南山,后阳神出舍远游,其肉身被老虎所啖,阳神返回后无所依托,不得已乃附路旁饿殍之尸而起,从此蓬首垢面,袒腹跛足,倚杖而行,即成了今天八仙传说中的李铁拐形象。

八仙传说中唯一的女仙即何仙姑,唐代广州增城县人。少时随女伴入山采茶,走失伴友后迷路山中,至东山峰下,遇一道士施舍仙桃,从此不饮不食,能轻身飞行,往来山谷间。后隐于末州,唐中宗景龙年间白日升仙。据一些史料记载,宋代还有一个何仙姑,永州人,幼年时遇异人给桃食之,遂不食人间五谷,后得道升仙。道教八仙的传说,是把诸多关于何氏女的神奇故事附会于一身而来,并且到了明清时代,又增添了吕洞宾度何仙姑的故事,把何仙姑纳入道教八仙中,增添神话色彩。

道教八仙的八个人物分别代表了社会上男、女、老、少、贫、富、贵、贱八个方面,均以得道成仙的故事来度化劝人,这正是宗教仙话布道的目的。八仙传说受到民众的喜爱,被编成民间艺文、戏曲剧目,广为流传。

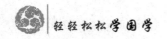

道教的三清尊神

三清即玉清元始天尊、上清灵宝天尊、太清道德天尊,为道教所崇奉的最高神。

晋葛洪《枕中记》中,有大罗天上三宫的说法,梁陶弘景《真灵位业图》继其说,以虚皇道君应号元始天尊,列玉清第一中位。《道藏》列《元始无量度人上品妙经》于首,历记天尊为说是经,开辟天地万灵之迹。今道观中皆供奉三清神像,元始居中,以二指捏一圆球,以象混沌未分之状,是所谓太元之先,万物元始。

上清灵宝天尊次之,《真灵位业图》第二中位列"上清高圣太上玉晨元皇大道君",以为万道之主。灵宝天尊在唐宋及前时称"太上大道君"或"太上道君"。

寿星崇拜的来历

寿星,古指二十八宿的东方角、亢二宿,因位于列宿之首,故名寿。寿星的另一含义指属于西宫的南极老人星。古代立祠奉祀的寿星是指南极老人星。古人将南极老人星与国家的命运联系起来,认为老人星"为人主占寿命延长之应。见,国长命,故谓之寿昌,天下安宁;不见,人主忧也"。所以秦时有寿星祠,用以祈福延祚。后来,寿星被视为主人间寿夭之神,所以东汉时将祭祀老人星与敬老活动联系起来。《后汉书·礼仪志》载:"仲秋之月,年始七十者,授之以王杖,哺之糜粥。八十、九十,礼有加赐。王杖长九尺,端以鸠为饰。鸠者,不噎之鸟也,欲老人不噎。是月也,祀老人星于国都南郊老人庙。"

秦汉以来,历代王朝都将祭祀老人星列入国家祀典,至明代始罢。但唐宋时已经不知寿星原始意义了,认为寿星就是指角亢二宿与老人星,故将二者合在一起祭祀。

近代民间崇拜的寿星形象是一白发老翁,拄一弯弯曲曲的长拐杖,高脑门,头特长。这种形象是怎么来的呢?白发老翁盖因其为寿星而想象出来的,长拐杖可能始于后汉时对老人赐以九尺王杖的传统。至于高额长头,《通俗编》有一种说法:"世俗画寿星像,头每甚长。据《南史·夷貊传》,毗骞王身长丈二,头长三尺,自古不死,号长颈王。画家意或因乎此。然则所画乃毗骞王,非寿星矣。"

太岁信仰的来历

俗话说:"谁敢在太岁头上动土?"太岁是中国民间信仰中有名的凶神,平时对于难惹的人,也称他太岁,对于长相凶恶的人,也说他像太岁一般。那么,太岁究竟是什么?

太岁与古代的星体崇拜有直接关系,中国古代有两种观测星体以制定历法的方法,一种是把天空按岁星的运动路径自北向西、向南、向东(即所谓右旋)划分为十二段,叫十二次。岁星每运行一次,便代表一年。这种观测方法后来也用于二十四节气和十二月的划分。另一种方法是把天空由北向东、向南向西(即左旋)依次划分为子、丑、寅、卯、辰、巳、午、未、申、酉、戌、亥十二个区域,叫十二辰。这种方法后来主要用来记录一天之内的十二个时辰,和一年间恒星的方位变化,特别是北斗的回转。这两种观测方法各有其用途,而它们对天空的划分除了方向相反,名称不同,其实是一样的,自战国以来,人们就设法加以协调,最简便的一个方法就是假想有一个和岁星运行速度相同、方向相反的太岁(也叫岁阴、太阴),按十二辰的方向运行,每年进入一辰。由于岁星是天上的实体,太岁却无可捉摸,实际上是人们为记时的需要而想象出来的,于是就说它"左行于地",即在地下与天上的岁星作相对运动,太岁的观念就是这样产生的。

太岁虽不是星体,但它受到了与其他星体类似的神化和崇拜。最迟从西汉开始,人们已经认为太岁每年所行经的方位,与动土兴建、迁徙、嫁娶的禁忌有关。这种迷信在民间一直流行,至近代仍盛行不衰。民间还传说,如在太岁方位动土,就会挖到一个会动的肉块,这就是太岁的化身,动土者就得全家遭殃,这就是"不得在太岁头上动土"典故的由来。史籍中有很多这样的故事。

太岁信仰本来流行于民间,不列国家祀典,但自元明以来,太岁信仰又得到了最高统治者的承认,设专坛祭祀。而大岁的职掌,也稍有变化,除了土木工程的方位禁忌外,又视它为"主宰一岁之尊神",常与月将、日值之神并祭。

民间传说及小说中则将它变为人格化之神。如《封神演义》以殷纣王太子殷郊为值年太岁之神，管当年之休咎，杨任为甲子太岁正神，察人间过往愆由。至于《三教源流搜神大全》则将殷郊与民间传说中的肉块统一起来，说殷郊诞生时，即裹于肉团之中，后被封为地司九天游奕使、至德太岁、杀伐威权殷元帅。

雷公电母信仰的来历

雷声隆隆，电光闪闪，这种自然现象具有神秘的威力，中国古代人们对此感到迷惑不解，并且充满恐惧，于是创造了雷电神迷信的内容，并塑造了雷电神的形象。对雷神电母的神性和形象的塑造，在历史上经历了一系列复杂的发展过程。

最初的雷神形象是一种兽，《山海经·海内东经》载："雷泽中有雷神，龙身而人头，鼓其腹。在吴西。"战国以后，雷与风、雨等神常被称为"师"，这是雷神的人格化，而且雷师还娶妻生子，亲族甚众。《稽神录》中载一女"为雷师所娶，将至一石室中，亲族甚众，婚姻之礼，一同人间。"

在民间对雷神最普遍的称呼是"雷公"，雷公的形象多是兽形或半兽形，或谓像猪，或谓像鬼，或谓像猴。从春秋战国以来，人们给雷公加上了许多社会职能，认为它能代天执行刑罚，击杀有罪之人，希望它能主持人间正义，所以在民间，雷公并不是一个可怕的形象。

雷公本来只有一个，后来随着雷神的人格过程，人们逐渐认为雷公不只一个。明代以后始形成较固定的雷部众神体系，如律令大神邓元帅、银牙耀目辛天君、飞捷报应张使者、左伐魔使苟元帅、右伐魔使毕元帅、火犀雷府朱天君、纠伐灵官王天君、黑虎大神刘元帅、魁神灵官马元帅、朗灵上将关元帅、雷公江使者、电母秀使者等。

电母又称"闪电娘娘"，是司闪电的女神，其起源稍晚。在早期的信仰中，雷公兼司雷电二职，后来分为雷公电父。但随着雷神的人格化，雷神的男性特征突出起来，与之相对应，电神很自然地演变成其配偶神，而称为电母了。民间所塑的电母形象是："其容如女，貌端雅，两手各执镜，号曰电母秀天君。"

城隍信仰的风俗

城隍原是民间的神祀。据说安徽芜湖的城隍祠建于吴赤乌年间。南北朝时都有祀城隍的记录，到了唐代，城隍之设已很普遍。明代对城隍更为重视，城隍的"神通"也越来越大，"其神天地储精，山川钟秀，威灵显赫，圣道高明"，"有求必应，如影随形""代天理物""护国保邦""普救生民"。

城隍神大多是由在该地历史上有过功迹或有过重要影响的人担任的。比如宋代镇江、庆元、宁国、太平、芜湖等地的城隍为汉将纪信。溧水城隍白李康，原是唐代该县的县令。明代南京城隍为文天祥，上海县为秦裕伯，前者为民族英雄，后者在元宋明初时做过些好事。不过，据说城隍也如阳间的官吏一样，可以凭文章考取。

城隍是阴间父母官，地方上对他便十分崇敬。为官的、为民的都有一系列表示虔敬奉事的习俗。明洪武时规定新县官上任要去谒见城隍，那是因为阳官治人，阴官治鬼，阴阳调和，才能国泰民安，所以阳官到任后要与阴官通款洽。

至于民间对他的敬奉，表现在他出会或出巡时。一般说来，遇他"出巡"的日子，都有隆重的礼仪。一般城隍神像坐花轿，由人抬着巡行街市，并有全副装扮的全副执事在前鸣锣开道，旌鼓前驱。烧香的、围观的总是填街塞巷，大多数地方还张灯结彩、搭台阁、舞狮子并通宵演戏以娱神。

正如阳间要赈济灾民平息一些社会冲突一样，阴间也照例有对孤魂野鬼的赈济。这项事务是该由城隍管的，所以每年都要抬出城隍老爷来"主持"祭厉（祭祀饿鬼、幽鬼孤魂）。明代的祭厉一般设在春、秋、冬一年三次。上海县历来设厉坛于北门外，每年的清明、中元和十月初一都要将城隍老爷迎出来，临坛赈济孤魂，叫作三巡会。每逢这天城隍仪仗鲜明，随从众多围观的更是填街塞巷。居民捐助纸钱银锭，堆积如山，都在坛前焚给孤魂享用。这类活动，浙江金华称为"城隍散粮"。

土地公公的信仰风俗

土地信仰是原始宗教中对自然崇拜的重要组成部分。古代人类祭祀地神,是崇拜土地承载万物、生养万物的功能。原始的土地神崇拜,有地区性、民族性的特征,"土地广博,不可遍敬,故封土为社而祀之"。统一王朝出现以后,就出现了国家以整个大地为对象的抽象化的地神崇拜,称之为"后土""地祇"(地神),由皇帝专祀。而各诸侯国、大夫采邑、乡里村社则奉祀管理本地区的社神。这些社神不仅具有自然属性,而且带有社会职能,并且逐渐被人格化,成为管理某一地区的地方守护神。

早期被尊为土地神的人物有蒋子文,据说他是汉末的秣陵尉,逐贼至钟山受伤而死。他在三国吴时被奉为钟山的土地神。又说由于南朝梁武帝的大臣沈约将自己父亲的墓地捐给了普静寺,所以寺僧们尊沈约为土地。后来被尊为土地神的历史人物很多,所谓"又随所在,以人实之。如县治则祀萧何、曹参,翰林院及吏部祀唐韩愈,黟县县治大门内祀唐薛稷、宋鲜于先,常熟县学宫则祀唐张旭,俱不知所自始。若临安太学祀岳飞,则因其故第也。"

土地本来遍及城乡,自唐朝崇奉城隍,城市中以供城隍为主,于是在城里土地的辖区缩小,成为城隍的下属神。土地信仰盛行于宋代,当时无论城乡、住宅、园林、寺庙、山岳都有土地,它们的辖区已有明确的划分,与城隍的关系也更加清楚。关于土地的神话传说很多,有的布衫草履,如田夫状;有的家室满堂。而且土地也如世间的官吏一样,需要更代轮换。土地的职能是造福一方,要为人们免灾去难,农民祈之风调雨顺,官人祈之官运亨通,如此等等。经过历代变迁,土地神在民间成为与普通百姓最接近、慈善可亲的形象。

财神信仰的由来

财神,本来是人们按照自己生活的追求,想象出来的司职之神。原先人们求神许愿,几乎都是为消灾纳福,财为福字题中应有之义,所以开始并没有专职的财神。到了宋元之后,大约是商品经济有了较大的发展,人们对于财富的欲望变得强烈起来,慢慢地将求财的希望集中寄托在几位神道身上,便演变出了在天界理财的司职之神——财神。由于各地民间信仰不同,加上对财神的解释不一,于是便形成了不同的财神,而在实际的祭祀中,便不免张冠李戴,或干脆相互融混难以辨清了。

赵公明在道教中原是冥神、瘟神，大约在宋之后，才被看作雷部神将。赵公明自从做了财神，在民间的知名度大大提高。他不仅在道观中接受万家香火，还进入家家户户在主人的厅堂里享受独家香火。他的生辰是农历三月十五日，这天是斋玄坛的日子，民间自然要恭敬致祭，商家将他的祭期放在正月初五。

　　门神信仰的由来

　　门神信仰在中国民间很普遍，它起源于原始的自然崇拜。但是门神究竟是什么样子，历史上众说纷纭。门神的一个职能是驱鬼辟邪，保障家庭平安。这种门神始于神荼、郁垒（或称作"荼""郁律"等）。神荼、郁垒是神话传说中的人物，据说他们是兄弟二人，住在度朔山上大桃树下，主管检阅百鬼，若有鬼妄为害人，则缚以苇索，执以食虎。所以人们于除夕时放置桃人、悬挂苇索，在门上画神荼、郁垒和虎的形象，用以辟鬼驱邪。这种风俗后来简化为悬桃符驱邪，守卫房门的责任唐以后逐渐移交给钟馗和武士门神。但宫廷、贵族家庭沿袭除夕悬挂神荼、郁垒的像的习俗，一直到清代。而民间的武士门神画像上，也常标有神荼、郁垒的名字，少数地区甚至不贴流行的门神肖像，而在门上书写神荼、郁垒的名字，即用以辟邪。

　　钟馗捉鬼的故事在中国民间非常流行，这个故事始于唐朝。自唐末以来，多于除夕夜悬钟馗像于门。

　　宋代以后，除了神荼、郁垒、钟馗之外，还常有画武士为门神者。武士带金甲，执金钺，冠带威严。但当时所画仅为武士，并未以人实之。元明以后，武士门神常常以古代的大将代之。这种门神有几种说法，如近代流传最广的秦琼、尉迟恭二位名将，据说唐太宗有疾，夜不能寐，觉门外鬼魅呼叫，于是让秦琼、尉迟恭立门侍卫，夜果无魅。太宗念其守夜辛苦，命画工图二人形象，穿甲执戈，一如平时，悬于宫门，于是邪魅无踪。后世沿袭，遂永为门神。在苏州一带，流行以岳飞、温元帅为门神；在河南流行以赵云为门神。此外，有以赵公明、燃灯道人为门神者，有以孙膑、庞涓为门神者，这些多为小说中之人物，可见中国民间信仰的神，不少是小说塑造出来的。

随着社会的发展，门神的功能不仅是辟邪免灾，而且人们还希望从它们那里获得功名利禄，于是门神便有了祈福的功能。至迟在明代，武士门神像上已常添画"爵鹿蝠喜宝马瓶鞍，皆取美名，以迎祥祉"。于是民间逐渐形成以天官、状元、福禄寿星、和合、财神等为门神的风气。

钟馗

传说故事中的人物。相传唐玄宗曾于病时梦见一大鬼追一小鬼，大鬼戴帽，穿蓝衣，袒露一臂，裹双足，捉住了小鬼，"刳目而啖之"。大鬼自称名"钟馗"，生前曾应武举未中，死后决心要消灭天下妖孽。唐玄宗梦醒而病愈，于是命画工吴道子将梦中所见画成图像。其记载可见沈括《梦溪笔谈》。旧时有民间风俗，在端午节悬挂钟馗像，据说能驱除邪祟。

陈抟

陈抟，五代宋初著名道教学者，自号扶摇子。他在五代的乱世中，20余年间寄情山水，长住华山云台观。曾习睡功"锁鼻术"，能一睡三年，或"多百余日不起"。周世宗曾赐予他官职，他没有接受。北宋建立，他认为天下大定，欢喜得从驴子上摔了下来。后宋太宗给他很高礼遇，赐号"希夷先生"。在思想上，他继承汉代以来的象数学说，并把黄老清静无为思想、道教修炼方术和儒家修养、佛教禅观会归一流，对宋代理学有较大影响。

吕洞宾

五代宋初著名道士，世传"八仙"之一，名吕岩，字洞宾，号纯阳子。他本是儒生，因科考失意，转而学道，遇到五代隐士钟离权（即"八仙"传说中的汉钟离），得授内丹道要，于是隐居终南山，并曾活动于关中等地。据说他善于养生，活到百余岁，仍"状貌如婴儿"。他善于用诗句阐述内丹的要旨，对钟吕金丹道的形式做出了贡献。因北宋以后，历代都有人假托吕洞宾之名行种种异事，所以关于吕洞宾的神化事迹层出不穷，民间信仰吕洞宾的很多。

王重阳

名嚞，号重阳子。金初道士，全真道派创始人，道教北五祖之一。宋室南渡时，其家遭受劫难，于是慨然入道，在终南山隐居。曾在其家乡陕西终南县南时村"凿塘丈余，高数尺"居住，自名"活死人墓"。传说他40岁时遇异人传道，于是抛妻弃子，离家行乞，举止若狂。后漂泊至山东牟平，收马钰为徒，马珏为他建造了"全真庵"，后又收丘处机等六人为弟子，传全真大法，金丹之道，以"三教圆融，独全其真"为宗旨，在北方创立了全真道派。他主张三教合一，注重清修，要求修道者必须出家，苦行苦修，以修炼内丹为成仙证道的手段。

丘处机

号长春子，也称"长春真人"。金、元之际著名道士、全真教龙门派祖师。王重阳弟子。1220年，他应元太祖成吉思汗之请，历时两年，行程万余里，到达西域大雪山见太祖。太祖待之甚厚，称他为神仙。他常为太祖讲道，要太祖敬天爱民、清心寡欲。他东归时，太祖下诏，命其掌管天下道教，并免道观、道人一切赋役。从此丘处机成为北方道教风云人物，他所居的燕京长春宫成为北方道教中心。以他为祖师的龙门派，从明清到近代，一直是全真教的主流。

张三丰

道教史上有几位著名道士都叫张三丰。其中最著名的一位《明史》有传，他是辽东人，名全一，字君宝，号三丰。他的形貌奇异：身材高大魁梧，龟形鹤背，大耳圆目，须髯如戟。他无论寒暑，只穿一件破旧的道袍，或披一件蓑衣，所以人又称其为"张邋遢"。他一餐能吃一斗米，有时却又能数天进食一次，甚至数月不吃任何东西。他行踪无定，言语诙谐，喜欢玩笑嬉戏。曾居住在武当山，但明太祖、明成祖先后派人寻访，都没能找到他。在道教思想上，他提倡内丹修炼，道德修养，积善累功，主张三教一致。据说他武功卓绝，看到鹊蛇相斗心有所悟，从而创立了武当内家拳术。

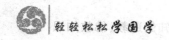

道教音乐

道教音乐是指道士法师们诵经、礼拜、举行各种祭祀斋醮(活动中演奏的乐曲和吟唱的词调)。道教音乐主要由器乐、声乐两部分组成。器乐中以钟、磬、鼓、木鱼、云锣等为主,另配有吹管、弹拨、拉弦等乐器为辅。声乐以高功法师的神赞诵咒、宣戒经偈、步虚诰符时的独唱、领唱、吟唱,以及教讲的表白、诵奏,道士、信徒们的合唱等形式组成。器乐演奏常用于法事的开头、过门,道士们在仪式中绕殿巡回、队形变化和合唱时的伴奏。声乐、器乐紧密而灵活地配合,完全服从于法事仪轨的需要,以法事情节组合串联起各种诵、赞、颂、偈等,这种说唱形式,就是道教音乐的情节性与贯穿性在道教活动中的运用,它的宗教意义是警戒道士在法事进行中集中精神,倾心念道,加强文本的记诵;在香雾袅袅中,借器乐的韵律,增添宗教感染力,使道士心里纯净,使信徒油然肃穆。心灵的振颤,情感的交融,为宗教活动做好充分的精神、心理上的准备。音乐美离不开声音,而声音只是把我们引向音乐所表现的宗教意境的媒介,它还需要通过人们思维的联想、情感的升华等诸因素的作用,才能体验到宗教价值。

道教音乐作为烘染宗教作用的音乐,已成为具有舞、仪、乐、歌、颂、赞、吟结合的综合性的宗教艺术,这种艺术特别追求内容与形式的统一,文情并茂、风格多样,如幽雅清隽、恬静虚宁的步仙乐章《长空风静月华明》《玉女真仙齐降临》等,使人进入神仙缥缈意境,心理上建立起良好的宗教环境。道教宣扬祸福报应、追求今世的解脱和来世的超度,道曲《东极妙严宫》《正果承功上翠微》等,渲染地府的恐怖,歌颂救苦天尊的神力,以此劝戒人们行善积福、脱离苦海,满足普遍民众宗教心理的要求。道教信奉神灵,相信神力无边,《英扬奋武震天宫》等道曲正是描述道教执法神接到民间求救信后,下降凡间,斩邪杀魅,为民除害的神灵威力。

悠扬悦耳的乐曲,能使人心情舒畅、心旷神怡,促进心理健康。音乐可刺激人体分泌酶和激素,调节血压、神经兴奋强度,促进身体健康。因此,宗教音乐从心理学上讲是疏松剂,可以起到心理治疗作用。

道教音乐的宗教体验告诉我们,具有浓厚神秘的宗教意味的音乐正是借乐音符号唤起直觉的音乐形象,这种直觉反映了宗教天国感、时空距离感、民众生死感、善恶感,折射到宗教礼仪活动中,启发信徒们创造性的想象;激起心灵深处信仰意识的回归;刺激民众宗教感情与各种感触的共振与交流,心理上积思成感的高层次意境的表现。这种宗教感受反映了普通民众的基本心态和生理需求。这时,道教音乐已不单单是演奏出来的音符和乐曲,而是一种超越单纯音符感知境界达到内在超越的和谐。

白云观

白云观在北京西城西便门外,始建于唐代开元年间,初名天长观,以祭祀老子玄元大圣祖。金章宗明昌三年(1192年)经过重建,改名太极宫。元灭金后,白云观一度被毁。元太祖时,遣使自奈曼国迎长春真人丘处机来大都,丘处机遂将太极宫加以修复扩建,改为长春宫。从那时起,这里才成为北方全真派道教的中心,成为全真第一丛林,堪称全真道三大祖庭之一。明英宗正统三年(1438年)再次重修,改名为白云观,留传至今。

丘处机师事王重阳潜心修道,王重阳死后,他开创全真道龙门派宗法。他曾觐见元太祖,劝其止杀安民,并用道家"清心寡欲""无为而无不为"的道理,开导元太祖。太祖深契其言,赐号"大神仙",拜为大宗师,让他掌管天下道教。丘处机坐化于白云观,弟子安葬于老律堂后的处顺堂(即今邱祖殿内),以示祭奠。明朱国祚《题白云观》曰:"一言止杀古人难,多少遗臣藉尔安,辛苦捐躯文信国,得归也拟著黄冠。"

白云观曾经明、清两代的修缮和增删,建筑群分东、中、西三路和后花园。观南向,门前有一牌楼。入山门,左右有钟鼓楼各一。中路是全观的主要建筑,共五进,依次为:灵官殿、玉皇殿、七真殿(亦称老律堂)、丘祖殿(供奉丘真人像)、四御殿、三清殿(供奉三清塑像)。楼阁上为三清阁,收藏大明正统《道藏》五千四百八十五卷。左右配殿有:藏经阁、朝天楼、宗师殿、南极殿、半姥阁、罗公塔、八仙、吕祖、元君等神殿。后花园中假山回廊,玲珑成趣,正中是全真教戒台。整个观宇,端庄凝静,古朴素雅。

白云观内珍藏着不少道教文物和文献,其中以"镇观三宝"最为著称。其一是收藏在三清阁楼上的大明正统《道藏》，是道教文献经典集大成的著作。新中国成立前，很少有人能看到，专门研究者也寥寥无几。每年阴历六月初一至初七，观内道士就取出《道藏》书本摊于观前晾晒，称为"晒经会"。其二是唐代老子石雕坐像，质地为汉白玉石，石刻刀法古朴遒劲，现存观内文物陈列室中。其三，是一部刻在祠堂内的《松雪道德经》，外人很少有机会看到。除此三宝外，白云观还藏有唐代石刻老子像、六十甲子殿内甲子诸神像等，现均有拓片流传。

道教神山武当山

武当山又名太和、大岳、仙室，位于湖北省均县以南，地处华中。山峦绵亘起伏，延伸八百余里。主峰天柱山犹如一根宝柱，直插云天，有"一柱擎天"的美誉。主峰四周，七十二峰姿态各异，形成万山来朝的奇观。自古以来，武当山就是道士修炼成仙的福地，相传战国时的尹喜、汉代阴长生、晋代谢允、唐末吕洞宾，以及宋人陈抟、明人张三丰等，乃至道教所奉的真武大帝，都曾在武当山修炼。现在武当山不仅是全国各宫观道院道士交游的重要场所，也是各路香客朝山进香的道教圣地。

武当山以风景绮丽驰名天下，同时，宏伟壮丽的宫观建筑更是著称华中。武当建宫立观，推溯至贞观年间，均州太守姚简始建五龙祠，以后又建太乙、延昌、神威武公庙等。宋朝时推崇真武大帝，致使武当山建筑更具规模。到了明代，成祖朱棣自谓享真武大帝的阴佑，才荣登帝位，于是尊封真武大帝为"北镇天真武玄天大帝"，大建宫观群，历时11年，耗资近百万。

武当山建筑群的设计和布局，从规格大小到间距疏密，都是充分利用和配合武当山峰峦岩涧，迂回曲折，宫观随山势的雄伟高险和奇峭幽深忽高忽低，若明若暗，时隐时现，使武当山更增添了神秘色彩，不论是道士还是游客，都似进八仙山瑶阙，玄妙超然。整个建筑群体依附300处，最著名的有八宫（迎恩宫、紫霄宫、太和宫、南岩宫、五龙宫、五虚宫、遇真宫、净乐宫），两观（元和观、复真观）等。

在武当山宏伟壮观的建筑群中，不能不提及的是耸立在仅20多平方米的峰顶上的金殿，又称为"金顶"。原有元代铸的古铜殿，后移八山莲峰转辗殿内，现存为永乐廿一年(1423年)所建紫禁城环抱的金殿。殿中供奉披发跣足的真武大帝铜铸鎏金像，是艺术珍品。

其次是大岳太和宫，建于永乐十四年(1416年)，共有建筑511间。太和宫正殿内供奉真武神，下列六部天君。宫前为朝圣殿，两侧为钟鼓楼，另有皇经堂，供诵经使用。

太元紫霄宫，建于永乐十一年(1413年)，位于展旗峰下，左边是青龙山，右边是白虎山，原建宫殿庙堂八百余间。紫霄宫分中、东、西三路，中路以龙虎殿、十方堂、紫霄大殿，父母殿为主轴。龙虎殿中塑有元代名塑家刘元一派的传世作品青龙、白虎泥像，是武当山泥塑艺术珍品。紫霄殿内供奉的是明代御制铜鎏金真武坐像四座，一是武身，另是老、中、青青身坐像。另有铜铸鎏金的八大神君、大小不同的28尊武神像。

青城山道观

青城山是道教的发源地之一，位于四川省灌县(今都江堰市)，道教目之为十洞天的第五洞天，号曰"九仙宝室之天"，自古以来就有不少羽客逸士来此结庐隐居。青城山道教兴旺发达，历代不衰，于今仍留下许多名胜古迹。旧说青城山有36峰，72洞，108处胜境。及今山中道观，有建福宫、祖师殿、朝阳洞、上清宫、天师洞、圆明宫、玉清宫等，建筑多得以保存。其中尤以天师洞为最著。

天师洞居青城山中心，是联络上下左右道观的枢轴，由相传为张陵居住过的洞屋、古黄帝祠和古常道观三层殿宇组成。隋称延庆观，唐名常道观，宋改昭庆观。观前台阶陡起，有幽径通天之象，入观中而俯视，则顿生凌空御虚之感。观中漫步，最能体会到"青城天下幽"的情致。

如果说青城山道观的一大特色是以楹联石刻反映了道教文化，那么古常道观就是这一特色的集中体现。那是一座常年开放的道教艺术展览馆。楹联石刻之丰富，文辞之优美，书法之神妙，道理之深邃，当居道观之冠。

建福宫，始建于唐代，原名丈人观，宋代改为建福宫。现存建筑为清光绪十四年(1888年)重建。宫内正殿供奉宁封、杜光庭两尊泥塑彩像。祖师殿,始建于晋代,原名洞石观,宋改清都观,也称"储福观""真武宫",现有殿宇是清代所建,殿内有八仙壁画和诗文刻石,供奉泰山神东岳大帝、真武帝君和铁拐李、吕纯阳、张三丰等祖师神像。上清宫,始建于晋,屡建屡毁,现存殿宇为清代同治年间所建,大殿祀老君像。宫前山岩上有清代黄云鹄所书"天下第五名山""青城第一峰"等摩崖石刻。

崂山道观

崂山古属齐国,处蓬莱神仙境界的中心地带,战国的齐燕方士,曾把崂山誉为"神窟仙宅"。自秦汉以降,历代都有方外逸人,羽士幽客出入齐东,崂山是他们活动的热点之一,传说得多了久了,访仙踪、寻丹药的人来得频繁了,仙道在这里便有很深的群众信仰的基础,群众信仰当然是酿造新道派的肥沃土壤。金末陕西咸阳人王重阳欲创一门自全性命于乱世的宗教,在他的故乡传教不开,却在崂山脚下的昆仑等地区大得信众,全真教自此大开门户,这与齐东的仙话传说以及与之相应的群众信仰基础,不能说没有关系。在崂山方圆百十里的地方,道教宫观庵亭星罗棋布,旧时因有"九宫八观七十二庵"的说法。

崂山道教宫观,大多数始建于宋元时期,如神清宫、太平宫、上清宫等建于宋,遇真宫、华楼宫等创建于元。在现存的崂山道观中,渊源最早、影响最大的是太清宫。太清宫俗称"下清宫",坐落在崂山老君峰下,负山而襟海。宫中古木参天,林荫蔽日。金元时期,全真七子之一刘处玄来居太清宫,开创全真道随山派,太清宫因而成为随山派的祖庭。

太清宫现为全国重点道教宫观之一,主要建筑有三皇殿、三清殿、三官殿、西王母殿,又有东华殿供奉东华帝君、救苦殿供奉吕洞宾。

二、佛教文化

佛教的发展

佛教,是与基督教、伊斯兰教并列的世界三大宗教之一。释迦牟尼在西元前6世纪时于古印度创建佛教,并被称为佛陀。

佛教在古印度发展非常迅速,到孔雀王朝阿育王时,佛教成为了国教,佛教得到了极大的弘扬。

随着形势的发展,佛教修正并发展了释迦牟尼的学说,分化为18个部(有的说是20个部)。1世纪时产生了大乘佛教。

从孔雀王朝开始,佛教分别向南北两个方向传播。南传佛教(又称"小乘佛教")主要影响泰国、缅甸、柬埔寨、斯里兰卡等地。北传佛教(又称"大乘佛教")又分为两个支派,一派经喀什米尔到达新疆,在汉朝时传入中国,形成汉传佛教,后又传入朝鲜、日本以及越南;另一派则主要在西藏地区传播,被称为"藏传佛教"。

佛教基本教义

佛教认为世间充满了痛苦,一切事物都是无常的。小乘阿罗汉的基本教义是四谛,即"苦、集、灭、道"。苦谛是佛教的出发点,认为人生七苦:"生""老""病""死""爱别离""怨憎恚""求不得"。只要身处轮回之中,必然逃脱不了痛苦。集谛说明产生苦的根源,认为苦是由于人有欲望,而产生的后果,而这后果就是苦的根源,这就是因果学说。灭谛说明如何消除苦,认为关键在于认识一切皆空,皆是虚妄。道谛则给出了修道的途径和方法,通过八正道的修行,达到不生、不灭,绝对清静、永远超脱的境界。虽然佛教的教派众多,但这"四谛、八正道"等却是普遍为佛教各派别所接受的共同理论。

佛教宣扬忍辱负重,自我牺牲的精神。提倡众生平等,认为任何人只要依照佛教教义修行就能获得解脱。

释迦牟尼试过各种方式,力图使人逃脱轮回,最终他在一棵菩提树下,苦思冥想七天,终于顿悟,想出一种理论:经由修行灭除烦恼与迷惘,即为涅槃境界,从而获得大智慧,了脱生死,自然会远离痛苦。而随着佛教各种宗派的发展,其皆形成了具有各自特色的教义。

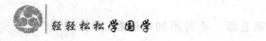

小乘佛教

小乘佛教比较固守佛祖的本意。有观点认为,释迦牟尼创办的佛教和西方宗教不同,是属于主观唯心主义的,不求助于神,认为神和人的区别只在于生命长短,同样得落于轮回,人的解脱在于自我的修炼,最终达到涅槃,由此逃脱轮回,解脱痛苦。因此小乘佛教一般不拜佛像,而拜象征宇宙秩序的佛塔和曼陀罗。不过在近世受大乘佛教的影响,也开始修造佛像。

大乘佛教

大乘佛教主要流传于中国、日本、朝鲜、尼泊尔、西藏、蒙古等地,在越南和我国台湾省也有相当数量的信徒。它是从《金刚经》发展出的,并结合了以前的许多经典。

大乘的风格是从早期严格的小乘中发展的。小乘偏向于强调超自然现象。从包括无形的空间和力量,到或人或神的阿罗汉。大量的阿罗汉结合了动人的大自然和非常宽容的教条。比如,道教早在佛教传入中国以前就在中国盛行了,不过两者存在着本质的区别。然而,大乘佛教的结构允许认可道教的太上老君作为神。简单地说,作为大众的大乘教徒认可孔子、耶和华、穆罕默德,作为别的菩萨。大乘佛教的核心是普度众生,菩萨是他们最终的实现者。虽然不明智地拒绝了涅槃,留在了尘世,但是他们的目的是启迪别人(从心向善)。

大乘佛教是从佛教画像中的传统雕像中刻画出来的。这个传统像是希腊的亚历山大大帝带到中亚来的希腊雕像的一个分支。早期的这些表现方法即希腊风格佛教雕像,明显地模仿了希腊雕像。后来这个传统从阿富汗往东传到了印度、中国和日本。

因小乘佛教和大乘佛教的名称是大乘佛教徒取的,小乘佛教徒自称为"上座部",称大乘佛教为"大众部",都有一些褒贬的含义,现经常用比较中性的名称:南传佛教和北传佛教。因为在中国的流行,大乘佛教也被称为"汉地佛教"。

佛教描绘的世界

任何一种宗教，都要向教徒描绘世界的形状。佛教的世界是由"净土、世俗世界、地狱"，也就是"天堂、人间、地狱"三个部分组成的，而人间、地狱又分成许多等级。信徒只有一步一步地不断修行，才可以到达净土，成为佛陀，永远得到安乐和颐养。

净土，又叫"净刹""净界""净园"，是佛居住的世界，与世俗众生居住的所谓"秽土"相对。大乘教派认为佛有无数，净土也有无数，著名的有如来佛的灵山净土，阿弥陀佛的西方净土，药师佛的东方净琉璃世界等。其中西方净土通常叫作"西天"或"极乐世界"，常被信徒们挂在嘴上，经常称道。

世俗世界又被称为"三界"，有俗界、色界、无色界三层。俗界是普通人居住的地方，这里的人们怀有种种欲望。色界在欲界之上，这里的人们已经消除了各种欲望，但还不能离开物质。无色界又在色界之上，这里的人们已不需要物质，但仍不能脱离因果轮回与生死。这三界，佛教统称为"迷界"，需要经过对生死诸苦及它的根源"烦恼"的彻底断灭的涅槃境界，才能到达净土。而反对佛教、执迷不悟，或者做了坏事、杀生犯罪的人，就要堕入地狱。

地狱，又叫作"不乐""可厌""苦具""苦器"，是佛教虚构的惩罚恶人的地方。

佛教勾画的这幅世界蓝图，主要是引导人们努力修行、扬善避恶。用天堂来鼓励人们多做好事，用地狱警告人们不可为非作歹。从这层意义上说，佛教有劝人从善戒恶的作用。

"法"

"法"字的梵语是"达摩"。佛教对这个字的解释是："任持自性、轨生物解。"这就是说，每一事物必然保持它自己特有的性质和相状，有自己的规则，使人看到便可以了解是何物。例如水，它保持着它的湿性，它有自己的规则，使人一见便能了解它；反过来说，如果一件东西没有湿性，它的规则不同于水的规则，便不能以其为水。所以佛教把一切事物都叫作"法"。佛经中常见到的"一切法""诸法"字样，就是"一切事物"或"宇宙万有"的意思。照佛教的解释，

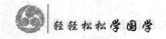

佛根据自己对一切法如实的了解而宣示出言教,言教本身也同样具有"任持自性、轨生物解"的作用,所以也叫作法。

佛

佛就是指佛教创始人乔达摩·悉达多,他属于释迦族,人们又称他为"释迦牟尼",意思是释迦族的圣人。

"佛"字是"佛陀"的简称,是Buddha的音译(如果用今天的汉语音译,应当是"布达")。佛陀的意义是"觉者"或"智者"。"佛陀"是印度早就有了的词,但佛教给它加了三种涵义:其一,正觉(对一切法的性质相状,无增无减地、如实地觉了);其二,等觉或遍觉(不仅自觉,即自己觉悟,而且能平等普遍地觉他,即使别人觉悟);其三,圆觉或无上觉(自觉觉他的智慧和功行都已达到最高的、最圆满的境地)。

佛教认为过去有人成佛,未来也会有人成佛,一切人都有得到觉悟的可能性,所以说:"一切众生,皆有佛性,有佛性者,皆得成佛。"

如来的含义

"如来"这个名词是从梵语tathagata译出来的。"如"字就是"真如",即一切法(事物)的真实状况,它又包含"如实"的意义。佛经对"如来"的解释是"乘真如之道而来",又说"如实而来"。"如来"是释迦牟尼佛的十种称号之一。

佛的弟子

佛初转法轮后从鹿野苑到摩揭陀国去的一路上,受到他的教化而皈依的人就很多。其中有拜火教的婆罗门姓迦叶的三兄弟,都改变了原来的信仰,率领他们的弟子一千多人皈依了佛教。佛到了摩揭陀国首都王舍城后,归依的人更多。其中最有名的出家弟子有舍利弗、目犍连、摩诃迦叶等人。后来佛回到故乡去,他的异母弟难陀、堂兄弟阿难陀、提婆达多和他儿子罗怙罗等都随他出家了。还有宫廷中一个剃发工奴优婆离也出家加入了僧团,后来成为有名的佛教戒律学大师。佛的姨母也皈依了佛,是第一个出家的女弟子。至于不出家而皈依三宝的弟子则为数更多。佛的出家弟子,男的叫比丘,女的叫作比丘尼;在家弟子,男的叫作邬波索迦,女的叫作邬波斯迦,合称为"四众弟子"。

天台宗

天台宗是佛教在中国的一个宗派。名字来源于其创始人智颛。智颛常住浙江天台山。天台宗是中国佛教最早创立的一个宗派并于9世纪初传到日本。

天台宗学统自称有九祖:龙树、慧文、慧思、智颛、灌顶、智威、慧威、玄朗、湛然。

慧思在慧文的理论基础上发展了"一心三观"的理论:一切事物都由因缘所生,没有固定不变的实体,这是观空;虽然如此,一切事物都有自己的像貌,这是观假;然而空与假是同一的,此谓观中。在这个基础上智颛认为世上有3000种世间,但这3000种世间都出于一念心中,因此称之为"一念三千"。能将这一切都领会,那么人就达到了顿断三惑,圆证三智的境界。这是天台宗的中心思想。

天台宗的宗旨是《妙法莲华经》,因此也被称为"法华宗"。

9世纪初,日本僧人最澄将此宗传到日本,在平安时代(784年—1192年),与真言宗并列发展,史称"平安二宗"。13世纪由此宗分出日莲宗。当今,日本天台本宗、日莲宗都很兴旺,而日莲宗在20世纪又分出几个新兴教派。

净土宗

净土宗是佛教的一个宗派,流传于中国、日本、韩国、越南等地。净土宗教人发愿往生阿弥陀佛极乐世界清净佛土。净土二字,是一个统称,可以依次序区分为四种:常寂光土、实报庄严土、方便有余土、凡圣同居土。这四者中,又细分为九品,高下不同;皆由修行人念佛功行浅深的不同,而各往生净土。所得之品位,亦有高下阶级之殊,但若能不断用功,自然日有胜进。

净土宗学统自称有十三祖:慧远、善导、承远、法照、少康、延寿、省常、祩宏、智旭、行策、实贤、际醒、印光。

净土宗修学所依据的主要经典,一般包括五经一论。

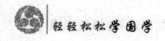

密宗

密宗也称"真言陀罗尼宗""密乘",是佛教的一个支派。7世纪兴起于东印度的波罗王朝。密宗在8世纪时就传入了中国,后来又从中国传入日本。密宗在藏传佛教得到了很好的保留。现在密宗宗派的类别大致分为藏传密宗、东密(真言宗)以及唐密。

法相宗

该宗派以唐朝玄奘法师为始,由其弟子窥基法师宏扬。玄奘法师曾求经学于中印度,亲学于戒贤大师。回返中国以后开设译场译经,由于窥基法师大弘法相唯识学于慈恩寺,故此派得名慈恩宗。明朝时此宗曾盛行。

法相六经:《华严经》《楞伽经》《解深密经》《厚严经》《大乘阿毗达磨经》《如来出现功德庄严经》。

华严宗

华严宗,汉传佛教的流派之一,此宗以《华严经》为所依,故称为"华严宗"。以唐之杜顺和尚为始祖,云华智俨法师为二祖,贤首法藏法师为三祖,清凉澄观法师为四祖,圭峰宗密禅师为五祖。至宋朝加入马鸣、龙树而为七祖,大唐道璇律师于日本天平八年,赍《华严宗章疏》入日本。新罗之审祥往大唐,从贤首学华严,后至日本,住于大安寺,日本始有华严宗。

禅宗

禅宗源于印度佛教,是中国佛教最主要的一个宗派。据佛经《大梵天王问佛决疑经》中载,佛陀在灵鹫山为大梵天王说法时,闭口不言,拈花而立。摩诃迦叶尊者见状,破颜含笑。此时佛曰:"吾有正法眼藏,涅槃妙心,实相无相,微妙法门,不立文字,教外别传,付嘱与摩诃迦叶"。于是传法于摩诃迦叶尊者,其成为西天第一代祖师。

禅宗在印度历经28代,传到菩提达摩大师。

禅宗门派

沩仰宗。沩山灵佑及其弟子仰山慧寂创立。

临济宗。义玄创立。因义玄住镇州(治所在今河北正定)临济院而得名。

曹洞宗。洞山良价与其弟子曹山本寂创立。

云门宗。文偃创立。因文偃住韶州云门山(在今广东乳源瑶族自治县北)光泰禅院而得名。

法眼宗。文益创立。南唐中主李璟赐谥其为"大法眼禅师"而得名。

黄龙派。慧南创立。因其住黄龙山(在今江西南昌市)而得名。

杨岐派。方会创立。因住杨岐山(治所在今江西萍乡县北)而得名。

律宗

律宗是中国佛教宗派之一,因着重研习及传持戒律而得名。

相传释迦牟尼在世时,为约束僧众,制定了各种戒律。第一次佛教结集时,由优婆离诵出律藏。后因各派对戒律的理解不尽一致,所传戒律也有所不同。

三国魏嘉平(249年—254年)中,中印度昙摩迦罗来洛阳,译《摩诃僧祇部戒本》,作为持戒的准绳。正元(254年—256年)中,安息国沙门昙谛来洛阳,译《法藏部羯磨》,从此中国僧从即依此受戒。北魏时,法聪讲《四分律》,口授道覆《四分律疏》,被认为是四分律师。及至慧光造《四分律疏》,删定羯磨,始奠定该宗基础。后经道云、道洪、智首,传至道宣。

道宣著《四分律比丘含注戒本》《四分律删补随机羯磨》《四分律删繁补阙行事钞》《四分律拾毗尼义钞》《四分比丘尼钞》,并在终南山创设戒坛,制定佛教受戒仪式,正式形成宗派。因道宣住终南山,又有南山律宗或南山宗之称。

与此同时弘扬《四分律》的有相州(今河北临漳境内)日光寺法砺和长安西太原寺东塔怀素。法砺和慧休合撰《四分律疏》《羯磨疏》等,创相部宗。怀素曾入法砺、玄奘门下,撰《四分律开宗记》,较对法砺《四分律疏》的错误而为新疏,后又撰《新疏拾遗钞》《四分僧尼羯磨文》等,开创东塔宗。南山宗、相部宗和东塔宗后被称为"律宗三家"。

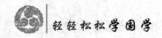

律宗以《十诵律》《四分律》《摩诃僧祇律》《五分律》和《毗尼母论》《摩得勒伽论》《善见律毗婆沙》《萨婆多论》《明了论》，为基本经典，通称"四律五论"。

律宗由道宣三传弟子鉴真于754年（唐天宝十三年）传至日本当时的都城奈良，是为日本律宗之始。

成实宗

成实宗主依《成实论》。《成实论》，是印度诃梨跋摩所著。诃梨跋摩刘宋时称"师子铠"。由姚秦鸠摩罗什（334年—413年，一说350年—409年）大师由梵文译成汉文。《成实论》旨在阐述一代如来教法及经、律、论三藏中的"真实义"，故名《成实论》。

鸠摩罗什七岁时就随生母耆婆出家修行为密教中人。

鸠摩罗什在青少年时，就显现出圣通力。这并非是他追求神通所得，而是修学佛法悉心内证的成就。由是，圣通的经验，对他一生译经，深刻理解佛祖显密经教，有重大的影响力。

姚秦弘始十四年（公元412年），鸠摩罗什翻译完成《成实论》，在翻译的同时，也对他的门人，作诠释讲解。因此，由他的门人僧叡、昙影宣讲给其他的门人学习。

鸠摩罗什大师得僧叡、昙影"左右手"的帮助，翻译《成实论》的过程得心应手，畅快淋漓。鸠摩罗什大师又得门人僧导和道亮，根据鸠摩罗什大师讲疏《成实论》笔记，分别造述，制作《成实论义疏》和《成实论疏》。这样，鸠摩罗什大师在诸位高足的鼎力帮助之下，《成实论》教法在神州上下，得到了普遍推广。

唐代成实宗，由中土传至日本，而中土之成实宗，却渐归隐没。

三论宗

三论宗，汉传佛教的流派之一，依《中论》等三部论著而立宗，故名为"三论宗"。言祖师之血脉则以文殊菩萨为高祖，马鸣为次祖，龙树为三祖。龙树有二弟子，分二流，一者龙树—龙智—清辨—智光—师子光；一者龙树—提婆—

罗怙罗—沙车王子—鸠摩罗什。罗什来到中国后,尽译三论,为中国之高祖。弟子事之者称三千人。以道融、僧叡、僧肇、道生最为著名,并称为"关中四杰"。道生后有昙济、僧瑾、道猷。昙济后有道朗,道朗后有僧诠。时当北齐之初,法统将绝,僧诠再兴之。僧诠后有法朗、辨公、慧勇、慧布,其中以法朗最为著名,嘉祥大师吉藏即出其门。

藏传佛教

藏传佛教主要传布于中国藏族、蒙古族居住区,蒙古、俄罗斯西伯利亚等地亦有传播。7世纪时,吐蕃赞松赞干布在其妻尼泊尔公主和唐文成公主的影响下,信奉佛教。8世纪时,印度僧寂护、莲华生等到西藏传布显、密两系佛教。9世纪时,赞普朗达玛禁止佛教流传。10世纪后期在吐蕃新兴封建领土的扶植下,西藏佛教以喇嘛教的形式得到复兴。其经典属藏语系统。

一般将7世纪中叶至841年(唐武宗会昌元年)称作"前弘期"。将978年(宋太宗太平兴国三年)后称作"后弘期"。喇嘛教是佛教与西藏原有的本教长期相互影响的产物。13世纪后期,由于元朝统治阶级的扶植,上层喇嘛开始掌握政权,并将该教传入蒙古族等地区。

主要有五派:其一,宁玛派,意即"旧派",该派喇嘛戴红帽,亦称"红教";其二,萨迦派,因该派寺院墙上涂有红、灰、白三种颜色,亦称"花教";其三,噶举派,因该派喇嘛穿白色裙子和衬衣,亦称"白教";其四,噶当派,亦作"噶丹派",因认为一切佛语(藏语"噶")都是指导教徒修行的诫命(藏语"当")而得名。15世纪初该派并入格鲁派;其五,格鲁派,因格鲁派宗教首领采取转世相承方法,出现了达赖、班禅两大活佛系统;清顺治十年(1653年)达赖五世与清康熙五十二年(1713年)班禅五世先后受到清朝中央政府册封,从而取得藏蒙喇嘛教各派首领的地位。

菩萨

菩萨是菩提萨埵的简称。简单解释,即凡是抱着广大的志愿,要将自己和一切众生一齐从苦恼中救度出来,而得到究竟安乐(自度度他);要将自己和

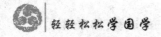

一切众生一齐从愚痴中解脱出来,而得到彻底的觉悟(自觉觉他)——这种人便叫作菩萨。

法师

法师本是一种学位的称号,要通达佛法能为人讲说的人才能称"法师",不是任何人都可以称的。还有较高的学位,精通经藏的称为"经师",精通律藏的称为"律师",精通论藏的称为"论师",更高的是三藏法师,是遍通经律论三藏者的学位,如唐代玄奘、义净都受到这个称号。

活佛

蒙藏佛教将修行有成就,能够根据自己的意愿而转世的人称为"朱毕古"(藏语)或"呼毕勒罕"(蒙语),意思就是"转世者"或"化身"。"活佛"乃是汉族地区的人对他们习俗的称呼,这可能与明朝皇帝封当时西藏地方掌政的噶举派法王为"西天大善自在佛"和清朝皇帝沿封"达赖"这一头衔多少有些关系。这种封号和称号在佛教教义上都是说不通的,其实蒙藏佛教中并没有"活佛"这个名词。又傣族佛教比丘被汉族地区的人称为"佛爷",但他们自己教义中并没有这种称呼。

僧王

有些国家如泰国等,全国选出一位僧伽的领袖叫作"僧王"。

在斯里兰卡则每一僧派选出一位"大导师",每一省或一市选出一位导师。僧王或大导师管理全国的僧务,导师管理地方的僧务。

二十四诸天

"天"梵语Deva-loka,音译"提婆"。"天"在佛教中主要指有情众生因各自所行之业而感得的殊胜果报。如六道、十界中的天道、天界。这时的天被称为"天人"或"天众",并非宇宙意义上的天。佛教以为天是有情众生最妙、最善,也是最快乐的去处。只有修习十善业道者才能投生天部。但"天"虽然处于诸有情界中最高最优越的地位,投生者在其中能获种种享受,但仍未跳出轮回,一旦前业享尽,投生者便会重新堕入轮回之中。另外,佛经中说到"天"时,除了指作为正报的有情众生之类外,还指其依报即这些有情众生的生存环境。佛教也把世俗世界分为欲界、色界、无色界三种,其中欲界有六天,包括四天王天、忉利天和兜率天等。色界有十八天(一说十七天,或二十三天的),主要有大梵天、遍净天、无想天、大自在天等。作为佛教造像的表现题材的诸天主要是在前述有情众生一类的意义上说的。只不过这些"天人"大都具有非凡的本领。佛教把古代印度神话和其他宗教中的一些神也称为天,并将他们吸纳进来,视为佛教的护法神。天的队伍不断扩大。

阿修罗

阿修罗,是梵文音译,汉译佛经中还译为阿须罗、阿索罗、阿苏罗、阿素罗、阿须伦、阿须轮等。意译为非天、非同类、不端正、不酒神。它是佛国六道众生之一,天龙八部神之一。说它是天神,却没有天神的善行,和鬼蜮有相似之处;说它是鬼蜮,可它具有神的威力神通;说它是人,虽有人的七情六欲,但又具有天神、鬼蜮的威力恶性。因此,它是一种非神、非鬼、非人,界于神、鬼、人之间的怪物。

佛经中的阿修罗王很多,最著名的有四大阿修罗王:一个叫婆雅,意为勇健,是阿修罗与帝释天作战的前军统帅;一个叫罗骞驮,意为吼声如雷,亦名宽肩,因其两肩宽阔,能使海水汹涌,啸吼如雷鸣;一个叫毗摩质多罗,意为花环,其形有九头,每头有千眼,九百九十手,八足,口中吐火;一个叫罗睺,意为覆障,其能以巨手覆障日月之光。每位阿修罗王都统领千万名阿修罗,称为"阿修罗众",或称"阿修罗眷属"。佛经还说:阿修罗男,身形丑恶;阿修罗女,端正美貌。

由于阿修罗王众多,其形不一,对阿修罗王的形象,也有多种说法,有的九头千眼,口中出火,九百九十手,八足,身形高越须弥山四倍;有的千头二千手,足踩大海,身越须弥山;有的三头六臂,三面青黑色,口中吐火,忿怒裸体相。这些形象都难表现,画家们往往画作一面三眼或三面六臂,或四目四臂,

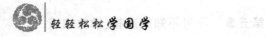

手托日月,双足立大海,身越须弥山。

舍利

舍利是指佛祖释迦牟尼圆寂火化后留下的遗骨和珠状宝石样生成物。据传,2500年前释迦牟尼涅槃,弟子们在火化他的遗体时从灰烬中得到了一块头顶骨、两块肩胛骨、四颗牙齿、一节中指指骨舍利和84000颗珠状真身舍利子。佛祖的这些遗留物被信众视为圣物,争相供奉。在历史烟云的变幻中,绝大多数舍利散失、湮没或被毁坏。不幸中的万幸,1987年在法门寺的地宫中发现了许多唐代古物,这颗世界上唯一的佛指舍利即在其中。出土时,佛指舍利用五重宝函包裹着,高40.3毫米,重16.2克,其色略黄,稍有裂纹和斑点。据史料记载,唐时,该舍利"长一寸二分,上齐下折,高下不等,三面俱平,一面稍高,中有隐痕,色白如雨稍青,细密而泽,髓穴方大,上下俱通"。所记与实物吻合,只是颜色因受液体千年浸泡变得微黄了。

在上述几种舍利中,珠状舍利子的形成至今是个谜。这种舍利子并非虚无缥缈的传说之物,因为在现代修行的佛教人士当中,圆寂火化后,也曾有此现象产生。苏州灵岩山寺82岁的法因法师圆寂火化后,获五色舍利无数,晶莹琉璃一块,且牙齿不坏。尤为奇特的是,火化后其舌根依然完整无损,色呈铜金色,坚硬如铁,敲击之,其声如钟,清脆悦耳,稀世罕见。

遗体火化,不仅是个燃烧的过程,其实也是个熔炼的过程。上述珠状舍利子是身体中的哪些成分熔铸而成的?我们普通人,死后火化时有些人是否也能生成舍利子?有人分析,佛教界的一些修行之士之所以能够生成舍利子,与其长期素食和饮山泉水有关。蔬菜和山泉中富含各种矿物质,经几十年积累,人体各部含量很多,圆寂火化后便"炼制"出了舍利子。此说是否正确,有待进一步研究。

济公

看过电视连续剧《济公》的人,总忘不了那个"鞋儿破、帽儿破""哪里有不平哪有我"的济公和尚。

在佛教中，济公是一个排不上名次的和尚，但因为传说中他热心为百姓做好事，倒比一些菩萨更出名。有书记载，济公是宋朝人，家住浙江天台，出家在杭州灵隐寺，后来住在净慈寺。这位和尚信佛，但不吃素、不念经，又爱管闲事。常常用一些巧妙的办法捉弄、惩办坏人，帮助受委屈的穷苦百姓。后人为了纪念他，在杭州的虎跑泉建了"济颠塔院"。院中塑有济公石像，旁边有四幅浮雕，刻有"济公斗蟋蟀""古井运木""飞来峰传说""疯僧扫寺"四个济公故事。

在北京香山碧云寺的罗汉堂，房梁上也塑有一个蹲着的济公。说来也滑稽，因为在塑像的时候，济公来晚了，没有地方安排他的座位，就让他蹲在房梁上。在苏州戒幢律寺和四川新都宝光寺的罗汉堂，大概也因为这个原因，济公像被塑在过道里。苏州有个济公像，脸孔半边哭、半边笑，据说是哭笑不得的意思。

有人说，济公既然信佛，怎么又可以饮酒吃肉呢？原来，佛教最早并没有吃素的规矩。《戒律广本》中说，当年佛祖释迦牟尼和他的弟子，每天早晨都要托着钵头，接受信徒们的供养，遇荤吃荤，有素吃素。汉代佛教传入中国，和尚靠募化或施舍过日子，也是有啥吃啥。只是到了南朝，梁武帝萧衍十分信奉佛教，并且提倡吃素，才渐渐成为戒律。

四圣谛

佛陀获得大圆满的基本一点是对人生本质的领悟，尊奉"四圣谛"和"十戒"，僧人们也意识到了这一点。这些真谛描述了极端放纵和苦修之间的中间过程。"四圣谛"是：苦圣谛、集圣谛、灭圣谛、道圣谛。

集谛苦的原因，佛教谓之为集，所谓"集谛"就是对苦因的推究，小乘佛教认为欲是痛苦的根源，受到对享乐和肉欲之渴望的束缚是痛苦的根源，"欲"植根于眼、耳、鼻、舌、身的身体感觉上。有形的物体、声、嗅、味、肉体的感觉和精神上的东西都会令人感到愉悦欢快，然而，也产生了对物质世界一些东西的依赖，而它们都是短暂即逝、难以捉摸的。

苦谛生活是痛苦的，生老病死都是痛苦的。悲哀、伤感和忧虑是痛苦的，人们得不到所欲之事、所想之人都是痛苦的。

灭谛痛苦的根源是可以消除的,谁把世上万物看成是由疾病和痛苦的诱惑而生,谁就能断欲。彻底地破除欲、爱与恨,不再受年龄、健康、生与死的欺骗,就可以进入更高的、寂静的涅槃世界。只有按"八正道"精修才能断欲。

"八正道"可以使人从痛苦中得以解脱。欲人可以(至少在初期)采取这些步骤,但最终人们要达到一定的理解水平,在理解过程中以求得大圆满。此时,他将过上僧侣生活,同时,能了解什么是正确的理解和正确的道德标准,将免受世俗世界的轮回之苦。

佛陀的八正道以正见、正思维、正言、正命、正精进、正念以及正定为基础。正见是对"四谛"的正确理解。正思维意为对"四谛"等佛教教义的正确思维。

正言为不虚言、不恶口、不两舌、不妄语。正业为符合佛教戒律之住于清净之身业。正命是指正当合法的生活。正精进是要勤修涅槃之道法。正念是对"四谛"等佛教之理的理解;正定为心专注于一境,观察"四谛"之理。

俗人可以采取"八正道"中的前几个步骤,因此,这是一条切实可行之路。但正念和正定是指身心专于一境,因此,在没有充分理解的情况下,人的内心将一无所获。一个人必须使自己达到洁净身心的超凡状态。释迦牟尼显然认为这类教法不适于普通人,而只适用于特殊的僧伽阶层。因此,能坚持前几步骤修行的人被称为"弟子",而坚持修心八种途径的人被称作"兄弟"。只有那些放弃普通生活、全身心地在寺院中寻求解脱之人才能真正实现历史上的佛陀所提出的理想。无论是过去还是现在,佛教僧人的生活都严格受到"十戒"的制约。"十戒"为不杀生、不偷盗、不邪淫、不饮酒、不妄语、不涂饰、不歌舞及旁听、不坐高广大床、不非时食、不蓄金银财宝。

"八正道"为修习之道或修功德之道。尽管可能存在着神,但在小乘佛教的观念里,神不可能帮助人们免受轮回之苦。因为,他们自身也要受到死亡以及轮回的影响,每一个僧民都必须自寻解脱之路。

佛教三佛站像

什么叫"三世"呢？一般的解释是三世也可称为"三际"。"世"是迁流义，用于因果轮回，指个体一生的存在时间，即过去、现在、未来的总称。就众生来说，现在的生存为"今生"，前世的生存叫"前生"，命终之后的生存叫"来生"。佛教中的"世"与中国文字中的"世"很不一样，"世"在汉语中作"三十"讲，而在佛教中却是四十三亿二千万年。

佛国世界里，在释迦牟尼的六位祖师之前，还有一位祖师，这就是燃灯佛。据佛经说，当初，释迦牟尼还是儿童时，偶然看见一位王家姑娘拿着一些美丽而纯洁的白莲花，他于是花五百钱买了五朵献给了燃灯佛。燃灯佛接过莲花满心欢喜，便收他为弟子并预言他将来会成佛。

"三世佛"的排列也自有讲究。燃灯佛是释迦牟尼的老师，当然是过去佛，理应居前，位左；释迦牟尼居中，但居第二位；第三位居右的是弥勒佛，因他还在兜率天宫内院做着弥勒菩萨，还需近五十六亿七千万年以后下生到人间成佛，所以他是未来佛。

佛国的等级

在佛教世界里，有着森严的等级。它按照修行程度的高低、悟道是否彻底来排定。最高等级是佛陀。佛陀，也有称为"佛驮""浮陀""浮图""浮屠"的，简称"佛"。意思是觉悟，或觉悟的人。觉悟又有三个内容：一是自己觉悟；二是能使别人觉悟；三是觉悟佛理非常彻底、圆满。凡人做不到这"三悟"，信徒只能做到前一点，即使菩萨也缺最后一悟，只有佛，才能三悟俱全。

"菩萨"的意思是"发大心愿的人"。菩萨自己觉悟，也能使别人觉悟，但还没有达到觉行圆满的最高境界。据说释迦牟尼在没有达到佛的境界时，就以菩萨为称号，后来就成了这一等级的尊称。

在一般佛教徒看来，佛的地位太高了，于是就请菩萨作为佛的代表，担负普度众生的职责。

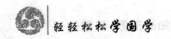
观音

观音菩萨,是梵文的意译,他是西方佛主阿弥陀佛的左胁侍,属"西方三圣"之一。

为什么叫"观音"呢？据佛教说,他是一位大慈大悲的菩萨,众生遇难时,只要念其大名"菩萨即时观其音声",他就会前来解难救灾,因而得名。唐代时,因太宗名叫李世民,为避讳,所以将"观世音"的世字去掉,而简称"观音"。

观音的生日是农历二月十九,成道日是六月十九,涅槃日是九月十九,他是中国的四大菩萨之一。据说浙江普陀山是他显灵说法的道场。

观世音以女性的形象出现其实完全是中国人所为,也可以说是中国人在造神过程中的机智与聪明。

本业佛教认为佛、菩萨皆无生无死,亦无性别,他们在世人面前可根据不同需要示现各种化身。唐以前,观音一直是一位伟丈夫,有时嘴唇上还有两撇小胡子。唐以后,观音变成了女性,而且还是一位圣美绝伦的女性。这主要有以下几方面的原因:

一是佛经的记载为观音的女性形象提供了一定的依据。一些佛经上就有观音为"优婆夷(女居士)""妇女身""童女身"的说法。

二是从南北朝开始,佛教在中国迅速发展,出家的尼姑开始多起来,上到太后公主,下到平民女子,比丘尼已蔚成气候。这样就迫切需要一位女神来和这些出家人接近。佛教也乐于借机扩大影响,将错就错推出一位女菩萨,因而观世音女性化自然形成。这说明任何一种宗教在流传过程中都必须向世俗让步才能发展。

三是与中国人的审美传统和审美取向有关。中国人的审美理想是阴柔和静,女性的柔美是中国人普遍欣赏的,而柔性则是中国人历来所信奉的,因为这种性格意味着善良、慈悲、聪慧、美丽。这一点,正与"观"人"世"苦难之"音",随叫随到,平易近人,可敬可亲的观世音相吻合。观世音除了具备男性菩萨所具备的一切法力之外,还得执行男菩萨所不能完成的法力,诸如送子等。观世音身上的这些美德,正合乎中国人的审美取向,于是观世音成为女性属必然。

四是唐以后在亚洲宗教中有一种男着女装的习俗,佛教徒们往往将男菩萨作女性打扮,这也是促进观世音女性化的一个重要因素。

四大菩萨

菩萨在佛教中的地位仅次于佛,使命是帮助佛,用佛教教义来解脱挣扎在苦海之中的众生,并将他们超度到"彼岸"——极乐世界,抛弃一切烦恼,获得无尽欢乐。中国佛教将文殊、普贤、观音、地藏称为"四大菩萨"。

按照大乘佛经的说法,普贤是因为苦行而修道成正道,文殊是用智慧而生出慈悲之念,观音则是因有慈悲之心而产生普救众生之意,地藏则是因要普救众生脱离苦难,而发下宏愿最终成佛。四大菩萨正是大乘佛教所说的自由身觉悟到使他人觉悟,以致普济众生的过程。

文殊菩萨全称"文殊师利",意译是"妙吉祥"。他的相貌独特,头顶有五髻,用来象征大日如来的五智;手持宝剑,象征智慧锐利;身骑猛狮,象征着智慧的威猛。因此他有"大智文殊师利菩萨"之美称。传说其显身说法的道场是在山西省的五台山。

普贤菩萨在中国佛教中又称"普贤大士"。他常骑的是一头大象,他专司佛的理德,曾发过十大行愿,要竭力宣扬佛法。据说他显灵说法的道场是在四川省的峨眉山。他与文殊菩萨为佛的左右二胁侍。

观音菩萨全称"观世音菩萨"。据佛经记载,众生一旦遇难,只要念诵他的名字,菩萨就会前去解救他们,据说他还能变化成33个身形来普济众生,显身说法的道场是在浙江省的普陀山。

地藏菩萨,因他"安忍不动如大地,静虑深密犹如地藏"而得名。

四大金刚

四大金刚是中国民间对佛教护法四天王的俗称。据佛经记载,须弥山是古印度神话人类所住的世界的中心,山顶是帝释天宫,山腰上有座犍陀罗山,山上的四座峰就是四大天王和眷属们居住的地方。四大天王各保护一方天下,因此被称为"护法四天王"。即:

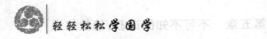

东方持国天王。他身为白色,手持琵琶,据说能用音乐使众生皈依佛教。他率神将护持国土,保护东方胜神洲民众。

南方增长天王。他身为青色,手持宝剑,据说能传令众生,增长善根,护持佛法。他率神将保护着南方瞻部洲民众。

西方广目天王。他身为红色,为群尤之首,所以手上还缠绕一龙。据说他能以净眼观察世界,护持民众。他率神将,保护的是西方牛贺洲民众。

北方多闻天王。他身为绿色,右手拿伞,左手持银鼠,据说他有大福德,护持民众的财富。他率神将,保护着北方俱卢洲民众。

随着佛教在中国流传,四大天王的形象也逐渐中国化了。他们被装扮成武将,手中的法器——剑、琵琶、伞、龙,也被视作风、调、雨、顺的象征了。

十八罗汉和五百罗汉

在寺庙中,有一群数量众多、造型各异的罗汉塑像,有的16个,多的达500个,甚至一千多个。

罗汉是佛的一群高足弟子。从等级来说,他们在比丘(和尚)之上,菩萨之下。比丘经过修行,得了道,便可以上升为罗汉。从修学成果来说,他们达到了这样的境界:一叫"杀贼",就是能断除贪、痴等一切烦恼;二叫"供应",就是应当受到天人的供养;三叫"不生",就是永远进入涅槃,不再生死轮回。据一般佛典记载,他们似乎没有佛和菩萨那样无边的法力,只是受佛的派遣,留在世间,执行普度众生的任务。

罗汉的多少,说法很多。有十六罗汉说、十八罗汉说、一百零八罗汉说、五百罗汉说,还有一千二百五十罗汉说。现在寺庙塑像,一般是十八罗汉和五百罗汉两种。据《阿弥陀经》《法住记》记载,最早的罗汉都是16尊,且都有名号。到了宋代,加上2尊,成了十八罗汉。但加上的罗汉,各不相同,有的加了达摩多罗和布袋和尚,西藏所加的是摩耶夫人和弥勒,民间相传则是降龙和伏虎。

神是人造的,当然也可以由人随意添增。俗话说,"做了皇帝想成仙",有的皇帝还把自己挤进五百罗汉,有的吹嘘自己是"金身罗汉"转世的。所以,建造在四川省新都县城内的宝光寺罗汉堂,就有两个皇帝:第二百九十五尊是康熙,称阇夜多尊者;第三百六十尊是乾隆,称直德福尊者。

方丈

方丈,系佛教用语,可作两解:一是佛教称谓,将一寺之主称为"方丈",即"住持""长老",是用"住持"僧的住所借代进行称谓的。二是指禅宗住持僧的住所。据《维摩诘经》载,维摩诘居士所居之室,一丈见方,但容量无限,禅宗基于此说,于是用"方丈"二字为住持所居之室命名。亦称"丈室""函丈""正堂""堂头"等。

长老

长老,是佛教称谓,即对出家年岁较高而有德行之高僧的尊称。《十诵律》卷三十九云:"佛言:从今下座比丘唤上座言长老。尔时但唤长老不便,佛言:从今唤长老某甲,如唤长老舍利佛、长老目犍连、长老阿难。"《增一阿含经》云:"阿难白世尊:如何比丘当云何自称名号?"世尊告曰:"若小比丘向大比丘称长老,大比丘称小比丘名字。"

"长老"又是中国佛教禅宗对住持的尊称。《百丈清规》卷二云:"始奉其师为住持,而尊之曰长老。"

涅槃

梵文Nirvana音译,旧译"泥日""泥洹"等,意译"灭""灭度""寂灭""无为"等;或称"般涅槃""般泥洹",意译"圆寂"等。佛教名词。是佛教全部修习所要达到的最高理想,一般指断灭生死轮回而后获得的一种精神境界。据认为,人们处于"生死"之境,原因在有烦恼和各种思想行为(业),特别是世俗欲望和辨别是非之观念。涅槃即对"生死"诸苦及其根源"烦恼"的最彻底的断灭。《大乘义章》卷十八:"灭诸烦恼故,灭生死故,名之为灭;离众相故,大寂静故,名之为灭"。《大乘起信论》:"以无明灭故,心无有起;以无起故,境界随灭;以因缘俱灭故,心相皆尽,名得涅槃。"但大小乘的具体解释,差别颇大。据《肇论·涅槃无名论》介绍,小乘以"灰身灭智、捐形绝虑"为"涅槃",即彻底死亡之代称。大乘反对这种说法。《中论》等以实相为涅槃："诸法实相即是涅槃。"（《观法品》）而实相又即是因缘生法上之"空性"，故与"生死"世间无有区别。"五阴（即五蕴）相续，往来因缘故，说名世间。五阴毕竟空、无受、寂灭……世间与涅槃无有分别，涅槃与世间亦无分别"（《观涅槃品》）。由"无分别"也反对脱离世间去追求超世间的涅槃。但大乘毕竟把涅槃当作成佛之标志，一旦证得，就是万能的神。《大涅槃经》把涅槃说成具"常、乐、我、净"四德的永生常乐之佛身。在佛教史籍中，通常也作为死亡的代称。涅槃的分类很多，一般分有余涅槃和无余涅槃两种。

轮回

梵文Samsara的意译，也作"沦回""生死轮回""轮回转生""流转""轮转"等，音译"僧娑洛"。意谓如车轮回旋不停，众生在三界六道的生死世界循环不已。本是古印度婆罗门教的主要教义之一，佛教沿袭而加之发展，注入自己的教义。婆罗门教认为四大种姓以及"贱民"在轮回中是生生世世永袭不可改变的。佛教谓一切有生命的东西，如不寻求"解脱"，就永远在六道（天、人、阿修罗、地狱、饿鬼、畜生）中，生死相续，无有止息。并主张在为报面前，"四姓"众生一律平等。据《杂阿含经》卷二十、《长阿含经》卷六等谓，下等种姓今生积"善德"，下世即可生为上等种姓，甚至生到天界；而上等种姓今生有"恶行"，下世亦可生为下等种姓，以致下地狱，以此说明人间的痛苦。这样，众生的命运从梵天决定转到由众生自身决定的方面。

僧

"僧伽"之略。本为集合名词，指出家群居的佛教徒众，亦称"大众""僧众"。《南海寄归内法传》卷三："僧是僧伽，目乎大众。宁容一己辄道四人。"后也可指个别僧人。《大宋僧史略》下："若单曰僧，则四人已上方得称之。今谓分称为僧，理亦无爽。如万二千五百人为军，或单己一人亦称军也，僧亦同之。"

化缘

佛教用语。一指僧尼向人求布施。佛教称布施者与佛有缘法,故名。二指有教化世人的因缘,据称释迦因有教化的因缘而入世,此因缘尽即去。义净《南海寄归内法传》卷一:"化缘斯尽,能事毕功。"

合十

亦称"合掌"。佛教徒普通礼节。左右合掌,十指并拢,置于胸前,表示衷心敬意。原为古印度的一般礼节,佛教沿用之。《妙法莲华经·譬喻品》:"即从座起,整衣服,偏袒右肩,右膝着地,一心合掌,曲躬恭敬,瞻仰尊颜。"

喇嘛

藏文bls-ma的音译,意为"上师"。藏传佛教对高僧的尊称。原指有地位、有学问、有较高修养而能为人师表、领人进行修行的僧人,与称作"扎巴"的一般僧人有别,但汉族常把蒙藏僧人统称为"喇嘛"。

沙弥

梵文Sarmanera的音译,意译"息慈""息恶""行慈""勤策男"等。佛教称谓。指7岁以上20岁以下受过十戒,但未受具足戒的出家男子。据《摩诃僧祇律》卷二十九载,有三种:7—13岁可驱逐放置食物处的乌鸦,故称"驱乌沙弥";14—19岁已适应出家生活,称"应法沙弥";过20岁而尚未受具足戒仍持沙弥身份者,称"名字沙弥"。故中国佛教亦多有超过20岁的出家人仍为沙弥身份。日本称剃发而有妻子的修行者为沙弥。

出家

梵文Pravrajsna的意译,亦译"林居者",佛教名词。指离家到寺院做僧尼。原为印度吠陀时代和婆罗门教的一种遁世制度,后为佛教沿用。《增一阿含经》卷二十一:"诸有四姓剃除须发,以信坚固出家道者,彼当灭本名字,自称释迦弟子。"《维摩经·方便品》:"然汝等便发阿耨多罗三藐三菩提心即是出

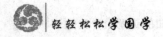

家。"《释氏要览》卷上："《毗婆沙论》云:'家者是烦恼因缘,夫出家者为灭垢累,故宜远离也。'"另外,道教全真道的道士闻家居观,也称"出家"。

袈裟

梵文Kasaya的意译,原意"不正色""坏色"。一般用以称佛教法衣。因僧人所著法衣用"不正色"(杂色)布制成,故从色而言,称法衣为"袈裟"。佛教戒律规定,僧服不许着青、黄、赤、白、黑"五正色"(纯色)及绯、红、紫、绿、碧"五间色",只许用青(铜青)、泥(皂)、木兰(赤而带黑),正是制做僧衣需要的"三如法色"(《四分律》卷十六、《行事钞》卷下)。实际上印度各佛教部派的服色也很不一样。佛教传入中国后,僧服颜色也有变化,如僧人说法和举行仪式时多穿金缕之袈裟。

皈依

梵文Sarana的意译,亦译"归依"。佛教名词。与"信奉"义同。谓身心归向。《大乘义章》卷十:"归投依伏,故曰归依。归投之相,如子归父,依伏之义,如民依王,如怯依勇。"信奉佛、法、僧,谓之"三归依"。

四大皆空

佛教的基本思想。四大指地、火、水、风,印度古代思想认为这四者是构成一切物质的元素。佛教认为四大和合形成世界,对人来说,四大和合而身生,分散而身灭,生灭无常,虚幻不实,四大最初分离而消散,而人在未死时,同样时时新陈代谢,四大随聚随散,对世间万物来说,也同样是四大合则生,散则灭。故而,人没有一个真实的本体存在,世间也没有一样东西是永恒不变的,所以说"四大皆空"。

六根

佛教名词,即眼、耳、鼻、舌、身、意。它们被视为心所依者,也称"六情",它们在接触相应的感觉对象时,会引起或喜或悲、或取或舍的感情,于是烦恼就产生了。

八戒

猪八戒在我国是家喻户晓、妇孺皆知的形象。提起猪八戒，人们马上会想起长嘴巴、大耳朵、挺肚皮、呆头呆脑、贪吃贪睡的滑稽形象。很少有人想到"八戒"一词的本义。八戒，是佛教名词，全称"八关斋戒""八斋戒"，指佛教为在家的男女信徒制定的八条戒条。佛经规定这八条戒条为：不杀生、不偷盗、不邪淫、不妄语、不饮酒、不歌舞及旁听、不坐高广大床、不非时食。

七情六欲

七情，人的七种感情，即喜、怒、哀、惧、爱、恶（讨厌）、欲。六欲，人的六种欲望，即：色欲、形貌欲、威仪姿态欲、言语音声欲、细滑欲、人想欲。

三藏

古印度的佛教僧侣们常把同一类性质的佛教典籍汇集起来装在一个箱子或笼子中，这称为"一藏"。后来"藏"演化为佛教典籍分类的总称。佛典共分为三类，所以称"三藏"。三藏包括经、律、论。经是记载释迦牟尼的言行，律是释迦牟尼所定的戒律；论是其门徒的解说。

无常

佛教认为，世界万物和各种现象，都处在生灭变化之中，一切都在"此生彼生，此灭彼灭"的相互依存中，人也在由生到死，由死到生的变化中。这些变化，都是"无常"。佛典中常提到的有：刹那无常、众生无常、世界无常、诸行无常等。

弥勒佛

弥勒本是释迦牟尼的门徒，释迦曾预言他将在来世成佛，继承释迦事业，来到世上度脱众生。所以佛教认为他是一个未来佛。现在在寺院中常见的大

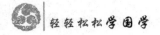

肚弥勒佛,其原型是唐末五代时浙江的一个和尚契此。他身材短胖、言语诙谐、行止无定,常用一杖背一布袋,四处化缘,人称"布袋和尚"。传说他能预测人的吉凶祸福,而且非常灵验。他死后,人们就把他作为了弥勒佛的化身,先是画其图像,后又塑他的形相来供奉,一直流传到今天。

无量寿佛

即阿弥陀佛。佛教称他是"西方极乐世界"的教主,专门接引众生往生"西方极乐世界"。因此也称他是"接引佛"。

天龙八部

大乘佛经中叙述佛说法时,常有天龙八部参与听法,天龙八部包括八种神道怪物,因为以天、龙为首,故名。包括有:天、龙、夜叉、乾达婆、阿修罗、迦楼罗、紧那罗、摩呼罗迦。其中,天指天神,帝释是天神领袖;龙指龙神;夜叉是吃鬼的神;乾达婆是只寻香气作为滋养的神,是帝释的乐神;阿修罗是一种好战、暴躁而善妒的神;迦楼罗是以龙为食的大鹏金翅鸟;紧那罗也是帝释的乐神,为头上生角的人形;摩呼罗迦是人身蛇头的大蟒神。

夜叉

是佛经中的一种鬼神。其本义是能吃鬼的神,又有敏捷、勇健、轻灵、秘密等意思。夜叉有三种:一是在地的夜叉,二是在空虚的夜叉,三是天夜叉,有"夜叉八大将"等,其任务是"维护众生界"。夜叉是天龙八部之一。

菩提树

原为"毕钵罗树",相传释迦牟尼在一棵毕钵罗树下觉悟成道,因此后来就把所有的毕钵罗树都叫作菩提树。"菩提"就是梵语"觉"的意思,其树子可以做念珠。南朝梁时,菩提树传入我国,现大多种植于广东。

塔

梵文本意是坟墓,是佛教用来保存供奉舍利的建筑,也用于藏经卷。平面以方形、八角形为多,层数一般是单数,用木、砖和石等材料建成。后又发展出一种塔庙,塔在后部,内无舍利等,仅取其抽象的纪念、象征意味。中国著名的塔有陕西西安大雁塔、小雁塔,云南大理崇圣寺三塔等。

大雄宝殿

佛教寺院的正殿,或称"大殿"。大殿坐北向南,"大雄"是称赞释迦牟尼佛威德高的意思。大殿内奉释迦牟尼佛像,一般在佛像旁塑有佛的两位弟子迦叶和阿难的立像。有的大殿中奉有三尊佛,这是根据大乘教理表示释迦牟尼佛的三种不同的身。除此之外,不同的派别,所奉佛像也各有不同。一般寺院大殿两侧多奉有十八罗汉像,正殿佛像背后,往往有坐南向北的菩萨像。

《大藏经》

指佛教典籍的总汇,是整个佛经的统称。这一名称最早出现在隋代,当时主要用来指中国人自己编集的佛教典籍。近代以来,词义有所发展,有时用以表示各类其他语种的佛教典籍汇编。世界现存的自成系统而有代表性的,主要有巴利文大藏经、藏文大藏经、汉文大藏经三大类。其中又以汉文大藏经规模最大,资料最全面、最丰富。

《金刚经》

全称《金刚般若波罗蜜经》,以鸠摩罗什译本最为通行,全文5200字。它宣扬的是世间一切事物空幻不实的大乘般若空宗思想,即凡有相状(现象)的一切事物,其本质都是虚妄的、空幻不实的,它所表现的只是假相,并非真实,真实的相状是空,非相。如果能达到这样的认识,便已到了成佛的时候,而心不应执着于任何事物,对外界的一切现象既不着一念,也不受其影响。《金刚经》是在中国流传最广的佛教经典之一。

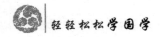

《六祖坛经》

又称《六祖大师法宝坛经》，禅宗典籍。其主要内容是记叙六祖慧能的生平事迹和语录。中心思想是宣扬一切众生都具有佛性，因此学佛只需要自求内心，一旦豁然觉悟，便能"见性成佛"。由此而主张顿悟说。在修行方法上强调不可执着于一切事物，须使心无所束缚。《六祖坛经》是中国佛教徒著作中唯一被称为"经"的一部。文字通俗，流传甚广。

和尚

印度佛教中，把出家的男子称为"比丘"。而"和尚"本来是对有一定资格和水平的人的尊称，即师父的俗称，而且女出家人也可以此称谓。但在现今的中国汉族地区，"和尚"一词已变成对一般出家人的称呼，而且往往只指男僧人。

尼姑

印度佛教中，把出家的女子称为"比丘尼"，把未满20岁的出家的女性称为"沙弥尼"。而在现今的中国汉族地区，则称女出家人为"尼姑"。"尼"来源于对比丘尼、沙弥尼的简称。而在尼字后加"姑"，则是俗称。

头陀

指修"头陀行"的僧人，他们遵守严格的戒律，据《十二头陀经》载，共有12项修行规定，如穿破烂的僧服、乞食、一天一食，常坐不卧等。修行生活极其艰苦，以苦行来摒弃杂念，又称"苦行僧""抖擞"等。有时也用来作为僧人的通称。

行者

指不在固定寺院修行，而在外游方或乞讨的僧人。也指那些在寺院里修行、劳动但又没有正式剃度出家的修行者。

居士

又称"优婆塞",指并未剃度出身,而在家修行的人。当代的赵朴初、南怀瑾等都是著名的居士。

佛的十大弟子

摩诃迦叶、阿难陀、舍利弗、须菩提、富楼那、目犍连、迦旃延、阿那律、优婆离、罗怙罗。

南无阿弥陀佛

"南无"读作"那摩",是归恭顺的意思。"南无阿弥陀佛"就是归敬阿弥陀佛。据中国佛教流派净土宗的讲法,在凡界念足一万遍"阿弥陀佛",如果得了正果,"接引佛"阿弥陀佛便会优先接引他到极乐世界去。故而信佛的人口中常念"南无阿弥陀佛"。

衣钵

衣指袈裟法衣,钵指盛食物的器具。传衣钵是中国禅宗的继承方法。师父在临终前将衣、钵传授给弟子,以此证明其传法授受的关系。据说,禅宗达摩祖师来中国,将佛法传授给二祖慧可,怕别人不相信慧可的师承关系,所以把自己的衣钵传给他,作为证明。这就是传衣钵的由来。

度牒

指由官府发给的,证明僧人合法身份的文件,也可说是允许僧人出家的许可证。由于僧人取得度牒,要缴纳一定"香火钱",而且出家的僧人可以享受免除地税、徭役等种种权利,所以,度牒的发放常成为朝廷、官吏积累财富的重要手段,度牒于是拥有了政治、经济等多种社会功能,在宋代甚至直接被当作货币使用。度牒制度于清代被废止。

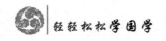

当头棒喝

禅宗机锋运用的方法,即禅师用棒打、用声喝,让对方从执着中猛醒过来,直接顿悟自心的佛性。有"德山棒、临济喝"之说。禅宗以为文字语言是不能正确表述佛理的,只能用"当头棒喝"的手段。后世借用,称警醒人们执迷不悟的方法为"当头棒喝"。

醍醐灌顶

"醍醐"本是从牛乳或羊乳中提取出的酥油,引申为极甘美可口的东西。"醍醐灌顶"从字面上理解,就是酥油浇到头上。佛教用以比喻灌输智慧,使人得到启发。后来成为常用成语。

拈花微笑

中国禅宗虚构的故事。在灵鹫山上,大梵天王把一枝金波罗花献给释迦牟尼佛,请他说法以惠众生。佛祖登上宝座,拈起金波罗花,却一言不发。满座弟子不知所以,只有大弟子迦叶似有所悟,破颜微笑。佛祖便说,自己佛法的根本、精华,都已传给了迦叶。禅宗用这个故事来说明"不立文字""教外别传""顿悟"的道理。

野狐禅

中国禅宗故事,见《五灯会元》。百丈怀海禅师讲法时,有一老人,自称先前在迦叶佛前时,别人曾问:"大修行人还落因果也无?"他回答说:"不落因果。"因为这个回答,他自己五百生堕为野狐之身。他求禅师回答相同的问题,禅师答道:"不昧因果。"老人便悟而解脱了野狐之身。后世则把"野狐禅"作为并非真正坐禅得道而妄称开悟者的称呼。

口头禅

有些参禅者,实际未悟,却妄称已悟,所以不过是在嘴上谈禅,并未真正参禅,这就叫作"口头禅"。后来引申为日常用语,意为经常说的话。

公案

原指官府判决是非的案例,禅宗借用它专指前辈祖师的言行范例,从中领会禅的意义。又名"话头"或"古则"。禅宗认为,是否对禅的宗旨予以领会,应取公案来加以对照。因而,公案既是探讨祖师思想的资料,又是判断当前禅僧是非的原则。著名公案有"南泉斩猫""野鸭子话"等。

机锋

是禅宗的一种神秘主义的教学方法。有时对同一问题做出不同的回答,有时对不同问题做出相同的回答,有时对提出的问题不作直截了当的回答,而是以种种反理性的形式发表自己的看法,也常采用隐语、比喻、暗示等方式。是禅宗"教外别传""以心传心"思想的体现。例如,云门的弟子问他:"不起一念,还有过么?"云门回答:"须弥山。"他的意思在于告诫弟子,如果把"不起一念"当作精神解脱的原则而执着于此,这个念头就是错误的,回答"须弥山",是说即使不起一念,错误也还是像须弥山一样大。

参禅

"禅"是梵文"禅那"的简称,意为"静虑"。参禅则是禅宗的修持方法,指将心专注在一法境上,一心参悟探究,求得"明心见性"。

顿悟

禅宗的修行方法,意思是:无须长期的修习,只要突然领悟自己本有佛性,便是成佛之时。禅宗认为,众生本来觉悟、本来是佛,顿悟就是对自身佛性的刹那体认,在日常生活的各个领域,都有顿悟成佛的机会。"顿悟说"简化了成佛的过程,又扩大了禅的范围,对于禅宗的迅速发展有着深远意义。

我国的佛教四大名山

唐代以后,禅宗和尚为了寻师问道,终年奔走于青山绿水之间。在这一过程中,一些名山大寺逐渐成为参访的中心。至南宋宁宗(1195年—1224年在位)时,根据大臣史弥远的奏请,制定江南禅院等级,出现"五山十刹"。五山十刹指五座名山、十大名寺,它们分别是:余杭径山的兴圣万寿寺,杭州灵隐山的灵隐寺,杭州南屏山的净慈寺,宁波天童山的景德寺,宁波阿育王山的广利寺;杭州中天竺的永祚寺,湖州的万寿寺,江宁的灵谷寺,苏州的报恩光孝寺,奉化的雪窦资圣寺,温州的龙翔寺,福州的雪峰崇圣寺,金华的宝林寺,苏州的云岩寺,天台的国清寺。

随着佛教的式微和禅宗特色的消失,到明代时,五山十刹中的大部分寺院已走向衰落,"四大名山"开始取代它们的地位,成为禅僧和一般佛教徒参拜的中心。四大名山是指:山西五台山、浙江普陀山、四川峨眉山、安徽九华山。

五台山位于山西五台县东北,方圆300公里。层峦叠嶂、五峰高耸,峰顶平坦宽广,有如平台,故名"五台"。五台中以北台为最高,海拔3000多米。由于山势高峻,终年气温较低,即使盛夏也不觉暑气,所以又名"清凉山"。在晋代所译的60卷本《华严经》中,曾说到东北方向有座清凉山,文殊菩萨及其一万眷属常住在这里。唐代所译《文殊师利陀罗尼经》中也有类似之说。因此,五台山长期以来就成为佛教徒参礼朝拜文殊菩萨的圣地。

早在北魏时,五台山已享有盛名。北齐时,这里已建起大小寺庙200余座。唐代开元年间(713年—741年)以五台山为中心的文殊信仰盛极一时,从而使这里的寺院建筑规模又有较大的发展。元代和清代推崇密教,在五台山兴建了大量密教寺院;清王朝还曾强行将10座显教寺院改为密教寺院,责令汉僧改修藏传佛教。近代以来,五台山佛教渐趋衰退,但现存寺院仍有50余座。

现存五台山著名寺院中,显通寺、佛光寺、南禅寺是全国重点文物保护单位;塔院寺、菩萨顶、殊像寺、罗睺〔hóu〕寺、广仁寺、碧山寺、金阁寺、广宗寺、观音洞等被列为全国重点保护寺庙。这些寺庙所保存的大量建筑、雕塑、碑刻、佛经,都具有很高的文化艺术价值。

普陀山是浙江近海的一个小岛。岛上奇峰叠翠,林木葱笼;海上碧波浩渺,鱼帆点点;天空云蒸霞蔚,气象万千。这里素有"南海圣境""海天佛国"的美誉。

据说,唐大中元年(847年)有一名印度僧侣来到这里,在潮音洞前目睹观音现身说法,于是就定居下来。因佛经上有"观音住于南印度海中普陀洛伽山"之说,所以人们便借用"普陀"二字来命名这一小岛。后梁贞明二年(公元916年),日本僧人慧锷从五台山请得观音菩萨像,回国途中,船驶经普陀山,为风浪所阻,于是在岛上建起"不肯去观音院"。北宋以后,观音信仰日盛,凡航海途经这里的,都要朝拜观音,祈求旅途平安。作为观音道场,普陀山的寺院建筑迅速增加,至清末,已有大小寺庙200余座,僧尼数千。近代以来,不仅国内佛教信徒常不远万里而来,日本、朝鲜、东南亚各国的佛教徒也纷纷慕名前往。

普陀山寺院以普济寺、法雨寺、慧济寺三大寺为主体。三大寺规模宏大,殿宇巍峨壮观,是我国清初建筑群的典型代表,保存了大量珍贵的历史文物。每年阴历二月十九、六月十九、九月十九,是纪念观音菩萨的重要节日,届时各大寺都要举行隆重的宗教活动,香火极旺。普陀山还是游览避暑的胜地。岛上有风景点20多处,如潮音洞、梵音洞、百步沙、千步沙等,各有特色。

峨眉山在四川峨眉山市境内。因山势逶迤,如蟒首蛾眉,细而长、美而艳,故而得名。相传它是普贤菩萨显灵说法的道场,早在晋代已建有佛寺。至宋代,民间多次盛传普贤在这里显示瑞相,引起朝廷重视,命人入山造像,安置寺内。明朝时期,峨眉山佛教达到鼎盛,百里山峦,寺院多达70余座;红墙碧瓦,掩映于翠绿丛中。

峨眉山现存重要寺院,有报国寺、万年寺、伏虎寺、光相寺等。报国寺是山下最大的寺院,其前殿有明代铸造的紫铜华严塔一座,高7米,14层。塔身铸有佛像4700余尊,并刻有《华严经》全部经文。万年寺是山上最大的寺院,其砖殿正中置放北宋太平兴国五年(980年)铸成的普贤菩萨铜像一尊,连同坐骑白象通高7米多,总重62吨。普光殿建于峨眉山的金顶。这里有云海、日出、宝光三大奇观。宝光也就是所谓"佛光"。每当风和日丽之时,人们可以从山顶见到五彩光环显现于云际,身若置于光环之中。这是因光线折射而形成的一种奇特的自然现象。

九华山在安徽青阳县境内。因该山有九座山峰高出云层,犹如莲花,故得"九华"之名。山中多怪石、清泉、苍松、翠竹,景色宜人,寺庙星罗棋布,早有

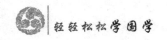
"东南第一山""东南佛国""佛国仙城"的美称。

九华山佛教历史,以唐肃宗至德年间(756年—758年)化城寺的创建为发端。据唐代费冠卿《九华山化城寺记》载,是年,乡绅诸葛节等人共同出资,为新罗修行者金乔觉伐木筑室,建造寺庙。金乔觉去世后,其肉身经久不腐,且多处与佛经所载地藏菩萨瑞相相似,因而被看作地藏的化身。从此,九华山也就被视为地藏显灵说法的道场。

中唐以后,九华山陆续建成多处寺庙。明清两代是该山佛教的极盛时期,大小寺庙鳞次栉比,达100多座。据《九华山志》记载,各地佛教徒为礼拜地藏菩萨,求其保佑,往往"数千里接踵而至",香火之盛,甲于天下。现在九华山尚有寺庙近80座,其中以化城寺为中心。该寺依山而建,气度恢宏,庄严古朴。其他著名寺庙有祇园寺、万年寺、东崖寺、甘露寺、百岁宫等。此外还有月身宝殿(俗称"肉身塔"),殿内有七级木质宝塔,高约17米,每层有佛龛八座,供奉地藏菩萨金色坐像。

在四大名山之外,江浙一带的天台山、天童山、雁荡山、栖霞山、虎丘山、狼山,江西的庐山,湖南的衡山,云南的鸡足山,辽宁的千山,也都是古今著名的佛教胜地。

达摩

菩提达摩的简称,又作达磨。中国佛教禅宗初祖。相传为南印度人。南朝宋末航海来到广州,又过金陵,据说他与梁武帝曾面晤,话不投机而去。后梁武帝大悔,派人追赶,他折下一枝芦苇,踏于其上,北渡长江而去,这就是"一苇渡江"的传说。他到了北魏洛阳,后住嵩山少林寺。他自称"南天竺一乘宗",提出用《楞伽经》作为阐发禅法的依据。他把原由印度输入的复杂坐禅方法简化,提出了"二人""四行"的修养方法。"二人"中的"理人"亦称"壁观",即通过修行,使心如墙壁一般不偏不倚,以达到舍伪归真、无自无他的境界。后人附会"壁观"即面壁而坐,于是又有了达摩在少林寺面壁九年的传说。

慧能

禅宗六祖。原姓卢,他的父亲原是个小官,被贬到岭南,并且过早去世,家里贫穷,与母相依为命,长大后以卖柴为生,不识字。20多岁时,听人诵《金刚经》,恍然有悟,于是安置了母亲,到五祖弘忍所在的东禅寺住寺做工。后被弘忍选中,暗中得授衣钵,成为禅宗六祖,弘忍又怕他因此受到其他弟子迫害,便送他逃走。他遵师嘱隐居十几年,才由印宗法师正式剃度,后来在宝林寺等地讲法,76岁时逝世。他否认客观事物的存在和变化,曾作偈:"菩提本非树,明镜亦非台。本来无一物,何处惹尘埃。"他认为,一切众生,皆有佛性,主张顿悟成佛,否定文字语言表达佛理的可能性,对禅宗的发展起了很大作用,实际上是禅宗的真正创立人。

玄奘

唐代高僧,与南北朝时的鸠摩罗什、真谛合称中国佛教三大翻译家。唯识宗创始人之一。俗称唐僧,本姓陈,少小出家。长大后,精研佛理。因深感当时中国佛学界对佛教问题众说纷纭,传来的佛经本身也自相矛盾,难有定论,于是决心去印度求法,以解疑难。他于贞观元年(627年)出发,经西域16国,历经艰险,前后四年,终于到达印度。他留在印度十余年,集经学法,阐释佛学,获得了极高声誉。贞观十九年(645年)回到长安,从事翻译。译出经、论75部1335卷,另撰有《大唐西域记》,为丰富中华文化做出了杰出贡献,也为古印度佛教保存了珍贵典籍。

鉴真

唐代律宗高僧。本姓淳于。早年住扬州大明寺,弘扬戒律。后他受日本僧人邀请,东渡日本弘法。从742年起,五次东渡,均告失败,他自己也因感暑热而双目失明,但他仍坚持东渡计划。753年第六次东渡,终于到达日本,受到日本朝野僧俗的盛大欢迎,他先后在奈良东大寺,后兴建的唐招提寺设戒坛,传授戒法,皇族、僧俗等先后数万人受戒,由此形成日本律宗,鉴真即为该宗初祖。他还曾将中国的建筑、雕塑、医药等介绍到日本。鉴真为中日两国文化交

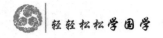
流做出了卓越贡献,今日本奈良唐招提寺仍供奉鉴真坐像,为日本国宝。

达赖

藏传佛教中影响最大的两大活佛系统称号之一,通称"达赖喇嘛","达赖"是蒙古语"大海"的意思,"喇嘛"是藏语"上师"的意思,"达赖喇嘛"意思是"智德深广犹如大海能包容一切的上师"。在藏传佛教中,达剌喇嘛被看作是观世音菩萨的化身,因此具有崇高的地位,其称号始于16世纪中叶的三世达赖索南嘉措(前两世为追认)。1652年,五世达赖受清顺治帝邀请赴京,受到优厚款待,后被正式册封。此后历世达赖转世,均须经中央政府册封,才为有效。

班禅

藏传佛教中影响最大的两大活佛系统称号之一。全称为"班禅额尔德尼"。"班禅"是梵语和藏语的合称,意为"大学者"。在藏传佛教中班禅活佛被看作是无量光佛的转世。其称号始于四世班禅罗桑·却吉坚赞(前三世为追认)。18世纪初,由于六世达赖的兴废问题引起了蒙藏地区局势的动荡。清康熙帝为了稳定局势,安定人心,于1713年派员入藏,封五世班禅罗桑益西为"班禅额尔德尼","额尔德尼"是满语"珍宝"之意,正式确认他的宗教地位,与达赖并列。此后历世班禅须经中央政府册封才算有效,成为定制。

第六章

不可不知的科学教育知识

一、古代发明

锯子

当我们今天用锯子很容易地伐木材时，你能想到锯子和小草之间有联系吗？你知道世界上第一把锯子是依照小草制成的吗？

春秋战国时，有一个很聪明的人叫公输班（即鲁班）。有一次，他和徒弟带着斧子去山上砍树。用斧子砍树又累又慢，砍了好多天也没砍下多少。

有一天上山时，因为路不好走，公输班用手拉了一下路边的小草，可是没想到手被划得鲜血直流。为什么小草这么厉害呢？原来小草的叶子边缘有许多又密又锋利的小细齿。于是他又试着划了一下，果然又是一道小口子，聪明的公输班马上想："如果把铁条制成有小细齿的样子，不就很容易地砍下树了吗？"于是他让铁匠造了许多这种铁条，在树上来回拉，很快就伐了许多木材。锯子就是这样发明的。

丝绸

我国的丝绸已有2000多年的历史了。不但品种繁多，而且色泽艳丽、质地优良，以锦、纱、罗、绫、缎、绸和缂丝著称世界。缂丝是我国特有的丝织工艺品。唐宋时代，就在缂丝织品上织出山水亭阁、鱼草花鸟，真是绚丽多彩、精美绝伦，展示了中华民族的聪明才智！

秦和西汉时代，我国的丝织技术传入日本。汉代张骞开辟了丝绸之路，中国的丝绸运到西方，令那里的人羡慕不已，常常把中国丝绸的色丝拆下来，加织到他们的织物里。他们不断地派人来中国学习丝织技术，也常请中国人去传授经验。古老的丝绸之路，使古老的中国走向世界，使世界认识和了解了中国。中国对世界纺织业的发展做出了很大的贡献。

水力鼓风机

水力鼓风机是东汉时杜诗发明的。这是一种用来冶炼的工具。在水力鼓风机发明之前，人们用来鼓风的工具是"牛皮囊"。它是一种很厚的皮囊，里面充满了空气。使用时用手挤压它，使之一张一合，这样就能把风鼓入冶炼炉中，产生更多热量。它的缺点是既费人力，效果又不明显。后来又出现排囊，解决了风量问题，它的进风量很大，然而需要的人力更多。针对这种情况，杜诗发明了以水为动力的水力鼓风机，合理地利用了自然资源做动力。后来又出现了以水流为动力的水排。这样大大提高了冶炼效率，节省了人力，因而在社会上广泛应用起来。

第一架自动天文仪器

在西方的天文学家哥白尼、开普勒、伽利略之前1000多年，我国诞生了一位伟大的天文学家张衡。他是今河南省南阳人。十多岁时就读了很多书，文章写得很出色。34岁那年，皇帝派人召他到京城里去做郎中，他借此机会看到许多不常见的书。其中读了一本扬雄写的《太玄经》，对天文和数学发生了浓厚的兴趣。后来他又被调任太史令，主管观察天象的工作。

张衡经常观察日月星辰，探索它们在天空里运行的规律。他根据这个规律，解释了冬天日短夜长、夏天日长夜短的道理。他说天好像鸡蛋壳，包在地的外面，地好像鸡蛋黄，在天的中间。这种假设叫作"浑天说"。

张衡根据他的浑天说，创造了世界上第一架自动的天文仪器——流水转动的浑天仪。据说,人坐在屋子里看着仪器,就可知道哪颗星正从东方升起,哪颗星已经到了中天,哪颗星就要落下西方去。对我国天文学的发展,做出了巨大的贡献。

太史令除了观察天象,还要记录各种灾象。为了记录地震,张衡又创造了世界上第一架测定地震方向的仪器——地动仪。地动仪用精铜铸成,外形像带盖的凸肚大茶杯。"凸肚"的外表面铸着八条垂直向下的龙,龙头分别对准八个不同方向,口里还含着小铜丸。对着龙嘴的地上蹲着八个铜蟾蜍,仰着头、张着嘴。当地球上哪个方向发生地震,就会触动相应方向的龙头,吐出小铜丸,掉进铜蟾蜍的嘴里,这样就能自动预报地震发生的方向。这是世界上最早的地震仪,于132年制造出来,比欧洲人整整早了1700年!可惜张衡造的地动仪失传了,现历史博物馆存放的,是根据古书的记载,制出来的模型。

人们非常尊敬这位1800多年前的大科学家。郭沫若曾赞颂张衡说:"如此全面发展之人物,在世界史上亦所罕见。"

造纸术的发明

1957年5月,在陕西西安市郊灞桥发现了一座古代墓葬。在清理文物中,发现有一些米黄色的古纸,最大的差不多有10厘米见方。纸上面有明显的被麻布压成的布纹。经考古工作者分析研究,断定它不会晚于西汉武帝,离现在已有2100多年了。因在灞桥发掘,故名"灞桥纸"。

1965年,我国有关单位对灞桥纸进行了反复检验,确定造纸的主要原料是大麻纤维,但也混有少量的苎麻。灞桥纸是世界上现存的最早的植物纤维纸。过去,历史书都说纸是东汉蔡伦发明的,灞桥纸的发现,说明早在西汉时代,我国劳动人民已经发明用植物纤维造纸了。

我国虽然在西汉时代就有了植物纤维纸,但是,那时候麻缕也跟丝棉一样,是用来做衣服的,不可能大量用在造纸上。同时,麻缕制的纸又厚又糙,很不适宜写字。东汉时,蔡伦看到大家写字很不方便,竹简和木简太笨重,丝帛太贵,丝棉纸不可能大量生产,于是,他就研究改进造纸的方法。他提出用树皮、破布、破渔网来做原料。这些原料来源广泛,价钱便宜,有的还是废物利用,因此可以大量生产。后代人用木浆造纸,就是受到蔡伦用树皮造纸的启发。蔡伦改进造纸方法成功,是人类文明史上一件大事。从此,纸才大量生产,为书籍的大量印刷创造了条件。

印刷术

在雕版印刷书籍以前,社会上已经广泛应用印章和拓碑。我们祖先就是在拓碑和印章这两种方法的启发下,发明了雕版印刷术。

当时雕版印刷术的方法是这样的:把木材锯成一块块木板,把要印的字写在薄纸上,反贴在木板上,再根据每个字的笔画,用刀一笔一笔雕刻,刻成阳文(凸出为阳文,凹进为阴文),使每个字的笔画突出在木板上。印书的时候,先用刷子蘸上墨,在雕好的板上刷一下,接着用白纸覆在板上,另外拿一把干净的刷子在纸背上轻轻地刷一下,把纸拿下来,一页书就印好了。因这种印刷方法是在木板上刻好字再印的,故称为"雕版印刷"。

现在保存下来的我国最早的雕版印刷书籍是868年刻印的《金刚经》。这也是世界上现存最早的雕版印刷书籍。北宋庆历年间(1041年—1048年),我国的毕升发明了活字印刷术,它的技术与现代印刷术基本一致,比德国人谷登堡发明活字印刷术早400年。但遗憾的是毕升的活字印刷术近代以前在我国并未得到普及。

祖冲之与圆周率

祖冲之出生在公元429年,是个伟大的数学家、天文学家和物理学家。他有许多卓越的成就,其中之一就是对圆周率的计算。

圆周率就是圆周长度和直径长度的比。这是一个无限的不循环小数,也就是说它是个没完没了的小数,各位数字的变化没有规律。通常在计算的时候,我们把圆周率定为3.1416,这个数字实际上比圆周率稍微大一点。祖冲之在1500年以前就确定,圆周率在3.1415926和3.1415927之间,比3.1416精确得多。在他之后100年,阿拉伯有个数学家才打破这个精确的纪录。

计算圆周率是一件很不容易的事。祖冲之从圆的内接正六边形开始,先算内接正12边形的边长,再算内接正24边形的边长,再算内接正48边形的边长……边数一倍又一倍地增加,直到算出了内接正12288边形的边长,才能得到这样精密的圆周率。

这样的算法,说来简单,其实不然,至少要进行七次运算。其中除了加和减,有12位小数的乘方,尤其是开方,运算起来极其麻烦。祖冲之要是没有熟练的技巧和坚强的毅力,是无法完成这上百次的繁难复杂的运算的。

针灸

针灸治病,是古代中国的一大发现。针灸疗法可治疗和预防多种疾病,治疗效果既快又显著,操作简便、经济实惠。

针灸为什么能治病?现代科学家还无法回答,只能用中国古代医学的经络学说来解释。经络学认为,经络遍于人体各个部位,担负着运送全身气血、沟通身体内外上下的功能。经络不仅存在于体表,而且和五脏六腑相联,构成无始无终的环状组织循环运行。其中干线叫作经脉,支线叫作络脉,更小的支线叫作孙脉,整个经络系统犹如田野中的水利灌溉网,输送气血养育人体。穴位则是经络系统的控制机关,刺激穴位就可以起到调节经络系统运动的作用。

我国在传统针灸疗法的基础上,又创造出了很多新的疗法,如:电针、耳针、磁穴疗法、针刺麻醉等等。

水运仪象台

水运仪象台由苏颂发明。苏颂(1020年—1101年),字子容,同安城关人。10岁随父入都,少时学习勤奋。宋庆历二年(1042年)中进士。宋代之前,东汉张衡创制的浑天仪和唐代僧一行等人的复制品都已失传。元祐元年(1086年)十一月,苏颂组织一批科学家,并运用自己丰富的天文、数学、机械学知识开始着手复制,元祐三年十二月获得成功。元祐七年又复制成铜质台。仪象台以水力运转,集天象观察、演示和报时三种功能于一体,是世界上最早的天文钟。在这个领域里,苏颂的发明创造比欧洲的罗伯特·胡克早六个世纪。绍圣二年至四年(1095年—1097年),苏颂写出《新仪象法要》三卷,详细介绍了水运仪象台的设计及使用方法,绘制了我国现存最早最完备的机械设计图,附星图63种,记录恒星1434颗,比300年后西欧星图纪录的星数还多442颗。英国科学家李约瑟博士把《新仪象法要》译成英文在国外发行,并称赞"苏颂是中国古代和中世纪最伟大的博物学家和科学家之一。"

火枪

南宋时候,火药的使用越来越普遍了,火器也得到了进一步的发展。

为了防御金兵的侵扰,南宋的军事家们不断改进武器。南宋初年,有一个叫陈规的军事学家,发明了一种管形火器——火枪,这在火器史上是一大进步。

这种火枪是用长竹竿做成的,竹管里装满火药。打仗的时候,由两个人拿着,点着了火发射出去,用它烧敌人。

把火药装在竹管里做成火枪,在火药的应用上是个了不起的进步。用抛石机发射火药,不容易准确地打中目标;有了管形火器,人们就可以比较准确地发射和适当地操纵火药的起爆了。

火药发明以后,又有人发明了突火枪。突火枪是用粗毛竹筒做成的,竹筒里放有火药,还放一种叫"子窠"的东西。把火药点着以后,起初发出火焰,接着"子窠"就射出去,并且发出像炮一样的声音。这种"子窠"很可能就是一种最早的子弹,可惜古书上没有说明。

火枪的作用只是烧人,突火枪却能发出"子窠"打人,比火枪又前进了一步。火枪和突火枪,都是用竹管做成的原始的管形火器,威力不大,但它们都是近代枪炮的老祖宗。近代的枪炮,就是在此基础上逐渐发展来的。

飞弹

我国最初发明的用火药做的火箭,是靠人力用弓发射出去的。后来,人们又发明了直接利用火药的力量来推动的火箭。这种火箭的构造,和现在的"起火"相同。箭上有一个纸筒,里面装满火药;纸筒的尾部有一根引火线,引火线点着以后,火药就燃烧起来,变成一股猛烈的气流从尾部喷射出去;利用喷射气流的反作用力,火箭就能飞快地前进。这种由火药喷射推进的火箭,可能在宋朝时候已经发明了。明朝时候,有人把几十支火箭装在一个大筒里,把各支火箭的药线都连到一个总线上。用的时候,将总线点着,传到各支火箭上,就能使几十支火箭一齐发射出去,威力很大。

明朝初年,还有人根据火箭和风筝的原理,发现了一种装有翅膀的"震天雷炮",攻城的时候,只要顺风点着引火线,震天雷炮就会一直飞入城内,等到火线烧完,火药就爆炸起来。

还有一种"神火飞鸦",是用竹篾扎成的"乌鸦",内部装满火药,发射以后,能飞100多丈远。这时,装在"乌鸦"背上跟"起火"相连的药线也烧着了,引起"乌鸦"内部的火药爆炸。一时烈火熊熊,在陆地上可烧敌人的军营,在水面上可烧敌人的船只。

震天雷炮和神火飞鸦,可以说都是最早的"飞弹"。它们是现代导弹的祖先。

黄道婆与纺织技术

"黄道婆,黄道婆,教我纺纱教织布,两只筒子两匹布。"这是人民歌颂宋末元初女纺织革新家黄道婆的歌谣。

黄道婆出生在上海松江乌泥泾镇的一个贫苦农民家里,小时候就当童养媳。据说,有一天,她不愿再忍受公婆虐待,深夜在墙上挖了个洞跑了出去,悄悄地溜进一艘出洋的海船,来到了海南岛极南边的崖州。

海南岛是棉纺织业发展较早的地区之一。因黄道婆在家乡学过纺纱织布,她看到黎族妇女的技术先进,就向她们学习纺纱织布的技术。

黄道婆心灵手巧,在崖州学得一手纺织好技术之后,回到了家乡乌泥泾,靠织"崖州被"为生。她根据黎族人民的先进生产经验,结合汉族人民的传统技术,创造出许多新的生产工具,对棉纺织的工艺轧子、弹花、纺纱、织布等进行了系统的改革。她创造的轧棉子搅车,大大提高了轧子的效率;她创造的用绳弦大竹弓弹花,既提高了弹花效率,又保证了棉纱的质量;她创造的三锭三

线的脚踏式纺车,既减轻了劳动强度,又提高了几倍纺纱效率;在织布技术上,她还使用了"错纱配色"和"综线挈花"等先进的技术。

黄道婆去世以后,人们为了纪念她改革棉纺织业的功绩,在乌泥泾镇上给她修建了一座祠堂,叫作"先棉祠"。

二、古代学校

左学、右学、辟雍、泮宫

均为我国古代学校名。据甲骨文和古书上记载,殷商时代已出现了正式学校。上述的一些便是殷、周时期,设立在都城内的各级学校。左学即小学。殷周时期,小学设在国都内王宫南面的左首。右学即大学。殷人崇尚右,崇尚西,把大学设在都城的西郊以示尊崇,因而称大学为"右学"。辟雍,是西周时期的大学,又称"射庐""大池",也设在都城的西郊,因而又称"西雍"。泮宫,是各诸侯国内设立的大学,《王制》:"诸侯曰泮宫。"《诗经·泮水》便是赞美诸侯国大学的诗篇。设在王城和诸侯国城内的学校,不论小学或大学统称为"国学"。国学是对乡学而言的。

庠、序、校、塾

均为我国古代学校名。《周礼》:"乡有庠,州有序,党(五百家的地区)有校,闾(二十五家的地区)有塾。"最初,它们的职能和教育作用曾有某种不同,"庠"和"序"有分工,一是培养,一是习射,到后来这种分工便消失了,只是名称的差别而已。

这些都是贵族学校,教养贵胄子弟的场所,是为奴隶主阶级培养人才的,殷商时期的学校,以祭祀、军事、乐舞和文字的知识与技能为主要教学内容。

周代设有专职的教育官师氏,分大师小师等级别。教师的职责是教授音乐、礼仪、射箭、驾车等,还设有专门的乐师。

太学

早在西周时期,教育的层次就已有区分,据说是八岁入"小学",毕业后才进入太学。当时诸侯国的太学叫"泮宫";周王室的太学以南北东西中为序,分别叫作"成均""上庠""东序""瞽宗"和"辟雍"。"辟雍"则为其总代称。太学里的主要教学内容是"六艺"——礼、乐、射、御、书、数。当时"学在官府",只有贵族子弟才能入学。随着周王室势力的衰落,"天子失官""学在四夷",在民间开始了私人讲学授徒的新气象。春秋后期,孔子打破"学在官府"的格局,主张"有教无类"、因材施教,对我国教育的发展产生了深远影响。

汉武帝以后,国立太学又迅速发展起来。汉武帝尊孔崇儒,于元朔五年(前125年)在京师兴办太学,设置博士弟子员(太学生)50人,专门学习和研究儒家经书。教师称博士官,是用征拜或荐举的办法,选择学术上的名流担任。西汉后期,太学生多达万人,到东汉中期扩大到三万人,在洛阳城内"书声琅琅",汉灵帝还让大书法家蔡邕等人把儒家经典刻在46块石碑上,即著名的"熹平石经",来抄写经文的太学生车水马龙,盛况空前。太学是中央的主要官学,也是世界上第一所官办的高等学府。

国子监

国子监为中国古代最高学府之一。晋武帝时,始立国子学。北齐改名"国子寺"。炀帝即位,改为"国子监"。唐沿此制,国子监下设国子学、太学、四门学、律学、算学、书学六学,各学皆立博士,设祭酒一员(相当于校长),掌监学之政,并为皇太子讲经。祭酒以下设司业(副校长)、监丞(训导长)、主簿(教务长)、教授和直讲等教职人员。例如唐代的韩愈就曾任过国子祭酒,他的著名的散文《进学解》即是担任国子博士时所写。国子监至清代变为只管考试,不管教育的考试机构;到清末则成为卖官机构。

杏坛

孔子杏坛设教,收弟子三千,授六艺之学,自古以为美谈,为士林所称颂。"杏坛"亦作为孔子兴教的象征。"杏坛"的典故最早出自于庄子的一则寓言。

《庄子·渔父》篇:"孔子游乎缁帷之林,休坐乎杏坛之上,弟子读书,孔子弦歌鼓琴。奏曲未半,有渔父者,下船而来……(孔子)乃下求之,至于泽畔……"庄子在那则寓言里,说孔子到处聚徒授业,每到一处就在杏林里讲学。休息的时候,就坐在杏坛之上。后来人们就根据庄子的这则寓言,把"杏坛"称作孔子讲学的地方,也泛指聚众讲学的场所。后来,人们在山东曲阜孔庙大成殿前为之筑坛、建亭、书碑、植杏。北宋时,孔子后代又在曲阜祖庙筑坛,环植杏树,遂以"杏坛"名之。

郡国之学

太学是中央的主要官学;郡国之学则是地方的官学。

郡国之学即地方学校。汉代,设县以下的教育机构称"校""庠""序"(沿袭殷、周时代的旧称)。"校"即蒙书,相当于今天的小学,以《仓颉》《凡将》《急就》《元尚》等书为教学内容,目的在识字、习字。郡国之学,可能相当于今天的中学,教学上以《论语》《孝经》《尔雅》为主要内容。

中国古代私学

两千多年的中国封建社会始终存在着与官学相对而言的私学,私学在中国教育史上占有重要一席。春秋时期,王权衰落,"礼崩乐坏",文化教育方面也随之发生变化,其主要标志就是官学衰落,私学兴起。孔子所办私学规模最大、影响最深、经验最丰。随着官学的衰落和私学的兴起,士作为一个社会阶层,人数众多,地位不断提高,这是适应了各诸侯国用士为自己的统治服务和各卿大夫用士与自己的对手斗争的需要,在此条件下私学便应运而生。

私学的兴起和养士之风盛行,形成诸子蜂起,百家争鸣的局面,各学派之间有激烈的论争,也有微妙的相互吸收和渗透。汉武帝虽宣布"罢黜百家,独尊儒术",但并未禁止私学,太学里所立的五经博士都是今文经学,而古文经学仍可由私人传授。魏晋南北朝时期,老、庄之风日盛,300余年间成为"清谈"或"玄学",但这一时期私学一直未断,有的还颇发达。隋唐私学也和官学一样很兴盛。

五代开始,书院这一私学教育教学机构出现,到北宋开始勃兴,以后历代统治者对待书院政策不一,书院时兴时废,一直持续到清代。书院之盛与理学家讲学有密切关系。小学阶段的教育,中国古代由私学办理。元初程端礼的《程氏家塾读书分年日程》是一部著名的家塾教学计划。私学对科技的发展也很有关系,家学相传、自学成才,师父传授或朋友共同研究造就了很多伟大的科学家。从唐代开始,佛教极盛,每一个寺庙实即一个佛教学校,这是中国古代佛教的私学。

稷下学宫

　　战国时期齐国的高等学府,大约创建于齐桓公田午时期,因设于都城临淄稷下而得名,历时一百四十余年,是战国时期"百家争鸣"的重要园地。

　　人们称稷下学宫的学者为稷下先生,随其门徒,被誉为稷下学士。齐宣王时期稷下学宫达到顶风(滥竽充数这个典故也与此有关)。稷下学宫最有名的两个人是孟子和荀子。两人都曾在稷下学宫任职。稷下学宫学术氛围浓厚,思想自由,各个学派并存,实行"不治而论"。儒、道、名、法、墨、阴阳、小说、纵横、兵家、农家等各家学派林立,一学者们聚集一堂,公开辩论,相互吸收,共同进步。当时稷下学士上千人,稷下学者待遇极高,齐宣王曾赐七十六个"上大夫"头衔,给他们修建高大的住所,还将淳于髡、孟轲、荀况尊为卿。

　　战国260年,齐国几乎始终领导文化潮流。这和稷下学宫是分不开的。中国秦以后的各种文化思潮差不多都能从稷下找到源头。如统治中国几千年的儒学,基本上是孟、荀两派理论交替在使用。再如邹衍的阴阳五行学说,一直在中国盛行,并且是中医学的理论基础;还有在汉朝早年流行的黄老思想。

　　稷下学宫本身有很多功能。既充当政府的智囊团,又著书立说进行学术研究,还广收门徒进行教育工作,是一所非常成功的官办高校。在中国几千年历史中,其学术氛围之浓厚、思想之自由、成果之丰硕,都是独一无二的。

鸿都门学

　　鸿都门学是汉代学习、研究文学艺术的高等专科学校。创立于东汉灵帝光和元年(178年)二月。因校址设在洛阳鸿都门而得名,是中国最早的专科大学。鸿都门学所招收的学生和教学内容都与太学相反。学生由州、郡三公择优选送,多数是土族看不起的社会地位不高的平民子弟。开设辞赋、小说、尺牍、字画等课程,打破了专习儒家经典的惯例。学生毕业后,多给予高官厚禄,还有的封侯赐爵。鸿都门学一时非常兴盛,学生多达千人,但延续时间不长。一因士族猛烈的攻击,二因黄巾起义,它随着汉王朝的衰亡而结束。

鸿都门学不仅是中国最早的专科大学,而且也是世界上创立最早的文艺专科大学。在"独尊儒术"的汉代,改变以儒家经学为唯一教育内容的旧观念,提倡对文学艺术的研究,是其对教育的一大贡献。它招收平民子弟入学,突破贵族、地主阶级对学校的垄断,使平民得到施展才能的机会,具有进步意义。鸿都门学的出现,为后来特别是唐代的科举和设立各种专科学校开辟了道路。

书院

我国自北宋到清代的一种重要的教育组织形式。书院名称起用于唐代,原为藏书与修书之所。南唐升元四年(940年)建立的庐山白鹿洞国庠,是含有教育性质的书院之始。书院制度的形成在宋代。宋初书院兴起,著名的有四大书院:石鼓书院、白鹿洞书院、应天府书院与岳麓书院(据马端临《文献通考·学校考》)。

南宋书院日益发达,最著名的有:岳麓、白鹿洞、丽泽、象山四书院。元代对书院采取利用方针,将书院官学化。明初,书院极不发达,到成化年间(1465年—1487年)才逐渐发展起来,至嘉靖年间(1522年—1566年)达到极盛。明代书院有两个特点,其一,书院和科举关系更加密切;其二,明末官方"禁毁书院"。

清朝初年,官方害怕书院讲学宣扬爱国主义精神,对书院采取抑制政策。雍正十一年(1733年),清世宗鉴于理学大臣张伯行所建的传授程朱理学、又课教八股文的书院对清王朝统治有利,下令由官府拨款在各省城设置书院。此后,各府、州、县也相继创建书院。但清代书院大都为官方设立,成了以考课为中心的科举预备学校。乾隆、嘉庆之后，少数书院不课八股，而以经、史为主，并及小学、天文、地理、算法等科，为书院开创了一种新的学风。

书院与官学相比有自己的特点。书院学生入学不受籍贯限制，可以自由择师，师德高尚的教师还主动向弟子推荐比自己高明的教师，师生感情甚笃。书院不光传授知识，重在陶冶人的品格。书院教学采取自学、共同讲习和教师指导相结合的方式进行，而以自学为基础。书院实行"门户开放"，不同学派可以自由讲学，相互争鸣。书院还为学生提供充分的书籍条件。书院的教师十分注意对学生进行读书和研究学问的方法指导，以"朱熹读书法"最著名。各书院均有自己的《学规》，《学规》规定了该书院的教育目的、教学内容以及教学方法等。

白鹿洞书院

白鹿洞书院在中国教育史上有特殊的地位，它是我国第一所书院。唐朝末年，战争迭起，许多学校荒废了，不少学者便来到白鹿洞教书讲学，到了南唐升元中（937年—942年），这里正式建立为"访山国学"。时至宋初，白鹿洞扩为书院，成了当时国家最高学府。哲学家与教育家朱熹、陆象山（九渊）、王阳明等相继来此讲学。朱熹镇守南康（星子县），在视察白鹿洞遗址后，多次上书宋孝宗，几经努力，宋孝宗于1179年批准成立"白鹿洞书院"，修建大小殿宇书堂、楼榭亭台，外加莲池小池、牌额石坊。涉关贯溪，过枕流桥，抬头可见院东北的"礼圣殿"。它是书院主建筑之一，是当年学生拜谒儒家鼻祖、教育家、哲学家孔子的地方。门上的两额匾为："学达性天""万世师表"。殿堂正中有唐吴道子所绘的孔子像，两旁有72弟子贤人像。

朱熹制定白鹿洞学规，对后人有许多可取之处，如博学、审问、慎思、明辨、笃行等，教育人要多读书、多请教、多研究、多思考、多实践。

石鼓书院

宋代著名书院之一。原址在今湖南衡阳县北石鼓山，旧为寻真观。唐刺史齐映就遗址建后江亭，元和年间李宽建屋山顶，在此读书。宋至道年间李士真再次就址重建,景祐二年(1035年)仁宗赐名石鼓书院。《文献通考·学校考》将其列为"宋兴元初天下四大书院"之一,但《玉海》列"宋朝四书院"有嵩阳而无石鼓。

嵩阳书院

宋代著名书院之一。原址在河南登封县嵩山东峰,原为嵩阳寺,北魏孝文帝太和年间始建,五代后周改名"太乙书院"。宋太宗至道年间改称"太室书院",藏九经于其中。仁宗景祐二年,奉旨重修并更名嵩阳书院,《玉海》列其为"宋朝四书院"之一。南宋时废,清康熙年间,再次重修扩建,院落宽敞清静,馆舍高大幽雅,为历代学士所崇仰。

应天府书院

宋初四大书院之一。原址在今河南商丘县城。最初为戚同文讲学之地,宋真宗大中祥符二年(1009年),曹诚就其地建学舍150间,藏书1500余卷,广招生徒。后来晏殊为应天府知府时,曾聘范仲淹在此执教讲学,自此宋代办学之风兴起。院址属应天府,故名,又因商丘旧名睢阳,亦名"睢阳书院"。

鹅湖书院

宋代著名书院之一。鹅湖,山名,本名荷湖山,因晋末有龚氏畜鹅于此,故而改名鹅湖山。地处江西铅山县北。宋代此地有一鹅湖寺,向为名人学士巡游讲学之所。南宋淳熙二年由著名学士吕祖谦邀集当代著名学者陆九渊和朱熹进行了一次学术研讨,原想调和二者的学术之争,不意二人会间各执一理,相争不下,并赋诗相互责难,形成一场真正的哲学辩论会,这就是历史上著名的"鹅湖之会"。自此鹅湖寺的名声大振,四方学士纷纷往投,朱、吕、陆等大学问家均曾在此讲学,后建为书院,即鹅湖书院。宋淳熙年间皇帝赐额"文宗书院"。

白鹭洲书院

南宋著名书院之一。白鹭洲在江西吉安市赣江之中,南宋淳祐年间吉州知州江万里在此建书院谓白鹭洲书院,南宋名相文天祥曾就读于此。

洙泗书院

古代著名讲学之所。洙、泗为山东二水名。古时二水在今山东泗水县北会合西下,至鲁国首都曲阜之北,重又分开,洙水在北,泗水在南,相传孔子当初就是在洙泗之间设学执教的。因此,自古以来此地均有学馆。宋代以来,书院名声甚盛,此地学馆也因而名之洙泗书院。

东林书院

在明代众多书院中,最著名的是东林书院。东林书院在江苏无锡城东南,原为北宋教育家杨时(1053年—1135年)讲学之所,后即在该地建书院,因杨时被称为"龟山先生",所以东林书院也称为"龟山书院"。元代曾废为僧庐,明万历年间,无锡人顾宪成(1550年—1612年)与弟顾允成修复了东林书院。顾宪成去世后,高攀龙(1562年—1626年)、叶茂才相继主其事。

东林书院是当时一个重要的文化学术中心,并形成了一套完备的讲会制度,据《东林会约》载,东林书院的讲会定期举行,每年一大会,每月一小会,各三天,推选一人为主持人;讲会之日,必举行隆重的仪式;讲学内容主要以"四书"为主,讲授时,与会者"各虚怀以听",讲授结束,相互讨论,会间还相互歌诗唱和,十分活跃。此外,关于讲会组织的其他一些方面,如通知、稽察、茶点、午餐等,也都作了具体规定。所有这些都表明东林书院的讲会已经制度化了。从讲会的规约、组织、仪式和规模来看,讲会已经超出了书院的范围,成为一个地区性的学术研讨会。这样,既扩大了书院的影响,提高了书院的社会地位,又丰富了书院的教学内容,提高了书院的教学和学术水平,这是东林书院的一个重要特点。

东林书院的另一个重要特点,即是密切关注社会政治和国家大事。书院的这一特点,集中地体现在顾宪成为其题写的一幅对联上:

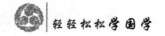

风声、雨声、读书声,声声入耳;

家事、国事、天下事,事事关心。

这副对联至今仍刻在书院旧址的石柱上。

东林书院后遭到魏忠贤为首的阉党的迫害而被焚毁,许多东林书院的领导人,如高攀龙、杨涟、左光斗、魏大中、周顺昌、黄尊素、李应升等横遭迫害致死。由于东林书院对社会的影响很大,所以魏忠贤等在焚毁东林书院时,也就把天下的书院都同东林书院联系在一起,一律严令焚毁。直到崇祯皇帝即位后,魏忠贤惧罪自缢死,其他阉党人物也受到应有的惩治,东林党人才得以昭雪,东林书院也于崇祯六年(1633年)修复。经历这一番曲折之后,东林书院"名益高,人乃以附东林为荣",又重新生机盎然。

漳南书院

清代著名书院之一。原址在今河北肥乡县。清康熙十九年(1680年)于成龙为直隶巡抚,在此建义学,稍后由郝文灿扩建,改称"漳南书院"。康熙三十五年,著名学者颜元主持书院,反对程朱理学,宣讲"实学",设文事、武备、经史、艺能等斋,改变书院修心养性和专习八股的风气。后因漳水淹没院舍,未及半年颜元离去,修复后,虽屡请颜元,然也坚辞未就。然该书院自此名噪华北,极受冀人景仰。

岳麓书院

书院坐落在历史名城长沙市湖南大学校园,掩映于深山大壑、茂林修竹之中。据史书记载,该书院于北宋开宝九年(976年)潭州太守朱洞创建,创始时间尚可推到唐末五代时期。据南宋学者、曾是岳麓书院山长的欧阳守道的记载,岳麓实际是在唐末僧人智璇办学的基础上"因袭增拓"而成的。

从南宋到清代,代代有名人:陶澍、贺长龄、郭嵩焘、曾国藩、左宗棠、胡林翼,都是叱咤风云的人物;谭嗣同、唐才常、黄兴、蔡锷、陈天华、熊锡龄、程潜等,更是岳麓高徒。尤其值得一提的是在岳麓进入学堂时期,又为中国革命培养了大批无产阶级革命家,如蔡和森、邓中夏、谢觉哉、甘泗淇、周小舟等,毛泽东亦三次寓居岳麓,问学于杨昌济。似此一个学府培养出如此众多的人才,不要说是在中国,就是在世界上,也难于寻见。

历史证明,岳麓书院,包括改制之后的学堂在中国教育史上,是有它的突出地位的。

岳麓书院形成了一套具有特色的教育主张和教育方法,其中人才培养目标的确定是十分重要的。早在南宋乾道元年,张栻主张岳麓要力纠时弊,把对学生进行严格的培养放在首位,明确培养学生不是为了做官,而是为了治国安民;做官不是为了个人的功名利禄,而是要"致君泽民",使学校的人才培养与社会的需要结合起来,为地主阶级的整体和长远利益服务。倘从官吏的素质直接关系到封建国家的治乱和安危而言,张栻的主张,在当时的历史条件下还是有其积极意义的。

为与人才培养目标相适应,岳麓书院还形成了自己的一套教育方针和方法。首先,书院始终把学生的品德培养放在首位。从张栻开始,几乎所有书院的山长都把教育看成是个伦理道德教育。如果说,在元代之前,岳麓书院还偏重于道德和知识的灌输,那么,明清时期则更重道德的实践,重视行为规范。清代山长王文清制定的至今嵌在讲堂右壁的《岳麓书院学规》18条,除六条讲学习方法、态度之外,其余都是讲道德修养的。岳麓注重学生品德教育,造就了一大批勇于践行、关心民瘼的经世济国的人才。据不完全统计,仅为正史立传者便有26人。

重视学生主体精神的培养,激发学生的主动性,是岳麓书院的另一个特点。南宋时期,张栻就提出"徒学而不能思,则无所发明,罔然而已"的观点,认为"学思并进"才能使学生在受到教育的同时焕发创造精神。清代山长李文照指出:学生要有阙疑精神。总之,在岳麓书院的教育传统中,不但重视教的方面,而且更为重视学的方面。不只强调学什么,更强调学了之后的发明创造。

值得提及的是,岳麓书院的教育传统中,具有一定程度的开放性。虽然,书院在总体上是以程朱理学为宗,但它并不排斥对其他学派的研究。千年之中,各学派的重要人物几乎都在岳麓中传授过学术观点,其中有闽学、陆王心学、汉学、乃至近代新学等,即使是对立学派,书院也能容之存在,相互切磋,

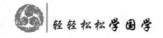

从不闭门锁户。最为典型的是,清末康梁维新思想的进入。这些,不仅繁荣了岳麓书院的学术,更促进了岳麓教育的发展。岳麓学生思想活跃、见多识广,成功立业者众,与此不无关系。

宋元时期的蒙学

宋元时期是中国古代蒙学教育发展的新阶段,不仅在数量上得到了进一步的发展,而且在教育内容、教学方法以及教材方面,都形成了自己的特点,对后世的蒙学教育亦产生了重要的影响。

宋元时期蒙学的主要内容,包括初步的道德行为训练和基础的文化知识的学习。因此,蒙学每日功课主要是教儿童识字、习字、读书、背书、属对、作文等,同时也向他们进行基本道德规范的教育和道德行为习惯的培养。

在众多的蒙学教材中,以《三字经》《百家姓》《千字文》流传最为广泛,人们习惯称之为"三、百、千"。

总之,宋元时期的蒙学教材按专题分类编撰,使蒙学教材在内容和形式上呈现多样化。一些著名学者如朱熹、吕祖谦、王应麟等,亲自编撰蒙学教材,可见对蒙学教材之重视,同时也提高了蒙学教材的地位与质量。蒙学教材注意儿童的心理特点与年龄特征,采用韵语形式,文字简练,通俗易懂,并力求将识字教育、伦理道德教育和基本的社会、自然常识教育有机地结合起来,这些经验是很宝贵的,值得我们重视。

明清的蒙学教师

明清时期的蒙学有三种形式,一是坐馆或教馆(指地主士绅豪富聘请教师在家进行教学),二是家塾或私塾(指地方或个人出钱资助设立小学招收贫寒子弟,带有慈善事业的性质)。明清的蒙学已经定型,有了一般固定的教学制度和教学程序,也有了一批教蒙学的教师队伍。

蒙学教师简称为"蒙师",有的是当地的童生或穷秀才,有的连童生、秀才也不是。《儒林外史》第二回描绘山东薛家集有位60多岁的蒙师名叫周进,"却还不曾中过学",即仅是童生,还没中秀才。他来到贡院门口想挨进去看看,却

"被看门的大鞭子打了出来"。家长谒见蒙师,赠送的礼钱,"合拢了不够一个月饭食"。"潦倒青衫"是蒙师生活的真实写照。

明清时期的蒙学教材很多,除《三字经》《百家姓》《千字文》外,流行一时的还有《千家诗》《龙文鞭影》《幼学琼林》《童蒙观鉴》等等。

教会学校

1840年鸦片战争后,外国基督教会以培养为教会服务的牧师、教师和为外国在华企事业单位服务的人员为目的,在中国开办的各级各类学校的总称。教会学校作为外国对中国文化教育侵略的组成部分,是半殖民地半封建的近代中国社会的产物。天主教会(旧教)设立的学校以法国为主,基督教会(新教)设立的学校以美国为主。天主教会在中国办学,首推1850年建立的上海徐汇公学(也称"圣依纳爵公学")。基督教学校,则有1818年英国伦敦传教士R·马礼逊在马六甲设立的英华书院。据统计,外国基督教会在旧中国共开办20所高等学校、300余所中等学校、6000所左右小学。1951年,教会学校全部由中国人民收回自办。教会普通学校早期的主要教学内容是"圣经"、英语;次为"四书""五经"和自然常识。后来随着外国在中国政治经济势力的伸展,除重视英语外,也讲授社会科学和自然科学,设置音乐、体育课程。高等学校设文、理、农、医等学院,各大学均聘请一些著名学者任教。不论大学、中学,都实施宗教教育。

明朝的宦官学校

朱元璋于洪武十三年(1380)废除丞相制度后,集相权、君权于一身,但以一人之力日理万机是不堪重负的。于是不得不先设四辅官"协赞政事",再设殿阁大学士和品级较低的翰林院编修、检讨、侍读来协理他批阅奏章,并最终打破了自己亲手制定的禁宦官预政的制度。以后"靖难之役"朱棣曾得宦官内助,"即位后专倚宦官",特别是永乐十八年(1420)设置东厂,以宦官提督厂事,此后宦官的权势日甚一日。当一些识字的老太监死后,小宦官们由于不识字,根本无法胜任御用图书、典籍等方面的工作,所以永乐时,不得不"听选内官入内教习"小宦官们,朱瞻基继位后,对藩王臣僚防范很严,因而更注意对宦官的培训。终于在1426年在宫内正式创立"内书堂",作为培训宦官的专门场所。中国历史上的第一所宦官学校应运而生了。

内书堂隶属于宦官首脑机关司礼监,掌司是内书堂的实际负责人,学长是掌司的助手。教师的固定编制是四名,均由翰林官员充任。从内书堂结业的宦官,最好的出路是被选派到文书房供职,次一等的出路是被派担任宫内教书,负责教习宫女,然而绝大多数是分到十一监、四司、八局,即二十四衙门内供职。

明代内书堂的设置对整个明代历史产生了深远影响,它是明代宦官擅权乱政得以达到登峰造极的一个重要因素。

太医署

医学史上最早由国家开办的医学院,是公元六世纪隋朝的"太医署"。据《旧唐书》记载,隋代太医署既是当时最高医学教育机构,又担负一定的医疗职能。

公元618年唐王朝取代隋王朝,设置了比隋代规模更大的"太医署"。《旧唐书》与《唐六典》记载,太医署包括医学与药学两大部。医学部又分设医、针、按摩、咒禁四科。其中咒禁科是带迷信色彩的。这四科都设有博士,博士之下,医科有助教、医师、医工。针科则有助教、针师、针工。按摩科则有按摩师与按摩工。药学部设有药园,面积有三顷。太医署医科学生学习年限各不相同:体疗(相当于内科)学习七年,疮肿(相当于外科)学习五年;少小(相当于儿科)也学习五年,耳目口齿科学习四年。学生入学后先学习《黄帝内经》《本草》《针灸甲乙经》与《脉经》等,然后再分别学习专科知识。药学部学习称为"药园生",是从民间招收的16—20岁的青年,主要学习中药的种植、栽培、采集、加工、储存等知识。

学生在学习过程中,按月度、季度、年度进行考试。月考由博士主考,季考由较高级的医官"太医令"主考,年终考试由国家最高医官"太常丞"主考。毕业考试成绩优秀者将被选拔重用。

同文馆

中国清末第一所官办外语专门学校,全称"京师同文馆"。初以培养外语翻译、洋务人才为目的,由恭亲王奕䜣于1861年1月(咸丰十年十二月)奏请开办,次年同治元年6月正式开课,总税务司英国人赫德任监察官,实际操纵馆务,美国传教士丁韪良自1869年起任总教习。聘有外籍教习包尔腾、傅兰雅等,中国教习有李善兰、徐寿等。

同文馆初设英文馆,1863年—1897年先后增设法文、俄文、算学、化学、布(德)文、天文、格致(当时对声光化电等自然科学的统称)、东(日)文等馆。学制分五年、八年两种。学生来源初以招收年幼八旗子弟为主,1862年6月入学的仅10人。后扩大招收年龄较大的八旗子弟和汉族学生,以及30岁以下的秀才、举人、进士和科举正途出身的五品以下满汉京外各官,入学学生逐年增多。学生毕业后大半任政府译员、外交官员、洋务机构官员、学堂教习。该馆附设印书处、翻译处,曾先后编译、出版自然科学及国际法、经济学书籍。此外还设有化学实验室、博物馆、天文台等。1902年1月(光绪二十八年十二月),并入京师大学堂,改名京师译学馆,并于次年开学,仍为外国语言文学专门学校。

通儒院

通儒院为中国早期设想的研究生院。清末,曾计划在大学里设立培养专门人才的"通儒院",类似今天的研究生院。通儒招生对象是大学毕业生或具备相当水平的人,培养目标是"能发明新理以著成书,能制造新器以利民用为成效"。学制五年,学员不上课堂,只在图书馆和寝室搞研究,也可实地考察。学员由各科大学监督(系主任)管理,并由他指定或延聘指导老师。通儒院毕业,不需考试,而以平时研究著述评定。毕业后待遇,予以翰林升阶,或分用为较优京官、外官。但通儒院这套制度,还未及付诸实现,清王朝便垮台了,但它对民国以后的研究生制度却有一定影响。

京师大学堂

京师大学堂诞生于戊戌维新运动,1898年6月11日,光绪帝颁布《明定国是诏》,诏书强调:"京师大学堂为各行省之倡,尤应首先举办……以期人才辈出,共济时艰"。7月3日,光绪批准了由梁启超代为起草的《奏拟京师大学堂章程》,这是中国近代高等教育最早的学制纲要。京师大学堂是中国近代史上第一所国立综合性大学,它既是全国最高学府,又是国家最高教育行政机关,统辖各省学堂。1902年,京师大学堂因1900年义和团运动停办后恢复,吏部尚书张百熙任管学大臣,请出吴汝纶和辜鸿铭任正副总教习,聘请两大翻译家严复和林纾分任大学堂译书局总办和副总办。创办于1862年洋务运动期间的京师同文馆并入大学堂,藏书楼也于同年重设。12月17日,京师大学堂举行开学典礼,各个方面开始步入正轨。大学堂首先举办速成科和预备科,速成科分仕学馆和师范馆,后者即是今天北京师范大学的前身。1903年京师大学堂选派首批39名学生出国留学,这是中国高校派遣留学生的开始。1910年京师大学堂开办分科大学。辛亥革命后,于1912年改为北京大学,中国的高等教育揭开崭新的一页。

私塾

私塾乃我国古代私人所设立的教学场所。它在我国两千多年的历史进程中,对于传播祖国文化、促进教育事业的发展、培养启蒙儿童,在学童读书识理方面,起过重要的作用。

私塾的学生多在六岁启蒙。学生入学不必经过入学考试,一般只需征得先生同意,并在孔子的牌位或圣像前恭立,向孔子和先生各磕一个头或作一个揖后,即可取得入学的资格。私塾规模一般不大,收学生多则二十余人,少则数人。私塾对学生的入学年龄、学习内容及教学水平等,均无统一的要求和规定。

私塾的教材有我国古代通行的蒙养教本"三、百、千、千",即《三字经》《百家姓》《千家诗》《千字文》,以及《女儿经》《教儿经》《童蒙须知》等,学生进一步则读四书五经、《古文观止》等。其教学内容以识字、习字为主,还十分重视学诗作对。

至于私塾的教学原则和方法,在蒙养教育阶段,十分注重蒙童的教养教育,强调蒙童养成良好的道德品质和生活习惯:如对蒙童的行为礼节,像着衣、叉手、作揖、行路、视听等都有严格的具体规定。在教学方法上,先生完全采用注入式。讲课时,先生正襟危坐,学生依次把书放在先生的桌上,然后侍立一旁,恭听先生圈点口哼,讲毕,命学生复述。其后学生回到自己座位上去朗读,凡先生规定朗读之书,学生须一律背诵。另外,私塾中体罚盛行,遇上粗心或调皮的学生,先生经常揪学生的脸皮和耳朵、打手心等。

三、古代的学制

察举制

汉代选拔官吏的制度。由丞相、列侯、刺史、守相等推荐,经过考核,任以官职。始于武帝时,其主要科目有孝廉、贤良文学、秀才、明经等,为汉代重要出仕途径之一。定期的察举科目称为"常科"或"岁举",如孝廉、秀才科;由皇帝不定期地下诏要求贡举的为特科或诏举,如贤良、文学、明经、有道等科。察举的对象,既有平民,也有现任的吏员。应举者大多授予官职,有的先授郎官,再调补他职。汉代的察举制度,实权掌握在公、卿、守、相手中,所举的科目以德行为重,但这一标准难以掌握,考试又很不完善,故极易产生流弊。于是,魏晋以后,九品中正制代替了察举制。

征辟制

汉代的选士制度,又称"公府辟士"。《说文》:"徵,召也。从壬,从微省,壬微为徵,行于微而闻达者即徵也。"皇帝不经荐举,直接招聘隐于民间而有声望的士人侍从左右,以备顾问,称为"征"。三公以下招布衣入仕,充当幕僚,称为"辟"。征辟制度,实际上是我国战国时养士的遗风。汉代风尚,以能罗致天下名士为荣,世间人才也以此途作为出身入仕的捷径。这种选士制度始于西汉,盛于东汉,东汉的鸿都门学,就是这些应征者的集中场所。皇帝征辟的士人,多授予博士或侍诏的称号;公府辟除的人,一般称为"掾吏"。

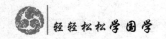

孝廉

汉代察举制的科目之一。"孝"指孝顺父母,"廉"指办事廉正,初为两科,后合称为"孝廉"。汉武帝元光元年(前134年),"初令郡国举'孝''廉'各一人",是让郡国各举荐孝廉各一人,此二人或为孝子,或为廉吏。郡国岁举孝廉的制度从此确立。举孝廉者,多在郎署任职。东汉时,举孝廉为仕进的要途,实际上察举多为世族大家垄断,互相吹捧,弄虚作假,当时有童谣讽刺:"举秀才,不知书;举孝廉,父别居。"汉代以后,历代因之,隋唐只举秀才而不举孝廉,明、清时俗称举人为孝廉。

贤良方正

"贤良方正",贤良指才能、德行好,方正指正直,汉代选拔统治人才的科目之一,始于汉文帝。《史记·孝文本纪》:汉文帝下诏云"举贤良方正直言极谏者,以匡朕之不逮"。被举荐者对政治得失应直言极谏。如表现特别优秀,则授以官职。汉武帝时复诏举"贤良"或"贤良文学"。名称时有不同,性质无异。

历代往往将其视作非常设之制科。唐宋沿用,设"贤良方正科"。清薛福成《应诏陈言疏》:"诚法圣祖、高宗遗意,特举制科,则非常之士,闻风兴起。其设科之名,或称'博学鸿词',或称'贤良方正',或称'直言极谏',应由部臣临时请旨定夺。"

乡试

唐宋时期称"乡贡""解试"。明、清两代每三年一次在各省省城(包括京城)举行的考试。凡本省生员与监生、荫生、官生、贡生,经科考、岁科、录遗考试合格者,均可应试。逢子、午、卯、酉年的八月,又称"秋闱",为正科。遇新君登极、寿诞、庆典加科为恩科。考三场,每场三日。考中者称"举人",第一名称"解元",第二名称"亚元"。届时,朝廷选派正副主考官,试《四书》《五经》、策问、八股文等,各朝所试科目有所不同。乡试的场所称之为"贡院"。

会试

明清两代每三年一次在京城举行的考试。由礼部举行，皇帝任命正、副总裁，各省的举人及国子监监生皆可应考。又称"礼闱""春闱"，考三场，每场三日。逢辰、戌、丑、未年为正科，若乡试有恩科，则次年亦举行会试，称会试恩科。考试初在二月，乾隆时改至三月，亦分三场。考中者称"贡士"，第一名称"会元"。会试后贡士再由皇帝亲自御殿复试、决定取舍、等第的殿试，试期一天，依成绩分甲赐及第、出身、同出身，然后释谒授官。

殿试

科举考试中的最高一级。皇帝亲临殿廷，出题考会试录取的贡士，称殿试，亦称"廷试"。其制源于西汉时皇帝亲策贤良文学之士，始于武则天天授二年于洛阳殿前亲策贡举人，但尚未成定制。宋开宝八年，太祖于讲武殿策试贡院合格举人，并颁定名次，自此始为常制。太平兴国八年（983年），将殿试后的进士分为五甲。元顺帝时分为三甲，一甲只限三人，明清沿用。明清考试时间在会试后一个月，本在三月，乾隆时改在四月。中试者一甲三名赐"进士及第"，第一名通称为"状元"，第二三名分别称为"榜眼"与"探花"。二甲均赐"进士出身"，第一名通称"传胪"。三甲均赐"同进士出身"。

朝考

清代进士经过殿试，取得出身以后，由礼部以名册送翰林院掌院学士，奏请皇帝，再试于保和殿，并特派大臣阅卷，称为"朝考"。考试以诗文四六各体出题，视其所能。按朝考的成绩，结合殿试及复试的名次，由皇帝分别决定应授何种官职，最优者为翰林院庶吉士，其余分别为主事、中书、知县等职。

古代的学位

我国汉代实行察举、征辟的选士制，根据人才的优长而授予秀才、贤良方正、文学、孝廉、明经、明法、博士弟子等，这是我国学位制度的开始。隋唐实行科举制度，分科考试，按知识特长取士，如进士，重诗赋辞章；明经，通五经及诸家经传;道举,通《老子》;明法,通律令;明算,通算经;明学,通字学;开元礼,通开元时期礼制;三史,通《史记》《汉书》《后汉书》;一史,通《史记》,等等。

宋形成州试、会试、殿试三级考试。州试合格者称"举人",殿试合格者称"进士",实行的是举人、进士两级学位制。

明清实行院试、乡试、会试三级考试,各级合格者称秀才、举人、进士,这是三级学位制。清末又规定:"小学卒业,奖给附生;中学卒业,奖给贡生;高等学校卒业,奖给举人;大学分科卒业,奖给进士",又形成了附生、贡生、举人、进士的四级学位制。

1935年,国民政府颁布《学位授予法》,按世界上通行的"学士、硕士、博士"三级制授予学位,新中国成立后一度废除。1981年,又重新恢复了这三级学位制。

状元

殿试第一名称"状元"。科举考试亦以第一名为元。状元起初称为"状头",原来在唐朝参加考试的士子,经由各州贡送到京城,在应试前须递送"投状",即类似今日考试时填写资料的情形一样。考试结束之后,将最高的成绩放在最前面,就叫做"状头"。居首者因曰状头,亦曰状元。中状元者号为"大魁天下",为科名中最高荣誉。因其为殿试一甲第一名,亦别称"殿元"。历史上获状元称号的有一千多人,其中较为人知者有唐代著名诗人贺知章、王维、柳公权,宋代张孝祥、文天祥,明代的胡广、杨慎,清代的翁同龢、张謇等。中国科举史上第一个状元是唐武德五年(622年)的孙伏加,最后一个状元是清光绪三十年(1904年)的刘春霖。

榜眼、探花

殿试第二名称"榜眼",与第一名状元、第三名探花合称"三鼎甲"。初时第一名称"状元",第二三名俱称为榜眼,意思是第二三名分立状元左右,如其两眼。至北宋末年,只以第二名为榜眼,第三名则称"探花"。榜眼这名称跟状元、探花一样,其实都只是民间习用语。在正式发放的金榜之上,只会称进士一甲第一名、一甲第二名、一甲第三名。

唐代新进士榜公布后，探花在曲江有盛大宴游活动，举行"探花宴"，以少年俊秀者二三人为探花使，亦称"探花郎"，遍游名园，折取名花，迎接状元。唐无榜眼，却有探花郎。原意只是戏称，与登第名次无关。南宋以后，才专指第三名。

进士

中国古代科举殿试及第者之称，意为可以进授爵位之人。此称始见于《礼记·王制》。隋炀帝大业年间始置进士科目。唐代科目中以进士科最为重要，是科举考试的最高功名。

凡应试者谓之举进士，中试者皆称"进士"。试毕合格者，赐进士及第，其后又有赐进士出身、赐同进士出身的名义。考中进士，一甲即授官职，其余二甲参加翰林院考试，学习三年再授官职。明清均以举人会试考中者为贡士，贡士经殿试赐出身者为进士，进士始专指殿试合格之人。

据统计，在我国一千三百多年的科举制度史上，考中进士的总数至少是98749人。古代许多文学家都是进士出身，如唐代的王勃、宋之问、王昌龄、岑参、韩愈、刘禹锡、白居易、柳宗元、杜牧，宋代的范仲淹、欧阳修、司马光、王安石、苏轼等。

举人

"举人"得名于汉代的察举，汉代取士用人无考试之法，皆令郡国守相荐举，被荐举者称为"举人"。唐宋科举，重进士科，所谓举人，不过指由此可应进士试，所以又称"举进士"，仍不是专门称谓词。至明、清则为乡试考中者的专称。乡试共考三场，三场都过关者称为"举人"，举人登科即可授官。由于乡试的录取名额按中央指定的数目录取，故取得"举人"的地位相当不易。举人亦称为"大会状""大春元"。中了举人叫"发解""发达"，简称"发"。习惯上举人被俗称为"老爷"。

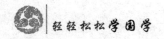

秀才

秀才别称"茂才"，本系优秀人才的通称，始见于《管子·小匡篇》。汉代以来成为荐举人员的科目之一。南北朝时最重此科。唐初置秀才科，在各科中地位最高。高宗永徽二年(651年)，停秀才科。开元中曾再举行，而三十年无登第者。后逐渐成为对一般读书人的泛称。明太祖曾采取荐举之法，举秀才数十人，任以知府等官。后即专用以称府、州、县学的生员。

连中三元

在乡、会、殿试中连续获得第一名的"解元""会元""状元"者，称为"连中三元"。据有实据可查的资料，自有科举制度至其消亡，连中三元的仅有14人，他们是：唐代的张又新、崔元翰；宋朝的孙何、王曾、宋庠、杨寘、王若叟、冯京；金朝的孟宗献；元朝的王宗哲；明朝的黄观、商辂；清朝的钱棨和陈继昌。

蟾宫折桂

"蟾宫折桂"典故见于晋武帝泰始年间，吏部尚书崔洪举荐郤诜当左丞相。后来郤诜当了雍州刺史，晋武帝问他的自我评价。据《晋书·郤诜传》载："武帝于东堂会送，问诜曰：'卿自以为如何？'诜对曰：'臣鉴贤良对策，为天下第一，犹桂林之一枝，昆山之片玉。'"就是说："我就像月宫里的一段桂枝，昆仑山上的一块宝玉。"用"广寒宫中一枝桂、昆仑山上一片玉"来形容特别出众的人才，这便是"蟾宫折桂"的出处。蟾宫即月宫，即月亮之宫。晋武帝大笑并嘉许他。

唐代以后，科举制度盛行，"蟾宫折桂"便被用来比喻考中进士。唐代大诗人白居易先考中进士，他的堂弟白敏中后来中了第三名，白居易写诗祝贺说："折桂一枝先许我，穿杨三叶尽惊人。"围绕蟾宫折桂，不少地方还有这样的习俗：每当考试之年，应试者及其家属亲友都用桂花、米粉蒸成糕，称为"广寒糕"，相互赠送，取广寒高中之意。

金榜

科举制度殿试后录取进士,揭晓名次布告。因用黄纸书写,故而称"黄甲""金榜"。多由皇帝点定,俗称皇榜。考中进士就称"金榜题名"。

科举四宴

鹿鸣宴、琼林宴、鹰扬宴、会武宴是科举制度形成后逐渐成规的四宴。

鹿鸣宴是为新科举子而设的宴会,起于唐代。因为宴会上要唱《诗经·小雅》中的"鹿鸣"之诗,所以取名鹿鸣宴。从唐至明、清一直相沿。

琼林宴是为新科进士举行的宴会,起于宋代。"琼林"原为宋代名苑,在汴京(今开封)城西,宋徽宗政和二年(1112年)以前,在琼林宴请新及第的进士,因此,相沿通称为"琼林宴",后一度改为闻喜宴,元、明、清称恩荣宴。

鹰扬宴是武科乡试放榜后考官及考中武科者共同参加的宴会。所谓"鹰扬",是取威武如鹰之飞扬的意思。

会武宴是武科殿试放榜后,在兵部举行的宴会,规模比鹰扬宴更大。

公车

早在汉代时便以公家车马送应试举人赴京,到了清代称进京应试举人为"公车"。满族贵族入主中原不久,为了笼络知识分子,在顺治八年做出规定:"举人公车,由布政司给予盘费。"即应试举人的路费由政府的布政司供给,路费的多少,因路程的远近而不同。广东的琼州府最多,每名三十两,山东最少,每名只有一两。其余地区,由三两至二十两不等。另外还规定,云南、贵州和新疆的应试举人除每人发白银三两,还发给火牌,凭牌供给驿马一匹,车上插一面"礼部会试"黄布旗。这样,"公车"就成了应试举人的代称。历史上就有著名的"公车上书",是指清末以康有为为首的一千三百多名举人联名给光绪皇帝上书之举。

武科

科举制度中专为选拔武官而设的科目,始于唐代武则天时,称为"武举"。

以后历朝皆沿用，但不定期举行，至明朝中期始定武乡试、武会试之制。考试科目为马箭、步箭、弓、马、石，均为外场，又以默写武经为内场。其院试、乡试、会试、殿试及童生、生员、举人、进士、庄园等名目均与文科同，但加武字以别之。初试亦归学政主持，乡试以本省巡抚，会试以大学士、都统、兵部尚书、侍郎等为考官。此外，参加武科考试的，身高要在六尺以上。

唐代武科是为选拔军事人才而设，效果也比较显著。在平定"安史之乱"中发挥了重要作用的唐朝名将郭子仪就是从武科进入仕途。武科的影响很大，以后各朝代都沿袭设立了这一科。光绪二十七年(1901年)废止。

门生

春秋时，就有"门生"的称呼。孔子聚徒讲学，对亲授业者或转相传授者都称为"门人"。战国时，"门人"除了指受业弟子外，还指寄食于贵族门下的食客，这些食客都有一定的才能，属于"士"阶层。东汉"门生"是指弟子的弟子，即转相传授者，但一些不时以学问相师承的专营投机者，也攀附权贵为"门生"，以做升官的阶梯。唐代，及第进士称主考官为座主，自称"门生"，座主以能选中有才干的门生为荣，门生即使日后身居高位，亦对座主敬如师长。后世门生，主要是指学术上的师承关系。

贡生

科举时代，挑选府、州、县生员(秀才)中成绩或资格优异者，升入京师的国子监读书，称为"贡生"。意为以人才贡献给皇帝。明代有岁贡、选贡、恩贡和细贡；清代有恩贡、拔贡、副贡、岁贡、优贡和例贡。清代贡生，别称"明经"。

荫生

封建时代凭借上代余荫取得的监生资格，由汉代的"任子"制度继承而来。亦有各种不同名目，明代凡按品级取得的称为"官生"，不按品级而由皇帝特给的称为"恩生"。清代凡现任大官或遇庆典给予的称为"恩荫"，由于先代殉职而给予的称为"难荫"，通称"荫生"。

监生

明清在国子监肄业者。初由学政考取，或由皇帝特许。乾隆以前，会加以严格的考课。监生先有举监、贡监、生监、恩监、荫监、优监等名目，后则仅存虚名，不被重视。一般所称的监生，指由捐纳而取得的。如未入府、州、县学而欲应乡试，或未得科名而欲入仕的，都必先捐监生，作为出身，但不一定在监读书。

学士

学士一称最早出现在《周礼·春官》中的记载，最早是指那些在学读书的贵族子弟，后来逐渐变成官名和有学问的人以及文人学者的泛称。魏晋以来，学士才正式成了以文学技艺供奉朝廷的官吏。到了唐朝，学士地位有了很大的提高，甚至可以参与朝政，其中的翰林学士为众学士之首，是皇帝亲信的顾问和秘书长，因而常被称作"内相"。白居易、欧阳修、苏轼、司马光、沈括、宋濂等都曾是翰林学士。到了宋朝，一经授翰林学士，即有当宰相之望。清朝的大学士地位显赫，官阶为正一品，为文职官吏之首。

帖括

唐宋科举士子以"帖括"形式读书来应付科举考试。唐代明经科，主要采用帖经法，注重记忆。具体的考试方法：帖经者，以所习经掩其两端，中间开唯一行，裁纸为帖，凡帖三字，随时增损，可否不一，或得四、得五、得六者为通。也就是说，把所要考的那些书里随便抽一句，用纸贴住句子里的某些部分，要应试者答出这句话是什么，"帖经"，即贴住经文的意思。由于应试者越来越多，而必须加以淘汰，所以帖经法越来越偏，应试者为了应付这种考试，便于记忆，就创造出帖括之法，即把难记偏僻的经文，概括成诗赋歌诀的形式。

明经

明经是唐朝考试的一科，指通明经术，参加考试，在当时称为"应明经举"。科举制度考试的科目，分为常科与制科两类。常科每年举行，科目有秀

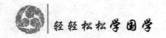

才、明经、进士、俊士、明法、明字、明算等50多种。应试者以明经、进士二科最多。进士科的考试主要是要求考生就特定的题目创作诗、赋,有时也会加入帖经。明经科的主要考试内容包括帖经和墨义。先帖文,然后口试,经文大义十条,答时务策三道。墨义是一些关于经文的问答。

八股文

八股文是明清科举考试所采用的一种专门文体,又叫制艺、制义、时艺、时文(相对于古文而言)、八比文等。

八股文分为破题、承题、起讲、入题、起股、中股、后股、束股八个部分,共八股,所以称"八股文"。八股也称"八比",比是对偶的意思。"破题"规定两句,说破题目意义;"承题"三句或四句,承接"破题"加以说明;"起讲"概括全文,是议论的开始;"入题"引入文章主体;从"起股"到"束股"是八股文的主要部分,尤以"中股"为重心。在这八个部分中,句子的长短、字的繁简、声调高低等都要相对成文,对字体也有明确规定。八股文题目主要从《四书》里出,要模拟圣贤的口气,传达圣贤的思想,绝对不允许自由发挥。八股文的字数也有限定。明初制度:乡试、会试,用《五经》义一道,500字。《四书》义一道,300字。清康熙时要求550字,乾隆以后一律以700字为准。

明清两代,八股文几乎是所有官私学校的必修课。无论是内容还是形式,八股文起到了束缚思想、摧残人才的作用。

入学、同案、同年

明清两代童生经考试录取后入府、州、县学读书,称"入学"。入学后即归教官管教,并且必须按时参加考试。也称"进学""入泮""游庠"。

同案指科举制度中同科考取秀才的人。《范进中举》:"魏好古又约了一班同案的朋友,彼此来往"。

同年科举制度中同科考中的人称"同年"。汉代以同举孝廉称同年;唐代以同举进士为同年;明、清两代,乡试、会试同时考中的人,都称"同年"。

四、趣闻轶事

"女状元"一词的来源

在历代封建王朝中,妇女因无资格参加科举考试,当然不会有女状元产生。直至太平天国开科考选妇女,才有傅善祥考中女状元一事。但远在太平天国之前,便已有"女状元"一词流传了。

早在五代十国时,蜀国邛州有一司户参军,名叫黄崇嘏,邛州刺史周庠见他丰采英俊,办事干练,爱他才貌出众,要把自己的爱女嫁给他为妻。黄崇嘏作了一首七律,献给周庠,后四句云:

立身卓矣青松操,挺志铿然白璧姿。

幕府若容为坦腹,愿天速变作男儿。

周庠览诗,大为惊讶,立即把黄崇嘏传来询问,才知她是黄使军的女儿,幼时父母双亡,因她献诗时,自称为"乡贡进士",所以世俗便讹为"女状元"了。

历史上的女状元

在戏曲和古代小说中,常常可以听到或看到"状元郎"的字眼。金榜题名,高中状元的都是男子。其实,我国历史上才学出众的女子很多。但由于封建社会男女不平等和对妇女的歧视,科举考试将妇女排斥在外,所以从唐朝出现"状元"的名称开始,历代封建王朝点出的数百个状元中,没有一个是女的。

但是在太平天国革命运动时期却有例外,出现了一位中国历史上唯一的女状元傅善祥。太平天国主张男女平等,在各方面都重视发挥妇女的作用。定都天京以后,太平天国对考试制度进行了改革,规定无论什么人,上至丞相、下至听使,都可以参加考试,妇女也不例外。太平天国还设置了女官,为了选拔才学出众的女子任职,曾专门举行过女子科举考试。这次考试的结果是20多岁的南京姑娘傅善祥登上榜首,成为我国第一个女状元。傅善祥中状元后得到重用,她被派到杨秀清的东王府中任"女簿书",基本上相当于现在的秘

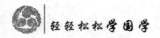

书。杨秀清虽然掌握太平天国的军政实权,有杰出的领导才能,却目不识丁,各种文书统归傅善祥批答。傅善祥在工作中显示了出色的才能,颇受杨秀清的赞赏。

女状元是太平天国农民革命政权的新生事物之一,它的出现是对男尊女卑的封建传统观念的挑战,打破了我国古代科举制度中"状元郎"的一统局面,促进了女子聪明才智的发挥,在中国教育发展的进程中产生了积极的影响。

别字状元

状元之名,唐代已有,起初叫状头。武则天时,初试贡士,根据考生成绩,在金殿上分别决定名次,"门下例有奏状, 居其首头因曰状元。" 所谓 "头" "元",都是第一名的意思。从唐代以来,历代状元很多,光是清朝就有300多人。有不少状元及第的人确有真才实学,也有不少状元是靠死读书而获选的,更有少数状元则是偶然得选而为后人所耻笑的,别字状元正是这一类。

清朝咸丰年间有一个叫孙家鼐的。殿试时,在试卷上把汉朝名儒董仲舒的"舒"字写成"书",而阅卷官竟未发现。按规定,殿试阅卷后,选出十份叠在一起,最上头的一本照例是状元。这十份由阅卷大臣呈皇帝钦定,并决定名次。皇帝为了省事,有时照原叠发下,有时抽着来看,把次序弄颠倒。那次殿试,孙家鼐的那个别字,十个阅卷大臣没有一个看出来,而咸丰皇帝也是随便翻一翻,仍然照原叠次序发下,孙家鼐的卷子放在最上面。金殿唱名,孙家鼐得了状元。事后才发现孙家鼐写的那个别字。十位阅卷大臣联名奏请皇帝处分孙家鼐。但因为这是经过道光皇帝自己钦定的,而且名次已经揭晓,如果另改状元,十位阅卷大臣和咸丰皇帝的面子也不好看,于是只好将错就错,让别字状元孙家鼐"大魁天下"。而这位别字状元后来居然步步荣升,做了大学士、军机大臣,成为显赫一时的人物。然而"别字状元"和"瞎眼皇帝"的"雅称"却在后人中传为笑谈。

十年树木，百年树人

春秋初期的著名政治家管仲，在任齐相的40年中，对政治、经济、军事等方面进行了一系列改革，辅佐齐桓公成为春秋第一霸主。后人根据他的言论编写的《管子》一书的《权修》篇中有这样一段话："一年之计，莫如树谷；十年之计，莫如树木；终身之计，莫如树人。一树一获者，谷也，一树十获者，木也；一树百获者，人也。"这是管仲为富国强兵而重视培养人才的名言。

"十年树木，百年树人"即源于此。它的意思是说培养人才是国家的百年大计，既十分重要，又不是短期内可以奏效的事。"百年树人"并不是说非得100年才能培养出人才，而是比喻培养人才的远大意义，要重视这方面的工作，并且要预先规划，长期地、不间断地进行。

"名列前茅"的由来

春秋时代，北方的晋国和南方的楚国争霸，矛盾很尖锐。郑国是个小国，夹在晋楚两个大国之间，处境十分困难。有一次，楚国发动大军，侵入郑国，郑国军民坚决抵抗，结果还是寡不敌众而告失败。晋国派大将荀林父为统帅，出兵援郑，可是还没有渡过黄河，就得到消息说：郑国国君已向楚国投降，楚军也已撤走了。荀林父便招集部属将领，商议对策。荀林父的主张是："战事既已结束，楚军也在撤了，我们就回去算了。"另一位大将士会也同意统帅的主张，并且详细分析了晋楚双方的形势，认为退兵回国是正确的。可是，荀林父的副将先縠不同意，擅自带领兵马渡过黄河，追击楚军，被楚军打得大败。

当时，荀林父的大将士会在分析晋楚双方形势时说过一句话："前茅虑无，中权后劲。"茅是楚国当时特产的一种草，楚军以这种草作为旌旗，行军时先头部队以茅旌为前导，遇敌时举茅旌为号，警告后军。由于茅旌总是处在行军之前列，因此，把前锋叫"前茅"。后来形成"名列前茅"一语，比喻考试成绩优异，名次排在最前面。现在广泛运用于各方面，作为对竞赛获得优胜、居于领先地位的一种赞誉。

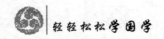
"名落孙山"的由来

北宋范仲淹的后代范公偁在讲述自己祖先事迹的《过庭录》中说："吴人孙山,滑稽才子也。赴举他郡,乡人托以子偕往,乡人子失意,山缀榜末,先归。乡人问其子得失,山曰:'解名尽处是孙山,贤郎更在孙山外。'"这段话的大意是:孙山是个生性幽默的风趣才子,一次进城考举人,同乡委托他照料一同赶考的儿子,结果该生落榜,孙山考了倒数第一名。孙山先回家,同乡问其子考得如何,孙山说榜上末名是孙山,令郎还在孙山后。

封建时代的科举制度,是读书人求得官职、得到社会承认的必经途径。一个人一次一次地往上考,就能一步一步地向上爬。乡试中举的第一名叫做"解元",所以,乡试也叫"解试"。孙山所谓的"解名",就是指"解试"录取的名单。这个典故还有另一种说法。同是宋人的谢维新在《古今合璧事类备要》中说:孙山和好几个书生一同去应试,孙山被录取在榜末,其余几个全部落榜。考完后,朋友们问他考试情况,孙山答复说:"解名尽处是孙山,余人更在孙山外。"

"名落孙山",或"孙山之外",原指没有考取,后也泛指考试不及格,或在比赛、评选中落选。

学位名溯源

博士原是战国时学官名。《史记》:"公仪休者,鲁博士也。"西汉有五经博士,东汉光武帝曾立十四博士。后历代有律学博士、医学博士、算学博士、书学博士等,有的是专精一艺的职官名。

硕士在我国原指品节高尚、学识渊博的贤士,五代时已有。《五代史》:"前后左右者日益亲,则忠臣、硕士日益疏。"

学士原指学者,后成官名,周代已有。《周礼》:"诏及彻,帅学士而歌彻。"魏晋六朝时,凡国家典礼及编纂时征文学之士,皆称"学士"。唐代设置学士院,专掌制诰,参与朝廷机要。

我国古代"胎教"

在我国,自古就有胎教之说。古代贤人孟子的母亲为教子三次择邻而居已被广为传颂,殊不知孟母对孟子的教育打从未出娘胎时就开始了。孟母曾说:"吾怀妊是子,席不正不坐,割不正不食,胎教之也。"《史记》曾有记载:"太任有妊,目不视恶色,耳不听淫声,口不出傲言。"古代有关"胎教"论述很多,宋朝陈自明的《妇人大全良方》中还专有"胎教"一门,惜乎中医古籍中多有怎样"胎教"的记述,却鲜有为何"胎教"的分析。现代科学的发展,令人惊叹地证实了"胎教"的科学性。

古代对教师的称呼

师:历代对教师的统称。

师父、师傅:对老师的尊称。"师傅"原为春秋时国君的老师。

师保、师友:古时贵族子弟有师有保,统称"师保"。晋代有师和友在诸王左右陪侍辅导,故教师别称"师友"。

师资:先秦之后历代对教师的别称。杨士勋疏《穀梁传》:"师者教人以不及,故谓师为师资也。"

师长:教师的尊称。《韩非子》:"今有不才之子……师长教之弗为变。"

外傅:古代对教师的特称。

博士:经学教师称"博士"。至唐宋时期,各专业学校更有"律学""算学""书学"博士之分。

教授:原为学官称谓,自宋始宗学、律学、医学、武学等科均设"教授",以传授学业。后世相沿。

讲师:讲授武事或讲解经籍的教师谓"讲师"。

助教:古代学官名。西晋武帝咸宁四年设置,协助国子、博士教授生徒。南北朝、隋代相沿设置。唐代国子学、太学、广文馆、四门学等,都设有助教。明、清两代,仅仅有国子监助教,为"国子学"(即后之"国子监")教师。

教谕:宋代京师所设小学和武学中的教师称谓,至元明清之县学循之。

教习:明朝入选翰林院的进士(即庶吉士)之师称"教习",至清末,学堂兴起,其教师仍用此名。

经师:汉代以后历代在"校"或"学"中传授经学的教师称"经师"。

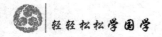

训导：明清时府设教授，州设学正，县设教谕，掌教育生员，其副职皆称"训导"。

先生：古时对"门馆""私塾"老师中年长者之尊称。先生之称源于《周礼》："从于先生，不越路而与人言。"郑玄注："先生，老人教学者。"

山长或院长：弟子对书院中授徒讲学教师的敬称，山长或院长并总领院务。"山长"源于五代。

西席、讲席：汉时教师的称呼。《称谓录》说："汉明帝尊恒荣以师礼，上幸太常府，令荣坐东面，设几。故师曰西席。"

老师：原为宋元时期"小学"教师的称谓。金代元好问《示侄孙伯安》诗云："伯安入小学，颖悟非凡貌。属句有凤性，说字惊老师。"

古代的童科

中国古代不乏神童。他们小小年纪就表现出非凡的才华。对于这些神童，封建政府也非常重视，一旦发现，往往着意加以培养，并以此作为皇朝幸事。

早在汉代，一些在太学里读书的少年，年纪俱在12岁以下，往往被称为"圣童""奇童"。

唐代实行科举取士，中间就有童科。只要是年纪在10岁以下，能通一《经》及《孝经》《论语》，每卷诵文十通者，就可以给予出身，他们不必穿麻衣，因为他们是有身份的人了。但是，由于年少不经事，所以，虽然做官，但却不让他们去治民。

宋以前，童子科里没有女孩应试，宋淳熙元年夏天，有个叫林幼玉的小女孩，在中书省应试，主考官挑试诗书43本，全部通过。皇帝特地封她为孺人。

童子科所取的名额，在唐每次大概不超过10人，宋朝只取三人。南宋度宗时，礼部侍郎李伯言认为人才贵在培养，不在速成。所以他建议撤消童子科。宋度宗三年，童子科被废。

金熙宗天眷二年复设童子科。金章宗五年定经重升迁条例。

元代，到成宗三年才设童子科，凡是中试的往往送到最高学府——国子学里加以培养。

明代的科举中没有童科,但一些神童,仍被荐到朝廷。他们或者留下读书,或者送回就学。

五花八门的八股文题

科举考试八股文的题目都出自四书。四书一共才5万余字,其中《大学》1600余字,《中庸》3500余字,《论语》15000余字,《孟子》35000余字。从现在的眼光看,不过是薄薄的一册。自明至清,科举考试500余年,哪有那么多题目好出?八股文章刻印流传的数以万计,四书中的每句话几乎都能找到多篇现成范文。考官为了避免士子抄袭模仿,便千方百计在题目的花样翻新上打主意,于是题目越出越奇。

清人高塘在《论文集钞·题体类说》中将八股文题分为48类,诸如:单句题、虚冒题、截上题、截下题、过脉题、口气题、比兴题、攻辨题、枯窘题、俚俗题等。双扇题如“君子上达,小人下达”;三扇题如“事父母,能竭其力;事君,能致其身;与朋友交,言而有信。”双扇题、三扇题不要求作满八股,可根据题中每扇的意思各作两股。截搭题比较特别,是指截取四书中某些语句中的个别词语,搭配而成文题。此类题目不仅题意难明,作法也不易掌握。

康有为曾批判八股取士“剪断经文,割截圣语……譬如《中庸》‘及其广大,草木生之’,则上去‘及其广’三字,下去‘木生之’三字,但以‘大草’二字为题,如此之例,不可殚书,无理无情,以难学者”。

喝墨水

中国历史上的北齐(550年—577年)朝廷曾下过命令:在考试时对“成绩滥劣者”要罚喝墨水,喝多少,按滥劣程度而定。梁武帝时规定:士人应试时,凡书迹滥劣的要罚饮墨水一升;《隋书·仪礼志》里也规定:士人应试时,凡书迹滥劣者要罚饮墨水一升;甚至当秀才、孝廉等在会试时,监考官发现有“文理孟浪,书写滥劣”时,也要叫他到专设的房间里去喝墨水一升。这条荒唐的法规沿袭了几个朝代,后来虽不实行了,但用“喝墨水”多少来形容知识的多少,却保留在词汇里。

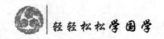

破天荒

唐代的科举制度规定,凡是考进士的人,都由地方解送入京城。每当京城会试(中央一级的科举考试),地方上总要解送一批考生赴京应试,当时荆州南部地区四五十年竟没有一个考中。于是,人们称荆南地区为"天荒",把那里解送的考生称为"天荒解"。天荒,本指混沌未开的原始状态,或指荒远落后的地区。把荆南地区称作"天荒",是讥笑那里几十年没能考上一个进士。唐宣宗大中四年,荆南应试的考生中有个叫刘蜕的考中了,总算破了"天荒"。旧时常用"破天荒"来表示突然得志扬名。现在用来指从未有过或第一次出现的新鲜事。

"独占鳌头"与"魁首"

唐宋时期,皇帝大殿前有一块雕刻着龙和大龟(鳌)的大石板,新考中的状元在行礼时单独站在这块石板上,故此后称获得第一名者为"独占鳌头"。明代科举制度,以《诗经》《书经》《礼记》《易经》和《春秋》五经录取考生,每经之首称为"魁",魁首即为第一,获得第一名者称为"夺魁",这也是民间酒席中划拳时"五魁首"一词的来历。

历代状元之最

历代状元人数最多的是唐朝。自高祖武德五年(622年)壬午科,至哀帝天祐四年(907)丁卯科,285年间,科举考试几乎每年一次,约有状元260余人。在《登科记考》《玉芝堂谈荟》等古籍中有名可考者,有140余人。

中国历史上第一个状元,是唐武德五年(622年)壬午科状元孙伏伽。

中国历史上唯一的女状元,是太平天国癸丑三年(清咸丰三年癸丑,1853年)女科状元傅善祥。

中国历史上第一个以少数民族文字参加科举得中状元的,是金世宗大定十三年(1173年)癸巳女真进士科(又称"策论进士")状元徒单镒,为女真族人。

中国历史上最后一个状元,是清光绪三十年(1904年)甲辰科状元刘春霖。

一朝之中,产生状元人数最多的省是清代的江苏省。从顺治四年(1647

年)丁亥科武进(今江苏武进)籍状元吕宫,到光绪二十年(1894年)甲午科南通(今江苏南通)籍状元张謇,247年间,共产生状元49人。

一朝之中,产生状元人数最多的府,是清代的苏州府(辖境相当今苏州市及吴县、常熟、昆山、吴江等市),共有状元24人。

一朝之中,在较短时间内产生状元人数最多的县,是南宋时期的永福县(今福建永泰)。自乾道二年(1166年)丙戌科,至乾道八年(1172年)壬辰科,七年之间,连续产生萧国梁、郑侨、黄定三位状元。

产生兄弟状元人数最多的是唐朝,共有兄弟状元19人。

产生父子状元人数最多的是北宋,共有父子状元6人。

历代状元中,诗、画成就最高的是唐开元十九年(731年)辛未科状元王维。他是盛唐山水田园诗派杰出代表之一,其诗歌艺术被认为"自李(白)杜(甫)而下,当为第一"。其绘画被推为"南宗绘画之祖",古代文人画亦自他而始。

历代状元中,词作成就最高的是南宋绍兴二十四年(1154年)甲戌科状元张孝祥。其词追踪苏轼,气概凌云,具有深厚的爱国主义色彩,与张元幹并称南宋初期词坛双璧,是伟大的爱国词人辛弃疾的先行者。

历代状元中,书法成就最高的是唐元和三年(808年)戊子科状元柳公权。他精于楷书,也擅长行草书,和唐代另一大书法家颜真卿并称"颜柳";历史上还把他和唐代欧阳询、颜真卿、元代赵孟頫合称为我国古代"楷书四大家"。

历代状元中,史学成就最高的是五代后汉乾祐二年(949年)己酉科状元王溥。他在唐代苏冕始创会要体的基础上,据苏冕所编唐九朝《会要》及杨绍复等续修之书,重加整理,撰成《唐会要》一百卷。后又据五代历朝实录撰成《五代会要》三十卷。不仅史料丰富翔实,而且正式建立了会要体分类编纂的体例方法,为后世所仿效。这一贡献被《四库提要》称为"厥功甚伟"。

历代状元中,著述最丰的是明代正德六年(1511年)辛未科状元杨慎。他不仅工诗,而且能文、词和曲,并重视民间文学,是颇有成就的文学家和著名学者。其生平著述达四百余种,虽多散佚,仍留存一百余种;留存诗作二千三百首左右,著述之丰,明时推为第一。

历代状元中，植物学成就最高的是清代嘉庆二十二年（1817年）丁丑科状元吴其浚（jùn）。他一生历任多省巡抚，所至注意各地丰瘠与民生的关系，依据耳闻目见，绘图列说，并辑录古籍中有关植物文献，成《植物名实图考长编》二十二卷和《植物名实图考》三十八卷，是我国十九世纪一部重要的植物学专著。

历代状元中，最著名的思想家是南宋绍熙四年（1193年）癸丑科状元陈亮。他提倡注意事业功利有补国计民生的"事功学"。提出"盈宇宙者无非物，日用之间无非事"的命题。和朱熹多次进行过义利、王霸关系的辩论。其学说独具体系，为永康学派的创始人。同时又是著名的文学家。

历代状元中，最嗜饮茶并对我国茶道研究做出贡献的是唐代元和九年（814年）甲午科状元张又新。他所撰《煎茶水记》一卷，评论各种泉水煎茶之优劣，是继陆羽《茶经》之后我国一部重要的茶道研究著作。

历代状元中，藏书最多的是明代万历十七年（1589年）已丑科状元焦竑，他一生收藏图书达数万卷，《明诗综小传》谓其"藏书两楼，五楹俱满，一一皆经校雠探讨"。是明代著名的藏书家之一，也是当时著名的理学家、文学家。

历代状元中，最喜延请学者名士助其编书并取得巨大成就的，是清乾隆二十五年（1760年）庚辰科状元毕沅。他一生爱才礼士，用毕生精力主持编纂的《续资治通鉴》，被公认为宋、元、明以来《通鉴》续作中最佳的一部。除史学外，他在地理、金石考据、方志以及文学、经学、文字、音韵等领域也有很高的造诣。

历代状元中，天文学和音律学成就最大的，是五代时后汉乾祐三年（950年）庚戌科状元王朴。其所制《大周钦天历》，修前代历法之失，开后代历法之先，是中国天文历法发展史上的重要成果之一；所制《律准》，对古代音乐的发展也是一个重要的贡献。

历代状元中，最为后世钦敬的民族英雄是南宋宝祐四年（1256年）丙辰科状元文天祥。他以崇高的爱国精神和民族气节，被誉为"状元中的状元"。

历代状元中，其殿试考卷手迹唯一留传后世者，是明朝万历二十六年（1598年）戊戌科状元赵秉忠。他的殿试考卷，在赵氏后人手中保存400余年，于1983年在山东青州市被发现，现存青州市博物馆，属国家一级文物。

第七章

不可不知的民俗知识

一、图腾崇拜

图腾

图腾是人类最古老的文化之一,原为美洲印第安鄂吉布瓦人的方言词汇,意思是"他的亲族"。图腾崇拜的核心是认为某种动物、植物或无生物和自己的氏族有血缘关系,是本氏族的始祖和亲人,从而将其尊奉为本氏族的标志、象征和保护神。

在中华民族的发展史上,龙、凤、蛇、鹿、虎、麒麟,鸟类等都曾作为图腾崇拜物。

原始人在自然崇拜中有一很重要的内容,即对动物的崇拜。人对动物既依赖、又畏惧,更多的是恐惧,因此把动物当神膜拜。

当然,人们崇拜的动、植物对象并不是某一具体的物体,而是全部,通常为特殊的动植物,与部落联系紧密,要么看作祖先,要么看作保护神,这就是图腾崇拜。

图腾可以分为三大类:氏族图腾——为整个氏族共有,最重要;性图腾——为某一性别所共有;个人图腾——个人所独有,不为下一代所传承。

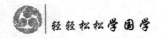
旗帜、族徽

中国的龙旗,据考证,夏族的旗帜就是龙旗,一至沿用到清代。古突厥人、古回鹘人都是以狼为图腾的,史书上多次记载他们打着有狼图案的旗帜。东欧许多国家都以鹰为标志,这是继承了罗马帝国的传统。罗马的古徽是母狼,后改为独首鹰,东罗马帝国成立后,又改为双首鹰。德国、美国、意大利为独首鹰,俄国(原始图腾为熊)、南斯拉夫为双首鹰,表示为东罗马帝国的继承人。波斯的国徽为猫,比利时、西班牙、瑞士以狮为徽志。这些动物标志不是人们凭空想象出来的,它源于原始的图腾信仰。

图腾崇拜与禁忌

图腾崇拜首先要敬重图腾,禁杀、禁捕,甚至禁止触摸、注视,不准提图腾的名字。图腾死了要说睡着了,且要按照葬人的方式安葬。古时江苏宜兴以蛇为图腾,因此对家蛇不打杀,认为在床上、米囤上发现家蛇为吉祥,在檐梁发现为凶,应立即回避。有时还要点燃香烛用食品来供奉。其次要定时祭祀图腾。清·刘锡诚《岭表纪蛮》:"每值正朔家人负狗环炉灶三匝,然后举家男女向狗膜拜,是日就食,必扣槽蹲地而食,以为尽礼。"

图腾牺牲与图腾圣餐

一般来说对图腾要敬重,禁止伤害,但有时却有相反的情况。有的部落猎取图腾兽吃,甚至以图腾为牺牲。之所以猎吃图腾兽,是因为图腾太完美了,吃了它,它的智慧、它的力量、它的勇气就会转移到自己身上来。但吃图腾兽与吃别的东西不同,要举行隆重的仪式,请求祖先不要怪罪自己。吃后,对遗骸要进行风葬,用树条捆好,然后放在木架上,与葬人基本相同。

以图腾作为牺牲来祭祖,是以图腾兽为沟通人与祖先神灵的一种媒介。原始人相信,自己的灵魂与图腾的灵魂是平等的,只是躯壳不同。死,只是灵魂脱离躯换了一个家,而在阴间的家里,自己族类与图腾族类的灵魂居住在同一个地方。杀图腾,是以图腾的灵魂为信使,捎信给祖先灵魂,让其在冥冥中保佑自己,让图腾灵魂转达自己的愿望。传说认为,掌管风雨的是青蛙女神。通过祭祀蚂拐,祈求年年风调雨顺,岁岁五谷丰收,四季人畜兴旺。

二、婚丧嫁娶

我国婚礼,古有六礼,即问名、订盟、纳彩(纳聘)、纳币(纳徵)、请期、亲迎。后来并为四体,即:问名、订盟(送定)、定聘(纳彩、纳币)、亲迎(并请期)。

问名

"问名"主要的仪式,是双方交换正式姓名、年庚、生辰八字,使彼此了解两边家族之来历,衡量一下这宗婚姻是否"门当户对"。其手续先由媒妁送女方之"庚帖"于男家,男家将此帖置于神前暨祖先案头上,卜吉。三日内如家中平安无事,则将男方庚帖送女家,女家接受后,或问卜于星相,或即同意合婚。议婚之初,或有女家托媒妁请男家提出庚帖,作为"探听"男方之依据。女方如认为适当而吉祥,即将男女生庚合写一谱,送与男家,否则将原件退回作罢。庚帖写在红色长方形纸上,中央直书,如女方书"某姓坤造某某年某月某日某时瑞生";男方书"某姓乾造某某年某月某日某时建生"。字数须双数,如单数,男于生字上添"建"。女于生字上添"瑞"。又"字仔"与"八字"虽均称年庚,略有不同,即八字之甲庚必须用干支写,以便作占卜用,庚帖则写籍贯、排行等,作为查采之用。俗称"庚帖"为小年庆,"八字"为大年庚。婚尚未定,不可两家并列,议定后方可。

订盟

订,即定议。订盟之礼叫"文定",又称"小聘",也就是现在的订婚礼。送定,择吉日,由男家备送聘礼至女家。聘礼计为:红绸(用金字甲庚别在红绸上或写金字于帖内)、金花(金簪)、金戒指、金耳环、羊、猪、礼烛、礼香、礼炮、礼饼、连招花盆(取意连生贵子吉兆)、石榴花(石榴花取意多子)等。

媒妁及男家双亲或其亲戚,陪同前往。女家接受聘礼大部分,备12品件回赠。礼饼则分赠亲戚朋友,作为订婚通知,此叫"分饼"。受赠亲朋,日后须赠贺结婚礼物。举行订婚礼,有"戴戒指"仪式。送定时,男家6人或12人(双数)至女家送礼,女家将聘礼奉置于神龛祖先案头前供拜。由将嫁女儿捧甜茶上厅,一一介绍与之见面,男家饮茶后各送"压茶匣"之红包于茶杯上。随后女复出,坐在厅堂中央之椅上(双脚另置一矮几表示高贵;出嫁面向外,招夫面向内),由男家尊长挂戴戒指。戒指有金铜两枚("铜"同音"同",取意夫妇同心),以红线系结,以示夫妇姻缘。戴戒指完后,请男家人入席,则订婚礼成。也有简化的,将小聘、大聘并合而行,亦即将订盟、纳彩、纳币三礼合而为一,总称为"送定"。

完聘(纳彩、纳币)

纳彩并纳币二礼称为"完聘",或称"大聘"。具婚书、聘金、币帛(首饰)等物,署"纳币之敬"送往女家,女家也随轻重而回报。完聘礼物由媒人等作陪,送往女家。富贵人家聘礼隆重,其次序是:吹班(乐队)、礼帖(记载礼物项目、仪式次序)、婚书、聘金、大饼、冰糖冬瓜、桔饼、柿粿、福丸(龙眼干)、猪脚、面线、糖果、阉鸡两只、母鸭两只、大烛一对或数对、礼香两束、衣服(新妇用礼服)、手环、金戒指等。聘礼至,女家烧香鸣炮,奉告神明祖宗,欢宴男家送礼人。以坤书(女方婚书)交付媒妁。男家送来的礼物,概按其品种领受一部分或原封璧回,如福丸、阉鸡、母鸭,均属男家福分,应退回。猪脚仅取其肉,猪脚骨应退还。而以新郎礼服、衣帽鞋袜、钟绣之类为回礼。聘礼:聘礼物品均记于红纸礼帖,其称呼宜双忌一,又多用喜、成、双等吉祥文字。聘礼帖式:谨具婚书成通、启书成封、聘金双封、盒仪成封、训仪成封、锦麟成椾、寿帕双福、色仙成端、金猪成首、喜羊成只、糖屏八拾、福丸满百、梦糖成盒、龙烛双辉。

请期

请期为婚姻六礼之一,俗称"送日头"或称"提日"。即由男家择定结婚佳期,用红笺书写男女生庚,此称为"请期礼书",由媒妁携往女家,和女家主人商量迎娶的日期。经女家复书同意，男家并以礼书、礼烛、礼炮等送女家，女家即以礼饼分赠亲朋，告诉于归日期。

亲迎

亲迎系新郎亲往女家迎娶新妇，或称"迎娶"，即今之结婚婚礼。旧时，上中之家行亲迎，唯中下之家多从略，仅由媒人代往迎娶。而亲迎的仪式，随时代进步，多有改变。迎娶当日，新郎偕同媒人及亲朋六人或八人作迎亲客(俗称"娶嫁"，即傧相)陪随同行。及至女家，请食"鸡蛋汤"(甜汤内置脱壳煮熟鸡蛋一个，仅喝其甜汤，用筷将鸡蛋戳开或搅动了事)。同时，女家团圆会餐，称食"姊妹桌"，即惜别宴。父告诫："勤谨小心，早晚听舅姑、丈夫言语"；母告诫："必敬必戒，三从四德。"新娘难免依依不舍，媒妁催促上轿。新娘叩拜祖先，叩别父母，择定时刻随新郎由西阶步出，而有年高多福之"好命人"扶持上花轿。新娘上轿时啼哭几声，俗称"哭好命"，以示好命。花轿起行不远之地，新娘应放下纸扇或手帕，俗称"放扇""送扇"。以示嫁出临别纪念。又说：以此表示抛弃不好"性"癖，以求和顺，俗称"放性地"(性与扇谐音)。一路上，娶嫁傧相放鞭炮，作禳邪之意。花轿至男家门前停，择吉时进入门内，新郎用扇于轿顶敲三下，又用脚"踢"轿门三次，以示新郎之威严，使新娘顺从易于驾驭。而后由"好命人"牵新娘下轿，媒妁撑伞遮天，新郎护送入洞房。

闹洞房

闹洞房是中国男女成婚时亲朋好友对他们表示祝贺的一种礼俗，起源于六朝，近现代日益兴盛，尤其在汉族聚居地区广泛流行。关于闹房习俗的来历，我国传统的说法认为是可以驱邪避灾，闹洞房驱邪的风俗中国南北各地均有，在长江中下游地区，新郎前一晚就须睡在洞房，事先请两名女童手执红烛将新房内照一遍；天津人则请吹打班子在新房内吹打，以求吉利。至于新人入房后，驱除房内的邪气依然十分重要，比如有的地方，新郎进屋后要象征性地向新房四角各射一箭，或手执单刀朝每个角落虚砍一刀。更普遍的习俗是在新房内置长明灯，所谓"洞房花烛夜"说的就是这个意思。经过现代人类学家的研究,世界上有些落后的民族以自残和被虐来表明男人资格,甚至拿猎取到的人头作为信物求偶,那么,闹房恐怕是在形式上保留了这一原始习俗的痕迹。

一般古代的婚宴后,有食新娘茶的习俗,俗称"闹新娘",即喝甜茶,闹洞房,以凑热闹。此时以喜句贺新婚,使新娘开口欢笑为娱,并以各种滑稽形态,试探新娘耐性或其性情举动,其目的仍为借此机会观看新娘。所谓"食新娘茶",系由媒人或家人作伴,新郎新娘手端茶盘,以甜茶、冬瓜、糖果敬宾客。宾客接受甜茶而念喜句,饮毕,新郎新娘又来收回茶杯,贺客应以红包置于茶杯为贺礼,亦念喜句祝之。所念喜句为四句对押韵,俗称"念四句",句意除表贺意,多为吉祥或幽默滑稽之意,有现成之句,亦有即兴吟作,常多妙语连珠。至于"闹新娘",其花样层出不穷,每使新郎新娘及其家人尴尬,但闹客反而称快。

交杯酒

这是我国婚礼程序中的一个传统仪节,在古代又称为"合卺"(卺的意思本来是一个瓠分成两个瓢)。据说这一习俗源于先秦时期,唐代的交杯酒除了沿用瓢做酒器外,也可以杯代替。到了宋代,新婚夫妇喝交杯酒时用的是两个酒杯,先饮一半后再换杯共饮,饮完后则将酒杯一正一反掷于床下,以示婚后百年好合。清末时期,交杯酒仪式已发展成为"合卺""交杯""攥金钱"三个部分。如今的婚仪中,"按杯于床下"之礼已经消失,"攥金钱"则为"掷纸花"所代替,只有"交杯酒"之礼仪仍然实行。这种风俗在我国非常普遍,如在绍兴地区喝交杯酒时,由男方亲属中,儿女双全、福气好的中年妇女主持,喝交杯酒前,先要给坐在床上的新郎新娘喂几颗小汤圆,然后,斟上两盅花雕酒,分别给新婚夫妇各饮一口,再把这两盅酒混合,又分为两盅,取"我中有你,你中有我"之意,让新郎新娘喝完后,并向门外撒大把的喜糖,让外面围观的人群争抢。如今,青年男女的婚礼上,交杯酒仍然是必不可少的,只是形式比古代要简单多了,新郎新娘各自倒酒之后两臂相交,双目对视,在一片笑声中一饮而尽,极大地活跃了婚礼的气氛。

盖头

最早的盖头大约出现在南北朝时的齐代，当时是妇女避风御寒使用的，只是仅仅盖住头顶。到唐朝初期，便演变成一种从头披到肩的帷帽，用以遮羞。据传说唐朝开元天宝年间，唐明皇李隆基为了标新立异，有意突破旧习，命令宫女以"透额罗"罩头，也就是妇女在唐初的帷帽上再盖一块薄纱以遮住面额。从后晋到元朝，盖头在民间流行，并且成为了新娘不可缺少的喜庆装饰，并且为了表示喜庆，新娘的盖头都要选用红色的。关于新娘要蒙上盖头，有一个传说：宇宙初开的时候，天下只有女娲兄妹二人，为了繁衍人类，兄妹俩商议，要配为夫妻。但他俩又觉得害羞。于是兄妹俩就登上山顶，向天祷告："天若同意我兄妹二人为夫妻，就让空中的几个云团聚合起来；若不允许，就叫它们散开吧。"话一落音，那几个云团慢慢移动，最终聚合为一。于是，女娲就与其兄结婚，而女娲为了遮盖羞颜，便结草为扇以遮住面容。扇与苫同音，苫是盖的意思，而以扇遮面，到底不如丝织物轻柔、简便、美观，所以执扇遮面就逐渐被以盖头蒙头代替了。

指腹为婚

指腹为婚是旧时的婚姻风俗，流行于全国的广大地区。双方的家长，在孩子尚未出生的时候，即约定为婚姻。并且又害怕男女长大成人，互不相认，或者一方不守信诺，所以将衣襟裁为两幅，各执一幅为凭证，称为"指腹裁襟"或者"指腹割衿"。古代的统治者有时候也下令禁止，但并没有实际的效用。指腹为婚是我国的一项陋习，是在男女双方完全不知情的情况下决定的，但是这样的风俗也并不一定造成感情悲剧。我们现在也十分羡慕的"青梅竹马"的情形往往就发生在指腹为婚的情况下，因为男女双方从小的时候就非常熟悉，也可能培植出美好的感情。

上门女婿

上门女婿又称为"赘婿"，中国婚姻形式的一种，即女子不出嫁，而招男子入女家为婿。行赘婚婚之家，大多是因为家中有女无男，招婿是为生孙延续姓氏以承继家业,但也有因为钟爱女儿不愿其出嫁,或招女婿奉养自己,依靠其管理产业的。而从男方说,一种是家贫无力为子娶妻,借此为子成家,另外一种则是贪图女方富贵,将子入赘于女家。赘婿的地位一直很低,并且是秦汉时奴婢的一种,被剃去头发,为服役戍边对象之一。直到今天,上门女婿在一些家庭里面仍然处于弱势的地位,这是不好的传统的沿留,也反映了中国婚姻传统的根深蒂固的影响。

愚昧的冥婚

旧时代里民间为已死亡的未婚子女寻求联姻的婚俗,具有浓厚的迷信色彩,又称为"嫁殇婚""娶殇婚"。此婚按照一定的婚仪完婚后男女合葬,后世还曾出现过为已亡的未婚男女联姻的 "鬼媒人"。冥婚流传于周代并被明令禁止,可是由于后来的统治者的提倡,各地又纷纷流行这一陋俗。冥婚仪式始终没有形成定例,冥婚虽然算作喜事,但不免红、白两事的礼仪混杂交错,所以在很大程度上要看当事人的主张如何,故冥婚礼仪的形式多样。不论如何,这一项陋俗是原始社会遗留的,早就应该废除,在流传的过程中也出现了许多人间的悲剧,多是发生在年轻的女子身上。直到今天,仍然有因为冥婚而发生的人间惨剧。

对于"死"的称谓

古代称呼死有很多词汇,用于不同的情境:根据人的社会地位,对死亡的称谓,各有区别,例如《礼记》谓天子死为"崩"、诸侯死为"薨"、大夫死曰"卒"、士曰"不禄"、庶人曰"死"。又根据人的年龄而有区别,例如不满20岁死亡的谓之殇、青壮年死者谓之"夭亡"、老年死者谓之"寿终"。还有根据人的死因而有称呼区别的:为某种事情舍命者谓之"殉"、战争中死于阵地者谓之"阵亡"。同时,在不同的宗教信仰下,称呼也存在着区别,和尚的死谓之"圆寂"、喇嘛的死谓之"涅槃"、道士谓之"羽化"等。另外,民间存在这一系列对死的敬称,有借道家的"仙逝""返真"的,有引用阴阳家"就本""星陨"的,而一般则称人死为 "辞世""过世""去世""逝世""作古"。在吊唁的时候见之于书面的一律称

"千古"，而灵牌、引魂幡上一律写作"已故"等。

入殓

　　入殓，又叫"入棺""入木""落材"……古称"大殓"，意为将人死尸体移入棺木。各地时间不一；有三天、七天入殓的；有死后当天入殓的，如五寨、曲沃等地即是这样。在五寨，如果因棺木、寿衣尚未齐备而不能入殓，当地人便称为"挺尸"。

　　入殓用的棺材，各地以木棺为主。木材以木质坚硬的柏、樟为上等，油松、楸、槐等次之，以柳木的为最一般。晋中祁县一带讲究不论何种木质，在前挡板上必用柏木，至少也须镶嵌一条。板材时兴厚大，最厚者六寸，拗五（五寸五分）以上均为上等，依次等而下之，底、盖、侧均为整块者称为"独幅"，若干块拼合的则分别以其所拼块数称为"×块头"。整个棺形为长方形，前高后低，前宽后窄。棺木外涂油漆，有黑、紫、红、黄几种颜色。五寨一带，不到50岁的死者，棺木涂以朱漆，称为"红棺"；50岁以上的多涂金黄色，称为"金棺"。棺木外面一般有彩绘图案，上等木材更以木质本色为底，作素色推光漆画，显得金碧辉煌。图案一般为百寿图、四季图、二十四孝图或"万字不断头"。棺木前头正面绘云纹莲台，书写"××之灵柩"；小头绘香鼎、燃香，有的地方则画白菜。有的棺木前头正面还写有"福如东海""音容宛在"等吉祥语句。棺木内涂以松香或用黄麦纸裱糊，取的是"黄金入柜""遗泽子孙"之意。棺木内还要贴上用金银纸剪成的太阳、月亮、北斗图案。雁北平鲁、晋中祁县等地，在棺木内底部另附一块凿有七个孔的衬板，叫做"七星隔板"，表示死者"驾鹤仙去，身入西天"。棺底，晋中祁县一带铺以石灰、五色绸、线、五谷，再放上七枚铜钱、七块生铁，铺上金箔纸剪成的钱状物七张，然后铺上褥子。晋南等地与此大同小异。不管放什么物品，谷草都是少不了的。五寨一带称为"坐草"，取的是"落地而生，坐草而归"之意。

　　入殓时，要由死者的儿子抱尸入棺。晋东南沁县一带，讲究把死者的头部用红布围上，然后由其长子抱头，另外四人或六人抬身体，脚先头后出屋。屋外用毯子遮阳或打伞，浮山等地称为"上不见天"。入棺时，死者的脚要先进，然后平放于棺内。原来死者袖口和裤脚系的麻披，这时要解掉。有的地方在男性死者的右手中放上鞭子,左手中放上馒头;在女性死者的双手都放上馒头。鞭子称为"打狗鞭",馒头称为"打狗干粮"。襄汾一带,死者绝气后要用白布束身,入殓后把白布取出,分给儿孙束腰,名为"留后代"。晋中祁县等地,死者头部要枕一种特制的凹型空心枕,上绘日月、山川、花卉图案,枕中实以线香、五谷等。死者身上再铺七张银箔,最后从头到脚蒙红布七尺,此布须由已嫁女儿置备,俗称"铺儿盖女"。

给死者铺盖停当以后,棺内还要放置一些生活用品和死者生前的心爱之物,但绝对禁止放入毛织物和毛皮制品,如毛毯、毛毡、皮褥子、毛皮鞋之类。民间认为犯了这一忌讳,就会"着毛变畜,错胎转生"。除了再撒一些五谷、纸钱外,五寨一带讲究还要在棺内放置一些驴蹄甲片和生铁片。生铁片最好是用犁铧碎片,取的是"入土开路"之意。

人殓完毕后,棺盖斜盖于棺身之上,仍留缝隙。待死者亲属最后检视后,在夜间或阴阳先生择定的时辰盖棺。

盖棺,又称"合棺",家人、亲友齐集,揭去死者脸上的蒙面布或纸,向死者告别。死者如系女性,还要请其外甥或娘家人检视穿戴、铺盖,看有无异议。然后正式盖棺揳钉,家人、亲友跪拜告别。晋中祁县一带,合棺前要把死者身上盖的红布由脚部往下拉,露出颜面,然后顺势把红布撕下一条,迅速合盖落木锁,即棺盖与棺身之间的榫卯。钉棺一侧用钉七枚,每颗钉子上把撕下的红布条各垫一小块。钉棺时,全家回避不动哭声,只有死者的儿子须立在棺旁口喊"躲钉"。这在山西南北都是大体一致的。参加钉棺的邻里、朋友都要身系红布条,并要给钉棺的人赏封,称为"喜钱"。盖棺以后,沁县一带,死者的子女还要手拍棺木数次,俗称"叫醒"。襄汾等地,死者的儿女要做"撅片面"于灵前供献,然后由参加入殓的人分吃,表示从此与死者永诀了。

在入殓第二天半夜,沁县等地要置备纸马素车、香炉锡箔和纸人,由死者的子女哭送到将来出殡必经的十字路口烧化,为死者送行,俗称"送魂"。闻喜一带,在死者去世的第三夜,家人于城隍庙、土地庙叩拜之后,要由死者的一个女儿手提汤水罐,暗中摸索浇奠,并呼唤死者。另外有一个代替答应,凡三呼三应,然后哭出庙门回家。往返要故意绕远,回家后哭奠烧纸,名为"烧上路纸"。偏关等地,家里有人亡故后,或三夜、或五夜、或七夜不等,家人要去城隍庙哭叫,呼唤亲人回来,俗称"叫夜"。亲友在这几天内,要赠送提灯,丧家以灯多为荣。民间认为,人死后要受城隍神审判,审判无罪后,家人便以灯引魂归来。所以这一习俗又叫作"送灯"。

出殡

入殓以后,紧跟着就要定出殡的时间。山西各地办丧事,一般不"热死热埋",否则便会被认为对死者不孝不敬。至于什么时候出殡,往往要根据准备情况、时令、至亲到否,以及墓穴是否完备等因素来定。时间可长可短,大抵最短的为三日,依次为五、七、九日……长者可达百余日,均须单数。旧时还讲究由阴阳先生择吉日,定坟"空",即所谓坟地什么时候能进得去。

出殡时间确定以后,便要通告亲友,五寨一带称之为"送孝"。去时要带去孝布一块,依关系远近亲疏,大者一身孝衣,小者一方孝巾。晋中祁县等地,于出殡这天,门前要悬挂用白麻纸剪成图案的幡状物;纸与纸的衔接不用浆糊粘连,而是用铁器或石器把纸折叠后捣在一起,名为"砸岁纸"。这类似于前面提到的"岁数纸",只是悬挂时间不一罢了。死者达到耄耋高龄的"岁纸",当地人合撕一条给孩子佩戴,据说可以延年益寿。撕回家糊在面瓮上,不生虫子。旧时有些地方还要在大门外立起"避忌牌",男左女右,不仅写明生卒年月、出殡日期,还要列出避忌事项。

做七

做七亦称"斋七""理七""烧七""作七""做一日""七七"等。旧时汉族丧葬风俗,流行于全国各地。即人死后(或出殡后),于"头七"起即设立灵座,供木主,每日哭拜、早晚供祭,每隔七日作一次佛事,设斋祭奠,依次至"七七"四十九日除灵止。此俗汉代尚无记载,大约与佛教传入中国有关,南北朝时已多行之,后世沿而不改。佛教《瑜珈论》谓人死后,在人死此生彼之间有"中阴身",如童子形,为寻求生缘,以七日为一期,如七日终,不得生缘,则更续七日,至第七个七日终,必生一处,以故有"七七"之期及逢七追荐之俗。一说,人初生以七月为腊,一腊而一魄成,经七七四十九月而七魄具;死则以七日为忌,一忌而一魄散,经七七四十九日而七魄泯,此为道教魂魄聚散之说。第七个七日,民间又称为"断七""尽七""满七"。比较受重视的是头七、五七与尽七。

治丧后,每隔七天祭祀一次,称为"做七"。"七七"为最后一个"七",称"断七"。其中"五七"最热闹,一般请来道士做"五七"道场。亲朋好友都到齐,办"五七"饭。一百日到来做百日祭祀,后每隔一周年祭祀一次"周年",三年为止。每十年做阴寿祭祀,到百岁为满。

按照古代的丧俗,灵柩最少要停三天以上。据说是希望死者还能复生。三天还不能复活,希望就彻底破灭了。实际上停柩的时间长,是由于当时丧礼繁缛复杂,尤其是天子诸侯,需要浩大的陵墓和大量随葬品,需要耗费大量的人力和时间。另外,父母死后应该合葬。父死不知母墓,母死不知父墓,都要把死者暂时殡起来,等找到父墓或母墓时再进行合葬。这样灵柩停放的时间就很难说了。

近代以后,灵柩一般都在"终七"以后入葬。人们认为,人死后七天才知道自己已经死了,所以要举行"做七",每逢七天一祭,"七七"四十九天才结束。这主要是受佛教和道教的影响。

佛教认为,除罪大恶极的立即下地狱,善功极多的人立即升天,灵魂一般并不能够马上转生。没有转生的亡灵不是鬼,是在死后至转生过程中的一种身体,等待转生机缘的成熟。所以,人死之后七个七期中,孝属或亲友如果能请僧人来为他做些佛事,亡者即可因此而投生到更好的去处。所以,佛教主张超度亡灵最好是在七七期中。如果过了七七期之后,亡灵托生的类别已成定案,再做佛事,就只能增加他的福分,却不能改变他已托生的类别了。如果一个人,生前作恶很多,注定来生要托生畜类,当他死后的七七期中,如果有孝属亲友为他大做佛事,使他听到出家人诵经,当下忏悔、立意向善,他就可以免去做畜牲,而重生为人了。而道家也认为超度度亡灵最好是在他"七魄"没有散尽之前。

"做七"期间的具体礼仪繁多,各地有各地的做法。在广州一带,旧丧俗中的第五个七天,外嫁女必须回来,这一天的费用完全由外嫁女负担,如果死者没有外嫁女,就由外嫁的侄女或侄孙女来做。人死后的第一个七天、第三个七天和第七个七天,叫作"大七"。在这一天祭奠中有"走七"的习俗,就是说在这一天的祭奠中,外嫁女儿和媳妇们,每人各自提一只灯笼,在规定的仪式中飞也似的赛跑,争取第一个跑回家,俗称"争英雄",认为这样死者灵魂能庇佑降福。因为人们认为人虽然死了,但灵魂仍然和活人一样有情感。

到了四十九天,便要做"断七"。断七过后就出了孝期,丧家都很看重。亲朋好友参加"断七"礼仪活动。"断七"这一天,请道士和尚来做道场,美其名曰"保太平"。因为这一次是为活人祈祷。念经拜忏之后子女们便脱下丧服,换上常服。

在中国南方一些民族中,"做七"期间还有一种"娱尸"的习俗。有的民族在留置灵枢期间,每十二天举行一次隆重的守灵仪式,本村和外村的青年男女聚集在丧家的房屋后,吹拉弹唱,跳丧舞,借以谈情说爱、选择对象。跳丧舞,又叫作"散忧祸""打丧鼓",是一种民族舞蹈,后来一代一代地传承了下来,流传至今。人死以后,尤其是长辈百年归天以后的第一个晚上,丧家就开始了这种跳丧舞的活动。被请的歌师傅一人击鼓领唱,还有两人帮和,边歌边舞,围着棺材一跳就是几个通宵。跳丧舞是要给死者家属减轻悲痛,解除忧闷,以达到哀而不悲,伤而不痛的目的。

吊唁、灵棚

在"做七"的同时要进行吊唁仪式。唁是指亲友接到讣告后来吊丧,并慰问死者家属,死者家属要哭尸于室,对前来吊唁的人跪拜答谢并迎送如礼。一般吊唁者都携带赠送死者的衣被,并在上面用别针挂上用毛笔书写的"某某致"字样的纸条。

首先要布置灵堂。灵前安放一张桌子,悬挂白桌衣,桌上摆着供品、香炉、蜡台和长明灯等。在没有收殓之前,这盏长明灯不管白天晚上都要有人看守,不能让它熄灭。据说,这盏灯就是死者的灵魂。尸体和灵枢都忌讳停放在光天化日之下。据说,怕受所谓"日晶月华",更怕冲犯上天过往的神灵。因此只要是举行简单的祭奠仪式,就必须要搭灵棚。

搭灵棚规模的大小,主要看丧居院落的格局。如果只搭一屋院子的棚,叫作"平棚起尖子",也叫"一殿",就像古典殿堂一样,上边起一条脊。如果丧居有两层院子,就可以搭一座大棚,将这两个院子都罩上,灵堂院子的棚顶高些,前院棚顶略低,使两个顶浑然一体,后高前低,叫作"一殿一卷",即后院高顶为"殿",前院低顶为"卷"。所谓"殿",就是殿堂的意思;所谓"卷",即棚顶全是活席,可以卷起来的意思。这种棚历来都用数层席箔里外包严,不见杉槁,不但美观,且不漏水。从外观上看,宏伟壮丽,犹如宫殿,使人望之,哀戚之情就油然而生。

除了主棚外,还必须有许多用途不等,名称不同的棚,规模大小不一。由于在这期间,吊唁的亲友多,而且时间都比较集中,上祭恐怕发生拥挤,甚至排不上号。所以在其他院落就要搭一座或数座祭棚,凡远亲、朋友来吊唁的,就被知宾引到这种棚里上祭。还有的棚是用来摆官座,让来宾们休息、喝茶、用饭的。

服丧

中国古代服丧制度的规格、时间等等是按照严格的亲疏远近来制定的,从重到轻,依次分为斩衰、齐衰、大功、小功、缌麻五种,此之谓"五服"。

最重的是"斩衰"。衰同"缞",是指用粗麻布做成的丧服。这种丧服不能锁边,要用刀子随手裁取几块粗麻布,胡乱拼凑缝合在一起,所以称为"斩衰"。这种丧服一穿就要穿三年,用于直系亲属和最亲近的人之间,比如儿子为父亲服丧、妻子为丈夫服丧。丧服之所以是胡乱拼凑的,意思是指最亲的人死了,我是多么的悲伤啊,连衣服都没有心情制作了,就让我胡乱披着几块麻布为您服丧吧。

其次是"齐衰"。齐衰是用生麻布做成的丧服,能锁边,把边缝齐,所以叫"齐衰"。这种丧服穿的时间长短不一,可以是三年,也可以是一年、五个月、三个月等等。比如为父母服丧是三年;孙子为祖父母服丧、丈夫为妻子服丧是一年;为曾祖父母服丧是五个月;为高祖父母服丧是三个月。

再次是"大功"。大功是用熟麻布做成的丧服,比"齐衰"稍细,比"小功"稍粗。"功"同"工",意思是做工很粗,故称"大功"。这种丧服要穿九个月。比如为堂兄弟、未婚的堂姊妹、已婚的姑、姊妹、侄女等服丧,已婚女为伯父、叔父、兄弟、侄、未婚姑、姊妹、侄女等服丧,都要穿这种丧服。

然后是"小功"。小功也是用熟麻布做成的丧服,比"大功"稍细,故称"小功"。这种丧服要穿五个月。比如为本宗的曾祖父母、堂姑母、已出嫁的堂姊妹等服丧,为母系一支中的外祖父母、母舅、母姨等服丧,都要穿这种丧服。

最轻的叫"缌麻"。缌,是指用细麻布做成的丧服。这种丧服只需穿三个月即可脱掉。比如为本宗的高祖父母、族兄弟、还没有出嫁的族姊妹等服丧,或者为外孙、外甥、岳父母等服丧,都要穿这种丧服。

祭文

文体名。在告祭死者或天地、山川等神祇时所诵读的文章。体裁有韵文和散文两种。内容主要为哀悼、祷祝、追念死者生前主要经历,颂扬他的品德业绩,寄托哀思,激励生者。同时,祭文也是为祭奠死者而写的哀悼文章,是供祭祀时诵读的。它是由古时祝文演变而来,其辞有散文、有韵语、有俪语。而韵语之中,又有四言、六言、杂言、骚体、俪体之不同。祭文出现于汉代。古时的祭文在内容上可分四类,即哀悼死者、祈求降福、驱除邪魔、祈祷降雨,而多用于哀悼死者。新时代,大兴科学,破除迷信,应该反对,但是用于哀悼死者还是可以的。因为祭文是哀悼死者的文辞,就应该以真挚的感情与质朴的风格写作为好。祭文是读给人听的,特别是给死者的后人听的,所以内容以表彰死者功德为主,并要通俗易懂。旧时写得好的祭文,感情色彩比较浓厚,多为亡亲亡友而作的追记、生平,称颂死者,念起来如泣如诉。

居丧之礼

居丧是指死者家人的后辈自死者死亡之时起服丧。男子不穿华丽的衣服,穿草鞋(现已不常见),而妇女则要摘下身上的装饰品,脱下彩色衣服。男女各依其与死者关系的远近,穿孝服、戴孝帽。中国古代的丧服自周代已用素服(素衣、素裳、素冠等),均为白色。五服中斩衰最上,用于重丧,取最粗的生麻布制作,不缉边缝,出殡时披在胸前,而女子还须加用丧髻(髻系丧带),这就是俗称的"披麻戴孝"。至于五服以外的远亲丧服,只需袒免,即袒露左臂、免冠括发。孝子在居丧期间(一般为一月或百日)不能理发、不能同房,不能会晤亲友、参加宴会、进寺庙等,以表示自己的哀思。尤其是在安葬之前,这些习俗必须严守,否则不吉。

丁忧

丁忧原指遇到父母丧事,后来则多专指官员居丧。古代的时候,父母逝世后,子女按礼必须持丧三年,其间不得行婚嫁之事,不预吉庆之典,任官者则必须离职,称为"丁忧"。这一项制度源于汉代。宋代的时候,由太常礼院掌其事,凡官员有父母丧,须报请解官,重孙如父已先亡,也必须解官,服满后起复,酌情则另有规定,后世的制度大体相同。清代规定,匿丧不报者,革职。不过,当碰到国与家发生冲突的时候,要家礼服从国事,孝子可出来为国家效力。此外,武将丁忧则不解除官职,而是给假一天,大祥、小祥、卒哭等忌日另给假日。法律还有规定,丁忧人不能租赁私人房屋居住。

古代的棺椁形制

棺是盛放死者的木制葬具;椁是套在棺外的外棺。木棺在我国出现很早,大约开始于新石器时代的仰韶文化时期,至龙山文化时期已出现木椁,用于氏族中之头领的安葬。在殷墟商王陵墓室中,多用大木条叠压成方形或亚字形的椁室,其正中安放商王棺木。到了周代,棺椁更加制度化,当时规定:天子棺椁四重,亲身的棺称"椑",其外蒙以兕及水牛皮;第二重称"地也",以椴木制成;第三重称"属",第四重称"大棺"。帝后之外椁两重,多用梓木,所以其棺椁又称"梓宫"。而上公、侯伯子男、大夫,则以等差分别为三重(有兕牛皮)、二重、一重。士不重,但用大棺。另外,在尺寸上,天子大棺厚八寸,大夫士大棺厚六寸,庶人之棺只准厚四寸,无椁。后世的帝王、贵族、士大夫,基本上沿用此制。古代的棺椁制表示了古代表示死者的身份,是将生前的等级差别带到死后世界的一种礼制。

汉人的土葬传统

土葬是把尸体装入棺材后,再挖坑埋入地下的一种丧葬形式,它是自灵魂观念产生以后延续时间最长、礼俗最为繁杂、流传最为广泛,同时也是使用民族较多的一种传统葬法。我国的土葬最早开始于北京的山顶洞人,他们在自己居住的山洞深处,用土来覆盖死者的尸体;到了距今7000到5000年的仰韶文化遗址中,2000多座墓葬中土坑葬已占绝大多数;再到了4000年前,无论是黄河流域、长江流域,还是远离黄河、长江东北、东南沿海等地都已采用了土葬。土葬习俗的形成,同人们的观念有着密切关系。他们认为死者入土是他的必然归宿,只有在他死后形体埋入地下,脱离形体的灵魂才可以升上天。这种观念至今对于不少的中国人仍有一定的影响,成为推行殡葬改革的一大心理和思想障碍。当然,汉族习惯土葬的原因还有一些,我国中原的广大地区,因为土地肥沃,具有悠久的农业文明,百姓世世代代以农为主,视土地为生命之本;此外,土葬符合汉族人民的生活习惯以及慎终追远的伦理情感;最后,土葬最能够表现阶级和等级的差别,适合汉族古代的社会形态。

墓碑的来历

碑原来只是一个大石板,中间的上端穿了一个圆洞,这是因为古代人办葬礼的时候,要把石板直立在墓穴的四端,用来固定粗大的绳索,慢慢把棺材放入墓穴。另外,碑还指卿大夫的家门口用来系马的直立石板,以及宗庙祠堂前用来拴住牲口的直立石板。所以,碑最早指的是直立的石板。但是到了后来,有的人开始在碑上刻下文字以记述墓主的生卒年月、官名爵位,然后放在墓前,不再撤出,这就是早期的墓表。以后,墓表上的文字越记越多,包括了详细的生平履历,再加上颂扬的铭文,成为了一篇完整的墓主传记,可以让过路的行人清楚地了解他。这样,墓表变成了墓碑,而没有刻字的碑不再被称为碑,现今意义上的墓碑终于形成了。

招魂仪式

先秦时代,人们普遍认为生命是元气变化而成,魂是阳气、魄是阴气,魂魄会合成为一个具体的生命。人之将死,则魂气上归于天,形魄下归于地。而人的魂灵若是离开了形骸,短期就会致病,长久便会死亡。所以在先秦的习俗中,便出现了招魂复魄的仪式。这种习俗后来融入了礼仪,成为古代的葬礼中一个不可或缺的重要部分,儒家称其为“复”。先秦社会的招魂仪式因死者身份的差别有着不同的级别。例如招魂的人数则依亡者的身份而定。招士人之魂是一人,招大夫之魂,通常是一至三人,招天子国君之魂,则有十二人之多。招魂时的呼语,则一般是“男子称名,妇人称字”。招魂仪式上伴随有音乐、歌舞,弹奏死者生前爱听的乐曲,表演死者生前爱看的乐舞,这一点从《楚辞》里面的《大招》篇可以明显看出来。

牌位

牌位,又称为“灵牌”“灵位”“神主”“神位”等,是指书写逝者姓名、称谓或者书写神仙、佛道、祖师、帝王的名号、封号、庙号等内容,以供人们祭奠的木牌。按照我国民间的传统习俗,人逝世后其家人都要为其制作牌位,作为逝者灵魂离开肉体之后的安魂之所。牌位大小形制并无定例,一般用木板制作,呈长方形,下设底座,便于立于桌案之上。牌位书写,古代的时候一般多用老宋体(笔画竖粗横细)、自上而下竖写。古往今来,民间广泛使用牌位,用于祭奠已故亲人和神祇(指天地之神)、佛道、祖师等的活动。牌位的优点是多方面的,比如有的人认为先祖的形象不应该通过绘画或者雕塑再现,又比如现代的骨灰盒不适于搬来搬去,这样牌位无疑为祭奠提供了方便。

明器

明器是专门为随葬而制作的器物,又称“冥器”。一般用陶瓷、木石制作,也有金属或者纸制的。明器除了日用器物的仿制品外,还有人物、畜禽的偶像及车船、建筑物、工具、兵器、家具的模型。明器在周朝已经开始使用,而从考古发掘所获资料看,早在新石器时代的墓葬中,即已发现有专供随葬的模型器,商周时期,青铜的明器使用日益普遍,在战国时期,有些仿铜礼器的陶明器制造得相当精致。到了秦汉时期,陶质明器更为流行,特别是模拟人形的俑有了较大的发展,比如秦始皇陵兵马俑坑中出土的大量和真人等高的陶俑。三国以后,在南方的墓葬中大量出现青瓷明器。唐代则出现了著名的三彩明器,同时对明器的使用,也按官阶高低和死者身份作了规定,不论是内容、数量,还是尺寸,都有明显的区别。北宋时期纸制的明器逐渐流行,其他质料的明器日渐减少,这是一个重大的变化。

坟

中国早期是没有隆起的坟墓的,只是一块平地,古代人也不必到坟墓那儿去祭奠,只需要对着家中的牌位进行祭奠。所以,孔子在他少年时期不知道自己的父亲葬在何处,必须要询问年老的人才能知道。而"坟"的本义是高高隆起的土堆,所以只有到了把"墓"称为一堆高高隆起的土之后,原来指称高土堆的"坟"才移作墓的代称,今天的"坟墓"一词才得以产生。

冥镪

冥镪即纸钱,也称为"寓钱""纸镪""楮钱"等,是祭祀的时候烧化给死者或鬼神的物品。形状为铜钱形的圆纸片,中有方孔,也有较大的纸,上凿若干钱形者。古代祭祀的时候,原用玉币(帛),然汉代多以真钱随葬,称为"瘗钱",又因为祭祀当用马驹的时候都用木寓马(木制马形)代替,所以魏晋以后民间渐以纸寓钱代"瘗钱"之用。到了唐代开元时,始用于朝廷祠典。五代周世宗驾崩,发引之日所用金银钱宝,均为纸钱,其大如碗口,黄色的印"泉台上宝",白色的印"冥游亚宝",这就是后世黄白纸钱之始。后代民间又产生了纸上涂薄锡的锡箔,用时叠或糊成元宝形,以纸袋盛装烧化,与纸钱同为民间祭祀必用之物。这反映了世俗对"幽冥世界"的普遍信仰,以及对于财富的占有欲和托庇于祖先的心理。

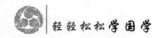

三、民间生活

年龄称谓

古人的年龄有时不用数字表示，不直接说出某人多少岁或自己多少岁，而是用一种与年龄有关的称谓来代替。

总角：总，聚束；角，小髻，意为收发结之，即儿童的发髻向上分开的样子，俗称小丫角，因此称童年时代为"总角"。

垂髫：髫，古时小孩下垂的头发，于是以"垂髫"指童年或儿童。

始龀：龀，儿童换牙，即脱去乳牙长出恒牙。按生理常规，男孩八岁、女孩七岁时换牙，"始龀"便成了童年的代称。

束发：束，捆、结之意。古代男孩成童时束发为髻，因以"束发"为成童的代称，通常年十五岁始称"成童"。

及笄：指女子15岁。语出《礼记·内则》"女子……十有五年而笄"。"笄"，谓结发而用笄贯之，表示已到出嫁的年岁。

待年：指女子成年待嫁，又称"待字"。语出《后汉书·皇后纪下·献穆曹皇后》"小者待年于国"。以后称女子待嫁的年岁为"待年"。《文选·宋文皇帝元皇后哀策文》："爱自待年，金声凤振。"

弱冠：指男子20岁。语出《礼记·曲礼上》"二十曰弱冠"。古代男子20岁行冠礼，表示已经成年。左思《咏史》诗之一："弱冠弄柔翰，卓荦观群书。"

而立：指30岁。语出《论语·为政》"三十而立"。以后称三十岁为"而立"之年。《聊斋志异·长清僧》："友人或至其乡，敬造之，见其人默然诚笃，年仅而立。"

不惑：指40岁。语出《论语·为政》"四十而不惑"。以后用"不惑"作40岁的代称。应璩《答韩文宪书》："足下之年，甫在不惑。"

艾：指50岁。语出《礼记·曲礼上》"五十曰艾"。老年头发苍白如艾。《民国通俗演义》三十七回："……我年已及艾，还有什么不满意的事？"

花甲(耳顺)：指60岁。以天干地支名号错综参互而得名。计有功《唐诗纪事》卷六十六："（赵牧）大中咸通中效李长吉为短歌,对酒曰:'手挪六十花甲子,循环落落如弄珠'。"

古稀:指70岁。语出杜甫《曲江》诗:"酒债寻常行处有,人生七十古来稀。"亦作"古希"。

皓首:指老年,又称"白首"。《后汉书·吕强传》:"故太尉段颍,武勇冠世,习于边事,垂发服戎,功成皓首。"

黄发:指长寿老人。语出《诗经》,如《诗·鲁颂·宫》"黄发台背"。老人头发由白转黄。曹植《赠白马王彪》:"王其爱玉体,俱享黄发期。"陶渊明《桃花源记》:"黄发垂髫,并怡然自乐。"

鲐背:指长寿老人。语出《诗经》,如《诗·大雅·行苇》"黄台背","台"通"鲐"。《尔雅·释诂》:"鲐背,寿也。"老人身上生斑如鲐鱼背。

耄耋:指八九十岁的老人。

期颐:指百岁。语出《礼记·曲礼上》"百年曰期颐"。谓百岁老人应由后代赡养。苏轼《次韵子由三首》:"到处不妨闲卜筑,流年自可数期颐。"

社交用语

初次见面说"久仰";等候客人用"恭候";

对方来信叫"惠书";请人帮忙说"劳驾";

托人办事用"拜托";请人指点用"赐教";

赞人见解用"高见";求人原谅说"包涵";

老人年龄问"高寿";客人来到用"光临";

与人分别用"告辞";看望别人用"拜访";

请人勿送用"留步";麻烦别人说"打扰";

求给方便说"借光";请人指教说"请教";

欢迎购买叫"光顾";好久不见说"久违";

中途先走用"失陪";赠送作品用"斧正"。

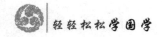

社交称谓

社交称谓是各种文化的言语交际中使用最广泛最频繁的词语,它们具有鲜明的社会性。作为社交礼仪的重要组成部分,社交称谓具有建立、保持、加强、中止各种人际关系的作用,通过社交称谓的使用,交际双方的身份、地位、角色,以及二者的亲疏关系被突出并加以认定。作为一套约定俗成的社会交际符号,社交称谓成为历史文化积淀的产物,具有鲜明的民族特色。

父母同称高堂、双亲、膝下

父母单称家父、家严;家母、家慈

父去世称:先父、先严、先考

母去世称:先母、先慈、先妣

兄弟姐妹称:家兄、家弟、舍姐、舍妹

兄弟代称:昆仲、手足

夫妻称:伉俪、配偶、伴侣

同辈去世称:亡兄、亡弟、亡妹、亡妻

别人父母称:令尊、令堂

别人兄妹称:令兄、令妹

别人儿女称:令郎、令媛

妻父称:丈人、岳父、泰山

别人家庭称:府上、尊府

自己家庭称:寒舍、舍下、草堂

男女统称:男称须眉;女称巾帼

老师称:恩师、夫子

学生称:门生、受业

学校称:寒窗

同学称:同窗

走亲戚

春节走亲戚、回娘家,是中国人祖祖辈辈传承下来的习俗。它是亲戚间联络感情,互相慰问的一种亲情大交流。

走亲戚这种习俗从正月初二,一直能持继到正月十六,这期间几乎家家都在美酒中泡着,在香味中浴着,尽享人生的乐趣和亲情的快乐。过去是等到送了年才能出门,并有"初三姥娘初四姑,初五初六看丈母"的说法;现在是正月初二趁着年味正浓时,人们就拉开了走亲戚的大幕,而且多是"先看丈人再看舅,姑父姨父排在后"。从这种演变上看,生活节奏在加快、妇女地位在提高,正月初二、三,嫁出去的女儿们纷纷带着丈夫、儿女回娘家拜年。

走亲戚的次序是:外甥走姥姥家,闺女携婿走娘家,然后是去姑、姨、姐家。除特殊情况外,都要回拜。民间有"初一初二娥眉月,初三初四好拜节"之说。

走亲戚不能不带礼物,礼品各个时期各有特点。上世纪六七十年代,一般是带馒头、包子、糕点、肉类、鸡蛋、烧酒等;八十年代末,是桃酥、罐头、白糖、柿饼、烧饼、蛋糕、美酒、蜂蜜等;九十年代,除了酒以外,鱼肉、奶粉等也开始盛行;21世纪,多是水果、奶、茶、保健品等,雅一点的,还有鲜花、书籍、音乐唱片等。

送礼

人们相互馈赠礼物,是人类社会生活中不可缺少的交往内容。中国人一向崇尚礼尚往来。《礼记·曲礼上》说:"礼尚往来,往而不来,非礼也,来而不往,亦非礼也。"

馈赠,是与其他一系列礼仪活动一同产生和发展起来的。我们知道,礼起源于远古时期的祭祀活动。在祭祀时,人们除了用规范的动作、虔诚的态度向神表示崇敬和敬畏外,还将自己最有价值、最能体现对神敬意的物品(即牺牲)奉献于神灵。

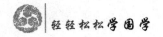

四、节日风俗

小年

小年是我国汉族传统节日,被视为过年的开端,也被称为"谢灶""祭灶节""灶王节""祭灶"在不同的地方日期不同,在古代,过小年有"官三民四船五"的传统。也就是说,官家的小年是腊月二十三,百姓家的是腊月二十四,而水上人家则是腊月二十五。像北方,在南宋以前都是政治中心,受官气影响较重,因此小年多为腊月二十三;相反,南方远离政治中心,小年便为腊月二十四;而鄱阳湖等沿湖的居民,则保留了船家的传统,小年定在腊月二十五。无论是哪天过小年,人们辞旧迎新的愿望都是一致的。

小年是民间祭灶的日子。据说这一天,灶王爷都要上天向玉皇大帝报告这一家人的善恶,让玉皇大帝赏罚。祭灶时,还要把关东糖用火融化,涂在灶王爷的嘴上,这样他就不能在玉帝面前说坏话。俗语讲"男不拜月,女不祭灶",因此祭灶王爷,只限于男子。

祭灶节实际是中国古代世俗社会秩序的一种反映,表现普通人对皇帝及其基层官员的恐惧,以及对基层官员贿赂的风气,所谓"瞒上不瞒下",只要把和自己最近的官员贿赂好,皇帝就不会知道自己的所作所为,即使小有触犯法律也可以逃避惩罚。

做糖瓜、祭灶是这一天的主要活动,从此后就进入准备过年的阶段,人们精神上开始放松。

除夕

农历一年的最后一天叫"岁除",那天晚上叫"除夕"。因常在夏历腊月三十或二十九,故又称该日为"年三十"。据《吕氏春秋·季冬记》记载,古人在新年的前一天用击鼓的方法来驱逐"疫疠之鬼",这就是"除夕"节令的由来。据称,最早提及"除夕"这一名称的,是西晋周处撰著的《风土记》等史籍。

除夕是我国传统节日中最重大的节日之一。除夕这一天,家里家外不但要打扫得干干净净,还要贴门神、贴春联、贴年画、挂灯笼,人们则换上带喜庆色彩和图案的新衣。

除夕之夜，全家人在一起吃"团圆饭"，有一家人团聚过年的味道。吃团圆饭时，桌上的"鱼"是不能动的，因为这鱼代表"富裕"和"年年有余"，象征来年的"财富与幸运"，它属于一种装饰，是碰不得的。(少数地方风俗不同，比如贵州，桌上的鱼不是不能吃的，是要剩下一些，寓意"年年有余")

除夕的高潮是年饭后长辈发"压岁钱"。接着就是张贴春联和门神，并关上大门。到初一的早上才开门"接财神"。除夕当夜人们往往通宵不眠，叫"守岁"。苏轼有《守岁》："儿童强不睡，相守夜欢哗。"

春节

满溢着喜庆和吉祥的春节是每个炎黄子孙心中永远难以割舍的符号，它不仅是三百六十五天中最新鲜最特殊的一天，还承载着中华民族上下五千年愈经风霜愈醇的古老文化。

农历正月初一是春节，又叫阴历(农历)年，俗称"过年"。这是我国民间最隆重、最热闹的一个传统节日。春节是汉族最重要的节日。春节的历史很悠久，它起源于殷商时期年头岁尾的祭神祭祖活动。有关年的传说也很多。古代的春节叫"元日""元旦""新年"。辛亥革命后，才将农历正月初一正式定名为春节。

春节，顾名思义就是春天的节日。春天来临，万象更新，新一轮播种和收获季节又要开始。人们有足够的理由载歌载舞来迎接这个节日。于是，节前就在门脸上贴上红纸黄字的新年寄语。当春姑娘来到门口时，会念一遍寄托新一年美好愿望的句子，这一念，好运真的来了。同样寓意的事情还有挂大红灯笼和贴"福"字及财神像等，"福"字还必须倒贴，路人一念"福倒了"，也就是"福到了"。春节是个亲人团聚的节日。离家的孩子这时要不远千里回到父母家里。真正过年的前一夜叫团圆夜，家人要围坐在一起包饺子。饺子的做法是先和面，"和"字就是"合"；饺子的饺和"交"谐音，"合"和"交"又有相聚之意，所以用饺子象征团聚了。节日喜庆气氛要持续一个月。正月初一前有祭灶、祭祖等仪式；节中有给儿童压岁钱、亲朋好友拜年等礼

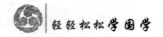
仪；节后半月又是元宵节，其时花灯满城、游人满街、盛况空前。元宵节过后，春节才算结束了。

元宵节

农历正月十五日，是我国传统节日元宵节。正月是农历的元月，古人称其为"宵"，而十五日又是一年中第一个月圆之夜，所以称正月十五为元宵节。又称为"小正月""元夕"或"灯节"，是春节之后的第一个重要节日。

元宵节，又称为"上元节"。上元节的由来，《岁时杂记》记载说，这是因循道教的陈规。道教曾把一年中的正月十五称为"上元节"，七月十五为"中元节"，十月十五为"下元节"，合称"三元"。汉末道教的重要派别五斗米道崇奉的神为天官、地官、水官，说天官赐福，地官赦罪，水官解厄，并以三元配三官，说上元天官正月十五日生，中元地官七月十五日生，下元水官十月十五日生。这样，正月十五日就被称为"上元节"。南宋吴自牧在《梦粱录》中说："正月十五日元夕节，乃上元天官赐福之辰。"说天官赐福，地官赦罪，而元宵节俗真正的动力是因为它处在新的时间点上，人们充分利用这一特殊的时间点来表达自己的生活愿望。

立春

立春，二十四节气之一，"立"是"开始"的意思，立春就是春季的开始，每年2月4日或5日太阳到达黄经315度时为立春。《月令七十二候集解》："正月节，立，建始也……立夏秋冬同。"古代"四立"，指春、夏、秋、冬四季开始，其农业意义为"春种、夏长、秋收、冬藏"，概括了黄河中下游农业生产与气候关系的全过程。

中国幅员辽阔，地理条件复杂，各地气候相差悬殊，四季长短不一，因此，"四立"虽能反映黄河中下游四季分明的气候特点，"立"的具体气候意义却不显著，不能适用全国各地。黄河中下游土壤解冻日期从立春开始；立春第一候应为"东风解冻"，两者基本一致，但作为春季开始的标志，失之过早。

中国气候学上，常以每五天的日平均气温稳定在10℃以上的始日划分为春季开始,它与黄河中下游立春含义不符。2月下旬,真正进入春季的只有华南。但这种划分方法比较符合实际。立春后气温回升,春耕大忙季节在全国大部分地区陆续开始。

中国古代将立春的十五天分为三候:"一候东风解冻,二候蛰虫始振,三候鱼陟负冰",说的是东风送暖,大地开始解冻。

旧俗立春前一日,有两名艺人顶冠饰带,一称"春官",一称"春吏",沿街高喊:"春来了",俗称"报春"。无论士、农、工、商,见春官都要作揖礼谒。

报春人遇到摊贩商店,可以随便拿取货物、食品,店主笑脸相迎。这一天,州、县要举行隆重的"迎春"活动。前面是鼓乐仪仗队担任导引;中间是州、县长官率领的所有僚属,皆穿官衣;后面是农民队伍,都执农具。来到城东郊,迎接先期制作好的芒神与春牛。到芒神前,先行二跪六叩首礼。执事者举壶爵,斟酒授长官,长官接酒酹地后,再行二跪六叩首礼。然后到春牛前作揖。礼毕,与来时一样热闹,将芒神、春牛迎回城内。

第二天立春时分,地方长官仍率僚属、农民鞭春。阴阳官先要举行一定的传统仪规。地方官主持迎春仪程,初献爵、亚献爵、终献爵。然后执彩鞭击打春牛三匝,礼毕回署。众农民将春牛打烂。

三月三

三月三是汉族及多个少数民族的传统节日,时在农历三月初三。古称"上巳节"。

相传三月三是黄帝的诞辰,中国自古有"二月二,龙抬头;三月三,生轩辕"的说法。

又说,三月三可推到追念伏羲氏。伏羲和其妹女娲抟土造人,繁衍后代,豫东一带尊称伏羲为"人祖爷",在淮阳(伏羲建都地)建起太昊陵古庙,由农历二月二到三月三为太昊陵庙会,善男信女,南船北马,都云集陵区,朝拜人祖。

农历三月三,还是传说中王母娘娘开蟠桃会的日子。晚清《都门杂咏》里有一首七言诗是这样描写当年庙会之盛况的:"三月初三春正长,蟠桃宫里看烧香。沿河一带风微起,十丈红尘匝地扬。"传说西王母原是我国西部一个原始部落的保护神。她有两个法宝:一是吃了可以长生不老的仙丹,二是吃了能延年益寿的仙桃——蟠桃。神话传说中的嫦娥,就是偷吃了丈夫后羿弄来的西王母仙丹后飞上月宫的。此后,在一些志怪小说中,又把西王母说成是福寿之神。

古时以三月第一个巳日为"上巳",汉代定为节日。"是月上巳,官民皆絜(洁)于东流水上,曰洗濯祓除,去宿垢瘦(病),为大絜"(《后汉书·礼仪志上》)。后又增加了临水宴宾、踏青的内容。传说这天鬼魂到处出没,晚上,家家户户在自己家里每个房间放鞭炮炸鬼。

魏晋以后,上巳节改为三月三,后代沿袭,遂成汉族水边饮宴、郊外游春的节日。

节日当天,民间有流杯、流卵、流枣、乞子和戴柳圈、探春、踏青、吃清精饭以及歌会等活动。

清明节

清明节是我国民间重要的传统节日,是重要的"八节"(元宵、清明、立夏、端午、中元、中秋、冬至和除夕)之一。一般是在公历的4月5日,但其节期很长,有十日前八日后及十日前十日后两种说法,这近20天内均属清明节。清明节的起源,据说传始于古代帝王将相"墓祭"之礼,后来民间亦相仿效,于此日祭祖扫墓,历代沿袭而成为中华民族一种固定的风俗,清明节与春节、端午节、中秋节并称为中国汉族的四大传统节日,清明节从2008年起成为国家法定节假日。

我国传统的清明节大约始于周代,已有二千五百多年的历史。清明最开始是一个很重要的节气,清明一到,气温升高,正是春耕春种的大好时节,故有"清明前后,种瓜点豆""植树造林,莫过清明"的农谚。后来,由于清明节与寒食节的日子接近,而寒食是民间禁火扫墓的日子,渐渐的,寒食与清明就合而为一了,而寒食既成为清明的别称,也变成为清明时节的一个习俗,清明之日不动烟火,只吃凉的食品。

清明节后雨水增多,大地呈现春和景明之象。这一时节万物"吐故纳新",无论是大自然中的植被,还是与自然共处的人体,都在此时换去冬天的污浊,迎来春天的气息,实现由阴到阳的转化。

清明前后流传着很多传统的风俗活动。如寒食赐火、清明扫墓、踏青郊游、打马球、放风筝、荡秋千、斗鸡、拔河等。这些活动随着岁月的赓续交替,社会的嬗递变化,有的习俗已被淘汰,有的仍遗留至今并被赋予了新的内容。

端午节

端午节是我国汉族人民的传统节日,这一天必不可少的活动逐渐演变为吃粽子、赛龙舟、挂菖蒲、蒿草、艾叶、薰苍术、白芷,喝雄黄酒、系百索子、做香角子、贴五毒、贴符、放黄烟子、吃十二红。据说,吃粽子和赛龙舟,是为了纪念屈原,所以新中国成立后曾把端午节定名为"诗人节",以纪念屈原。至于挂菖蒲、艾叶,薰苍术、白芷,喝雄黄酒,贴符则据说是为了避邪。

据统计,端午节的名称在我国所有传统节日中叫法最多,达二十多个,堪称节日别名之最。如有端午节、端五节、端阳节、重五节、重午节、天中节、夏节、五月节、菖节、蒲节、龙舟节、浴兰节、粽子节、午日节、女儿节、地腊节、诗人节、龙日、午日、灯节等等。

一直到今天,端午节在中国人民心目中仍是一个隆重的节日。从2008年起被列为国家法定节假日,放假一天。国家非常重视非物质文化遗产的保护,2006年5月20日,该民俗经国务院批准列入第一批国家级非物质文化遗产名录。

七夕

每年农历七月初七这一天是我国汉族的传统节日七夕节。因为此日活动的主要参与者是少女,而节日活动的内容又是以乞巧为主,故而人们称这天为"乞巧节"或"少女节""女儿节"。七夕节是我国传统节日中最具浪漫色彩的一个节日,也是过去姑娘们最为重视的日子。在这一天晚上,妇女们穿针乞巧,礼拜七姐,仪式虔诚而隆重,陈列花果、女红,各式家具、用具都精美小巧、惹人喜爱。

七夕别称"星期"。王勃的《七夕赋》"伫灵匹于星期,眷神姿于月夕"把星期与月夕相提并论,点出了一年四季中与亲情、与爱情相关的最美好、也最凄楚动人的两个夜晚。大约正因如此吧,后人便把男女成婚的吉日良辰叫作"星期"。

2006年5月20日,七夕节被国务院列入第一批国家非物质文化遗产名录。

七夕乞巧,起源于汉代,东晋葛洪的《西京杂记》有"汉彩女常以七月七日穿七孔针于开襟楼,人俱习之"的记载,这便是我们于古代文献中所见到的最早的关于乞巧的记载。"七夕"最早来源于人们对自然的崇拜。从历史文献上看,至少在三四千年前,随着人们对天文的认识和纺织技术的产生,有关牵牛星织女星的记载就有了。人们对星星的崇拜远不止表现在对牵牛星和织女星的关注上,他们还认为东西南北各有七颗代表方位的星星,合称"二十八宿",其中以北斗七星最亮,可供夜间辨别方向。北斗七星的第一颗星叫"魁星",又称"魁首"。后来,有了科举制度,中状元叫"大魁天下士",读书人把七夕叫"魁星节",又称"晒书节",保持了最早七夕来源于星宿崇拜的痕迹。

鬼节

"鬼节",俗称"七月半"(有些地区为七月十三或十四)。俗传去世的祖先七月初被阎王释放半月,故有七月初接祖,七月半送祖习俗。送祖时,纸钱冥财烧得很多,以便"祖先享用"。同时,在写有享用人姓名的纸封中装入钱纸,祭祀时焚烧,称"烧包"。年内过世者烧新包,多大操大办,过世一年以上者烧老包。

无论贫富都要备下酒菜、纸钱祭奠亡人,以示对死去的先人的怀念。中元节一般是七天,又有新亡人和老亡人之分。三年内死的称"新亡人",三年前死的称"老亡人"。迷信说新老亡人这段时间要回家看看,还说新老亡人回来的时间并不相同,新亡人先回,老亡人后回。因此要分别祭奠。烧纸钱的时间选晚上夜深人静,先用石灰在院子里洒几个圈儿,说是把纸钱烧在圈儿里孤魂野鬼不敢来抢,然后一堆一堆地烧,烧时嘴里还要不住地念叨:"某某来领钱。"最后还要在圈外烧一堆,说是烧给孤魂野鬼的。亡人们回去的这一天,无论贫富都要做一餐好饭菜敬亡人,又叫"送亡人"。

中秋节

农历八月十五是我国的传统节日——中秋节。中秋节与春节、清明节、端午节并称为中国汉族的四大传统节日。据史籍记载,古代帝王祭月的节期为农历八月十五,时日恰逢三秋之半,故名"中秋节";又因这个节日在秋季八月,故又称"秋节""八月节""八月会""仲秋节";又有祈求团圆的信仰和相关习俗活动,故亦称"团圆节""女儿节"。因中秋节的主要活动都是围绕"月"进行的,所以又俗称"月节""月夕""追月节""玩月节""拜月节";在唐朝,中秋节还被称为"端正月"。关于中秋节的起源,大致有三种:起源于古代对月的崇拜、月下歌舞觅偶的习俗、古代秋报拜土地神的遗俗。

"中秋"一词,最早见于《周礼》。根据我国古代历法,农历八月十五日,在一年秋季的八月中旬,故称"中秋"。一年有四季,每季又分孟、仲、季三部分,因为秋中第二月叫仲秋,故中秋也称为"仲秋节"。到魏晋时,有"谕尚书镇牛渚,中秋夕与左右微服泛江"的记载。直到唐朝初年,中秋节才成为固定的节日。《新唐书·卷十五 志第五·礼乐五》载"其中春、中秋释奠于文宣王、武成王",及"开元十九年,始置太公尚父庙,以留侯张良配。中春、中秋上戊祭之,牲、乐之制如文"。中秋节的盛行始于宋朝,至明清时,已与元旦齐名,成为我国的主要节日之一。这也是我国仅次于春节的第二大传统节日。

中秋节从2008年起为国家法定节假日。2006年5月20日,该节日经国务院批准列入第一批国家级非物质文化遗产名录。

重阳节

农历九月九,为传统的重阳节,又称"老人节"。因为古老的《易经》中把"六"定为阴数,把"九"定为阳数,九月九,日月并阳,两九相重,故而叫"重阳"，也叫"重九"。重阳节早在战国时期就已经形成，到了唐代，重阳被正式定为民间的节日，此后历朝历代沿袭至今。"重阳节"名称见于记载却在三国时代。据曹丕《九日与钟繇书》中载："岁往月来，忽复九月九日。九为阳数，而日月并应，俗嘉其名，以为宜于长久，故以享宴高会。"

重阳节首先有登高的习俗，金秋九月，天高气爽，这个季节登高远望可达到心旷神怡、健身祛病的目的。和登高相联系的有吃重阳糕的风俗。高和糕谐音，作为节日食品，最早是庆祝秋粮丰收、喜尝新粮的用意，之后民间才有了登高吃糕，取步步高的吉祥之意。

重阳日，历来就有赏菊花的风俗，所以古来又称"菊花节"。农历九月俗称"菊月"，节日举办菊花大会，倾城的人潮赴会赏菊。从三国魏晋以来，重阳聚会饮酒、赏菊赋诗已成时尚。在汉族古俗中，菊花象征长寿。古代还风行九九插茱萸的习俗，所以又叫做"茱萸节"。茱萸入药，可制酒养身祛病。

在民俗观念中，九九重阳，因为与"久久"同音，包含有生命长久、健康长寿的寓意。1989年，我国把每年的农历九月九日定为"老人节"，倡导全社会树立尊老、敬老、爱老、助老的风气，因此重阳节又多了一层新含义。

2006年5月20日，经国务院批准，重阳节被列入第一批国家级非物质文化遗产名录。

腊八节

农历十二月初八，是我国汉族传统的腊八节，这天我国大多数地区都有吃腊八粥的习俗。腊八粥是用八种当年收获的新鲜粮食和瓜果煮成，一般都为甜味粥。而中原地区的许多农家却喜欢吃腊八咸粥，粥内除大米、小米、绿豆、豇豆、花生、大枣等原料外，还要加萝卜、白菜、粉条、海带、豆腐等。

腊八节又称"腊日祭""腊八祭""王侯腊"或"佛成道日"，是古代欢庆丰收、感谢祖先和神灵（包括门神、户神、宅神、灶神、井神）的祭祀仪式，除祭祖敬神的活动外，人们还要逐疫。这项活动来源于古代的傩（古代驱鬼避疫的仪式）。史前时代的医疗方法之一即驱鬼治疾。作为巫术活动的腊月击鼓驱疫之俗,今在湖南新化等地区仍有留存。后演化成纪念佛祖释迦牟尼成道的宗教节日。夏代称腊日为"嘉平",商代为"清祀",周代为"大蜡";因在十二月举行,故称该月为"腊月",称腊祭这一天为"腊日"。先秦的腊日在冬至后的第三个戌日,南北朝开始才固定在腊月初八。

《说文》记载:"冬至后三戌日腊祭百神。"可见,冬至后第三个戌日曾是腊日。后由于佛教介入,腊日改在十二月初八,自此相沿成俗。